Souverän investieren für Einsteiger

Gerd Kommer

Souverän investieren
für Einsteiger

Wie Sie mit ETFs ein Vermögen bilden

Campus Verlag
Frankfurt/New York

Haftungsausschluss: Die Aussagen in diesem Buch spiegeln die persönlichen Ansichten und Meinungen des Autors wider, sind rein didaktischer Natur und sind weder als Anlageberatung im Sinne des deutschen Wertpapierhandelsgesetzes noch als Rechtsberatung im Sinne des deutschen Rechtsberatungsgesetzes noch als Steuerberatung im Sinne des deutschen Steuerberatungsgesetzes zu verstehen. Vermögensanlagen in Bankguthaben, Aktien, Anleihen, Edelmetalle, Rohstoffe, Kryptowährungen und andere Finanzprodukte sowie Immobilien sind mit beträchtlichen Verlustgefahren verbunden. Die historischen Daten, die in diesem Buch enthalten sind, bieten keine Gewähr für zukünftig ähnliche Renditen oder Erträge. Generell geben der Autor und der Verlag keine Garantie für die Richtigkeit der Daten, Berechnungen und Aussagen in diesem Buch. Eine Haftung für Schäden, die aus der Anwendung der in diesem Buch enthaltenen Informationen, Hinweise und Empfehlungen resultieren, wird nicht übernommen.

MIX
Papier | Fördert gute Waldnutzung
FSC® C089473
FSC
www.fsc.org

ISBN 978-3-593-51868-8 Print
ISBN 978-3-593-45742-0 E-Book (PDF)
ISBN 978-3-593-45743-7 E-Book (EPUB)

3. aktualisierte Auflage 2024

Umschlaggestaltung: total italic, Thierry Wijnberg, Amsterdam/Berlin
Satz: Publikations Atelier, Weiterstadt
Druck und Bindung: Beltz Grafische Betriebe GmbH, Bad Langensalza
Beltz Grafische Betriebe ist ein Unternehmen mit finanziellem Klimabeitrag (ID 15985-2104-1001).
Printed in Germany

Campus Verlag® / www.campus.de

Inhalt

Wie Ihnen dieses Buch helfen kann – eine Einleitung 9

1 Warum überhaupt sparen, investieren, anlegen? 12

2 Acht Börsenkonzepte, die Sie kennen müssen 15

3 ETFs – die wichtigste Finanzinnovation für Privatanleger seit 50 Jahren 24

4 In was man mit ETFs investieren kann 33

5 Was ETFs für Privatanleger so besonders macht 38

6 Warum ETF-Investments rechtlich sicher sind 41

7 Echte und unechte ETFs unterscheiden 45

8 Aktiv oder passiv investieren: Warum passiv besser ist 48

9 Die wichtigsten Anti-ETF-Argumente 60

10 Dreizehn Grundprinzipien erfolgreicher Vermögensbildung . 70
- 10.1 Prinzip 1: Geld zum Freund machen 70
- 10.2 Prinzip 2: Humankapital – Ihr größtes Asset verstehen und managen 83
- 10.3 Prinzip 3: Schulden sind tabu (mit drei Ausnahmen) . . 86
- 10.4 Prinzip 4: In jedem Quartal gilt: Einnahmen > Ausgaben 90
- 10.5 Prinzip 5: Den Erzfeind ***Interessenkonflikte*** bekämpfen 92
- 10.6 Prinzip 6: Realistische Renditevorstellungen haben . . . 95

10.7 Prinzip 7: Nebenkosten so wichtig nehmen, wie sie sind . 101
10.8 Prinzip 8: Die Macht der Langfristigkeit für sich nutzen 106
10.9 Prinzip 9: Erkennen, dass Zinssparen allein nicht zum Ziel führen wird 109
10.10 Prinzip 10: Nicht auf Omas Immobilienlegende reinfallen 113
10.11 Prinzip 11: Ohne Aktien oder Immobilien geht es nicht . 117
10.12 Prinzip 12: Verpackung und Inhalt bei Finanzprodukten auseinanderhalten 119
10.13 Prinzip 13: Investmentpornografie nicht auf den Leim gehen 127

11 Risiko bei Vermögensanlagen – eine Einführung 130
11.1 Risiko ist subjektiv 130
11.2 Gutes versus schlechtes Risiko 131
11.3 Renditen sind in erster Linie Risikoprämien 133
11.4 Volatilität: Das für Kapitalmarktanlagen am meisten verbreitete Risikomaß 134
11.5 Diversifikation: Die cleverste Form der Risikoreduktion . . 135
11.6 Shortfall-Risk: Bei Aktien sinkt es mit der Länge des Betrachtungszeitraums 138
11.7 Sichtbares und unsichtbares Risiko 139
11.8 Einzelwertrisiko versus Asset-Klassen-Risiko 140
11.9 Buchverluste versus realisierte Verluste 143
11.10 Hat Aktienrisiko in den letzten Jahren zugenommen? . . 144
11.11 Crash-Risiko existiert in allen Asset-Klassen 146
11.12 Ein Überblick über die relativen Risiken von Asset-Klassen und Finanzprodukten 149

12 Das Weltportfolio-Konzept von Gerd Kommer 152
12.1 Was es ist und auf welchen Prinzipien es basiert 152
12.2 Ihre persönliche Liquiditätsreserve – der erste Schritt . . 156
12.3 Ein simpler Weltportfolio-Vorschlag 157
12.3.1 Die »Level-1-Asset-Allokation« festlegen 157
12.3.2 Die »Level-2-Asset-Allokation« festlegen und umsetzen 162

12.4 Vier erwägenswerte Beimischungen für Ihr Weltportfolio 167
12.4.1 Gold 167
12.4.2 Rohstoffe 168
12.4.3 Kryptowährungen (Bitcoin & Co) 171
12.4.4 Ein Eigenheim 175
12.5 Steuern sparen durch Buy and Hold 177
12.6 Fondssparen mit ETFs: Regelmäßig kleine Beträge anlegen 180
12.7 Die Frage des Einstiegszeitpunktes und des Einstiegsmodus 183
12.8 »Rebalancing« – das Portfolio auf Kurs halten 189
12.9 Was das Weltportfolio-Konzept nicht ist 193

13 Praktische Umsetzungsfragen beim Weltportfolio-Konzept . . 195
13.1 Sozial verantwortlich investieren mit ETFs 195
13.2 Ausschüttende oder thesaurierende ETFs – was passt besser für mich? 198
13.3 Wechselkursrisiko – wie damit umgehen? 200
13.4 Die für mich passenden ETFs finden 203
13.5 Die betriebliche Altersvorsorge in die Vermögensbildung integrieren 209

14 Wenn ich nicht im Do-it-yourself-Modus anlegen kann oder möchte 211
14.1 Mit einer Bank, einem Vermögensverwalter oder einem Anlageberater arbeiten 212
14.2 Der Robo-Advisor von Gerd Kommer 213
14.3 Der ETF von Gerd Kommer 215

15 Steuern: Die Basics, die Sie kennen müssen 217

16 Anlageprodukte, von denen Sie die Finger lassen sollten . . . 226
16.1 Bankguthaben oberhalb der gesetzlichen Einlagensicherung 226
16.2 Kapitalbildende Lebensversicherungen 228

16.3 Private Rentenversicherungen 229
16.4 Aktiv gemanagte Aktienfonds, Branchenfonds, Mischfonds, Dachfonds, Anleihenfonds 231
16.5 Branchen-ETFs, Themen-ETFs, Leveraged ETFs, Short ETFs 234
16.6 Zertifikate 235
16.7 Offene Immobilienfonds 236
16.8 Vermietungsimmobilien 237

17 Wie mit Ihren bereits vorhandenen Vermögensanlagen umgehen? 239

18 Was tun im Crash? 241

19 Eine kurze Zusammenfassung 250

20 Anhang 252
20.1 Wie Sie Ihr Geldwissen weiterentwickeln 252
20.2 Literatur und Quellen 253
20.3 Glossar 262
20.4 Register 268

Über den Autor 272

Wie Ihnen dieses Buch helfen kann – eine Einleitung

Dieses Buch richtet sich an Leser, die schon ein Basisinvestmentwissen besitzen, sich aber noch nicht als fortgeschrittenen Anleger betrachten. Jenen, die in Bezug auf die faszinierende und wichtige Welt von Börse & Co. noch ganz am Anfang stehen, empfehle ich mein einfacheres Buch *Der leichte Einstieg in die Welt der ETFs*. Leser, die auf den Ruhestand zusteuern oder sich bereits in ihm befinden, mögen mein Buch *Souverän investieren vor und im Ruhestand* besser geeignet finden.

Souverän investieren für Einsteiger will Sie, liebe Leserin, lieber Leser, mit ETFs vertraut machen. ETFs sind die wichtigste Finanzinnovation für Privatanleger seit 50 Jahren. Sie werden sich nach der Lektüre dieses Buches so weit damit auskennen, dass Sie Ihr Geld – ob 25 Euro monatlich oder 500 000 Euro einmalig – selbstsicher in ETFs anlegen können, über unterschiedliche Anlageklassen hinweg.

Erfolgreich Vermögen bilden ist nicht nur eine Frage des »Was tun?«, sondern auch eine Frage von »Was unbedingt vermeiden oder abstellen?«. Auch auf diesen Gesichtspunkt gehe ich ausführlich ein.

Mein Ziel ist es, Sie in die Lage zu versetzen, jetzt in das Thema »Geld mit ETFs anlegen« einzusteigen und mit diesem wunderbaren Finanzprodukt einen zentralen Teil Ihrer privaten Finanzvorsorge mit dem geringstmöglichen Aufwand zu planen und einzurichten.

Die Abkürzung ETF klingt im ersten Moment kompliziert und abschreckend. In Wirklichkeit sind ETFs (Exchange Traded Funds, zu Deutsch börsengehandelte Indexfonds) gradlinige und transparente Anlageprodukte, die jeder verstehen kann und die einfacher sind als jedes andere Finanzprodukt, ausgenommen Bankguthaben.

Ich glaube, dass ETFs in Deutschland über die nächsten 25 Jahre die Rolle übernehmen werden, die in den vergangenen 70 Jahren das Sparbuch und die kapitalbildende Lebensversicherung hatten.

Bevor ich im ersten Kapitel mit einem ETF-Überblick beginne, noch sieben kurze Hinweise:

Viele Ratgeberbücher haben ein eher blutarmes, oberflächliches Inhaltsverzeichnis mit maximal zwei Ebenen und wenig aussagekräftigen Kapitel- und Abschnittsüberschriften. Angeblich soll das bewirken, dass potenzielle Leser nicht von »Komplexität« abgeschreckt werden. Ich verfolge in meinen Büchern eine ganz andere Philosophie. Man kann sie an dem hierarchisch tiefen und nummerierten Inhaltsverzeichnis und an den präzisen Abschnittsüberschriften erkennen. Aus meiner Sicht erhöht das den Praxisbezug und die Umsetzbarkeit für die Leser, und darauf kommt es mir an.

Mein Anliegen war es, dieses Buch einigermaßen kurz und einfach zu halten. Das bedeutet, dass ich viele interessante Spezialaspekte nur kurz anreißen kann. Bei diesen Spezialaspekten erwähne ich oft Blog-Beiträge oder YouTube-Videos, die ich gemeinsam mit Kollegen geschrieben oder gedreht habe. Wenn Sie sich für das betreffende Thema besonders interessieren, können Sie den jeweiligen Blog-Beitrag oder das YouTube-Video in Sekunden per Suchmaschine ausfindig machen und sich damit detaillierter über den Sachverhalt informieren. Alle genannten Blog-Beiträge und Videos von »Kommer + Kollege« sind kostenlos und frei zugänglich. Dafür einfach die beiden Autorennamen und den Titel des Blog-Beitrags (siehe Literaturverzeichnis) googeln.

Dieses Buch soll ein echtes *How-to*-Buch mit einer hohen Informationsdichte sein, das aber gleichzeitig eine für normale Menschen verdaubare Länge hat. Daher kommen in vielen Abschnitten Querverweise vor. Sie helfen, platzverbrauchende Wiederholungen zu vermeiden, und geben Ihnen die Möglichkeit, inhaltliche Querverbindungen zwischen verschiedenen Sachverhalten nachzuvollziehen. Die Querverweise können Sie aber genauso gut einfach überlesen und ignorieren.

Das Buch hat rund 80 Fußnoten, im Durchschnitt eine alle drei Seiten. Ich verwende Fußnoten, weil sich mit ihnen Zusatzinformationen liefern lassen, die für manche Leser wichtig sind, ohne den Leserfluss für diejenigen Leser zu stören, die sich nicht für die Fußnoten interessieren. Wenn Sie die Fußnoten nicht mögen, überlesen Sie sie einfach.

Alle in diesem Buch verwendeten Fachbegriffe, die man als Anleger mit Basiskenntnissen noch nicht zwangsläufig kennt und die nicht im laufenden Text erklärt werden, erläutere ich im Glossar am Ende des Buches. Diese Wörter sind im laufenden Text mit diesem Pfeil → gekennzeichnet.

Im Interesse der Lesbarkeit und Textökonomie verzichte ich auf die Nutzung sprachlicher Femina-Formen von Hauptwörtern wie »der Anleger« oder »der Steuerzahler«. Ebenso verzichte ich auf Gender-Doppelpunkte und -Sternchen. Stattdessen benutze ich das generische Maskulinum, beispielsweise »der Autofahrer«. Weibliche Akteure sind selbstverständlich in allen Fällen ebenfalls gemeint.

Zum Schluss noch eine wichtige Offenlegung: Ich bin Gesellschafter und Geschäftsführer der *Gerd Kommer Invest GmbH* (GKI) und der *Gerd Kommer Capital GmbH* (GKC). Die GKI ist ein Vermögensverwaltungsunternehmen für vermögende Privatkunden, die GKC ein digitaler Vermögensverwalter (Robo-Advisor). Mein gesamtes Privatvermögen ist nach den Grundsätzen investiert, die in diesem Buch dargestellt werden.

1 Warum überhaupt sparen, investieren, anlegen?

»Der Sinn und Zweck von Investieren besteht nicht darin, die Rendite zu maximieren und reich zu werden. Der Sinn und Zweck ist, nicht arm zu sterben.« (Finanzbuchautor und Neurologe William Bernstein)

Die sprichwörtlichen Spatzen pfeifen es inzwischen von den Dächern: Allein aus der gesetzlichen Rente werden normale Arbeitnehmerhaushalte ab etwa Geburtsjahrgang 1960 und jünger ihren unmittelbar vor Eintritt in den Ruhestand erreichten Lebensstandard mit großer Wahrscheinlichkeit nicht halten können. In den kommenden Jahrzehnten wird sich die zu erwartende Rentenlücke für jeden neuen Jahrgang, der in die Rentenbezugsphase eintritt, wahrscheinlich noch vergrößern. Die Hauptursachen: eine niedrige Geburtenrate in Kombination mit einer steigenden Lebenserwartung, einem zu niedrigen durchschnittlichen Renteneintrittsalter und einem seit vielen Jahren zu anämischem Wirtschaftswachstum. Man kann es auch etwas anders formulieren: Das sogenannte → Umlageverfahren, auf dem die gesetzliche Rentenversicherung in Deutschland und vielen anderen europäischen Ländern beruht, ist strukturell fehlkonstruiert. Angesichts der oben genannten Faktoren kann es zwangsläufig und unreparierbar nur durch eine weitere Erhöhung der schon seit Langem erfolgenden – ja eigentlich systemwidrigen – Quersubventionierung aus Steuermitteln, aus Rentenkürzungen, weiteren Erhöhungen des Renteneintrittsalters oder eine irgendwie geartete Kombination aus diesen Maßnahmen vor dem Finanzkollaps bewahrt werden.

Doch halten wir uns nicht mit Klagen auf, sondern wenden uns möglichen Lösungen zu. Wer aus dieser großen Bevölkerungsgruppe den Wunsch hat, seinen vor Eintritt in den Ruhestand erreichten Lebensstandard zu halten, muss vermutlich, wenn er nicht auf ein unwahrscheinliches Wunder vertrauen will, eine oder mehrere der folgenden Maßnahmen ergreifen:

(a) Er oder sie muss zu der Minderheit gehören, die auf einem von fünf Wegen vermögend geworden sind: durch (i) eine große Erbschaft, (ii) die Heirat eines reichen Partners, (iii) die erfolgreiche Vermarktung einer angeborenen künstlerischen oder sportlichen Spitzenbegabung, (iv) einen nennenswerten Lotteriegewinn[1] oder (v) Unternehmertum. Die ersten vier Wege sind gar nicht oder nur schwer von Ihnen direkt beeinflussbar, der fünfte Weg – ein Unternehmen gründen – ist statistisch risikoreich, typischerweise beschwerlich und aus vielerlei Gründen für die meisten Menschen nicht gangbar.

(b) Er oder sie muss mehrere Jahre über das heutige durchschnittliche Renteneintrittsalter hinaus arbeiten. Für Männer liegt das derzeit bei 64,2 Jahren, für Frauen minimal höher. Dieser Weg ist – sofern es die persönliche Gesundheit erlaubt – grundsätzlich realistisch.[2] Dennoch ist Umfragen zufolge die Mehrheit der Bundesbürger von diesem Weg zur Schließung ihrer Rentenlücke wenig angetan.

(c) Er oder sie muss ein Eigenheim erworben haben (Haus oder Wohnung) und den etwaigen Kredit bei Renteneintritt ganz oder größtenteils abbezahlt haben. In diesem Buch zeige ich, dass das Eigenheim eine gute, aber im Allgemeinen nicht die renditemäßig beste Route zur sinnvollen Altersvorsorge ist, obwohl das viele Bundesbürger seit *anno Tobak* glauben. Außerdem ist ein Eigenheimerwerb für viele Haushalte aus finanziellen oder anderen Gründen keine gute Lösung oder einfach unmöglich (siehe hierzu meine beiden Bücher *Kaufen oder mieten*, 2021 und *Immobilienkauf und -finanzierung für Selbstnutzer*, 2022).

(d) Er oder sie muss über Geld- bzw. Finanzanlagen ein »kleines Vermögen« aufgebaut haben. Darum geht es in diesem Buch. Wie hoch dieses Finanzvermögen bei Eintritt in den Ruhestand sein muss, hängt vom Lebensstandard des Haushaltes und anderen Faktoren ab. Als grobe

1 Schon vor 350 Jahren nannte der britische Ökonom William Petty Lotterien »eine Steuer auf unglückliche, sich selbst überschätzende Narren« (»a tax upon unfortunate self-conceited fools«).

2 Der prozentuale Anteil der Bundesbürger an der Gesamtbevölkerung, die über 60 noch berufstätig sind, nimmt seit längerer Zeit langsam zu (*Spiegel*, 2021). Die Ursachen dafür sind gewiss nicht nur finanzielle Engpässe, wie von manchen Parteien und manchen Journalisten behauptet wird. Viele dieser Fälle basieren auch auf Freiwilligkeit, weil nicht alle Menschen rigide »mit 67« aus dem Berufsleben ausscheiden wollen.

Faustregel sollen Arbeitnehmer, die mehr oder weniger ihr gesamtes Berufsleben in die gesetzliche Rentenversicherung eingezahlt haben, zusätzlich etwa 10% bis 20% ihres laufenden Nettoeinkommens über mindestens 20 bis 30 Jahre hinweg sparen und in eine Geldanlage investieren, die nach Inflation, Kosten und Steuern eine dauerhaft positive Rendite produziert. Wer nicht mindestens zwei Jahrzehnte so spart und investiert, wird aufgrund des verkürzten Zeitraums mehr als die genannten Prozentsätze aufwenden müssen. Das gilt noch mehr für diejenigen, die nicht die Möglichkeit hatten, ein ganzes Berufsleben lang in die gesetzliche Rentenversicherung einzuzahlen.

Eine langfristig positive, inflationsbereinigte (reale) Rendite nach Steuern und Kosten kann man mit Sparbüchern, Tagesgeldern, Festgeldern, Bausparen, den allermeisten kapitalbildenden Lebensversicherungen oder privaten Rentenversicherungen und Bausparen – daran bestehen wenig Zweifel – nicht erreichen. Leider sind ausgerechnet das – neben dem Eigenheim – die bevorzugten Investmentformen der Deutschen.

Eine dauerhaft positive, *reale* Rendite nach Steuern und Kosten kann man nur mit Geldanlagen erreichen, die zumindest teilweise Investments in Aktien, also Eigenkapital an börsennotierten Unternehmen, darstellen. Genau das geht mit ETFs, und zwar einfacher als mit jedem anderen Anlagevehikel und in den allermeisten Fällen auch billiger. Dieses Buch zeigt, warum das so ist und wie man es macht.

2 Acht Börsenkonzepte, die Sie kennen müssen

In diesem Kapitel werde ich in knapper Form einige Schlüsselbegriffe und -konzepte aus der Welt des Investierens erläutern. Je besser Sie diese Begriffe kennen, desto mehr werden Sie aus dem restlichen Buch mitnehmen.

(a) Was tut ein Anleger, wenn er sein Geld an der Börse in ETFs investiert?

Wenn es sich bei dem Investment um einen Aktien-ETF handelt, stellt der Anleger dem Unternehmen Risikokapital in Form von Eigenkapital zur Verfügung. Weltweit existieren gut 9 000 börsennotierte Firmen, die in den sogenannten ordentlichen Segmenten der Börsen in rund 50 Staaten mit nennenswerten Börsen gelistet sind.[3] → Ein Börsen-Listing bedeutet, dass das Unternehmen im Vergleich zu nicht börsennotierten Unternehmen umfassende Transparenzvorschriften erfüllen muss. Mit dem Eigenkapital produzieren die 9 000 Unternehmen diejenigen Güter und Dienstleistungen, die die 8 Milliarden Menschen auf unserem schönen Planeten Erde täglich brauchen, um buchstäblich ihr nacktes Überleben zu sichern und darüber hinaus Bedürfnisse zu erfüllen, die über das bloße Überleben hinausgehen. Für das Bereitstellen dieses Risikokapitals – Risiko, denn eine Aktienrendite in bestimmter Höhe ist ja nicht garantiert – erhält der Aktionär eine Vergütung in Gestalt der Rendite seines Investments: Dividenden und Kurssteigerungen.

Im Falle von Unternehmensanleihen-ETFs stellt der ETF-Investor einem Unternehmen nicht Eigen-, sondern Fremdkapital zum Wirtschaften zur Verfügung. Fremdkapital ist aus der Sicht des Kapitalgebers weniger risikoreich. Der Hauptgrund: Das Unternehmen muss die Fremdkapitalgeber mit Zins- und Tilgung »zuerst bedienen«. Nur wenn dann noch

3 Wenn ein Unternehmen ein Börsen-Listing anstrebt, aber das eigene Land keine oder eine zu kleine Börse hat (wie das für viele Entwicklungsländer oder Mikrostaaten der Fall ist), dann kann sich das Unternehmen in einem anderen Land listen lassen, wo eine Börse seiner Wahl existiert.

Geld übrigbleibt, kommen die Eigenkapitalgeber (Aktionäre) an die Reihe.[4] Im Gegenzug ist die »Upside« (das Renditepotenzial) bei einem Aktionär nicht nach oben begrenzt. Bei einem Fremdkapitalgeber ist das der Fall.

Bei Staatsanleihen-ETFs stellt der ETF-Anleger einem Staat Risikokapital zur Verfügung. Der Staat wird damit Infrastrukturinvestitionen tätigen oder andere staatliche Ausgaben finanzieren.

So betrachtet tragen Kapitalmarktanleger mit ihrem eigenen Geld dazu bei, dass Unternehmen und Staaten weiter funktionieren und die Güter und Leistungen bereitstellen können, die die Menschheit braucht.

(b) Was ist der Haupttreiber von Rendite und ihrer Höhe?

Renditen sind in erster Linie die Kompensation, die Belohnung für das Tragen bestimmter Risiken. (In Abschnitt 11.2 werden wir sehen, welcher Typus von Risiko *nicht* durch entsprechende Rendite kompensiert (bezahlt) wird.) Diese Risiken akzeptiert der Investor (Kapitalgeber), indem er, wie oben erwähnt, Unternehmen Eigen- oder Fremdkapital oder Staaten Fremdkapital zur Verfügung stellt. Wer mehr von den »guten Risiken« (Risiken, die vom Kapitalmarkt durch entsprechende Rendite kompensiert werden) eingeht oder »nimmt« (und bereit ist, die damit einhergehenden Konsequenzen zu tragen), kann langfristig eine höhere Rendite erwarten als jemand, der weniger Risiko nimmt.

(c) Was bedeuten Outperformance und Underperformance eines Investments?

Outperformance ist die Mehrrendite (Überrendite oder »Alpha«) eines Investments A gegenüber einem sinnvoll vergleichbaren Investment B (einer → Benchmark) während eines bestimmten Betrachtungszeitraums (*performance* = engl. Leistung). Underperformance ist dementsprechend eine Unterrendite. Ein Beispiel für Outperformance: In den fünf Jahren vom 31.10.2017 bis 31.10.2022 outperformte der Aktien-ETF iShares Core DAX ETF (WKN 593393) den in deutsche Standardwerte investierenden aktiv gemanagten Aktienfonds Fondak (WKN 847101) deutlich.[5] Der ETF

---

4 Hinter diesem Argument steckt die für das konzeptionelle Verständnis von Risiko wichtige, aber unter Anlegern wenig bekannte Logik der sogenannten »Cashflow-Kaskade« (siehe Kommer/Schweizer 2019c).

5 Der Fondak (zum Versicherungskonzern Allianz gehörig) ist der älteste deutsche Aktienfonds. Er wurde im Oktober 1950 aufgelegt.

produzierte über dieses Jahrfünft eine Rendite von minus 0,8% p.a., der Fondak eine von minus 3,8% p.a. (Kaufkosten berücksichtigt).[6]

(d) Was ist eine Asset-Klasse?

Die deutsche Bezeichnung für Asset-Klasse ist Anlageklasse. Asset-Klassen (engl. *asset* = Vermögenswert) sind sachlogisch sinnvolle Kategorien (Zusammenfassungen) von Vermögensanlagen wie z. B. Aktien, Unternehmensanleihen, Staatsanleihen, Geldmarktanlagen (siehe dazu weiter unten in diesem Abschnitt), Immobilien, Edelmetalle, Rohstoffe und Sammlerobjekte. Diese Haupt-Asset-Klassen lassen sich vielfältig in Sub-Asset-Klassen untergliedern, beispielsweise bei Aktien in Large Caps (Standardwerte) oder Small Caps (Nebenwerte). Finanzprodukte, beispielsweise eine kapitalbildende Lebensversicherung, ein Investmentfonds oder ein Zertifikat, sind »verpackte Asset-Klassen«, sie setzen also auf Asset-Klassen, hängen von diesen ab und sind letztlich nichts wirklich Eigenständiges. Auf den aus Anlegerperspektive äußerst bedeutsamen Aspekt »Verpackung« bei Finanzprodukten komme ich in Abschnitt 10.12.

(e) Was bedeutet der Begriff »Marktkapitalisierung«?

Marktkapitalisierung (MK) ist ein zentraler Investmentbegriff, den jeder leicht fortgeschrittene Anleger gut verstehen sollte. MK existiert als Konzept für alle Asset-Klassen. Stark vereinfacht heißt MK einfach »Marktwert«, doch die Praxis ist komplexer und für Privatanleger lohnt es, die Nuancen des MK-Konzeptes genau zu verstehen. Am häufigsten poppt die Bezeichnung MK im Zusammenhang mit Aktien auf. Beginnen wir daher mit diesen.

- *Marktkapitalisierung bei Aktien:* Andere Bezeichnungen für MK sind hier »Börsenwert« oder »Börsenkapitalisierung«. Die MK eines börsennotierten Unternehmens entspricht dem Aktienkurs multipliziert mit der Anzahl der umlaufenden Aktien. Konzeptionell repräsentiert die MK den aktuellen Marktwert des Eigenkapitals des Unternehmens. Die MK ist somit nicht der gesamte Marktwert des Unternehmens (wie viele Anleger glauben), sondern nur der des Eigenkapitals, also Marktwert des Gesamtkapitals abzüglich Marktwert des Fremdkapitals (der Schulden bzw. Verbindlichkeiten) – man könnte auch sagen »Markt-

6 Die Abkürzung »p.a.« steht für *per annum* (dt. jährlich).

wert aller Vermögenswerte minus Marktwert der Schulden«.[7] Die MK ist vom *Buchwert* des Eigenkapitals zu unterscheiden, der in der Unternehmensbilanz steht. Die MK lässt sich auch kollektiv für einen nationalen oder regionalen Markt bzw. einen Index wie den DAX oder den MSCI World errechnen, also für eine wie auch immer definierte Gruppierung von Aktiengesellschaften. Dann ist die MK die Summe der individuellen MKs aller in diesem Land oder dieser Region börsennotierten Unternehmen.

- *Marktkapitalisierung bei Anleihen:* Hier entspricht die MK dem Anleihenkurs multipliziert mit der Anzahl der umlaufenden Anleihen. Die MK aller Anleihen weltweit zusammengenommen (Staatsanleihen und Unternehmensanleihen) übertrifft die kollektive MK aller Aktien.
- *Marktkapitalisierung bei Kryptowährungen:* Der Marktkurs aller Coins einer Währung mal die Zahl der Coins. Da für die meisten Kryptowährungen jedes Jahr neue Coins geschaffen werden, nimmt die MK für ein gegebenes Kursniveau im Zeitablauf zu.
- *Marktkapitalisierung bei Immobilien:* Die Summe der Marktwerte aller einzelnen Immobilien in einem → Portfolio, einem Land oder auf dem Globus. Die (nur grob schätzbare) MK aller Wohnimmobilien weltweit übertrifft die MK jeder einzelnen anderen Asset-Klasse deutlich.
- *Marktkapitalisierung bei Rohstoffen:* Sie ist definiert als der Marktwert der *in einer Zeiteinheit* (z. B. einem Jahr) weltweit produzierten oder gehandelten Rohstoffe. Rohstoffe unterscheiden sich insofern von allen anderen investierbaren Asset-Klassen, als dass diese laufend verbraucht werden, was ja für Aktien, Anleihen etc. nicht der Fall ist. Rohstoffe (einschließlich Edelmetalle) sind nach Marktkapitalisierung eine im Vergleich winzige Asset-Klasse.
- *Marktkapitalisierung bei Gold:* Gold nimmt unter den Rohstoffen insofern eine Sonderrolle ein, als dass es, anders als andere Rohstoffe, im Wesentlichen nicht verbraucht wird und im Wesentlichen keine gewerbliche Nutzung hat, wenn man Schmuck als Sonderform der »gewerblichen Nutzung« einmal außen vor lässt. Die MK von Gold entspricht dem Goldpreis pro Gewichtseinheit multipliziert mit allem global vorhandenen Gold (geschätzt um 200 000 Tonnen).

---

7 Die verbreitete Bezeichnung »Unternehmenswert« ist uneindeutig, weil dabei unklar bleibt, ob der Wert nur von Eigenkapital oder der Wert von Eigenkapital *und* Fremdkapital (*aller* Assets) gemeint ist.

(f) Warum es so wichtig ist, zwischen inflationsbereinigten Renditen und nominalen Renditen zu unterscheiden

Wenn die Finanzbranche und die Medien Renditen nennen, ganz egal von welcher Asset-Klasse oder welchem Finanzprodukt, sind das fast immer nur nominale (nicht inflationsbereinigte) Renditen. Das Problem: Nominale Renditen enthalten viel »heiße Luft«, nämlich Inflation. Nominale Renditen sagen wenig bis nichts darüber aus, wie stark das Vermögen des Anlegers durch die Rendite in einem gegebenen Zeitraum tatsächlich zugenommen hat. Nur die tatsächliche, die inflationsbereinigte (im Ökonomenjargon die *reale*) Zunahme entspricht einer Zunahme der Kaufkraft dieses Vermögens. Ein Beispiel: Während der 122 Jahre von 1900 bis 2021 produzierte ein Sparbuchinvestment in Großbritannien eine nominale durchschnittliche Rendite von 3,6% p.a. (vor Kosten und Steuern, in britischem Pfund). Die reale Rendite betrug jedoch nur 1,0% p.a. Fast drei Viertel der Rendite des Sparbuchs (selbst vor Abzug von Kosten und Steuern) war bloß der Inflation geschuldet, also illusionär, heiße Luft ohne Kaufkraftzuwachs. Würde man diese Rechenübung für andere Asset-Klassen (z.B. Aktien oder Immobilien), für andere Länder und für kürzere Zeiträume und natürlich auch für Finanzprodukte (anstelle von Asset-Klassen) durchführen, würde ein ähnliches Ergebnis daraus resultieren. Für Zeiträume ab ungefähr zehn Jahren können nominale Renditeangaben hochgradig irreführend sein. Trotzdem präsentieren uns die Finanzbranche und die Medien jeden Tag fast nur nominale Renditezahlen. Da heißt es im *Handelsblatt*, US-Aktien hätten in den 95 Jahren von 1927 bis 2021 jährlich durchschnittlich 10,0% Rendite produziert. Real waren es aber nur 7,0% p.a.

Es kommt noch schlimmer. Nominale Renditen einer historischen Periode 1 sind weder sinnvoll vergleichbar mit nominalen Renditen aus einer anderen Periode 2 (weil die vermutlich unterschiedlichen Inflationsraten den Vergleich ad absurdum führen können), noch sind sie sinnvoll vergleichbar mit zeitgleichen Renditen in anderen Währungsräumen, da die Inflationsraten in verschiedenen Ländern vermutlich unterschiedlich sind. Das illustriert Tabelle 1. Dort wird klar: Nur die realen Renditen lassen erkennen, dass der MSCI World Aktienindex in den gut 50 Jahren seit 1970 für Deutsche und für Amerikaner nahezu identische Renditen hatte. Bei den eher nutzlosen nominalen Renditen hingegen sieht es so aus, als ob die Amerikaner einen riesigen Vorteil hatten.

Tabelle 1: Der große Unterschied zwischen nominaler und inflationsbereinigter Rendite anhand zweier Währungen: MSCI World Aktienindex von 1970 bis 2021 (52 Jahre)

	MSCI Standard World Index	MSCI Standard World Index
Währung	USD	DM bzw. Euro
Rendite nominal	10,0% p.a.	8,3% p.a.
Inflation USA bzw. DE	4,0% p.a.	2,6% p.a.
Rendite real	5,8% p.a.	5,6% p.a.

► Daten: MSCI, Weltbank. ► CPI = Verbraucherpreisinflation für die USA bzw. für Deutschland. ► Der Euro wurde am 01.01.1999 eingeführt und löste die DM ab.

Diese wenigen Zahlen belegen, wie irreführend nominale Zahlen oft sind. Dennoch bemühen sich Ratgeberautoren und Wirtschaftsjournalisten kaum, uns inflationsbereinigte (reale) Daten zu zeigen. Das ist schade und unprofessionell. Pragmatischer Tipp: Nehmen Sie nominale Renditedaten, wenn sie sich auf Zeiträume von über fünf Jahren beziehen, ganz einfach nicht ernst. Bestehen Sie darauf, dass man Ihnen inflationsbereinigte, reale Daten zeigt. Alles andere ist latent täuschend.

(g) Was sind »Geldmarktfonds«? Was sind Geldmarktanlagen?

Vermögensanlagen – seien dies nun Asset-Klassen oder Finanzprodukte – lassen sich in beinahe unendlich vielen interessanten Dimensionen voneinander unterscheiden, aber kaum eine andere Unterscheidung ist aus praxisbezogener Anlegersicht so wichtig wie die folgende: »Geldmarktanlagen« versus alle anderen denkbaren Investments.

Geldmarktanlage (engl. money market investment) ist der ökonomische Fachbegriff für ein Investment, das in drei wichtigen Dimensionen im Prinzip nicht mehr weiter verbesserbar ist: (a) bei der Reduktion der Volatilität (die Intensität von Rendite- oder Wertschwankungen), (b) bei der Reduktion des → Ausfallrisikos[8] und (c) bei der Maximierung seiner Liquidität (sofortige Veräußerbarkeit binnen ein bis drei Werktagen zum Marktkurs mit vernachlässigbaren Verkaufskosten).

Nur Geldmarktanlagen – kein anderes Investment – erzielen in diesen drei Dimensionen gleichzeitig die in dieser Welt erzielbaren Höchstnoten,

8 Auf Volatilitätsrisiko gehe ich in Abschnitt 11.4 näher ein. Ausfallrisiko, auch Rückzahlungsrisiko oder Bonitätsrisiko genannt, wird im Glossar erläutert.

und wem diese drei Aspekte kombiniert in einer Anlage wichtig sind, der hat keine realistische Alternative zu Geldmarktanlagen. Geldmarktanlagen kann man salopp als die grundsätzlich risikoärmsten Anlagen bezeichnen, jedenfalls in Bezug auf die Kombination Volatilitätsrisiko + Ausfallrisiko + Liquiditätsrisiko. (In der englischsprachigen ökonomischen Theorie werden im Zusammenhang mit Geldmarktanlagen auch oft die Bezeichnungen »riskfree investment«, »riskfree asset« oder »riskfree return« verwendet, obwohl das streng genommen nicht stimmt. Kein Investment war jemals in jeder Hinsicht »risikofrei« und kann es auch nicht sein.

Welche Geldmarktanlagen gibt es? Zunächst einmal gehören dazu verzinsliche Bankguthaben (Tagesgelder, Termingelder, Festgelder, Sparkonten), soweit sie betraglich unter die staatliche (gesetzliche) Einlagensicherungsgrenze fallen (zur Einlagensicherung siehe Abschnitt 16.1) und soweit sie aus der Sicht des jeweiligen Anlegers kein → Wechselkursrisiko aufweisen. Ein Tagesgeld in US-Dollar repräsentiert für einen Anleger mit → Heimatwährung Euro in diesem Sinne also *keine* Geldmarktanlage. Grund: Die Wechselkursschwankungen des Dollars zum Euro, gemessen in Euro, bewirken auf die Dauer starke Wertschwankungen und damit eine für Geldmarktanlagen inakzeptabel hohe Volatilität. Bankguthaben außerhalb der staatlichen Einlagensicherung erfüllen die Bedingungen des niedrigstmöglichen Ausfallrisikos nicht und sind damit ebenfalls in diesem Sinne keine Geldmarktanlagen, da zu spekulativ.

Weitere Geldmarktanlagen sind sogenannte klassische Geldmarktfonds und Geldmarkt-ETFs. Sowohl bei klassischen Geldmarktfonds als auch bei Geldmarkt-ETFs besitzen die Anleihen im ETF eine sehr kurze Restlaufzeit, weisen eine hohe → Bonität auf und haben kein Wechselkursrisiko aus der Sicht des Anlegers. Ein willkürliches Beispiel für einen klassischen Geldmarktfonds ist der Metzler Euro Renten Defensiv (WKN 976168), ein Beispiel für einen Geldmarkt-ETF ist der iShares eb.rexx Government Germany 0-1yr UCITS ETF (WKN A0Q4RZ).

Natürlich haben Geldmarktanlagen, weil sie so risikoarm sind, auch sehr geringe Renditen und inflationsbereinigt seit über 100 Jahren in über einem Drittel aller Kalenderjahre sogar negative Realrenditen. Ja, sie haben auf lange Sicht die niedrigsten Renditen aller Haupt-Asset-Klassen (mit der potenziellen Ausnahme von Rohstoffen). Gleichwohl hat derjenige, der diese niedrigen Renditen als Argument versteht, es sei grundsätzlich unklug oder sogar dumm, in Geldmarktanlagen zu investieren, diese Anlageform nicht begriffen. Nicht die Anlageform hat einen Fehler, sondern das Denken dieses Anlegers.

Warren Buffetts Unternehmen Berkshire Hathaway hielt in den Jahren 2009 bis 2022 zwischen 30 und 90 Milliarden Dollar in Gestalt von Geldmarktanlagen, also, je nach Zeitpunkt, zwischen etwa 10% und 30% der Marktkapitalisierung des Unternehmens. Geldmarktanlagen kann man als Kosten für Optionalitäten und Sicherheit interpretieren (wie im Falle Berkshire) oder als »Versicherungen«. Angenommen, Ihnen gehört ein Reihenhaus, für das Sie eine Wohngebäudeversicherung mit einer jährlichen Versicherungsprämie von 400 Euro abschließen. Nach 40 Jahren, während derer kein Versicherungsfall eingetreten ist, verkaufen Sie das Reihenhaus. Sie haben inzwischen 16 000 Euro für die Versicherung ausgegeben. Wenn Sie diese 16 000 Euro nun als Fehler bedauern, haben Sie etwas Fundamentales an Versicherungen nicht verstanden.

(h) Nicht investieren ist unmöglich

Kann man nicht investieren? Nein, kann man nicht. Jeder, der ein Vermögen größer als null hat, ist ein Investor oder Anleger, auch dann, wenn er sich nicht so wahrnimmt. Ein Beispiel: Paulines Vermögen besteht zu einem gegebenen Zeitpunkt aus physischem Bargeld von 420 Euro, einem Bankguthaben von 12 500 Euro und einer kapitalbildenden Lebensversicherung mit einem Rückkaufswert von 7 000 Euro. Pauline hat also drei verschiedene Investments. Investment A: unverzinslicher und physischer Cash, ausgegeben von einer bestimmten Zentralbank in einer bestimmten Währung; Investment B: Bankguthaben, das rechtlich und ökonomisch betrachtet ein unverzinslicher, täglich fälliger Kredit in einer bestimmten Währung ist, den Pauline der Bank gibt (täglich fällig, weil Pauline das Guthaben jeden Tag abheben oder wegverfügen kann); Investment C: die Lebensversicherung, eine Forderung an ein Versicherungsunternehmen, die bei Eintritt bestimmter Bedingungen fällig wird (sofort im Todesfall oder zu einem bestimmten späteren Zeitpunkt im Erlebensfall).

Der amerikanische Kommunikationswissenschaftler Paul Watzlawick (1921–2007) sagte einmal: »Nicht kommunizieren ist unmöglich. Auch Schweigen ist Kommunikation.« Watzlawick hatte Recht. Und das Gleiche gilt für das Investieren. Nicht investieren ist unmöglich. Die erste Investmentfrage, die sich ein Privathaushalt stellen muss, lautet nicht: »Soll ich investieren oder nicht?«, sondern: »In was soll ich investieren?« Sich diesen bei genauerer Überlegung enorm praxisrelevanten Sachverhalt zu vergegenwärtigen, hat für einen Privathaushalt wichtige Implikationen. Davon handelt dieses Buch.

Nach diesem kleinen Ausflug auf einige ausgewählte Felder der Investmenttheorie befassen wir uns in den folgenden Kapiteln mit der unmittelbar praxisbezogenen Frage, warum und in welcher Weise ETFs für Privatanleger so erstaunlich nützlich sind.

3 ETFs – die wichtigste Finanzinnovation für Privatanleger seit 50 Jahren

> »Fundamental betrachtet sind ETFs einfach eine neue Technologie. Sie sind ein Mechanismus, um bestimmte Ziele zu erreichen, wie z. B. Telefone. Traditionelle Wählscheibentelefone entsprechen traditionellen [aktiven] Investmentfonds, ETFs entsprechen Smartphones. Sie tun das gleiche wie Wählscheibentelefone, aber in einem besseren Paket.« (Dave Nadig, ETF-Pionier und -Experte beim US-Finanzportal Vettafi.com)

Das Kürzel ETF steht für »Exchange Traded Fund«, zu Deutsch börsengehandelter Fonds. Trotz dieses abschreckend technisch klingenden Namens sind ETFs simple, leicht zu verstehende Investmentprodukte, wie dieses Buch zeigen wird.

Weil ETFs besonders einfache Anlageprodukte sind, die gegenüber ihren Alternativen aber erstaunliche Vorteile besitzen, existiert heute kein Finanzprodukt – das kreditfinanzierte Eigenheim eingeschlossen –, das sich besser für die langfristige Altersvorsorge und Vermögensbewahrung von Privathaushalten eignet als ETFs – egal, ob der Haushalt arm oder reich ist.

Was genau sind ETFs?

Zunächst einmal sind ETFs ganz normale Investmentfonds, aufsichtsrechtlich auch »Publikumsfonds« genannt. Das Wort »Publikum« bezieht sich hier auf die allgemeine Öffentlichkeit, also Verbraucher oder Privatanleger in Abgrenzung zu gewerblichen Investoren oder Profianlegern.

Ein Investmentfonds bündelt die individuellen Anlagebeträge vieler einzelner Anleger und investiert dieses Geld als »Pool« gemäß seiner veröffentlichten Strategie in börsengehandelte Kapitalmarktanlagen. Das sind vor allem Aktien oder Anleihen. Ein Investmentfonds ist also ein *kollektives* Investmentvehikel für Privatanleger – so ähnlich wie ein Mehrfamilienhaus ein kollektives Immobilieninvestment für mehrere Eigentümer oder Investoren sein kann.

Abbildung 1 gibt einen Überblick über die wichtigsten Fondstypen. Ihnen allen gemeinsam ist das Bündelungs- oder Pooling-Prinzip. Es wird im Finanzmarkt nicht nur für Fonds genutzt, sondern auch bei kapitalbildenden Lebensversicherungen und bei Immobilienprojekten mit mehr als einem Eigentümer.

Abbildung 1: Wie sich Investmentfonds und ETFs in das Universum aller Fondstypen einordnen lassen

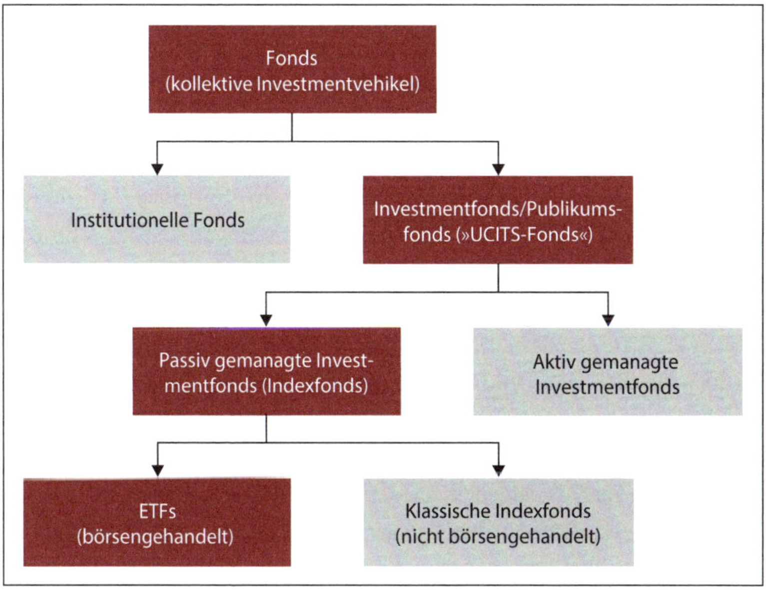

► Zur Erläuterung von »UCITS-Fonds« siehe Infobox »Investmentfonds und ihr rechtlicher Hintergrund« weiter unten in diesem Abschnitt. ► Institutionelle Fonds umfassen → Hedgefonds, → Private-Equity-Fonds, → Sovereign-Wealth-Fonds, → US Pension Funds, deutsche → geschlossene Fonds und sonstige institutionelle Fonds. ► Klassische Indexfonds werden zwar in den USA und in der Schweiz auf dem Privatanlegermarkt angeboten, nicht jedoch in Deutschland. Weltweit haben klassische Indexfonds immer noch einen Marktanteil von über 40% an allen Indexfonds.

Investmentfonds für Privatanleger wurden 1924, also vor fast 100 Jahren, in den USA erfunden. Es handelt sich somit um eine sehr alte, lang etablierte Anlageform. Investmentfonds verbreiteten sich danach in Europa und Asien. Im Verlauf dieser 100 Jahre sind sie in Bezug auf Transparenz und Sicherheit ihrer rechtlichen Struktur immer weiter verbessert worden.

Indexfonds als eine Variante der Investmentfonds entstanden Anfang der 1970er-Jahre, sind also schon rund 50 Jahre alt. ETFs als eine Sonderform von Indexfonds wurden vor über 30 Jahren Anfang der 1990er-Jahre erfunden.

Die britische Wirtschaftszeitschrift *The Economist* bezeichnet Indexfonds und ETFs als die bedeutendsten Finanzinnovationen der vergangenen fünf Jahrzehnte (*The Economist*, 2019). Es ist in der Tat schwer, sich eine andere finanzielle Erfindung vorzustellen, die ähnlich clever wäre. Clever, weil sie wichtige wissenschaftliche Erkenntnisse auf praxisrelevante, simple Weise umsetzt – und das innerhalb einer robusten rechtlichen Struktur. Erfolgreicher als Indexfonds war ohnehin keine andere Finanzinnovation seit 1970. Von Indexfonds und ETFs wird zu Recht gesagt, sie haben Börseninvestments demokratisiert und ermöglichten Privatanlegern das, was zuvor nur institutionellen Großinvestoren möglich war.

Geld via Investmentfonds anzulegen, hat für normale Privatanleger vier große Vorteile: (a) Es erfordert weniger Fachkenntnisse, als direkt in Einzelwertpapiere zu investieren; (b) es macht weniger Arbeit als Einzelwertpapiere; (c) es erlaubt Kleinanlegern mit Anlagebeträgen ab 25 Euro, eine risikoreduzierende Streuung (Fachjargon *Diversifikation*, siehe Abschnitt 11.5) zu erzielen, die mit Direktanlagen so billig und so einfach niemals möglich wäre; und (d) im Falle von ETFs senkt es die Nebenkosten des Investierens auf ein Niveau, das von keinem anderen Finanzprodukt unterboten wird, sofern man systematisch und breit diversifizieren möchte – ein Ziel, das eigentlich jeder Privatanleger haben sollte.

Schätzungen zufolge dürften Anleger in den etwa 45 Jahren seit Erfindung der Indexfonds durch deren großen Kostenvorteil mehr als 5 000 Milliarden Dollar an laufenden Gebühren und Kaufkosten gespart haben – 5 000 Milliarden, die ansonsten in die Taschen der Finanzbranche geflossen wären.

Viele Leser werden aktiv gemanagte, sprich normale oder traditionelle Investmentfonds, besser kennen als ETFs. Bei einem normalen Investmentfonds, wie z. B. einem Aktien- oder einem Anleihenfonds (auch altmodisch Rentenfonds genannt), gibt es einen Fondsmanager. Sein Job besteht darin, das Geld der Anleger auf der Basis einer festgelegten Anlagestrategie möglichst erfolgreich zu investieren. (Gegenüber den Anlegern wird diese Anlagestrategie fast ausnahmslos nur diffus in blumigen Worten festgelegt.) »Erfolgreich investieren« heißt in diesem Zusammenhang, eine relativ zur sinnvoll vergleichbaren Konkurrenz attraktive Rendite-Risiko-Kombination zu erzielen.

Normale Investmentfonds werden als »aktiv gemanagte« oder einfach nur als »aktive Fonds« bezeichnet; »aktiv« deswegen, weil der Fondsmanager »aktiv« versucht, attraktive Wertpapiere herauszupicken bzw. unattraktive zu vermeiden. Dabei ist er bestrebt, gute Börsenphasen mitzunehmen und schlechte zu umgehen, also das Fondsvermögen vor deren Beginn in risikoarme Cash-Anlagen umzuschichten. Aktives Investieren basiert stets und notwendigerweise auf Prognosen, also Spekulation, selbst wenn sich der Anleger (Privatanleger oder Fondsmanager) nicht als Prognostiker oder Spekulant wahrnimmt. Ein aktiver Investor versucht somit, »den Markt zu schlagen«. Aktives Investieren ist die normale, die traditionelle Form zu investieren.

Bei einem ETF existiert kein teurer, hoch bezahlter Fondsmanager, der jeden Morgen nach einem bemühten Blick in seine Glaskugel entscheidet, welche Wertpapiere zu kaufen oder zu verkaufen sind – und dabei in statistisch über 50% der Fälle falschliegt. Stattdessen bildet der ETF nur ganz unspektakulär, einfach und »passiv« einen Börsenindex ab. Fachjargon: Der ETF *repliziert* den Index.

In Kapitel 8 werde ich genauer erläutern, warum aktives Investieren bei Börsenanlagen wenig Sinn macht und warum passives Investieren mit ETFs viel schlauer ist.

Bekannte Aktienindizes sind der DAX für Deutschland und der S&P 500 Index für die USA oder der MSCI World Index für den globalen Aktienmarkt. Statt »bilden einen Börsenindex ab« könnte man geringfügig vereinfacht auch sagen »bilden den Markt ab«. Weil ETFs einen Index abbilden, sind sie Indexfonds. Mit einem Börsenindex misst man die Rendite und die Renditeschwankungen einer definierten Gruppe von Wertpapieren im Zeitablauf.

Der DAX beispielsweise repräsentiert als Index die Aktien der 40 größten deutschen Unternehmen (Large Caps), der »MSCI World Standard Index« Aktien großer und mittelgroßer Unternehmen (Large Caps und Mid Caps) mit einem primären Börsen-Listing in einem von 23 Industrieländern, der »MSCI Emerging Markets Index« Aktien großer und mittelgroßer Unternehmen in rund 25 Schwellenländern.[9]

Das Gewicht eines einzelnen Unternehmens im Aktienindex bemisst sich in den meisten Fällen nach seinem Börsenwert, seiner Marktkapi-

9 Unter den etwa 195 Staaten der Erde existieren viele, die keine eigene Börse haben, z. B. Mikrostaaten wie Monaco, Liechtenstein oder San Marino, und viele Entwicklungsländer wie beispielsweise Turkmenistan oder Sudan. Ein Unternehmen aus einem solchen Staat würde sich in einem anderen Staat listen lassen, der eine hinreichend große und attraktive Börse hat.

talisierung (engl. market capitalisation, daher die englischen Bezeichnungen »Large Cap«, »Mid Cap«, »Small Cap« für unterschiedlich große Unternehmen).

Börsenindizes, oder allgemeiner Finanzmarktindizes, existieren für jede Art von Kapitalmarktanlage: für Aktien, Anleihen, Rohstoffe, Immobilien, → Derivate, Kryptowährungen und sogar für Kunst, beispielsweise Gemälde klassischer Meister oder historische Musikinstrumente. Ein Index kann sich geografisch auf ein Land, eine Region oder die gesamte Weltwirtschaft oder länderübergreifend auf Branchen beziehen. Auch Themenindizes existieren, beispielsweise ein Index auf Unternehmen zum Thema künstliche Intelligenz, Blockchain, Cannabis-bezogene Unternehmen oder Unternehmen im Bereich alternde Gesellschaft.

Börsenindizes werden auch als Benchmark (Vergleichsmarke) für aktiv gemanagte Portfolios, inklusive Fonds, verwendet.

Infobox: Investmentfonds und ihr rechtlicher Hintergrund

Was in Deutschland häufig einfach Investmentfonds genannt wird, ist in der Rechtssprache ein UCITS-Fonds. UCITS steht für »Undertakings for Collective Investments in Transferable Securities« oder im Amtsdeutsch »Organismus für gemeinsame Anlagen in Wertpapieren« (OGAW). Bei allen ETFs, die in den EU-Staaten grenzüberschreitend zum Vertrieb an Privatanleger (Verbraucher) zugelassen sind, handelt es sich um UCITS-Fonds; dasselbe gilt für alle konventionellen (aktiv gemanagten) Investmentfonds. (Nicht-UCITS-ETFs werden in Europa sehr selten vertrieben, wenn überhaupt wohl nur in der Schweiz.) Seit 1985 hat die EU fünf sogenannte UCITS-Richtlinien erlassen, die die 27 EU-Mitgliedstaaten in nationales Recht umzusetzen hatten. (Die Schweiz, Liechtenstein und Norwegen schließen sich bei solchen Sachverhalten in der Regel freiwillig an.) In Deutschland geschah dies zuletzt 2013 in Gestalt des Kapitalanlagegesetzbuchs (KAGB-Gesetz). Die UCITS-Richtlinien haben die primären Ziele, (a) den europäischen Binnenmarkt für Fonds, die an Privatanleger vertrieben werden, zu stärken, also den Wettbewerb zu intensivieren (z. B. durch EU-weite, einheitliche aufsichtsrechtliche Standards) und (b) hierbei einen hohen Anlegerschutz zu gewährleisten. Ein UCITS-Fonds, der in einem einzelnen EU-Mitgliedstaat eine rechtliche Zulassung erworben hat und dort der staatlichen Aufsicht unterliegt, darf in allen anderen EU-Mitgliedstaaten an Privatanleger vertrieben werden. UCITS-Fonds sind in gewisser Weise die am schärfsten und engsten regulierten Anlageprodukte überhaupt. Besonders wichtig für Anleger ist auch, dass das Fondsvermögen als »Sondervermögen« nicht dem Insolvenzrisiko der Fondsgesellschaft ausgesetzt ist (mehr zum Aspekt Sondervermögen in Kapitel 6). Auf die genaue Abgrenzung zwischen echten ETFs und »unechten ETFs« (ETNs, ETCs) komme ich in Kapitel 7 zu sprechen.

Wie sich ein Index zusammensetzt und von wem er in welchen Abständen (z. B. minütlich oder in längeren Zeitabständen) neu berechnet und veröffentlicht wird, ist nach einer verbindlichen, schriftlich fixierten, transparenten, regelgebundenen, sachlogischen Methodik festgelegt. Diese Methodik erstellt ein anderes Unternehmen als dasjenige, das den Indexfonds auflegt. Jeder Anleger kann die Methodik des Index nachprüfen, denn sie ist öffentlich zugänglich. Nach der anfänglichen Festlegung ändert sich die Methodik normalerweise nie mehr. Börsenindizes sind somit keine willkürliche und schon gar keine »firmeninterne« Angelegenheit der Fondsgesellschaft, die von der schwankenden Meinung und dem nie abschließend bestimmbaren Kompetenzniveau, dem Gesundheitszustand und der Motivation einer einzelnen Person wie einem Fondsmanager abhängen.

In Deutschland werden derzeit etwa 1800 ETFs an Privatanleger vertrieben. Mit diesen 1800 ETFs lassen sich fast alle für Privatanleger relevanten Indizes und dadurch alle wesentlichen Anlageklassen, neudeutsch Asset-Klassen, abdecken: Aktien einschließlich Immobilienaktien, Geldmarktanlagen, Anleihen, Edelmetalle, Rohstoffe und Kryptowährungen wie etwa Bitcoin. Zum Vergleich: In Deutschland werden mehr als 9000 aktiv gemanagte Investmentfonds angeboten.

Investmentfonds- oder ETF-Anteile sind hochliquide. Das heißt, sie können – wie eine Aktie – jederzeit innerhalb von einem oder wenigen Werktagen zum Marktpreis verkauft und damit in Bargeld umgewandelt werden. Im Vergleich zu Immobilien, kapitalbildenden Lebensversicherungen und offenen Immobilienfonds (siehe Abschnitt 16.7) ist das an sich schon ein beträchtlicher Vorteil.

Es gibt noch einen anderen, sehr grundsätzlichen Unterschied zwischen normalen oder klassischen Investmentfonds und ETFs. ETFs sind – wie Aktien und Anleihen – börsennotiert, klassische Investmentfonds sind das nicht. Was bedeutet dieser Unterschied?

Wer einen ETF-Anteil kauft, tut das immer über die Börse. Konkret gibt die betreffende Person einen Kaufauftrag (im Börsenslang »Order«) über eine Bank (der Mittelsmann) an eine bestimmte Börse, sagen wir, die Börse in Frankfurt. Die Börse ist ein regulierter Marktplatz, an dem sich Angebot und Nachfrage treffen. Nach den Vorgaben des Anlegers kauft die Bank dann für besagte Person eine bestimmte Anzahl von ETF-Anteilen oder ETF-Anteile in einem bestimmten Gesamtwert und bucht diese nach Vollzug des Kaufs in das Depot des Anlegers ein. (Der ETF-Kurs wird rund alle zwei Minuten aktualisiert und der Käufer weiß im Moment des Kaufes – je nach Order-Typ – ziemlich exakt, zu welchem Kurs er kauft.) Die Anteile, die der Anleger gekauft hat, existierten schon vorher. Von wem der Anleger gekauft hat, ist unbekannt und irrelevant. Der Kaufpreis wird vom Anlegerkonto bei der Bank abgebucht. Das Ganze dauert (werktags) zumeist nur 24 Stunden und selten länger als 48 Stunden. Der Kaufvorgang wäre bei Aktien grundsätzlich genau derselbe wie bei einem ETF. Ein Verkauf läuft naturgemäß andersherum.

Bei einem klassischen, nicht börsennotierten Investmentfonds verläuft dieser Prozess anders, in gewisser Weise altmodischer, umständlicher, langsamer und teurer. Der Anleger bestellt – typischerweise über seine Bank – Anteile eines Fonds bei einer bestimmten Fondsgesellschaft.[10] Die Fondsanteile existieren in diesem Moment noch nicht (ein entscheidender Unterschied zum ETF-Kauf). Der Anleger weiß im Vorhinein auch nicht, zu welchem Anteilskurs er kaufen wird. Er kennt lediglich den Anteilskurs (Schlusskurs) vom Vortag um 16 Uhr. Die Bank überweist die Kaufsumme an die Fondsgesellschaft. Diese erwirbt mit dem ihr soeben zugeflossenen Cash nun Wertpapiere an der Börse gemäß der in den Marketing-Unterlagen des Fonds (ungenau) formulierten Anlagestrategie. Sobald sie die Wertpapiere hat, entstehen die Fondsanteile des Anlegers. Diese werden nun in sein Depot bei der Bank eingebucht. Erst jetzt weiß der Anleger, zu welchem Kurs er gekauft hat. Der ganze Kaufvorgang dauert typischer-

10 Der Mittelsmann kann auch ein anderer Finanzdienstleister als eine Bank sein. Einige wenige Fondsgesellschaften führen selbst Anlegerdepots. Dann braucht es keinen Mittelsmann.

weise drei oder vier Werktage, manchmal länger. Die gesamten Nebenkosten des Kaufes einschließlich des im Regelfall anfallenden Ausgabeaufschlags liegen zehn- bis fünfzigmal höher als bei einem ETF. Immerhin ist der Verkauf der Anteile (korrekt formuliert »die Rückgabe«) im Regelfall nicht teurer als bei einem ETF. Der Rückgabeprozess dauert ebenfalls ungefähr drei Werktage und wieder weiß der Anleger ex ante (im Vorhinein) nicht, zu welchem Kurs er verkauft.

Eine Zahlenillustration zum Aspekt Kosten: Wir vergleichen die Kosten des größten deutschen aktiv gemanagten Aktienfonds, des DWS Top Dividende (WKN 984811), mit den Kosten eines durchschnittlichen ETFs auf den MSCI World. Es ergibt sich folgendes Bild:

- DWS Top Dividende (WKN 984811): (a) Kaufkosten in Gestalt des Ausgabeaufschlags 5%. (b) Laufende Kosten 1,45% p.a. (Stand Dezember 2022)
- Beliebiger ETF auf den MSCI World Index: (a) Ein Ausgabeaufschlag existiert bei ETFs nicht. Sonstige Kaufkosten ca. 0,15% – bei einer Anlagesumme oberhalb 10 000 Euro weniger. (b) Laufende Kosten 0,2% p.a. (die preisgünstigsten ETFs auf diesen Index hatten im Dezember 2022 laufende Kosten von 0,12% p.a.)

Ergo hat der aktiv gemanagte Aktienfonds gut 33-mal so hohe Kaufkosten und siebenmal so hohe laufende Kosten. Diese Verhältnisse treffen im Großen und Ganzen auf alle aktiv gemanagten Fonds und ETFs zu, sowohl im Bereich Aktien als auch Anleihen.[11]

Insgesamt sind die Transaktionskosten (Kosten für den Kauf und Verkauf) von ETFs im Vergleich zu aktiv gemanagten Fonds, zu kapitalbildenden Lebensversicherungen oder zu Immobilien mikroskopisch klein.

Mit ETFs kann man schon ab sehr kleinen Beträgen investieren, beispielsweise in Gestalt eines monatlichen ETF-Sparplans ab 25 Euro pro Monat. Bei keinem anderen renditeträchtigen Investment sind die erforderlichen Minimumbeträge kleiner. Viele Direktbanken (Onlinebroker) offerieren Sparpläne auf populäre ETFs ganz ohne Ausführungskosten, also kostenlos.

Auch die Umsetzung eines Auszahlplans, mit dem man sich beispielsweise im Ruhestand eine »private Rente« schafft, ist mit ETFs leichter

11 Der Ausgabeaufschlag wird für eine Minderheit der 9000 in Deutschland vertriebenen aktiven Fonds bei manchen Vertriebswegen zeitweilig als »Sonderangebot« reduziert.

möglich als mit nahezu jeder anderen Finanzanlage und unendlich viel leichter als mit einem Immobilieninvestment.

Wenn ETFs so viele Vorteile besitzen, wie kommt es dann, dass man von seinem Bankbetreuer oder Finanzberater so wenig über ETFs hört? Warum raten die meisten konventionellen Banken ihren Kunden von ETFs sogar ab? Die Antwort darauf ist simpel: Banken, konventionelle Vermögensverwalter und Fondsvermittler verdienen an ETFs nur ein Zehntel bis ein Fünftel dessen, was sie am Verkauf und der Vermittlung konventioneller Investmentfonds oder anderer Finanzprodukte verdienen. Deswegen finden diese Finanzdienstleister ETFs gar nicht lustig und versuchen, sie gegenüber ihren Kunden entweder totzuschweigen oder, wenn Totschweigen bei manchen Kunden nicht mehr funktioniert, sie mit – aus wissenschaftlicher Sicht – oft haarsträubenden Argumenten schlechtzureden. In Kapitel 9 gehe ich auf diese und andere in den Medien und in Diskussionsforen im Internet immer wieder aufpoppende Kritik an ETFs ein.

4 In was man mit ETFs investieren kann

»Die fundamentalen Prinzipien, die mit dem ersten Indexfonds [für Privatanleger] 1976 eingeführt wurden, sind simpel: Kaufen Sie den gesamten Aktienmarkt und halten ihn ›für immer‹, eliminieren Sie hohe Beratungsgebühren, minimieren Sie Betriebskosten und Portfolioumschlag. Diese einfachen Regeln haben sich bewährt.« (John Bogle, Indexfonds-Pionier, legendärer Anlegerschützer und ehemaliger Vorstandsvorsitzender von Vanguard, der zweitgrößten Fondsgesellschaft der Welt)

Anlegen in ETFs wird bewusst oder unbewusst oft mit einem Investment in Aktien gleichgesetzt. Das ist zu kurz gegriffen. Mit ETFs kann man, wie oben erwähnt, auch in andere Asset-Klassen investieren. Dieser Abschnitt gibt darüber einen schnellen Überblick.

Asset-Klasse Aktien: Aktien sind Unternehmensbeteiligungen, also Anteile am Eigenkapital eines börsennotierten Unternehmens. Nicht börsennotiertes Eigenkapital ist dagegen eine direkte Unternehmensbeteiligung, z. B. ein Anteil an einer GmbH. Letztere spielen für normale Privatanleger typischerweise keine Rolle, weil sie nicht frei erwerbbar sind. Zudem ist ihre Bewertung komplex und ihre Veräußerung schwer und langwierig. Der erwartete Ertrag (Rendite) aus einer Aktie (die Gesamtrendite) besteht aus einer Kombination von Dividendenerträgen und Kurssteigerungen. Mit ETFs kann man einfach und zu niedrigen Kosten in die Anlageklasse Aktien investieren. Weltweit existieren etwa 50 000 börsennotierte Unternehmen. Rund 10 000 davon werden kontinuierlich an den wesentlichen Börsen der Welt gehandelt und sind für normale Privatanleger tatsächlich zugänglich. Rund 40 0000 sind Micro Caps (Kleinst-Aktiengesellschaften), die nur sehr geringen Transparenz- und Offenlegungsvorschriften unterliegen. Deren Aktien sind faktisch nicht im freien Börsenhandel verfügbar, und ihr Kauf oder Verkauf ist mit hohen Nebenkosten verknüpft. Das globale Aktienuniversum lässt sich in vielfältige Sub-Asset-Klassen aufteilen: nach Ländern, Regionen, Branchen, »Themen«, Nachhaltigkeits-

Ratings und anderen Kriterien. Viele dieser Sub-Asset-Klassen sind über spezielle Aktienindizes und damit über ETFs investierbar. Aktien-ETFs sind für die meisten Privatanleger der wichtigste ETF-Typ. Im März 2022 wurden in Deutschland rund 1800 ETFs zum Vertrieb an Privatanleger angeboten (weltweit sind es etwa 8500). Rund zwei Drittel der in Deutschland vertriebenen ETFs sind Aktien-ETFs, das verbleibende Drittel verteilt sich auf die folgenden sieben Asset-Klassen.

Asset-Klasse Unternehmensanleihen: Die Grundmerkmale von Anleihen erläutert die Infobox in diesem Abschnitt. Die meisten börsennotierten Unternehmen geben Anleihen aus (sie »emittieren« Anleihen), um sich Fremdkapital zu besorgen. Aktien repräsentieren hingegen Eigenkapital.[12] Die Welt der Unternehmensanleihen ist weitaus breiter gefächert als die der Aktien. Beispielsweise gab es von der Siemens AG im März 2022 eine Aktie (einen Aktientypus) und 39 verschiedene Anleihen.

Infobox: Was sind eigentlich Anleihen?

Obwohl der weltweite Anleihenmarkt gemessen an der Marktkapitalisierung größer ist als der Aktienmarkt, wissen viele Privatanleger weniger über Anleihen als über Aktien. Altmodische Bezeichnungen für Anleihen sind »festverzinsliche Wertpapiere«, »Schuldscheine«, »Schuldverschreibung« oder »Renten«. In der Schweiz ist auch der Begriff »Obligationen« üblich. Eine Anleihe ist letztlich ein Kredit, den der Anleger (der »Kreditgeber« oder Gläubiger) an den Anleihenemittenten (den Schuldner) ausreicht – allerdings ein Kredit, der von vornherein zum freien Handel vorgesehen ist. Der Anleihenbesitzer kann seine Kreditforderung jederzeit zum Marktkurs verkaufen, er braucht dafür nicht die Zustimmung des Kreditnehmers wie bei einem normalen Bankkredit. Der Emittent einer Anleihe kann ein Unternehmen oder ein Staat sein.

Wer eine normale Anleihe bis zur Fälligkeit (dem Rückzahlungsdatum) hält, weiß – anders als bei einer Aktie – exakt, was sein Gesamtertrag sein wird (unter der Annahme, dass der Emittent nicht vorher zahlungsunfähig wird). Anleihen eines Unternehmens sind risikoärmer; ihr Kurs schwankt

12 Bei sehr großen Unternehmen spielen Bankkredite – die typische Fremdkapitalquelle nicht börsennotierter Unternehmen – eine untergeordnete Rolle.

weniger als die Aktien des Unternehmens. Staatsanleihen sind risikoärmer als die Anleihen und Aktien von Unternehmen im betreffenden Staat.

Asset-Klasse Staatsanleihen: Wenn Staaten Schulden machen (Fremdkapital aufnehmen), dann tun sie das vorwiegend durch die Emission von Staatsanleihen. Innerhalb eines gegebenen Staates sind dessen Anleihen normalerweise die risikoärmsten Investments, gemessen am Risiko von Kursschwankungen (Volatilität) und dem Ausfallrisiko. Auch Bankguthaben haben ausnahmslos ein höheres Ausfallrisiko als die Anleihen des betreffenden Staates.

Asset-Klasse Geldmarktanlagen: Geldmarktanlagen stellen eine spezifische Anleihenkategorie dar, die man als eigene Asset-Klasse betrachten kann. Geldmarktanlagen sind Staats- und Unternehmensanleihen (a) sehr hoher Bonität, (b) sehr kurzer Restlaufzeit (typischerweise unter 18 Monaten, also geringem → Zinsänderungsrisiko) und (c) ohne Wechselkursrisiko. Geldmarktanlagen sind quasi mit Cash gleichzusetzen. Innerhalb einer gegebenen Währung stellen Geldmarktanlagen im Wesentlichen das Investment dar, bei dem sowohl das Ausfallrisiko als auch das Kurs- oder Wertschwankungsrisiko nicht mehr weiter reduzierbar sind (siehe auch die ergänzenden Bemerkungen zu Bankguthaben weiter unten in diesem Abschnitt).

Asset-Klasse Immobilien: Mit ETFs kann man in Immobilienaktienindizes investieren (nicht in einzelne Immobilienobjekte). Ein Beispiel für eine Immobilienaktie ist die der Vonovia SE (DAX-Mitglied und größter Wohnungsvermieter in Europa). Immobilienaktien-ETFs sind die überlegene Alternative zu offenen Immobilienfonds (siehe Abschnitt 16.7).

Asset-Klasse Edelmetalle: Mit ETFs kann man in die Edelmetalle Gold, Silber, Platin und Palladium investieren. Naturgemäß hat Gold in der Anlegerpraxis die größte Bedeutung. Gold-ETFs sind streng genommen keine ETFs im Sinne der rechtlichen Struktur von UCITS-Fonds (siehe Infobox »Investmentfonds und ihr rechtlicher Hintergrund« in Kapitel 3), sondern sogenannte ETCs (Exchange Traded Commodities, zu Deutsch:

börsengehandelte Rohstoffe). Auf diesen nicht unwichtigen Unterschied komme ich in Kapitel 7 noch genauer zu sprechen. Wie wir später im Buch noch genau sehen werden, ist die langfristige Rendite von Gold deutlich schlechter ist als die von Aktien – bei gleich hohem oder höherem Risiko. Silber stellt eine noch schlechtere Rendite-Risiko-Kombination als Gold dar. Platin und Palladium sind unklare Fälle.

Asset-Klasse Rohstoffe: Lässt man Edelmetalle außen vor, existieren vier weitere Rohstoffkategorien: Agrarrohstoffe (z. B. Weizen, Mais, Reis, Schweinebäuche, Baumwolle, Holz), Basismetalle (z. B. Kupfer, Nickel, Zink, Aluminium, seltene Erden), Energie (Kohle, Erdöl, Erdgas) und Mineralien (z. B. Bauxit, Phosphat, Schwefel). Was manchem Privatanleger nicht bewusst ist: In Rohstoffe kann man als Privatanleger direkt gar nicht investieren, weil die damit verknüpften Lager- und Versicherungskosten jede denkbare Rendite langfristig auffressen würden. Als Privatanleger kann man lediglich in (besicherte) Rohstofftermingeschäfte investieren, engl. Collateralized Commodity Futures (CCFs). Die vielen verschiedenen Rohstoff-ETFs (bzw. ETCs), die heute verfügbar sind, bilden jeweils einen von mehreren Dutzend Commodity-Futures-Indizes ab. Die eher unattraktiven Renditen von CCFs unterscheiden sich von den zugrundeliegenden Rohstoffen kurz- und mittelfristig beträchtlich. Lesern, die sich genauer über Rohstoff-ETCs informieren wollen, empfehle ich den Blog-Beitrag Kommer/Kanzler 2021.

Asset-Klasse Kryptowährungen: In Kryptowährungen, allen voran Bitcoin, kann man via Krypto-ETF einfacher, bequemer und mit weniger »operativem Risiko« investieren als über ein Direktinvestment in eine Kryptowährung. Allerdings sind Krypto-ETFs, wie auch Gold-ETFs, keine UCITS-Fonds (zu diesem Unterschied siehe Kapitel 7). Krypto-ETPs (Exchange Traded Products) sind rechtlich betrachtet Bankschuldverschreibungen, die zu 100% durch physische (wenn man dieses Adjektiv hier verwenden darf) Kryptowährungsbestände besichert sind. In Abschnitt 12.4.3 gehe ich genauer auf Krypto-ETPs ein.

Vielleicht werden sich einige Leser wundern, warum Bankguthaben – die in Deutschland volumenmäßig unter Privatanlegern am meisten verbreitete Form für liquide Vermögensanlagen – hier nicht als Asset-Klasse genannt wird. Die Antwort ist einfach: Bankguthaben sind keine Asset-Klasse, sie sind ein Finanzprodukt, eine verpackte Asset-Klasse, genauer eine Verpackung der bereits in Kapitel 2 erwähnten Asset-Klasse Geldmarktanlagen. Aus Investmentperspektive bestehen für Bankguthaben, die betraglich oberhalb der gesetzlichen Einlagensicherung liegen, ein gefährliches, schwer zu beurteilendes Ausfallrisiko (Rückzahlungsrisiko). Von kurzfristigen »Geldparkensituationen« abgesehen ist dieses Risiko grundsätzlich nicht akzeptabel.

Der Vollständigkeit halber sollte ich noch erwähnen, dass in den USA auch *aktiv gemanagte* ETFs existieren, also ETFs, die nicht einfach passiv einen Index abbilden, sondern wie ein traditioneller aktiv gemanagter Aktienfonds eine aktive, subjektive Anlagestrategie verfolgen, mit einem menschlichen Fondsmanager. Der globale Marktanteil solcher aktiver ETFs an allen ETFs ist winzig klein, und in Deutschland werden sie im Privatanlegermarkt noch überhaupt nicht angeboten.[13] Die Nutzung eines aktiv gemanagten ETFs würde der in diesem Buch in den Kapiteln 11 bis 13 dargestellten Anlagestrategie widersprechen.

In die für die meisten Menschen wirtschaftlich bedeutendste Asset-Klasse kann man per ETF allerdings nicht investieren – in das eigene Humankapital. Dieses wichtige Asset beschreibe ich in Abschnitt 10.2.

13 In den Medien werden sogenannte Smart-Beta-ETFs (auch Factor-ETFs genannt), die im Rahmen dieses Buches keine Rolle spielen, gelegentlich ebenfalls zu den aktiv gemanagten ETFs gezählt.

5 Was ETFs für Privatanleger so besonders macht

> »Auch wenn es schwer zu akzeptieren ist: Die [Finanz-]Märkte sind so weit informationseffizient, dass Spekulation dem normal informierten Privatanleger mehr schadet als nützt.« (Martin Weber, BWL-Professor Universität Mannheim)

Aus meiner Sicht vereinen ETFs einen Blumenstrauß von neun vorteilhaften Eigenschaften, der sie für die Vermögensanlage von Privatanlegern einzigartig geeignet macht.

- **Eigenschaft 1: Verständlichkeit.** ETFs sind – vor allem für Finanzanfänger – leichter zu verstehen als die allermeisten anderen Formen der Vermögensbildung, auch leichter als die Vermögensanlage *vermietete Immobilie.*
- **Eigenschaft 2: Transparenz**. Bei einem ETF weiß der Anleger zu Beginn und fortlaufend klarer als bei jedem anderen Finanzprodukt, in was sein Geld tatsächlich investiert ist. In Sachen Transparenz liegen die buchstäblichen Welten zwischen ETFs einerseits und beispielsweise kapitalbildenden Lebens- oder Rentenversicherungen oder einem Vermögensverwaltungsvertrag mit einer Bank andererseits.
- **Eigenschaft 3: Geringer Arbeitsaufwand/Bequemlichkeit.** Wer als Do-it-yourself-Anleger unterwegs ist, der wird keine Anlageform finden, mit der sich der Arbeitsaufwand im Zeitablauf besser minimieren lässt als mit ETFs.
- **Eigenschaft 4: Niedrige Nebenkosten.** Investieren ist niemals frei von Transaktionskosten für Kauf und Verkauf sowie fortlaufenden Nebenkosten. Die in dieser Hinsicht teuersten Investments sind Immobilien. ETFs gehören zu den billigsten. Selbst ein Portfolio aus einzelnen Aktien auf Buy-and-Hold-Basis (Kaufen und Halten) ist realistisch betrachtet langfristig nicht billiger als ein ETF, wenn man das für jeden rationalen Privatanleger anstrebenswerte Ziel »breite Streuung« (Diversifikation) zugrunde legt.

- **Eigenschaft 5: Sicherheit der rechtlichen Struktur.** Die rechtliche Struktur eines ETFs ist in Bezug auf ihre Robustheit unübertroffen. Im folgenden Kapitel 6 zeige ich, was ETFs rechtlich so robust macht und was das für den Anleger bedeutet.
- **Eigenschaft 6: Universalität.** ETFs sind in ihrer praktischen Anwendbarkeit so vielfältig wie die ikonischen roten Schweizer Taschenmesser von Victorinox. Mit keinem Finanzprodukt kann man in mehr verschiedene Asset-Klassen und trennschärfer investieren als mit ETFs.
- **Eigenschaft 7: Wissenschaftliche Herleitung.** Indexfonds wurden Anfang der 1970er-Jahre erfunden, um die Ergebnisse einiger bahnbrechender Forschungsergebnisse aus den vorhergehenden 20 Jahren in die Praxis umzusetzen.[14] Eine vergleichbar unmittelbare Ableitung aus der Wissenschaft statt aus Marketing-Erwägungen der Finanzbranche kann kein anderes Finanzprodukt für sich reklamieren.
- **Eigenschaft 8: Modulares Baukastenprinzip.** ETFs bilden Asset-Klassen direkt, rein und transparent ab. Daher eignen sie sich konkurrenzlos gut zur Ergänzung der anderen Vermögensanlagen, die bei einem Privathaushalt unweigerlich schon vorhanden sind (darunter beispielsweise Humankapital – siehe Abschnitt 10.2 – oder ein Anspruch an die gesetzliche Rentenversicherung). Diese Ergänzung ist quasi modular – ohne nachteilige Konzentrationsrisiken aus Überlappungen oder Doppelabbildungen.
- **Eigenschaft 9: »Aktiv-Passiv-Flexibilität«.** Von ETFs heißt es in den Medien, dass sie »das Werkzeug für passives Investieren« seien.[15] Das stimmt zwar, ist aber nur die halbe Wahrheit. Mit ETFs kann man auch aktiv investieren. Der größere Teil der rund 10 000 Milliarden US-Dollar, die Anfang 2022 weltweit in ETFs steckten, repräsentiert aktives, nicht passives Investieren. Wer also spekulativ (aktiv) investieren möchte, der kann das auch mit ETFs umsetzen.

Nun habe ich eine Reihe von Vorteilen von ETFs genannt. Daraus folgt zwangsläufig die Frage: Und was sind die Nachteile von ETFs? Bekannt-

14 Zur Erinnerung: ETFs sind eine Variante von Indexfonds – siehe dazu Abbildung 1 in Kapitel 3.

15 Auf die Unterscheidung zwischen aktivem und passivem Investieren komme ich in Kapitel 8 zu sprechen.

lich hat sehr wenig im realen Leben ausschließlich Vorteile, und das gilt natürlich auch für ETFs.

In Kapitel 9 gehe ich auf die 18 in den Medien und im Internet am häufigsten vorgetragenen Argumente gegen ETFs und ihre angeblichen oder tatsächlichen Risiken ein. Einige dieser Argumente sind falsch, einige zwar nicht falsch, aber irrelevant, einige Nachteile sind schrill übertrieben und einige bewegen sich auf der rein volkswirtschaftlichen Ebene, betreffen also von vornherein nicht Sie als individuellen Anleger. Wenn Sie, lieber Leser, an dieser Stelle auf diese Kritik neugierig sind, dann blättern Sie einfach vor zu Kapitel 9.

6 Warum ETF-Investments rechtlich sicher sind

In Bezug auf die Sicherheit der rechtlichen Struktur eines ETF-Investments stellen sich zwei Fragen: (a) Habe ich als ETF-Anleger ein Risiko im Hinblick auf die Fondsgesellschaft als meine Gegenpartei, also ein Ausfallrisiko, wenn der ETF-Anbieter pleitegeht? Und (b) habe ich als ETF-Anleger ein Risiko im Hinblick auf die Depotbank (die Verwahrerin meiner ETF-Anteile) als meine Gegenpartei?

Zur Frage (a): Sicherlich haben Sie schon einmal von dem Konstrukt des Sondervermögens bei Investmentfonds gehört, das ich schon in der Infobox »Investmentfonds und ihr rechtlicher Hintergrund« in Kapitel 3 kurz erwähnt habe. Was hat es damit auf sich? Die Anlegergelder in einem ETF (allgemeiner in einem UCITS-Fonds) bilden aus der Perspektive der Fondsgesellschaft eine Art Treuhandvermögen. Das Anlegervermögen in einem gegebenen einzelnen Fonds ist rechtlich vom Vermögen der verwaltenden Fondsgesellschaft und auch vom Vermögen der anderen Fonds getrennt, die die Fondsgesellschaft sonst noch verwaltet – daher der Begriff »Sondervermögen«. Die Fondsgesellschaft ist nicht Eigentümerin der Anlegergelder, sondern nur ihre Verwalterin oder Treuhänderin.

Für rechtlich in Deutschland ansässige Fonds sind die wesentlichen gesetzlichen Grundlagen dafür die §§ 92 ff. im Kapitalanlagengesetzbuch (KAGB). Für Fonds, die in anderen EU-Ländern ansässig sind, bestehen vergleichbare Regelungen im nationalen Wirtschaftsrecht. Die Vorgaben für diese nationalen Regelungen kommen – das wird keinen Leser überraschen – von der EU. Fast 90% der in Deutschland und in ganz Europa vertriebenen ETFs haben ihren rechtlichen Sitz in Irland oder Luxemburg.[16] Der kleine Rest verteilt sich auf Großbritannien, Frankreich, die Schweiz und Deutschland. Für Aktien-ETFs (nicht für ETFs auf andere

16 Mit Steuervorteilen für den Fondsanbieter hat das nichts zu tun, wie man vielleicht vermuten könnte.

Asset-Klassen) hat der Standort Irland quellensteuerliche Vorteile, auf die ich in Kapitel 15 über Steuern näher eingehe.

Und nun die gute Nachricht: Sollte die verwaltende Fondsgesellschaft in wirtschaftliche Schwierigkeiten geraten und Gläubiger auf ihr Vermögen zugreifen, ist das für die Vermögensposition der Anleger in den einzelnen Fonds unerheblich. Das ist der Kern des Konzepts Sondervermögen bei UCITS-Fonds.

Die Sondervermögen-Struktur ist keine deutsche oder europäische Erfindung, sondern eine amerikanische. Sie ist steinalt, hat sich während Dutzender schwerer Marktkrisen in den vergangenen 90 Jahren sehr gut bewährt und ist die globale Norm bei Investmentfonds für Privatanleger.

Die Trennung des Sondervermögens vom Vermögen der Fondsgesellschaft wird technisch auch dadurch sichergestellt, dass das Fondsvermögen bei einer separaten Depotbank verwahrt wird (nicht zu verwechseln mit der Depotbank des Anlegers). Diese Depotbank der Fondsgesellschaft unterliegt ihrerseits der nationalen Bankenaufsicht. Sowohl ein Konkurs der Fondsgesellschaft als auch der Konkurs der Depotbank der Fondsgesellschaft wäre aus Anlegersicht unmaßgeblich, weil Anleger davon schlicht nicht betroffen sind.

Im Zusammenhang mit der Frage der Sicherheit und Stabilität der Fondsgesellschaft begegnet mir in der Praxis gelegentlich folgende Anlegerfrage: »Sollte ich bei meinen ETF-Investments in Bezug auf die Fondsgesellschaft diversifizieren (streuen)?« Beispiel: Anleger Julian hat sein liquides Vermögen in drei Aktien-ETFs auf die Indizes MSCI North America, MSCI Europe und MSCI Emerging Markets (Schwellenländer) angelegt, sowie in einen Anleihen-ETF, der weltweit in kurzlaufende Unternehmensanleihen hoher Bonität in Euro investiert. Alle vier ETFs kommen von der Fondsgesellschaft BlackRock (einem großen ETF-Anbieter). Unterstellen wir, dass Julian der Meinung ist, die BlackRock-ETFs seien in Bezug auf die für ihn zählenden Produkteigenschaften (z. B. niedrige Kosten und physische Replikation) gut geeignet. Sollte Julian aus Risikogründen nun bestrebt sein, stattdessen über mehrere verschiedene ETF-Fondsgesellschaften zu streuen (also nicht nur BlackRock-ETFs zu kaufen)? Antwort: Nein, Julian kann diese vermeintliche Vorsichtsmaßnahme getrost ignorieren. In dem unwahrscheinlichen Fall, dass BlackRock in wirtschaftliche Schwierigkeiten geraten sollte, ist sein Vermögen genauso sicher, wie wenn er die entsprechenden ETFs von vier verschiedenen Anbietern hielte.

Infobox: Der Creation-Redemption-Prozess bei ETFs

Der Vorgang, wie ein gegebener ETF-Anteil juristisch und technisch entsteht, bevor er an die Börse gebracht wird und dort von Anlegern gekauft werden kann, nennt sich »Creation-Redemption-Prozess« (Erzeugungs- und Rücknahmeprozess). Normale Privatanleger brauchen diese Details nicht zu verstehen, genauso, wie ein Autokäufer keine KFZ-Mechanikerkenntnisse braucht, um mit seinem Fahrzeug gut fahren zu können. Wer sich dennoch über den Creation-Redemption-Prozess informieren möchte, kann zwei Artikel dazu auf den ETF-Portalen extraETF.com oder justETF.com lesen – einfach »Creation Redemption extraETF« oder »Creation Redemption justETF« googeln.

Nun zur Frage (b): Habe ich als ETF-Anleger ein Gegenparteirisiko (Ausfallrisiko) meiner Depotbank? Antwort: Nein, habe ich nicht. Die Insolvenz der Depotbank des Anlegers wäre für dessen Vermögenspositionen und ETF-Bestände unerheblich, da die Wertpapiere und Fondsanteile in einem Wertpapierdepot wiederum nicht Eigentum der Bank sind, sondern nur von ihr *verwahrt* werden. Per Analogie: Der Inhalt eines Bankschließfachs ist nicht Eigentum der Bank, sondern wird – wie ETF-Anteile in einem Depot – ebenfalls nur von ihr verwahrt. Im Falle der Insolvenz der Bank verbleibt der Inhalt des Schließfaches natürlich beim Schließfachinhaber. Weil die Depotbank kein Ausfallrisiko repräsentiert, ist es auch sinnlos, sein Wertpapiervermögen zur Minderung des Risikos auf verschiedene Banken zu verteilen.[17]

Wichtig: Dieser Schutzmechanismus (dass die Bank bei Depots als reine Verwahrstellen fungiert) gilt nicht für Kontoguthaben (Girokonten, Sparkonten, Tagesgelder, Festgelder) und auch nicht in Bezug auf das zum Depot gehörende Verrechnungskonto, das die Depotbank des Anlegers führt. Mehr zum Thema »Gegenparteirisiko Bank« in Abschnitt 16.1.

Die Kombination aus Sondervermögen und dem Verwahrstellenstatus der Depotbanken existiert als Struktur nunmehr seit fast 100 Jahren

17 Die Aussage in diesem Absatz gilt nicht für Anleihen, die von der Depotbank selbst emittiert wurden. Solche hauseigenen Anleihen schwatzen Banken ahnungslosen Kunden aufgrund eines hier besonders krassen Interessenkonflikts sehr gerne auf.

und hat sich durch eine kaum noch zählbare Abfolge von internationalen und nationalen politischen und wirtschaftlichen Krisen bewährt. Wir erinnern nur an die jüngsten zurückliegenden Marktkrisen, den Dotcom-Crash ab Anfang 2000, die große Finanzkrise ab Anfang 2008 und den Corona-Crash im ersten Halbjahr 2020. Diese drei Stresstests hätten kaum härter sein können, und alle drei haben ETFs als rechtliche Struktur mit Bravour bestanden.

Auch Ausfälle und Krisen individueller Banken oder Fondsgesellschaften konnten der rechtlich betonharten Kombination *Sondervermögen + Verwahrstellenstatus* nichts anhaben.

7 Echte und unechte ETFs unterscheiden

Sofern ein Anleger nur in simple, breit gestreute ETFs auf Aktien und Anleihen ohne exotische Merkmale investiert, kann er diesen Abschnitt überspringen, weil sich der Anleger dann nahezu sicher nur in der vertrauenswürdigen Welt der echten ETFs bewegt. In Abbildung 2 entspricht das dem Kasten ganz links. Anleger, die jedoch mit dem Gedanken spielen, auch in ETFs auf Edelmetalle, Rohstoffe, Kryptowährungen oder in sogenannte Zertifikate zu investieren, werden von dem Hintergrundwissen profitieren, das dieser Abschnitt vermittelt (auf Zertifikate gehe ich in Abschnitt 16.6 näher ein).

Die Bezeichnung »ETF« ist rechtlich nicht geschützt. Im Prinzip kann jeder sein XYZ-Finanzprodukt unter dem inzwischen populären Etikett »ETF« vermarkten, auch wenn es sich in Wirklichkeit nicht um einen ETF handelt, so, wie dieses Finanzprodukt üblicherweise unter Fachleuten verstanden wird, und so, wie ich es in den vorhergehenden Kapiteln beschrieben habe.

In Kapitel 3 habe ich geschildert, wie ETFs in der weiten Finanzproduktwelt einzuordnen sind. In der Infobox in Kapitel 3 kam auch der furchtbar technisch klingende Begriff »UCITS-Fonds« vor. Das sind Investmentfonds, die in der EU für den Vertrieb an Privatanleger vorgesehen sind und die strengen aufsichtsrechtlichen Anlegerschutzvorschriften unterliegen. Die wichtigsten drei Vorschriften werden in Abbildung 2 im linken Kasten unter der Überschrift »Echte ETFs« genannt. Ein echter ETF muss zwingend den Status eines UCITS-Fonds haben. Hat er ihn nicht, handelt es sich – das ist meine Wortwahl – um einen »unechten ETF«. Davon existieren im Wesentlichen drei Typen, die aber im Internet häufig einfach nur als »ETFs« bezeichnet werden, obwohl sie streng genommen keine sind, jedenfalls keine im Sinne der Erfüllung der UCITS-Vorgaben.

Abbildung 2: Die vier Grundtypen von Exchange Traded Products: Echte ETFs und drei Arten von unechten ETFs

Exchange Traded Products (ETPs)

Echte ETFs

- Sind UCITS-Fonds mit allgemein strenger Regulierung zum Anlegerschutz.
- UCITS-Fonds sind Sondervermögen (kein Emittentenrisiko).
- UCITS-Fonds müssen zu mindestens 90% in börsennotierte Wertpapiere investieren, typischerweise Aktien oder Anleihen. Bei ETFs sind es de facto 100%, weil das der Index vorgibt.
- UCITS-Fonds unterliegen weitreichenden Mindestdiversifikationsvorgaben (hohe Streuung).
- Sie dürfen keine Schulden aufnehmen (außer sehr kurzzeitig und in kleinem Umfang).

Unechte ETFs (Pseudo-ETFs)

- Sind keine UCITS-Fonds, insgesamt weniger streng reguliert, erfüllen keine Mindestdiversifikationsvorgaben, können Fremdkapital aufnehmen, investieren nicht oder nur partiell in börsennotierte Wertpapiere, sondern zumindest teilweise in illiquide Assets (z.B. einzelne Immobilien). Diese ETPs sind rechtlich gesehen von Banken emittierte Anleihen und weisen daher grundsätzlich ein Gegenparteirisiko auf. Sie sind kein Sondervermögen.

Crypto-ETFs/Crypto-Zertifikate

- Sind ETNs (Exchange Trade Notes), somit rechtlich Bankschuldverschreibungen, werden jedoch häufig fälschlich als ETFs bezeichnet.
- Investieren in eine Kryptowährung wie Bitcoin oder einen diversifizierten Korb mehrerer Kryptowährungen.
- 100%-Besicherung durch Kryptoinvestments; dadurch Gegenparteirisiko im Prinzip vollständig abgesichert.

Rohstoff-ETCs und Gold-ETCs

- Exchange Traded Commodities (ETCs). Sie sind ebenfalls ETNs (rechtlich Bankschuldverschreibungen).
- Investieren in Rohstoff-Termin-Verträge bzw. physische Edelmetalle.
- 100%-Besicherung durch sichere Anleihen (bei Rohstoff-ETC) oder durch Edelmetalle; dadurch Gegenparteirisiko im Prinzip vollständig abgesichert.

Traditionelle Zertifikate

- ETNs (Exchange Traded Notes), jedoch häufig fälschlich als ETFs bezeichnet.
- Stellen komplexe, oftmals exotische Investmentstrategien zu allem Möglichen dar, sind aber rechtlich selbst stets Bankanleihen. Oft hohe versteckte Kosten.
- Keine Besicherung, Gegenparteirisiko nicht abgesichert.
- Ich rate von diesen Investments grundsätzlich ab.

► Zu Commodity-ETCs: Es existieren auch Commodity-ETFs, die UCITS-Fonds, also »echte ETFs«, sind.

Die wichtigsten beiden Schlussfolgerungen, die aus meiner Sicht aus Abbildung 2 abzuleiten sind: (a) Investieren Sie nicht in traditionelle Zertifikate (die ganz rechte Box in Abbildung 2), weil dort ein unbesichertes Gegenparteirisiko besteht. Echte ETFs sind es sowieso nicht. (b) Bei Krypto-ETNs wie auch bei Commodity-ETCs oder Gold-ETCs besteht zwar auch ein Gegenparteirisiko, aber es ist – in der Regel – vollständig besichert und dadurch im Prinzip akzeptabel. Von dieser Regel mag es Ausnahmen geben. Deswegen ist es doppelt wichtig, bei solchen unechten ETFs zu überprüfen, ob das unverzichtbare Kriterium der 100%igen Besicherung erfüllt ist. (In Abschnitt 12.4.3 gehe ich noch näher auf Kryptoanlagen ein, in Abschnitt 16.6 auf Zertifikate.)

8 Aktiv oder passiv investieren: Warum passiv besser ist

> »Es ist absurd, zu glauben, dass normale Privatanleger jemals [systematisch] Geld mit Marktvorhersagen verdienen werden.« (Benjamin Graham, 1894–1976, Autor des wohl legendärsten aller Investmentbücher *The Intelligent Investor*, Lehrmeister und Mentor von Warren Buffett)

Diesem Kapitel muss ich eine kleine Warnung voranstellen: Es ist das einzige im Buch, auf das man das Attribut »theoretisch« anwenden muss. Alle anderen Kapitel bewegen sich nahe an der Anlagepraxis und -umsetzung. Doch ganz ohne Theoriekenntnisse geht es bei manchen wichtigen Themen im Leben nicht. Vermögensbildung, also Investieren, ist eines von ihnen.

Aus der Helikopterperspektive existieren eigentlich nur zwei Grundformen von Investieren: »aktiv« und »passiv«. Die meisten Menschen, die sich nicht schon eine Weile mit Börseninvestments beschäftigt haben, assoziieren Investieren quasi automatisch nur mit Aspekten, die in die Kategorie »aktives Investieren« fallen. Aktives Investieren ist »das, was alle machen«. Sein globaler Marktanteil dürfte heute bei etwa 95% oder sogar noch höher liegen (siehe Kommer/Kapoor 2023).

Aktiv investieren heißt, Geld anzulegen mit dem ausgesprochenen oder unausgesprochenen Ziel, ein »besonders gutes« oder »attraktives« Investment zu tätigen. Wie der jeweilige Anleger »besonders gut« oder »attraktiv« im Einzelfall interpretiert, da mag es eine Million unterschiedliche Auffassungen geben. Ihnen allen ist dennoch gemein, dass der Anleger mit seiner ursprünglichen, anfänglichen Investmententscheidung auf ein im weitesten, wenn auch nicht immer im wörtlichen Sinne überdurchschnittlich attraktives Investment abzielte. Diese Charakterisierung gilt im Kontext von aktiv anlegen für *jede* Art von Investment: Aktien, zinstragende Anlagen, Immobilien, Gold, Rohstoffe und natürlich für alle »verpackten Investments« (siehe Abschnitt 10.12), also Finanzprodukte, in denen diese Primär-Asset-Klassen enthalten sind, z. B. kapitalbildende Lebens- oder

Rentenversicherungen. Die einzigen und auch nur partiellen Ausnahmen von dieser Aussage sind selbstgenutzte Immobilien – weil sie typischerweise eine Lebensstilentscheidung mit einer Investmententscheidung kombinieren und weil man in eine Wohnimmobilie zur Eigennutzung ja notwendigerweise nicht passiv investieren kann.

Passiv investieren ist im Vergleich dazu fundamental anders: Bei passivem Investieren zielt der Anleger nicht darauf ab, eine überdurchschnittliche Rendite zu erzielen oder den Markt zu schlagen. Der passive Anleger sagt vielmehr: »Ich will die Marktrendite zu niedrigstmöglichen Kosten. Punkt. Ende.« Die Marktrendite (vor Kosten) ist definitionsgemäß die durchschnittliche Vor-Kosten-Rendite aller Marktteilnehmer. Damit würde sich ein überzeugter aktiver Anleger seinem Anspruch nach niemals zufriedengeben – er hat »höhere Ziele«.

In diesem Kontext mag die folgende Begebenheit bezeichnend sein: Der erste Indexfonds für Privatanleger wurde 1976 von der amerikanischen Fondsgesellschaft Vanguard aufgelegt (der erste für gewerbliche Anleger 1971). In seinen wenig erfolgreichen Anfangsjahren wurde der Vanguard-Fonds von Vertretern der etablierten Fondsindustrie als »unamerican« und »Narrheit« verlacht, weil er auf die Erzielung einer Überrendite, also einer über dem Markt liegenden Rendite, verzichtete.[18]

Ein passiver Anleger muss definitionsgemäß ein Buy-and-Hold-Anleger sein, denn der Markt selbst ist ein Buy-and-Hold-Konzept. Wenn ein Wertpapier von Anleger A an Anleger B verkauft wird, hat sich aus der Sicht des Marktes ja ganz offensichtlich nichts verändert. Für den Markt ist das ein Linke-Tasche-rechte-Tasche-Vorgang. Der Markt war vor dem Besitzerwechsel der Halter des Wertpapiers und ist es auch danach.

Die Begründung und Motivation für passives Anlegen (das übrigens nichts mit dem Konzept des »passiven Einkommens« zu tun hat) wurde über die letzten fast 60 Jahre hinweg von der empirischen Finanzmarktforschung in Form Tausender wissenschaftlicher Studien geschaffen. Eine solche Untersuchung, die den Vorzug hat, dass sie alle sechs Monate aktualisiert wird, wird von Standard & Poor's durchgeführt, ein Unternehmen, dessen zwei Hauptgeschäftsfelder die Erstellung von → Ratings für

18 Der Fonds hieß anfänglich »Vanguard Index Trust« und wurde später in »Vanguard 500 Index« umbenannt, da er den S&P 500 Index abbildet. Dieser Indexfonds ist nach einem anderen Vanguard-Indexfonds inzwischen der zweitgrößte Investmentfonds der Welt.

Anleihen sowie die Berechnung und Publikation von Wertpapierindizes ist. Die folgenden Tabellen 2 und 3 basieren auf dieser halbjährlich wiederholten Auswertung von S&P.

Tabelle 2: Anteil von in Europa domizilierten, aktiv gemanagten Aktienfonds, die in den drei und zehn Jahren bis Juni 2022 in Bezug auf ihre absolute Rendite unter ihrer passiven Index-Benchmark lagen – ausgewählte Asset-Klassen

Fondskategorie/Asset-Klasse (Anlageschwerpunkt)	Juli 2019 bis Juni 2022 (3 Jahre)	Juli 2012 bis Juni 2022 (10 Jahre)
Aktien – Industrieländer, global	92,1%	97,9%
Aktien – Schwellenländer, global	82,3%	96,1%
Aktien – Deutschland	48,5%	76,3%

► Quelle: S&P Dow Jones SPIVA Europe Scorecard Mid-Year 2022. ► Die untersuchten Fonds sind in Europa domizilierte UCITS-Aktienfonds. »Domiziliert« bezieht sich auf den rechtlichen Sitz eines Fonds. ► Equal-weighted fund returns; ohne Berücksichtigung von Kosten in der Benchmark, aber auch ohne Kosten für etwaige Ausgabeaufschläge der aktiv gemanagten Fonds. Tabelle 3 verdeutlicht, dass der Vorsprung der Index-Benchmark typische ETF-Kosten übersteigt.

Tabelle 3: Vergleich der durchschnittlichen Renditen der Fonds in Tabelle 2 mit der Rendite der passiven Benchmark für den Zeitraum von Juli 2012 bis Juni 2022 (10 Jahre)

Fondskategorie/Asset-Klasse (Anlageschwerpunkt)	Durchschnittliche Fondsrendite	Rendite der passiven Index-Benchmark
Aktien – Industrieländer, global	8,3% p.a.	12,1% p.a.
Aktien – Schwellenländer, global	3,6% p.a.	6,0% p.a.
Aktien – Deutschland	6,6% p.a.	7,2% p.a.

► Erläuterungen siehe Angaben unterhalb Tabelle 2.

Die seit über 15 Jahren durchgeführten »SPIVA«-Untersuchungen von S&P beinhalten weit mehr Asset-Klassen als in den Tabellen 2 und 3 exemplarisch gezeigt werden, darunter auch Anleihenfonds. Die Ergebnisse sind im Zeitablauf jedoch sehr konsistent. Sie lassen sich folgendermaßen verallgemeinern:

- Deutlich mehr als die Hälfte aller aktiv gemanagten Kapitalmarktportfolios – wie beispielsweise ein Investmentfonds oder das Do-it-yourself-

Portfolio eines Privatanlegers – unterperformt über einen ausreichend langen Zeitraum seine korrekt gewählte Benchmark.

- Die Unterperformance der aktiv gemanagten Fonds (allgemeiner der aktiv gemanagten Portfolios) nimmt mit der Länge des Betrachtungszeitraums zu und erreicht über Zeiträume oberhalb von fünf Jahren bei Aktien oft über 95% und bei Anleihen oft 100%.

Nun könnte ein Anleger sagen: »Mag ja sein, aber das interessiert mich nicht, ich investiere einfach in die wie auch immer kleine Minderheit aktiv gemanagter Fonds, die ihre passive Benchmark schlägt.« Diese an sich naheliegende Überlegung hilft uns gleichwohl nicht weiter. Grund: Die kleine Minderheit der → Outperformer-Portfolios lässt sich ex ante nicht zuverlässig genug prognostizieren. Das illustriert Tabelle 4.

Tabelle 4: Performance-Kontinuität: Wie viele der Top-Quartil-Fonds (Top 25% aller Fonds) aus dem Startjahr 2017 schafften es in den vier Folgejahren, jedes Jahr im Top-Quartil zu bleiben?

	Folgejahr 1 – die 12 Monate bis 12/2018	**Folgejahr 2 – die 12 Monate bis 12/2019**	**Folgejahr 3 – die 12 Monate bis 12/2020**	**Folgejahr 4 – die 12 Monate bis 12/2021**
Aktien – Industrieländer, global	30,2%	20,4%	15,7%	4,2%
Aktien – Schwellenländer, global	14,3%	5,2%	2,6%	1,3%

► Quelle: S&P Dow Jones Europe Persistence Scorecard 2021. ► Die untersuchten Fonds sind in Europa domizilierte UCITS-Aktienfonds.

Tabelle 4 zeigt, dass es fast keine Beständigkeit (Persistenz) in der Performance von Investmentfonds gibt. Gäbe es unter den Top-Fonds in einem gegebenen Jahr (hier definiert als das renditemäßig obere Viertel aller Fonds innerhalb einer Asset-Klasse) vollkommene Leistungsbeständigkeit, dann müssten in den vier Zahlenspalten in Tabelle 4 überall 100% stehen. Alle Fonds, die im Ausgangsjahr zu den Besten gehören, bleiben in jedem der vier Folgejahre innerhalb des Bestenfelds. Die tatsächlich gemessene Performance-Kontinuität liegt sogar unterhalb derer, die allein der Zufall produzieren würde. Wenn der Zufall das Verbleiben im Top-Quartil regieren würde, dann müssten in den vier Zahlenspalten die Werte 50%, 25%, 12,5%, 6,75% stehen. Die tatsächlichen Ergebnisse sind jedoch noch schlechter als das, was der reine Zufall erzeugen würde.

Ergo: Sich darauf zu verlassen, dass ein Top-Fonds im soeben abgelaufenen Jahr auch im nächsten Jahr weit vorn liegt, ist aussichtslos. Somit gilt: Die Minderheit der Outperformer (Anleger mit Überrendite) für ein gegebenes Zeitfenster ist nicht zuverlässig prognostizierbar. In die Zukunft gerichtet wechselt die Zusammensetzung dieser Gruppe rein zufällig.

Aus den drei hier dargestellten Feststellungen ergibt sich: Der wahrscheinlichkeitsgewichtete Nutzen von aktivem Investieren gegenüber einer marktneutralen, passiven Benchmark ist negativ, vernichtet also Vermögen.[19] Anders formuliert: Die erwartete Outperformance eines Anlegers ist negativ. Statistisch betrachtet wird ein passiver Anleger einen korrekt vergleichbaren aktiven Anleger mit hoher Wahrscheinlichkeit über Zeiträume ab fünf Jahren schlagen, und je länger der Betrachtungszeitraum ist, desto weiter steigt diese Wahrscheinlichkeit.

Ein passiver Anleger landet mit hoher Wahrscheinlichkeit nach 10plus-Jahren in den Top 10% einer adäquaten Vergleichsgruppe. Ein aktiver Anleger landet mit hoher Wahrscheinlichkeit nach 10plus-Jahren irgendwo in den unteren 90% einer adäquaten Vergleichsgruppe. Als Gruppe schneiden aktive Anleger mit einer 100%igen Wahrscheinlichkeit schlechter ab als die Gruppe der passiven Anleger. Das ist eine mathematische Notwendigkeit, auf die ich weiter unten noch einmal zurückkommen werde.

Etwas paradox könnte man formulieren: Passiv investieren heißt, den Durchschnitt anpeilen, um über dem Durchschnitt anzukommen. Der wesentliche Grund dafür liegt in den viel niedrigeren Kosten passiven Investierens. Tabelle 5 fasst einige Stichworte rund um aktives und passives Investieren zusammen.

---

19 Die in diesem Buch nachfolgend noch einige Male verwendete Bezeichnung »marktneutral« hat in der wissenschaftlichen Finanzökonomie eine andere Bedeutung, nämlich ein Investment, dessen Rendite ganz oder weitgehend unabhängig ist von der relevanten Marktrendite.

Tabelle 5: Hauptunterschiede zwischen aktivem und passivem Investieren

	Active investing/Anlegen	**Passive investing/Anlegen [A]**
Globaler Marktanteil	über 95%	unter 5%
Anlegerziel	Überdurchschnittliche Renditen erzielen, den Markt schlagen wollen	Marktrenditen bzw. Asset-Klassen-Renditen ernten
Zugrundeliegende Prinzipien	Spekulation (Wetten) rund um laufend wechselnde Nachrichten, Meinungen, Prognosen, proprietäre Anlagestrategien	Wissenschaft
Empirisches Ergebnis	5% bis 10% aller aktiven Anleger erreichen ihr Investmentziel auf lange Sicht	100% aller passiven Anleger erreichen ihr Ziel kurzfristig und langfristig , solange sie konsequent an der Strategie festhalten
Praktische Umsetzung, prozessualer Ablauf	»Asset-Selektion«, z. B. Stock Picking, oder Market Timing oder ein Mix aus den beiden	Nutzung von Indexfonds/ ETFs auf Buy-and-Hold-Basis mit regelgebundenem Rebalancing
Einstellung des Anlegers zum Markt	Der Markt wird als Gegner gesehen, der geschlagen/ ausgetrickst werden muss	Der Markt wird als Freund und Verbündeter gesehen, Investieren *mit* dem Markt, nicht *gegen* ihn
Anzahl Varianten	Beinahe unendlich viele. Der Anleger oder sein Dienstleister muss eine Variante auswählen.	Kleine Zahl unterschiedlicher Varianten mit moderaten Unterschieden
Allgemeine Merkmale und Begleitumstände des Investmentansatzes	(a) Komplexität, (b) Ehrgeiz, zu gewinnen, (c) Ruhelosigkeit, (d) Emotion, Adrenalin	(a) Einfachheit, (b) Demut, (c) Ruhe, (d) Vernunft/ Wissenschaft
Konzentration versus Diversifikation, Gegenparteirisiken	Beschränkung auf überschaubare Zahl von Einzelwerten, notwendige Inkaufnahme von Konzentrationsrisiken und Gegenparteirisiken	Tausende einzelner Wertpiere, alle Gegenparteirisiken wegdiversifiziert
Kaufen und verkaufen	Im Zeitablauf häufiges spekulatives Kaufen und Verkaufen	Buy and Hold. Kaufen immer dann, wenn Mittel zur Verfügung stehen, Verkaufen nur aus Konsumgründen oder nie
Halteperiode des einzelnen Investments	Tage, Wochen, Monate oder wenige Jahre	Typischerweise Jahrzehnte
»Manager Risk« [B]	Ja	Nein

	Active investing/Anlegen	Passive investing/Anlegen [A]
All-in-Kosten für Do-it-yourself-Anleger (DIY)	ca. 0,5% bis 4% p.a.	ca. 0,1% bis 0,5% p.a.
All-in-Kosten bei Nutzung eines Dienstleisters	ca. 1,5% bis 6% p.a.	ca. 0,4% bis 1,2% p.a.
Beziehung zur Wissenschaft	Wissenschaft wird bewusst oder unbewusst systematisch ignoriert	Vollständig wissenschaftsbasiert
Arbeitsaufwand	Beim DIY-Anlegen weit höher als bei passivem Investieren. Wenn Arbeit an Dienstleister delegiert, dann höhere Kosten als bei passivem Ansatz	Arbeitsaufwand niedriger, sowohl bei DIY als auch bei delegiertem Investieren
Effektive Steuerbelastung	Höher	Niedriger

► [A] Ein Portfolio aus ETFs bedeutet nicht zwangsläufig, dass der Eigentümer des Portfolios ein passiver Anleger ist. Der größte Teil des weltweiten Anlagevolumen in ETFs wird von Institutionellen Investoren für aktives Investieren in Gestalt von Market Timing eingesetzt. ► [B] Manager Risk: Bei delegiertem Investieren das Risiko, dass der Manager (Fondsmanager, Vermögensverwalter, Finanzberater) schädliche Fehler macht oder sein Können-Level im Zeitablauf abnimmt oder er unerwartet nicht mehr verfügbar ist.

Nachdem wir nun eine grobe Vorstellung der Aktiv-Passiv-Unterscheidung haben, können wir uns an einen präziseren Versuch wagen, die Essenz von aktivem Investieren zu beschreiben:

Aktives Anlagemanagement ist der Versuch, auf der Basis einer bestimmten Anlagestrategie eine »Überrendite« (Outperformance) zu erzielen, also eine höhere Rendite als der Durchschnitt der übrigen Marktteilnehmer – gemessen an einer sinnvollen Benchmark. Anders formuliert: Es ist der Versuch eines einzelnen Investors oder Fondsmanagers, Wertpapiere oder Marktsegmente zu identifizieren, die die restlichen Marktteilnehmer vorübergehend über- oder unterbewertet haben. Sobald der restliche Markt seinen »Irrtum« erkennt und korrigiert, kann der Investor oder Fondsmanager – so die naive Vorstellung – einen Gewinn realisieren.

Aktives Anlegen ist stets spekulatives Anlegen, da der Anleger bewusst von einer marktneutralen Gewichtung seiner einzelnen Anlagepositionen zugunsten einer im Zeitablauf meist wechselnden Über- oder Untergewichtung bestimmter Assets oder Asset-Klassen abweicht, also auf mögliche Diversifikation verzichtet. Dem steht passives Portfoliomanagement gegenüber – eine Buy-and-Hold-Strategie, bei der ein Investor alle Wertpapiere, die zu einer bestimmten Asset-Klasse gehören, und alle wesentlichen Asset-Klassen hält. Aktives Trading (laufendes Kaufen und Verkaufen) findet nicht statt.

An dieser Stelle liegt die Frage nahe, *warum* systematische, also verlässliche Outperformance in den Kapitalmärkten so selten vorkommt. Die beiden wichtigsten Antworten auf diese Frage heißen: »Arithmetik des aktiven Investierens« und »Efficient-Market-Theorie« (EMT).

- Die »Arithmetik des aktiven Investierens« besagt Folgendes: Alle Anleger zusammen sind der Markt (für »Markt« könnte man auch »Asset-Klasse« sagen). Mit mathematischer Notwendigkeit produziert die durchschnittliche investierte Geldeinheit im Markt die Marktrendite. In geringfügiger Vereinfachung folgt daraus, dass der durchschnittliche aktive Anleger die Marktrendite erzielt – allerdings die Marktrendite abzüglich seiner Kosten, denn in die Ermittlung der Marktrendite (in Gestalt von Börsenindizes) fließen keine Anlegerkosten ein. Der durchschnittliche passive Anleger erzielt definitionsgemäß ebenfalls die Marktrendite abzüglich *seiner* Kosten. Die Kosten des durchschnittlichen passiven Investors sind jedoch notwendigerweise niedriger als die des durchschnittlichen aktiven Anlegers. Daher folgt wiederum: Der durchschnittliche passive Anleger erzielt in jeder Asset-Klasse (in jedem »Markt«) eine höhere Rendite als der durchschnittliche aktive Anleger. Dieses Argument stammt vom Wirtschaftsnobelpreisträger William Sharpe (Sharpe 1991). Es ist mit mathematischer Notwendigkeit wahr. Medienberichte oder Marketing-Material der Finanzbranche, die im Widerspruch zu dieser simplen, universellen Gesetzmäßigkeit stehen, basieren auf bewusst oder unbewusst falschen Zahlen – meistens auf Apfel-Birnen-Vergleichen.
- Die EMT ist eine einfache Theorie, die sich in einem Satz zusammenfassen lässt: »Allein mit öffentlich verfügbaren Informationen ist es unwahrscheinlich, eine korrekt gewählte Benchmark zuverlässig (systematisch) zu schlagen (zu outperformen).« Welcher Sachverhalt steckt hinter der EMT? Zu einem gegebenen Zeitpunkt sind mit hoher Wahrscheinlichkeit alle öffentlich verfügbaren Informationen über ein Wertpapier (eine bestimmte Aktie oder eine Anleihe) schon im Preis (Kurs) dieser Aktie enthalten. Anders als an normalen Märkten für Güter und Dienstleistungen werden neue Informationen an der Börse sozusagen rasend schnell

eingepreist, viel zu schnell, als dass ein typischer Anleger noch reagieren könnte, um rechtzeitig vorher kaufen oder verkaufen zu können. Wenn eine bestimmte Information X schon im Preis enthalten ist, dann kann man damit als Anleger keinen systematischen Vorteil mehr erzielen, insbesondere auch deswegen nicht, weil Kaufen oder Verkaufen als Reaktion Kosten verursacht. Diese Kosten hat ein passiver Buy-and-Hold-Anleger nicht. In Anbetracht der EMT sagt er: »Ich tue lieber nichts in Bezug auf Information X, weil das ohnehin wahrscheinlich zu spät wäre und weil mein Tun meiner Rendite statistisch häufiger schaden als nutzen würde.« Die Wurzeln der EMT gehen auf die beiden französischen Ökonomen Louis Bachelier und Jules Regnault aus dem 19. Jahrhundert zurück. In neuerer Zeit hat der amerikanische Wirtschaftswissenschaftler und Nobelpreisträger Eugene Fama von der Universität Chicago seit Mitte der 1960er-Jahre am meisten zur Weiterentwicklung der EMT beigetragen. Die Essenz der EMT ist: Mit öffentlich verfügbaren Informationen (und andere stehen Privatanlegern und ihren Beratern nicht zur Verfügung) ist es de facto unmöglich, den Markt anders als durch Glück zu schlagen. Wer es probiert, kann genauso gut Pech haben. Insbesondere wird er aber viel höhere Kosten als ein passiver Anleger produzieren, sodass weit mehr als die Hälfte derer, die aktiv investieren, schlechter liegen als der »Markt« (eine korrekt gewählte Benchmark).

Dieses Buch zeigt in vielfältiger Weise, dass passives Investieren die für Privatanleger überlegene Alternative ist – sowohl für Privatanleger, die selbst investieren (Do-it-yourself-Anleger), als auch für Anleger, die jemanden gegen Bezahlung damit beauftragen, für sie zu investieren, z. B. eine Bank, einen Vermögensverwalter, einen Robo-Advisor (siehe dazu Abschnitt 14.2) oder einen Fondsmanager.

Nimmt man an, dass es tatsächlich so ist, drängt sich die Frage auf, warum nicht »alle« passiv investieren? Die Antwort darauf könnte man in einer 400-seitigen Dissertation abhandeln, die vermutlich immer noch unvollständig wäre. Man kann die drei Hauptargumente jedoch auch in einem kurzen Absatz zusammenfassen:

Erstens sind Menschen in ihrer genetischen DNA (also durch die Evolution) so »programmiert«, dass sie aktives Investieren intuitiv richtig und besser finden. Passiv investieren fühlt sich für die meisten Menschen jedenfalls anfänglich »unnatürlich« oder unplausibel an. Diese Programmierung allein wird dafür sorgen, dass auch noch in 100 Jahren die meisten Profi- und Amateuranleger aktiv investieren werden.

Zweitens hat die Finanzbranche eine sehr starke Präferenz für aktives Investieren. Dies deswegen, weil sie am aktiven Investieren zwischen fünf- und zehnmal so viel verdient. Weltweit würden buchstäblich Millionen von überflüssigen Arbeitsplätzen in der Finanzbranche wegfallen, wenn der (korrekt berechnete) Marktanteil passiven Investierens von derzeit unter 5% auf, sagen wir, 50% stiege. Daran hat diese Branche natürlich kein Interesse. Deswegen fließen 95% der Marketing-Gelder und -Bemühungen der Finanzbranche in aktives Investieren, und deswegen pusht sie aktives Investieren, auch wenn es für die Anleger schlecht funktioniert. (Für die Finanzbranche funktioniert es exzellent.)

Drittens haben die Medien ebenfalls wenig Interesse an passivem Investieren, weil dabei wohl 90% der tagtäglichen Investmentberichterstattung in Printmedien, im Fernsehen und im Internet überflüssig wären. Im Abschnitt 10.13 zu Investmentpornografie werde ich hierauf eingehen.

Aus diesen drei Gründen wird passives Investieren immer eine Minderheitenbeschäftigung bleiben – eine Minderheit von besonders rationalen, besonders aufgeklärten Anlegern.

Infobox: Das Konzept der erwarteten Rendite

Die erwartete Rendite (engl. expected return) – nachfolgend abgekürzt »E. R.« – bezeichnet den auf der Basis einer wissenschaftlich abgeleiteten Methode prognostizierten langfristigen Mittelwert für die Rendite eines bestimmten Assets oder mehrerer Assets. Ein vereinfachtes Beispiel: Ein 80/20-Portfolio besteht aus zwei Aktien. Aktie A (80%-Portfoliogewicht) rentiert annahmegemäß in einem guten Börsenjahr mit +10%, in einem schlechten mit –5%. Für Aktie B (20%-Portfoliogewicht) betragen diese beiden Werte +25% und –10%. Gute Börsenjahre treten annahmegemäß in zwei Dritteln aller Jahre auf, schlechte Börsenjahre in einem Drittel. Somit beträgt die erwartete Rendite (gewichtete Durchschnittsrendite) 6,67%. Die Zahl errechnet sich so: 2/3 × (80% × 10% + 20% × 25%) + 1/3 × (80% × – 5% + 20% × – 10%) = 6,67%. Der Erwartungswert (die E. R.) für die Rendite ganzer Märkte wird oft ermittelt, indem man einen Durchschnitt aller Jahresrenditen, während eines mehr oder weniger langen vergangenen

Zeitraums, z. B. über 80 Jahre, ermittelt und gegebenenfalls um bestimmte Sonderfaktoren bereinigt. Die so ermittelte E. R. muss sich aber in der Zukunft, insbesondere in bestimmten Teilabschnitten der Zukunft, nicht exakt bestätigen, und bei Aktien (eine sehr schwankungsintensive Asset-Klasse) wird das überwiegend auch nicht der Fall sein. In diesem Sinne darf man das Adjektiv »erwartet« also nicht missverstehen. Es heißt lediglich, was das durchschnittliche Ergebnis ist, wenn wir eine hohe Zahl von Einzelfällen betrachten, z. B. einzelne Jahre in Bezug auf die erwartete Jahresrendite. Anders formuliert: Die E. R. ist der → Median einer Wahrscheinlichkeitsverteilung. Sie ist »die beste Schätzung der zukünftigen Rendite«. Keinesfalls sollte man die E. R. dahingehend interpretieren, dass z. B. für das nächste oder das übernächste Jahr ihr Eintreten eine nennenswert höhere Wahrscheinlichkeit hat als jeder andere deutlich höhere oder tiefere Wert. Für ein Portfolio von Wertpapieren gilt: Je länger die Halteperiode, desto höher die Wahrscheinlichkeit, die erwarteten Renditen oder einen ihr nahekommenden Wert auch tatsächlich zu erzielen (siehe auch das Risikokonzept »Shortfall Risk« in Abschnitt 11.6). In Bezug auf die Zukunft wird häufig vereinfacht von »Rendite« oder »Risiko« gesprochen, wenn eigentlich »erwartete Rendite« oder »erwartetes Risiko« gemeint sind. Wenn das Bewertungsniveau des Aktienmarktes aufgrund hoher vergangener Renditen hoch ist, sinkt die E. R., wenn das Bewertungsniveau aufgrund schlechter vergangener Renditen niedrig ist, steigt die E. R. Bei Anleihen ist die E. R. bis zur Fälligkeit die sogenannte Umlaufrendite der Anleihe, also die Rendite, die ein Käufer vereinnahmen wird, wenn er die Anleihe bis zur Fälligkeit hält und kein Ausfall des Emittenten eintritt.

Macht es Sinn, passives und aktives Investieren zu kombinieren? Nein, rein rational macht es keinen Sinn. Durch eine Kombination von aktivem und passivem Investieren reduziert man den Vorteil und Nutzen passiven Investierens. Gelegentlich wird in diesem Zusammenhang der ziemlich verstaubte »Core-Satellite-Ansatz« genannt. Warum er wenig taugt, erläutere ich in Abschnitt 12.9. Wer die grundsätzliche Überlegenheit passiven Investierens erkannt hat, aber aktives Investieren (z. B. Stock Picking) aus Gründen der Leidenschaft nicht lassen kann, dem empfehle ich ein kleines aktives »Zockerdepot« zu betreiben. Es sollte maximal 10% des Gesamtvermögens des Haushaltes ausmachen (besser weniger). Damit kann man den eigenen Spieltrieb oder Ehrgeiz befriedigen.

Zum Schluss noch eine Anmerkung zur Bezeichnung »passiv investieren«. Manche sagen, einer der größten Marketing-Erfolge der Aktiv-Investieren-Industrie in ihrer ganzen Geschichte sei es gewesen, vor gut 40 Jahren das Etikett »passives Investieren« auf das zu kleben, was wir heute gemeinhin als passiv investieren (Indexing) verstehen und zugleich selbst das Etikett »aktiv investieren« zu besetzen. In Wirklichkeit ist die Bezeichnung »passiv investieren« falsch, denn auch hier trifft der Anleger im Zeitablauf viele aktive Entscheidungen, nämlich jene, von denen Wissenschaft und Vernunft belegen, dass sie statistisch einen vorteilhaften Einfluss auf die erwartete Rendite und das erwartete Risiko des Investments haben. Die Entscheidungen, die getroffen werden, sind zumeist regelbasiert und mechanisch. Hingegen sind bei aktivem Investieren in erster Linie Spekulation oder Hoffnung die Grundlage der zahlreicheren, komplexeren und vorwiegend situationsgetriebenen Anlegerentscheidungen. Aktiv investieren besteht zu einem beträchtlichen Teil aus Entscheidungen und Handlungen, die in Wirklichkeit Aktionismus sind – hektisches Hin und Her, das per saldo oder durchschnittlich keinen Mehrwert schafft. Mancher Anhänger passiven Investierens ist mit dem Passiv-Etikett unglücklich, weil das Adjektiv »passiv« umgangssprachlich negativ besetzt ist. Wer möchte im Leben schon als passiv gelten? Letztlich sind diese begrifflichen Eiertänze jedoch müßig. Fakt ist, dass »passiv« für diese Art zu investieren ein seit Jahrzehnten in Wissenschaft und Praxis etablierter Begriff ist und man daher kaum um ihn herumkommt.

FAZIT

Die vielleicht grundlegendste aller Investmententscheidungen, die ein Anlegerhaushalt treffen muss, ist diejenige zwischen »aktiv« und »passiv« investieren.

Dennoch ist der weit überwiegenden Zahl aller Privatanleger diese grundsätzliche Unterscheidung weder in ihrer Herleitung noch in ihren Konsequenzen klar.

Dieses Buch zeigt, dass Privatanleger, die langfristig einen passiven Investmentansatz verfolgen, mit großer Wahrscheinlichkeit für einen gegebenen Risikolevel ein höheres Endvermögen erreichen.

9 Die wichtigsten Anti-ETF-Argumente

Nach meinem Eindruck aus den zurückliegenden 20 Jahren wird kaum ein anderes Finanzprodukt ähnlich häufig und ähnlich tiefgehend kritisiert wie ETFs, obwohl sie rechtlich sicher sind, unübertroffen transparent, preisgünstiger als jedes andere Finanzprodukt mit Ausnahme eines Bankkontos und obwohl sie schon seit 1990 existieren.

In diesem Abschnitt gehe ich auf die 18 häufigsten Anti-ETF-Argumente ein. Bevor ich das tue, will ich noch kurz erläutern, woraus sich die häufige Kritik an ETFs speist.

Erstens verdient der allergrößte Teil der Finanzbranche und insbesondere Banken an ETFs weniger als an jedem anderen Anlageprodukt. Weil das so ist, werden ETFs von Bank-»Beratern« bis zum heutigen Tag in ihren Beratungsgesprächen oft regelrecht totgeschwiegen oder – wenn das nicht geht – mit teilweise haarsträubend falschen Argumenten schlechtgeredet. Fast alle diese Argumente behandle ich in diesem Abschnitt.

Zweitens sind ETFs auch für die traditionellen Medien, für Finanzportale im Internet und für Finanz-Blogger zumindest suboptimal, weil man über ETFs auf lange Sicht viel weniger schreiben und publizieren kann als über traditionelle, also komplexe und hochpreisige Finanzprodukte, die sich wegen vermeintlich immer neuer Rahmenbedingungen ständig verändern. Um diese Komplexität und diesen wilden Wandel herum kann man wunderbar »spannende« Storys verfassen, die sich alle drei Monate neu und etwas anders wieder erzählen lassen. So werden Auflage und Klicks und damit Werbeeinkommen erzeugt. Ein Beispiel sind Storys über sagenhaft erfolgreiche oder sagenhaft »nicht mehr erfolgreiche« Investmentfonds-Manager. Für diese Art von weitgehend nutzlosem »Infotainment« und schädlicher Finanzpornografie (siehe Abschnitt 10.13) eignen sich ETFs gar nicht oder nur in geringem Maße. Was sich für das eigene Medium nicht eignet, das wird gerne kritisiert.

Drittens scheinen viele Aspekte von passivem Investieren mit ETFs (oder mit Indexfonds im Allgemeinen) Privatanlegern kontraintuitiv zu sein und dem gesunden Menschenverstand zu widersprechen. Kritik an ETFs, auch und vor allem falsche Kritik, fällt angesichts dessen bei Privatanlegern oft auf fruchtbaren Boden.

So viel zum Kontext der ETF-Kritik. Hier nun die häufigsten Anti-ETF- und Anti-Indexing-Argumente in aller Kürze – jeweils mit einer Einschätzung meinerseits.

Argument 1: Der Marktanteil von Indexing ist mit über 25% schon gefährlich hoch, und er steigt offenbar weiter. Die Fakten: Der globale Marktanteil von *passivem Investieren* – darum geht es hier letztlich – beträgt nicht 25%, sondern bewegt sich aktuell wohl eher bei 2% bis 5%. In einem kürzlichen Blog-Beitrag haben mein Kollege Praval Kapoor und ich diese Größenordnung hergeleitet und belegt. Die falschen Zahlen resultieren aus konzeptionellen Fehlern und – damit zusammenhängend – der Nutzung falscher Datengrundlagen (Kommer/Kapoor 2023).

Argument 2: Wenn alle passiv investieren, wird es nicht mehr funktionieren. Passiv investieren ist deshalb fragwürdig. Die Fakten: Ja, die Vorteile von passiv investieren setzen in der Tat voraus, dass nicht alle Marktteilnehmer passiv investieren. Genau dasselbe gilt allerdings für *jede* der unendlich zahlreichen aktiven Anlagestrategien. Und bei diesen hat meines Wissens ja auch niemand Angst, dass die Strategien durch zu große Nachahmung unwirksam gemacht werden könnten. Aber ganz abgesehen von diesem simplen, praxisorientierten Argument wiegt ein anderes noch schwerwiegender: Die allermeisten Aktivitäten von Menschen – mit der Ausnahme von Atmen und rein geistigen Aktivitäten wie denken – funktionieren überhaupt nicht oder jedenfalls sehr viel schlechter, wenn alle Menschen diese Aktivitäten gleichzeitig ausüben. Das ist entsetzlich banal und niemand hatte in den letzten 2000 Jahren ein Problem damit. Prüfen Sie mein Argument dennoch für einige Sekunden: Denken Sie für einen Moment an eine beliebige, nicht rein geistige Tätigkeit, die Sie an einem bestimmten Ort und zu einer bestimmten Zeit ausüben. Dann fragen Sie sich, was passieren würde, wenn alle Menschen in Ihrer Stadt, in Ihrer Region, in Ihrem Staat oder auf dieser Erde das Gleiche tun würden, und dann fragen Sie sich, warum das bisher nie geschehen ist und auch nie geschehen wird. Das Argument »Es funktioniert nur, wenn es nicht alle machen« ist also doppelt töricht. Es passiert in der Investmentrealität nicht, und es ist – wenn man es zu Ende denkt – schon rein theoretisch Nonsens. Warum dieser schräge Sachverhalt trotzdem laufend thematisiert wird, darüber könnte ein BWL-Student eine lohnenswerte Diplomarbeit schreiben. Doch wie dem auch sei: Wenn der korrekt berechnete globale Marktanteil von passivem Investieren von derzeit wohl rund 2% bis 5% auf über 90% gestiegen ist, dann kann sich jeder passive Anleger auf der Basis der dann vorliegenden Fakten immer noch überlegen, ob er von diesem Punkt an ins aktive Lager wechselt. Ich gehe davon aus, dass dieser Punkt in den nächsten 25 Jahren nicht erreicht werden wird.

Argument 3: Passive Anleger sind Trittbrettfahrer der aktiven Anleger. Die Fakten: Ja, das sind sie, genauso, wie die Käufer von Gebrauchtwagen Trittbrettfahrer des Neuwagenmarkts sind. Es existieren Tausende von Märkten, auf die das bizarre Trittbrettfahrerargument anwendbar wäre. Gemäß dieser Logik ist eBay ein einziger Trittbrettfahrermarkt, der gesamte Arbeitsmarkt ein Trittbrettfahrer des staatlichen Schulwesens und der thailändische Touristikmarkt ein Trittbrettfahrer des Verkehrsflugzeugmarkts.

Argument 4: Aktiv gemanagte Fonds können im Crash das Geld sicher anlegen und Verluste dämpfen, ein ETF muss dem Index hilflos nach unten folgen. Die Fakten: Diese Aussage ist einfach falsch. Grundfalsch. Passives Investieren produziert langfristig, und das schließt die Abwärtsbewegungen des Marktes ausdrücklich mit ein, statistisch höhere Renditen als aktives Investieren. Bestenfalls könnte man anhand der Daten sagen, dass der relative Vorteil von passivem Investieren in negativen Marktphasen geringer ist als in positiven Marktphasen. An dieser Stelle nur ein einziges Zahlen-Faktoid: Das Jahr 2008 war in den USA das schlechteste Aktienjahr nach 1932. Der S&P 500 Index (und damit auch ein S&P 500 ETF) verlor in diesen zwölf Monaten 37% (in USD), der durchschnittliche Aktienfonds knapp 39%.

Argument 5: Indexing beeinträchtigt das angemessene Funktionieren der Kapitalallokationsfunktion der Finanzmärkte. Wenn es zu viel Indexing gibt, kommt diese volkswirtschaftlich essenzielle Funktion zum Erliegen. Die Fakten: Das Traden (Handeln) von Aktien und Anleihen zwischen Börsenteilnehmern ist für die Emittenten von Aktien und Anleihen, also Unternehmen und Staaten, vollkommen → Cashflow- und Gewinn-neutral – beeinflusst also beides nicht. Die Bedeutung der Kapitalallokationsfunktion der Finanzmärkte wird deswegen weit überschätzt. Tatsächlich ist es die *Realwirtschaft*, die Unternehmen durch den Kauf von Produkten Kapital zuführt und durch Nichtkauf (indirekt) entzieht, sprich, Konsumenten und die Einkäufer in Unternehmen sind für eine effiziente Kapitalallokation verantwortlich. Es ist die Realwirtschaft, nicht Fondsmanager, die Apple Inc. zum wertvollsten Unternehmen der Welt gemacht hat und Nokia, den früheren Marktführer bei Mobiltelefonen, ins wirtschaftliche Nirwana trieb. Überdies werden ETFs überwiegend von aktiven Anlegern im Rahmen von Market Timing genutzt, um ihr Kapital in die Asset-Klassen zu lenken, die vermeintlich kurz- und mittelfristig die besten Ertragsaussichten haben. Wissenschaftliche Untersuchungen zeigen, dass die → Informationseffizienz der Kapitalmärkte durch ETFs in den vergangenen Jahren sehr wahrscheinlich nicht reduziert wurde (Easley u.a. 2021).

Argument 6: Indexfonds/ETFs tragen zur Erhöhung des Risikos an den Kapitalmärkten bei. Die Fakten: Mit Zahlen lässt sich dieses Argument jedenfalls nicht belegen. In den zehn Jahren ab 2009 (seit sich das Marktanteilswachstum von Indexfonds deutlich beschleunigt hat) bis Ende 2021 sank das messbare Risiko in Gestalt der Volatilität an den globalen Kapitalmärkten (Aktien und Anleihen) in der Tendenz und war im sehr langfristigen historischen Vergleich unterdurchschnittlich. Die deutliche Erhöhung dieser Volatilität ab Anfang 2022 war – darüber dürfte kein Zweifel bestehen – auf den Russland-Ukraine-Krieg zurückzuführen, nicht auf den ganz langsam steigenden, weltweit ohnehin noch moderaten Marktanteil von passivem Investieren.

Argument 7: Indexfonds/ETFs haben die → Korrelationen zwischen einzelnen Aktien erhöht und den Nutzen von Diversifikation gesenkt. Die Fakten: Die Wissenschaft ist sich uneins über dieses sehr schwer eindeutig zu überprüfende Argument (Lettau/Madhavan 2018). Ein großer Teil der in den letzten 20 Jahren beobachteten Erhöhung dieser Korrelationen geht wohl auf andere Ursachen zurück als auf Indexfonds/ETFs, sprich auf ganz allgemeine Entwicklungen wie die wachsende Integration der globalen Kapitalmärkte (Globalisierung).

Argument 8: »Es gibt eine Blase bei Indizes und ETFs.« Die Fakten: Diese Formulierung ist ein wörtliches Zitat, das ich aus einem Diskussionsforum eines Finanzportals entnommen habe. Obwohl die Aussage letztlich logik- und faktenfrei ist, führe ich sie an, weil man ihr immer wieder begegnet. In Bezug auf den darin enthaltenen Begriff »Indizes« könnte man diese Aussage vergleichen mit dem sinnfreien Statement: »Es gibt eine gefährliche Blase bei Schuhkartons.« ETFs sind einfach nur eine schlanke, dünne Hülle oder Verpackung für den Inhalt, auf den es eigentlich ankommt: Aktien oder Anleihen. Warum soll es bei einer Hülle eine Bewertungsblase geben? Die Hülle ist ein bloßes Anhängsel des Inhalts, und dieser ist ausschlaggebend. ETFs erschaffen keine neuen Aktien oder Anleihen, verändern sie auch nicht, sondern sind ganz banal ein simpler, transparenter »Behälter« für diese Wertpapiere. Wenn man von Überbewertung sprechen möchte, dann kann sich diese sachlogisch korrekt nur auf den Inhalt, also Aktien oder Anleihen beziehen, nicht auf die dünne Hülle drum herum. So wie beim Schuhkarton: Der Karton erschafft keine Schuhe und verändert sie auch nicht und hat einen mikroskopischen Anteil am Preis der Schuhe. Schuhkartons werden produziert und gekauft, weil sie Schuhe enthalten, nicht um ihrer selbst willen. Gäbe es keine Kartons, würde man für Schuhkäufe ein anderes Behältnis verwenden, z. B. Tüten, oder die Schuhe ohne ein solches verkaufen. All das gilt in fast identischer Weise auch für ETFs als Behältnis für Aktien und Anleihen.

Argument 9: Die drei größten Indexfondsanbieter – BlackRock, Vanguard und State Street – halten bei einzelnen Unternehmen bis zu 25% der Aktienstimmrechte. Das ist gefährlich viel Marktmacht. Die Fakten: Hier werden willkürlich die Beteiligungsquoten rechtlich und wirtschaftlich getrennter, miteinander scharf konkurrierender Wettbewerber aufaddiert. Die aufsummierte Zahl als entscheidende Größe für kartellrechtliche Einwände zu betrachten, ist absurd, genauso absurd, wie die Marktanteile von Volkswagen, Toyota und Tesla aufzuaddieren und diese addierte Summe als monopolistische Gefahr am Automobilmarkt zu bezeichnen.

Argument 10: Ein Zusammenbruch der genannten drei größten Indexfondsanbieter würde die globale Finanzarchitektur in Gefahr bringen. Die Fakten: Hinter diesem Argument steckt die Unkenntnis des fundamentalen Unterschieds zwischen Großbanken, deren Zusammenbruch tatsächlich Systemrelevanz haben kann, und dem ganz anderen Geschäftsmodell von Fondsgesellschaften. Selbst ein 90%iger Börsencrash würde das Vermögen der Fondsgesellschaften nicht schädigen, weil diese Verluste gar nicht ihr eigenes Vermögen, sondern das der Anleger beträfen. Lediglich die Einnahmen der Fondsgesellschaften aus Aktienfonds würden schrumpfen (deutlich weniger als die aus Anleihenfonds). Das beispielsweise von BlackRock verwaltete Vermögen in ishares-ETFs (BlackRock-ETFs) steht selbstverständlich nicht in der Bilanz von BlackRock, weil es BlackRock ja gar nicht gehört.

Argument 11: In einer Megakrise oder schweren Systemkrise sind Investments in Einzelwertpapiere technisch sicherer als Investments in ETFs. Ein Direktanleger in Einzelwertpapieren würde schneller und sicherer an sein Eigentum gelangen, als das bei ETFs (verpackten Investments) der Fall wäre. Die Fakten: (a) Generell ist dieses Anti-ETF-Argument eine rein theoretische Spekulation ohne Bezug auf empirisch-historische Fakten. Nehmen wir einmal an, mit »Megakrise« oder »schwerer Systemkrise« seien Ereignisse wie ein Dritter Weltkrieg, ein großer Krieg in Westeuropa, ein größerer Bürgerkrieg auf westeuropäischem oder nordamerikanischem Territorium oder ein chaotischer Zusammenbruch der Eurozone gemeint. Da es derartige Krisen in der für diese Frage relevanten Vergangenheit nicht gab, kann man aus der Historie nur sehr eingeschränkt Hinweise ableiten. Dennoch hilft ein Blick in die Geschichte. Das Finanzprodukt »Investmentfonds« (Publikumsfonds) existiert in den USA seit über 90 Jahren und in Europa seit gut 60 Jahren. Investmentfonds haben in diesen neun Jahrzehnten nahezu jeden erdenklichen Stresstest erlebt und stets funktionierend überstanden, darunter die Megakrise des Zweiten Weltkriegs und mehrere schwere Markt- und Börsenkrisen (Ölkrisen-Crash ab 1973, Dotcom-Crash ab 2000, große Finanzkrise ab 2007, Corona-Crash ab Februar 2020 und den Russland-Ukraine-Krieg ab Februar 2022). Indexfonds als Variante von Investmentfonds existieren seit etwa 50 Jahren, ETFs als Variante von Indexfonds seit 30 Jahren – von neuartigen, ungetesteten Anlageformen kann hier also nicht die Rede sein. In diesen 50 bzw. 30 Jahren hat nach meinem besten Wissen und Gewissen weltweit noch nie ein Privatanleger einen Schaden aus der rechtlichen und marktinfrastrukturellen Struktur von Indexfonds oder ETFs erlitten, was man für viele andere Anlageprodukte leider nicht sagen kann, z. B. offene Immobilienfonds (OIFs) (zu diesen siehe Abschnitt 16.7).

(b) Sollte in einer Megakrise eine Börsenschließung erfolgen, was in den meisten westlichen Ländern während des Zweiten Weltkriegs für mehrere Jahre der Fall war, würde das unterschiedslos jede Art von börsennotiertem Investment betreffen – natürlich auch Einzelwertpapiere. Abgesehen davon, dass in einer solchen Situation vermutlich auch viele nicht börsennotierte Assets und Asset-Klassen völlig illiquide (unverkäuflich) werden würden, z. B. nicht börsennotierte Unternehmensbeteiligungen, Immobilien, Lebensversicherungen und Sammlerobjekte. Das ist schon allein deswegen anzunehmen, weil das globale Bankenwesen und Zahlungsverkehrssystem in einer derartigen Krise nicht mehr uneingeschränkt funktionieren würde. (c) ETFs sind eines der weltweit am schärfsten und engsten regulierten Finanzprodukte, schärfer reguliert als kapitalbildende Lebens- und Rentenversicherungen, → Zertifikate, offene Immobilienfonds, geschlossene Fonds und vieles andere, einschließlich des Betriebs von Bankschließfächern und einschließlich nicht börsennotierter Unternehmensbeteiligungen. Wer die rechtliche Struktur von ETFs als problematisch sieht, der sollte konsequenterweise in keine der genannten Anlagen investieren, da ihre rechtlichen oder »marktinfrastrukturellen« Gestaltungen risikoreicher sind als die eines normalen Aktien- oder Anleihen-ETFs. (d) Das globale ETF-Volumen macht inzwischen ca. 10 000 Milliarden USD aus (Stand Ende 2021). Ein großer Teil davon wird direkt von Privatanlegern und von staatlichen oder privaten Pensionsfonds gehalten. Weil die Summe so groß ist und weil so viele Privatanleger (also Wähler) betroffen sind, ist davon auszugehen, dass die verschiedenen Regierungen auch in einer schweren Krise alles tun werden, diesen Markt soweit irgendwie möglich funktionsfähig zu halten. (e) Die manchmal geäußerte These, dass der Eigentumsnachweis bei ETF-Anteilen in oder nach einer Megakrise oder in einem einzelnen rechtlichen Streitfall (außerhalb einer Megakrise) schwerer zu führen sei als bei Einzelwertpapieren (Aktien, Anleihen), erscheint wenig plausibel, wenn man bedenkt, dass ETF-Anteile und Einzelwertpapiere mit den gleichen technischen Systemen gehandelt und verwaltet werden. Und was in einem ETF zu einem gegebenen Zeitpunkt enthalten ist, ist glasklar, weil es ein öffentlicher Index vorgibt.

Argument 12: ETFs sind liquider als manche Wertpapiere, in die sie investieren. In einer Marktkrise mit austrocknender Liquidität kann das nicht gutgehen. Die Fakten: Dass Fondsanteile in manchen Fällen liquider sind als die Assets, in die der betreffende Fonds investiert, ist kein ETFspezifischer Sachverhalt. Er gilt für viele Typen kollektiver Investmentvehikel, z. B. für offene und geschlossene Immobilienfonds, Hedgefonds, → Private Equity-Fonds, → ABS-Investments und viele Fonds von institutionellen Anlegern. Bei ETFs trifft diese Kritik nur auf kleine Nischensegmente mit Minimarktanteilen zu, wie z. B. Hochzinsanleihen-ETFs, und kaum auf ETFs, die in normale Aktien, Staatsanleihen und Unternehmensanleihen mit → Investment Grade Rating investieren. Überdies wäre die Position eines Direktanlegers in diesen illiquiden Wertpapieren während einer schweren Marktkrise mit großer Wahrscheinlichkeit die gleiche wie die eines entsprechenden ETF-Anlegers. Die in normalen Börsenphasen (über 90% der Zeit) höhere Liquidität bestimmter ETFs, die solche illiquiden Wertapiere beinhalten, relativ zur Liquidität der individuellen Wertpapiere selbst, sollte als Vorteil für die Anleger interpretiert werden, der zu 90% der Zeit besteht, aber eben nicht immer.

Argument 13: Die Struktur mancher ETF-Typen ist risikoreich für die Anleger. Die Fakten: Gemeint sind Swap-ETFs, sogenannte gehebelte ETFs (Leveraged ETFs) und Short ETFs (diese ETF-Typen adressiere ich im späteren Abschnitt 16.5). Die Fakten: Der globale Marktanteil von Swap-ETFs liegt bei rund 3% mit sinkender Tendenz. Die Marktanteile von Leveraged ETFs und Short ETFs sind noch deutlich kleiner. Niemand muss diese Spezial-ETFs kaufen, und normale Privatanleger tun es ja ganz offensichtlich auch selten. Systemrisiken können aus diesen Nischenprodukten schon aufgrund ihrer geringen Bedeutung nicht erwachsen.

Argument 14: Wertpapierleihe bei ETFs ist ein obskures, risikoreiches Seitengeschäft von ETFs und kann schwer beurteilbare Risiken mit sich bringen. Die Fakten: Wertpapierleihe darf unterschiedslos von *allen* Investmentfonds – aktiven und passiven – praktiziert werden, und eben nicht nur von ETFs, also auch von aktiv gemanagten Investmentfonds, Hedgefonds, Sovereign-Wealth-Fonds, Pensionsfonds und anderen institutionellen Fonds. Wertpapierleihe existiert seit über 50 Jahren und hat bei Investmentfonds (UCITS-Fonds) bisher noch nie – auch nicht in den zwei großen Börsenkrisen nach dem Jahr 2000 – nennenswerte Schäden für Privatanleger verursacht (mir ist überhaupt kein Schadensfall bekannt). Aus meiner Sicht sind ETFs, die Wertpapierleihe betreiben, vorzuziehen, weil sie über die Wertpapierleihe einen kleinen Zusatzertrag erzielen, der in einem vernünftigen Verhältnis zu dem dabei eingegangenen Minirisiko steht. Wenn Sie mehr zu dieser für die Marktökologie nützlichen Aktivität erfahren wollen, empfehle ich den Blog-Beitrag von meinem Kollegen Großmann und mir (Kommer/Großmann 2020b).

Argument 15: Mit ETF-Investieren erzielt man nur die Marktrendite (nur die jeweilige Asset-Klassen-Rendite). Die Fakten: Dieses Argument ist technisch und formal gesehen richtig. Trotzdem besteht für einen passiven ETF-Anleger statistisch eine ca. 90%ige Wahrscheinlichkeit, vergleichbare aktive Anleger über einen Zeitraum von fünf Jahren aufwärts renditemäßig zu schlagen. Andersherum formuliert besteht für den aktiven Anleger statistisch eine 90%ige Wahrscheinlichkeit, unterhalb der Marktrendite zu liegen, sein Outperformance-Ziel also zu verfehlen. Der US-Finanzjournalist Tyler Mathisen schrieb einmal dazu: »It's the paradox of index investing today: Gunning for average is your best shot to finish above average.«[20]

Argument 16: Ein ETF investiert automatisch auch in die schlechten Aktien. Diesen Nachteil habe ich bei aktiv gemanagten Fonds oder beim Stock Picking nicht. Die Fakten: Dieser Einwand ändert nichts daran, dass die Mehrzahl aller aktiv gemanagten Fonds und Do-it-yourself-Portfolios schlechter rentiert als entsprechende ETFs und die Minderzahl, die besser rentiert, nicht prognostizierbar ist. So sieht es jedenfalls die Wissenschaft. Der Grund: Offensichtlich gelingt es diesen aktiv gemanagten Portfolios nicht hinreichend zuverlässig, die schlechten Aktien (diejenigen, die in einem spezifischen Zeitfenster besonders schlechte Renditen haben) zu vermeiden und/oder die besonders rentablen Aktien mit ausreichend hoher Treffsicherheit im Portfolio zu haben.

Argument 17: Ein MSCI-World-ETF ist »kopflastig«. Die USA als Region macht über 60% aus und die größten zehn Einzelpositionen über 15%. Das ist schlechte Diversifikation. Die Fakten: Ja, das stimmt, aber wer sich daran auf Depotebene stört, der kann das leicht über die Nutzung anderer oder zusätzlicher ETFs nach eigenem Gusto korrigieren, und ich halte das für keine schlechte Idee. Allerdings hat die USA-Kopflastigkeit dem

20 Zu Deutsch: »Es ist das Paradox von Kapitalanlagen in Indexfonds: Auf den Durchschnitt zu zielen, ist die beste Chance, über dem Durchschnitt zu enden.«

MSCI World Index z. B. in den 20 Jahren bis heute (31.10.2022) renditemäßig geholfen. Ein geringeres USA-Gewicht hätte die Rendite in diesem Zeitraum verschlechtert.

Argument 18: In ETFs auf Buy-and-Hold-Basis zu investieren, ist langweilig und unsexy. Die Fakten: Sofern ein Anleger die Geldanlage primär durch die Brille des Unterhaltungswertes und der damit vielleicht erzielbaren *Bragging Rights* betrachtet,[21] wird er an ETFs auf Buy-and-Hold-Basis in der Tat keinen Gefallen finden. Dieser Anlegertypus betrachtet Börseninvestments als »Wettstreit«, als »Kampf« gegen den Markt und gegen andere Anleger, in dem er sich siegreich behaupten möchte. Passives ETF-Investieren, so wie in diesem Buch empfohlen, bedeutet das Gegenteil, nämlich *mit* dem Markt zu investieren, nicht *gegen* ihn. Passive ETFs sind Flow, nicht Kampf. Mein Kompromissvorschlag an einen Anleger, der ETFs für zu langweilig hält: Investieren Sie 90% Ihres liquiden Vermögens über ETFs auf Buy-and-Hold-Basis, so, wie es in diesem Buch propagiert wird, und 10% sozusagen in ein kleines Zockerdepot, mit dem Sie Ihren sportlichen Finanzehrgeiz ausleben.

FAZIT

Der größte Teil der ETF-Kritik ist einseitig oder falsch und kommt von Personen mit einem Interessenkonflikt oder von Journalisten, die mit Angstmache Auflagen und Klickraten steigern wollen. Immerhin: In einigen technischen Spezialaspekten hat diese Kritik im Laufe der Jahre dazu beigetragen, ETFs noch sicherer und noch transparenter zu machen.

ETFs haben in den vergangenen 30 Jahren drei denkbar harte, oben genannte Stresstests problemlos überstanden. In diesen 30 Jahren gab es außerdem noch viele, viele kleinere, speziellere oder lokale Krisen am Kapitalmarkt. Aus der rechtlichen Struktur von ETFs hat meines Wissens bis zum heutigen Tag kein Privatanleger weltweit je einen Schaden erlitten. Kein Finanzprodukt hat in den vergangenen 50 Jahren global einen größeren Nutzen für Kleinanleger generiert als Indexfonds einschließlich ihrer ETF-Variante.

21 Sarkastische englische Formulierung für »das Recht, mit etwas anzugeben«.

10 Dreizehn Grundprinzipien erfolgreicher Vermögensbildung

10.1 Prinzip 1: Geld zum Freund machen

> »Unter manchen Eliten existiert eine Art Snobismus zu glauben, Geld sei nicht nötig, um glücklich zu sein. Das ist dumm, das ist falsch, das ist – in gewisser Weise – niederträchtig.« (Albert Camus, 1913–1960, französischer Philosoph, Schriftsteller und Literaturnobelpreisgewinner)

> »Wenn jemand ernsthaft glaubt, dass er lieber zu einem anderen Zeitpunkt in der Geschichte gelebt hätte, hat er wahrscheinlich im Geschichtsunterricht gepennt. Das Leben in den ›alten Zeiten‹ war mies. Die Menschen wussten sehr wenig, und es war wahrscheinlich, jung an einer schrecklichen Krankheit zu sterben. Man hätte vermutlich längst keine Zähne mehr. Ganz besonders schlimm war es für Frauen.« (Elon Musk, Multimilliardär, Mitgründer und Erstrundeninvestor von Tesla, SpaceX, PayPal)

Das amerikanische Meinungsforschungsinstitut Gallup führte 2006 eine repräsentative Umfrage unter Amerikanern zu ihrer Einstellung zu Geld und Vermögen durch. Eine der Fragen, die Gallup stellte, lautete: »Man hört oft die Redensart ›Geld ist die Wurzel alles Bösen‹. Stimmen Sie dieser Sichtweise eher zu, oder stimmen Sie ihr eher nicht zu?« Die Antworten sind in Abbildung 3 zusammengefasst. Sie wurden nach der Höhe des Jahreseinkommens (niedrig, mittel, hoch) der Befragten aufgesplittet.

Abbildung 3 deutet darauf hin, dass unter sonst gleichen Umständen Personen mit einer »eher positiven Grundhaltung« zu Geld tendenziell ein höheres Einkommen erzielen und damit auf lange Sicht möglicherweise auch ein höheres Vermögen als Personen mit eher »geldfeindlicher« Einstellung. Ich persönlich halte diese Interpretation des Befragungsergebnisses für plausibel, jedenfalls im westlichen Kulturkreis und vielleicht sogar weltweit.[22]

22 Natürlich liefert dieses Umfrageergebnis keinen abschließenden Beweis dafür, dass unter den Befragten tatsächlich ein kausaler Zusammenhang zwischen vermeintlicher »Geldfeindlichkeit« (Ursache) und Einkommensniveau (Wir-

Abbildung 3: Der Zusammenhang zwischen Einkommen und weltanschaulicher Einstellung zu Geld

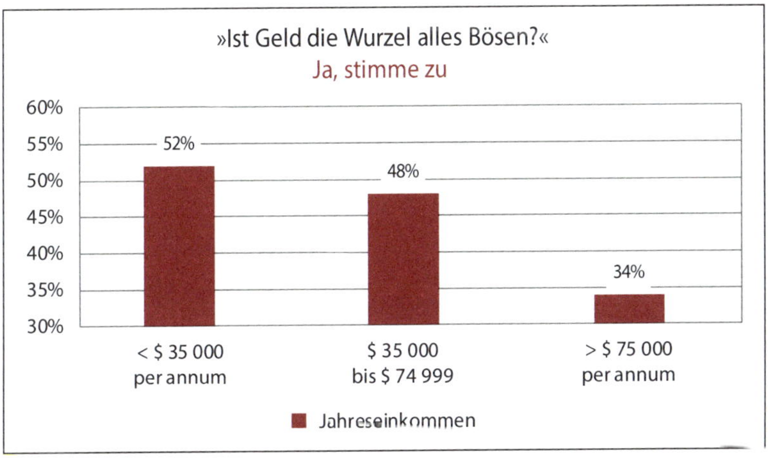

► Quelle: Gallup-Meinungsforschungsinstitut (https://news.gallup.com/poll/25846/most-americans-strong-desire-rich.aspx). ► Die Formulierung stammt aus der Bibel, Neues Testament, 1. Timotheus 6,10. Es ist allerdings nicht endgültig klar, ob die richtige Übersetzung des altgriechischen Originals lautet: »Geld ist die …«, »Geldgier ist die …« oder »Geiz ist die …«.

Geld ist eines der wichtigsten Zahnräder im Getriebe der Marktwirtschaft und steht symbolhaft sogar für das gesamte marktwirtschaftliche System. Befragungen der Bevölkerung haben gezeigt, dass die Bürger in den meisten westlichen Ländern, die deutschsprachigen eingeschlossen, mehrheitlich eine kritische bis ablehnende Einstellung zur Marktwirtschaft haben. Der Historiker Rainer Zitelmann berichtet im ersten Kapitel seines Buches *Der Kapitalismus ist nicht das Problem, sondern die Lösung* (2018) von mehreren solcher Umfragen in Deutschland und den USA (ebenso Issing 2014).

Diese Umfrageergebnisse stimmen aus zwei Gründen nachdenklich. Zum einen, weil auf der Ebene des einzelnen Bürgers eine geld- oder marktwirtschaftsfeindliche Einstellung bei der persönlichen Vermögensbildung sehr wahrscheinlich schädlich sein dürfte. Das ist die Kernthese

---

kung) bestand. Denkbar wäre auch, dass die Kausalität in die entgegengesetzte Richtung läuft: Menschen mit hohem Einkommen finden das Bibelzitat über Geld als die Wurzel alles Bösen »falsch«, weil sie ein hohes Einkommen haben. Eine anspruchsvolle Studie zur Psychologie und Soziologie des Reichwerdens ist Zitelmanns *Psychologie der Superreichen* (2017).

dieses Abschnitts, und darauf komme ich weiter unten noch zu sprechen. Zum anderen, weil auf der Ebene der Gemeinschaft damit eine ablehnende Haltung zu ausgerechnet demjenigen Wirtschaftssystem zum Ausdruck kommt, das wie kein anderes bitterste Armut beseitigt, Wohlstand auf breiter Front geschaffen und das Los der Schwachen verbessert hat.

Die moderne Marktwirtschaft – von ihren sozialistischen Gegnern seit jeher mit dem Klassenkampfbegriff »Kapitalismus« diffamiert – entstand vor ungefähr 230 Jahren. Das geschah, weil damals, sichtbar geworden mit der Amerikanischen Revolution 1776 und der Französischen Revolution 1789, etwa zeitgleich zwei welthistorische Umwälzungen in den westlichen Ländern (Europa, Nordamerika, Australien, Neuseeland und Japan) einsetzten: der Anfang des sich über die nächsten rund 150 Jahre fortsetzenden Niedergangs des antimarktwirtschaftlichen, religiös legitimierten → Feudalismus (Bernstein 2004) und die industrielle Revolution.

Die Geburt der modernen Marktwirtschaft zu Beginn des 19. Jahrhunderts initiierte einen weltgeschichtlich nie dagewesenen, bis heute andauernden Anstieg des Wohlstandes und anderer Indikatoren von Lebensqualität der Weltbevölkerung.[23] Das illustrieren die Abbildungen 4 und 5. Diese dramatische Verbesserung für die Menschheit schließt auch das unterste Einkommensviertel der Weltbevölkerung ein (siehe weiter unten).

Wie Abbildung 4 zeigt, wuchs das globale Bruttoinlandsprodukt in den vier Jahrhunderten von 1400 bis etwa 1800 – also einer Zeit noch vor Entstehung der Marktwirtschaft im modernen Sinne – nur ganz, ganz langsam mit einer kümmerlichen durchschnittlichen Wachstumsrate von 0,27% pro Jahr. Selbst dieser Kriechgang ist noch zu relativieren, weil fast alles davon auf bloßes Bevölkerungswachstum zurückgeht. Auf Pro-Kopf-

23 Natürlich gab es vor 1800 auch Märkte, auf denen Güter und Dienstleistungen ausgetauscht wurden, aber es gab eben nicht die moderne Marktwirtschaft, den »Kapitalismus«. Im Feudalismus wurde das wirtschaftliche Geschehen primär von absolut herrschenden Fürsten und Monarchen, vom Klerus (Kirche) und von aus dem Mittelalter herrührenden oligopolistischen, undemokratischen Handwerker- und Kaufmannszünften bestimmt. Im Wesen agierten diese drei Institutionen antimarktwirtschaftlich. Die Grundfreiheiten, die die Marktwirtschaft bestimmen, waren in hohem Maße eingeschränkt: Weder gab es eine freie Berufswahl des einzelnen Arbeitnehmers noch die Freiheit der Unternehmensgründung noch den (wenigstens einigermaßen) zollfreien Handel mit Gütern und Dienstleistungen. All das war umfassend und willkürlich eingeschränkt. In den nichtwestlichen Ländern und Regionen entstand die Marktwirtschaft überwiegend später als im Westen.

Basis wäre das Wachstum nur wenig über null gewesen. Dazu sind aber auf globalem Level keine eigenen, präzisen Daten verfügbar.

Abbildung 4: Entwicklung des globalen → Bruttoinlandsprodukts (BIP) von 1400 bis 2021 in Dollar (inflationsbereinigt)

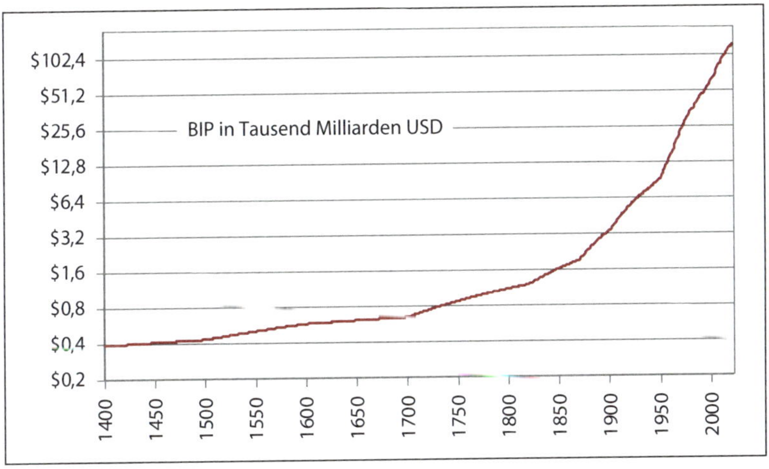

► Logarithmische vertikale Skala: Ein gegebener prozentualer Anstieg wird optisch entlang der gesamten horizontalen Achse gleich dargestellt. ► Quelle: www.ourworldindata.org. ► Das Bruttoinlandsprodukt drückt die jährliche volkswirtschaftliche Wertschöpfung aus. Die größte Einzelkomponente im BIP sind Löhne und Gehälter.

In den 1400 Jahren von Christi Geburt bis ins Jahr 1400 war das BIP-Wachstum sogar noch geringer, weswegen ich darauf verzichtet habe, diese Zahlen in der Grafik zu zeigen. Die BIP-Entwicklung wäre in Abbildung 4 einfach nur eine nahezu horizontale Fortsetzung der Linie links vom Jahr 1400 über 1400 Jahre bis ins Jahr 1 gewesen.

Mit der Entstehung der modernen Marktwirtschaft in den westlichen Ländern ab etwa 1800 setzte erstmals in der Geschichte der Menschheit eine dauerhafte Verbesserung der in den vorherigen Jahrtausenden ebenso unsäglichen wie normalen Verhältnisse für die unteren 99% der Menschheit ein. In den rund 150 Jahren von 1870 bis 2021 wuchs das weltweite Bruttoinlandsprodukt pro Kopf um etwa 1,7% p.a. oder über 1100% kumulativ.[24] Während der 2000 Jahre vor 1800 hatte diese Wachstumsrate

24 Vor 1870 sind keine hinreichend genauen BIP-pro-Kopf-Daten auf globalem Level verfügbar.

dagegen nur marginal über null gelegen. Bei einer jährlichen Wachstumsrate von 1,7% dauerte eine Verdopplung des Haushaltseinkommens nur noch etwa 43 Jahre, also rund eineinhalb Generationen.

Zum ersten Mal nach Tausenden von Jahren wirtschaftlichem Fast-Stillstand konnten Eltern nun darauf hoffen, dass es ihren Kindern einmal besser gehen würde als ihnen selbst. Gerade in den letzten rund drei oder vier Jahrzehnten hat diese fundamentale Verbesserung nicht nur die westlichen Länder, sondern auch Entwicklungsländer erfasst, insbesondere die beiden größten Entwicklungsländer der Welt, Indien und China.

Abbildung 5: Anstieg des inflationsbereinigten globalen Bruttoinlandsprodukts (BIP) pro Kopf von 1870 bis 2021 (151 Jahre)

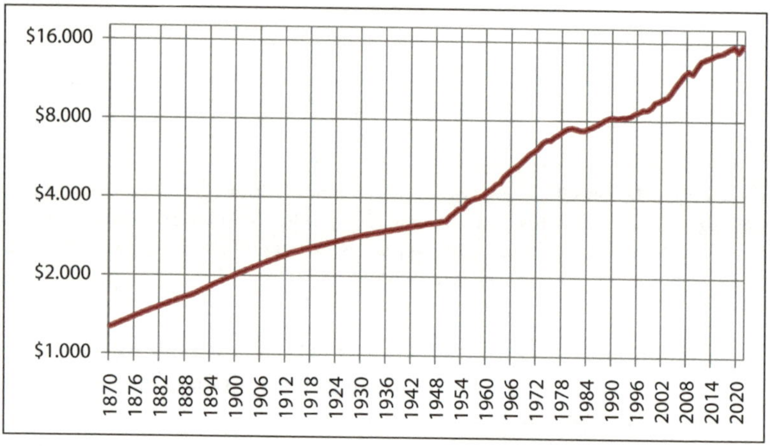

► Logarithmische vertikale Skala: Ein gegebener prozentualer Anstieg wird optisch entlang der gesamten horizontalen Achse gleich dargestellt. ► Quelle: www.ourworldindata.org

Das Bruttoinlandsprodukt ist eine »Stromgröße,«, wie es das Gehalt eines Arbeitnehmers ist. Es ist keine Maßzahl für Bestandsgrößen wie Vermögen oder Wohlstand. Wirklich verlässliche Daten zu Vermögen auf der Ebene der Weltbevölkerung existieren jedoch erst für die Zeit ab etwa 1970. Deswegen verwende ich das BIP pro Kopf als groben Ersatzindikator für wirtschaftlichen Wohlstand, so, wie das häufig geschieht. Aus diesem lässt sich folgern, dass bis zum Jahr 1800 etwa 99% der Weltbevölkerung auf einem Wohlstandsniveau *unterhalb* dessen lebte, was die UN (Vereinte Nationen) heute als »extreme Armut« definiert. Angesichts dessen nimmt es nicht wunder, wenn der britische Philosoph Thomas Hobbes (1588–1679) die Existenz des Menschen 1651, also vor Entstehung der Marktwirtschaft, in seinem Hauptwerk *Leviathan* als »solitary, poor, nasty, brutish, and short« beschrieb (einsam, arm, scheußlich, brutal und kurz).

Ab etwa 1800, dank der sich dann entwickelnden Marktwirtschaft, veränderten sich die Verhältnisse endlich dauerhaft und dramatisch zum Besseren, wie die Abbildungen 4 und 5 illustrieren.

Aber nicht nur einkommensmäßig verbesserte die moderne Marktwirtschaft von Beginn an das Los der Menschheit. Nachfolgend nenne ich nur einige wenige andere Indikatoren für Lebensqualität, die sich in der Vergangenheit drastisch verbessert haben.[25]

- Der Anteil der Weltbevölkerung, der in extremer Armut lebt, sank von 91% im Jahr 1820 auf 10% in 2016 (gemäß Armutsdefinition der UNO). Das ist ein doppelter Sieg, weil trotz wachsender Weltbevölkerung auch die absolute Zahl der sehr Armen seit 1970 sinkt.
- Die Lebenserwartung eines durchschnittlichen Weltbürgers im Jahr 1820 betrug 29 Jahre gegenüber 72 Jahren 2017.
- Der Anteil der Kinder, die in den ersten fünf Lebensjahren sterben, sank global von 42% im Jahr 1800 auf 4% 2017.
- Der Anteil der Weltbevölkerung, der nicht lesen und schreiben kann, sank von 88% im Jahr 1800 auf 14% im Jahr 2015.
- Im Jahr 1800 war Sklaverei in 193 von 194 Staaten legal, im Jahr 2017 nur noch in drei.
- Das globale Bevölkerungswachstum fällt seit Mitte der 1960er-Jahre. Demografen sagen für die zweite Hälfte des 21. Jahrhunderts eine globale Wachstumsrate unterhalb 2,1 Kindern pro Frau voraus, sodass die Weltbevölkerung nach Erreichen von rund zehn Milliarden sinken wird.

Für wen das alles unglaubwürdig und übertrieben klingt, den bitte ich, das wunderbare Buch *Factfulness* des schwedischen Arztes und Statistikers Hans Rosling zu lesen (Rosling 2018). Rosling präsentiert nicht nur die statistischen Daten, die den in gewisser Weise beinahe unglaublichen globalen wirtschaftlichen Aufschwung in den vergangenen 200, 100 und

25 Alle aufgelisteten Daten stammen von der Website https://ourworldindata.org/ des deutschen Wirtschaftswissenschaftlers Max Roser an der britischen Oxford University.

50 und 20 Jahren belegen, sondern erklärt auch, warum wir alle stattdessen glauben, der Zustand der Welt verschlimmere sich von Jahr zu Jahr.

Rosling ist nicht der Einzige, der diese »Good News«, diese Tatsachen, dokumentiert. Weitere Bücher, die ebenfalls belegen, dass auf globalem Level mehr Wohlstand, mehr Bildung und mehr Ressourcenschonung geschehen, nenne ich am Ende dieses Abschnitts.

Natürlich existieren einige wenige von rund 195 Ländern auf der Welt, die nur wenig an diesem weltumspannenden Fortschritt teilhaben. Das hat fast immer mit Krieg, Bürgerkrieg, Korruption, Misswirtschaft oder von der Obrigkeit verschuldeter Rückständigkeit in diesen Staaten zu tun, einschließlich der Unterdrückung von Frauen. Diese schlimmen Umstände gehen regelmäßig einher mit der Abwesenheit von oder zu wenig Marktwirtschaft. Das gilt sowohl für die ärmsten Länder Afrikas, in denen Tribalismus und kleptokratische Herrscher freien marktwirtschaftlichen Wettbewerb in einem rechtsstaatlichen Rahmen verhindern, als auch für große Teile der islamischen Welt, in der religiöses Dogma marktwirtschaftlichen Prinzipien im Weg steht, oder für die verbleibenden armen sozialistischen Inseln wie Venezuela, Kuba und Nordkorea.

Anschaulich zeigt das seit rund 30 Jahren der jährlich aktualisierte Index of Economic Freedom (Index der wirtschaftlichen Freiheit) der amerikanischen Heritage Foundation (www.heritage.org). Die ärmsten Länder sind regelmäßig diejenigen mit geringer wirtschaftlicher Freiheit, also wenig Marktwirtschaft, jedenfalls wenn man Marktwirtschaft so definiert, wie es Wirtschaftswissenschaftler tun: einigermaßen freies Wirken von Angebot und Nachfrage, Schutz privater Eigentumsrechte durch den Staat, Rechtsstaatlichkeit, Berufsfreiheit, Gewerbefreiheit und Niederlassungsfreiheit für die ganze Bevölkerung, nicht nur für eine kleine Elite.

Die staatliche und klerikale Einschränkung der freien Berufswahl von Frauen in vielen islamischen Ländern ist ein Beispiel für die Begrenzung oder Zerstörung einer dieser Freiheiten, und sie wirkt natürlich enorm wachstums- und wohlstandshemmend.

Warum sehen wir den Zustand der Welt und die Leistungen der Marktwirtschaft und mit ihr der Börse so viel negativer, als es meine kurze Bestandsaufnahme des ökonomischen Fortschrittes in den zurückliegenden gut 200 Jahren nahelegt?

Das dürfte viele Ursachen haben. Drei, die mir besonders bedeutsam erscheinen, sind die folgenden:

Ursache Nr. 1: Da ist zunächst einmal der »Negativity-Bias« in den Medien, also das überwältigende Ungleichgewicht, die extreme Verzerrung der Berichterstattung in den Medien in Richtung Katastrophen, Unglücke, Verbrechen und generell negativer Ereignisse und Entwicklungen. Diese Tendenz und Verzerrung ist so extrem, so offensichtlich, so realitätsfern und schon so oft von Medienforschern bewiesen worden, dass sie hier nicht weiter belegt werden muss. Um das traditionelle Ungleichgewicht in den Medien in Richtung schlechte Nachrichten und alarmistischem Tunnelblick zu veranschaulichen, stelle ich Ihnen eine rhetorische Frage: Wie oft haben Sie in den vergangenen fünf Jahren die folgende Schlagzeile in der *Tagesschau*, in ihrer Lieblings-Talkshow, in Ihrer Tageszeitung, im Internet oder Ihrem sonstigen bevorzugten Nachrichtenmedium gehört oder gelesen?

> *»Schon wieder ist ein Jahr vergangen, in dem Kindersterblichkeit global gefallen ist, mehr Menschen als je zuvor Zugang zu sauberem Trinkwasser haben und das reale Haushaltseinkommen des ärmsten Drittels der Weltbevölkerung gestiegen ist.«*

oder

> *»Schon wieder ist ein Tag vergangen, an dem weltweit bei über 110 000 Flügen Fluggesellschaften ihre Passagiere sicher an ihren Zielort brachten.«*

Der perfide Negativity-Bias in den Medien hat natürlich damit zu tun, dass sich schlechte Nachrichten besser verkaufen als gute Nachrichten – weil wir selbst es so wollen, weil es uns selbst nicht um Objektivität geht, sondern um Subjektivität und um Sensationen. Wir alle sind süchtig nach negativen Nachrichten (siehe hierzu das Stichwort »Negativity-Bias« auf der englischsprachigen Wikipedia).

Ursache Nr. 2 für unser Verkennen der klaren Entwicklung zum Besseren auf der Welt: Wir betrachten sehr selten die *langfristigen* Trends und *die Situation der Welt als Ganzes*, sondern starren fast ausschließlich auf *kurze* Zeitfenster, auf die Verhältnisse in einem *einzelnen* Land, an einem *einzelnen* Ort, auf *einzelne* Ereignisse oder *Einzelschicksale*. Langsamer, stetiger allgemeiner Fortschritt interessiert uns kaum, dafür aber umso mehr plötzliche »kleine« Unglücke an bestimmten Orten oder für bestimmte Personen, und davon gibt es natürlich viele, die fortwährend einzeln irgendwo auf dem Planeten auftreten. Wir verfolgen sie über die Medien wie besessen. Dabei übersehen wir gerne, dass diese »kleinen« Unglücke sich im »Big Picture« – den für uns alle und unsere Kinder wirklich wichtigen fundamentalen Entwicklungen über 20 oder 30 Jahre hinweg – zu buchstäblich 99% gegenüber dem grundsätzlichen langfristigen Verbesserungstrend als unbedeutend herausstellen werden und bald vergessen sind. Der amerikanische Wirtschaftsjournalist Morgan Housel charakterisierte diesen unschönen, allzu menschlichen Denkfehler einmal anschaulich mit den Worten: »Progress happens too slowly for people to notice; setbacks happen too fast for people to ignore.«[26]

Ursache Nr. 3 dürfte die Natur des politischen Wettbewerbs in unserer Demokratie sein. Parteien und Politiker wollen alle vier oder fünf Jahre wiedergewählt werden, weil Wiederwahl Macht, Ressourcen und Geld bedeutet. Wiedergewählt zu werden, funktioniert umso besser, je mehr man auf die Defizite der Ist-Situation für die Wähler hinweist – ganz egal, ob diese Situation sich in den letzten vier oder zehn Jahren bei objektiver Betrachtung per saldo verbessert hat oder nicht. Das ist eine andere Form des Negativity-Bias. Ihn beschreibt überzeugend der US-Forscher Roy Baumeister in seinem Buch *The Power of Bad* (Baumeister/Tierney 2019). Negative Emotionen wie Angst, Wut und Neid motivieren Menschen stärker und schneller zum Handeln als positive Emotionen wie Zufriedenheit oder Dankbarkeit.

Die Marktwirtschaft funktioniert – trotz ihres miserablen Rufs. Sie funktioniert seit gut 200 Jahren, und sie funktioniert besser als jede denkbare Alternative. Ohne die Marktwirtschaft könnte ein großer Teil der heute lebenden Weltbevölkerung buchstäblich nicht überleben, weil die erforderlichen Nahrungsmittel und die notwendige Versorgung mit Gütern und Dienstleistungen mit keinem anderen Wirtschaftssystem für 8 Milliarden Menschen erzeugt werden könnten.

Die Erfolgsbilanz der Marktwirtschaft ist natürlich nicht perfekt, so, wie nichts Menschliches je perfekt sein wird, aber sie ist für all jene, denen es

26 Zu Deutsch: »Fortschritt geschieht zu langsam, als dass Menschen ihn wahrnehmen, Rückschläge geschehen zu schnell, als dass Menschen sie ignorieren können.«

um Fakten geht und nicht ums Rechthaben oder Ideologie, beeindruckend, und sie steht turmhoch über allen realistischen Alternativen – auch und gerade in der Verbesserung des Loses der Ärmsten.

Die Finanz- und Kapitalmärkte sind ein Kernbaustein der Marktwirtschaft. Sie erlauben es Unternehmen und Staaten, sich Geld in Form von Eigen- und Fremdkapital bei Anlegern zu »borgen« und die Kapitalgeber (Risikoträger) dafür mit Zinsen, Dividenden, Mieten und Wertsteigerungsgewinnen zu vergüten. Die Finanz- und Kapitalmärkte sind kein »Casino«, wie das gerne und oft dargestellt wird, und sie arbeiten tausendmal besser, aber auch tausendmal profaner, als es in Hollywood, in der *Tagesschau*, in der *FAZ* und im Internet dargestellt wird.

Dass Wirtschaftsbosse und »Reiche« genauso wie Angehörige der Mittelschicht oder Arme oft unethisch oder illegal handeln, hat nichts mit der Marktwirtschaft zu tun, sondern ist Teil der »Human Condition«, des menschlichen Wesens. Ähnliches gilt für die banale Tatsache, dass geldgierige Menschen uns im Allgemeinen unsympathisch erscheinen. Unethisches oder illegales Handeln und materialistische Persönlichkeitsmerkmale würden in jedem anderen Gesellschafts- oder Wirtschaftssystem ebenfalls auftreten; vermutlich noch viel stärker.

Mit diesem Plädoyer pro Marktwirtschaft will ich keinen Leser von seiner Weltanschauung abbringen. Das wäre ohnehin aussichtslos. Ich versuche lediglich zu zeigen, dass die Marktwirtschaft nicht das »neoliberale, böse amoralische System« ist, als das sie die Medien, viele »Intellektuelle« und ein beträchtlicher Teil der öffentlichen Meinung gewohnheitsmäßig hinstellen.

Ich bin davon überzeugt, dass die geldfeindliche oder von wirtschaftlicher Resignation geprägte Einstellung mancher Mitbürger, die sich in der am Anfang dieses Abschnittes zitierten Gallup-Umfrage andeutet, direkt oder indirekt mit ihrer negativen Sicht der Marktwirtschaft zusammenhängt. Andere persönliche Ursachen mögen auch zur geldfeindlichen Einstellung und zur in Deutschland besonders ausgeprägten Gleichgültigkeit oder gar Verachtung der Börse beitragen.[27] Wer allerdings bereits den volkswirtschaftlichen Rahmen, in dem sich die Kapitalmärkte abspielen, für amoralisch oder für ein Casino hält, wer der sozialistischen Häme glaubt, unser

27 Man denke nur an die bei genauer Überlegung schockierende Aussage des damaligen *Finanz*ministers Olaf Scholz: »Ich lege mein Geld nur auf einem Sparbuch an.« (2019)

Wirtschaftssystem sei »Turbokapitalismus« oder »Neoliberalismus«[28], der wird tendenziell kein Interesse an Aktien und Anleihen entwickeln (Kaustia/Torstila 2011). Dieses Desinteresse an Investieren schmälert die Wahrscheinlichkeit, Erfolg in der langfristigen Vermögensbildung zu haben.

Dass Geld oder »Reichtum« nicht glücklich mache, ist ohnehin ein längst widerlegtes Oma-Sprüchlein. Natürlich führt Geld oder »mehr Geld« nicht linear, unmittelbar und ausnahmslos zu mehr Zufriedenheit oder Glücksempfinden im Leben, aber innerhalb eines gegebenen Kulturkreises oder Landes korreliert »mehr Geld« klar positiv mit mehr Lebenszufriedenheit – und mit einer höheren Lebenserwartung. Außerdem nimmt das Zufriedenheitsniveau von Menschen, die eine Einkommenseinbuße erleiden, statistisch erkennbar ab (*The Economist*, 2020). Eigentlich eine banale Feststellung, die dennoch erstaunlich oft bestritten wird. Dieses Bestreiten geschieht eher selten durch jene, die ökonomisch zu den oberen Bevölkerungsschichten gehören und den Sachverhalt also gut beurteilen können.

In den 1970er-Jahren publizierte der amerikanische Wirtschaftswissenschaftler Richard Easterlin Forschungsergebnisse, die einen fehlenden Zusammenhang zwischen steigendem Einkommen – nicht Vermögen – und subjektivem Glücksempfinden belegen sollten. Spätere Forschung widerlegte die Easterlin-Ergebnisse – exemplarisch hierzu Stevenson/Wolfers 2013 und Diriwaechter/Shvartsman 2018. Dennoch wird das alte und falsche »Easterlin-Paradox« immer wieder von Journalisten aus der Mottenkiste geholt.

Verabschieden Sie sich von sachlich falschen und oft regelrecht toxische Glaubenssätzen im Zusammenhang mit Geld, wie beispielsweise den folgenden:

- »Geld verdirbt den Charakter« – nicht belegter Unsinn. Es existiert kein belastbarer Konsens in der Wissenschaft, dem zufolge Menschen mit mehr Vermögen (nicht Einkommen) sich ethisch-moralisch generell schlechter verhalten als Menschen mit weniger Vermögen.
- »Geld ist die Wurzel allen Übels« – dass das nicht stimmt, habe ich weiter oben gezeigt.

28 Deutschland hat die zweithöchste Belastung mit Steuern und Sozialabgaben der Welt, es hat eine der höchsten Staatsquoten global und nach Österreich das weltweit vermutlich mieterfreundlichste Mietrecht. Ein insgesamt höheres Eingriffsniveau in die Volkswirtschaft als aktuell in Deutschland dürfte unter den rund 195 Staaten der Erde wohl nur in Venezuela, Kuba oder Nordkorea existieren.

- »Es gibt Wichtigeres im Leben als Geld« – ja, natürlich, aber Geld oder generell Vermögen zu haben, also nicht arm und in Not zu sein, ist für fast alle Menschen auf diesem Planeten ein bedeutsames Lebensziel.
- »Geld schafft Sorgen und Probleme« – mehr Quatsch geht kaum. Das Gegenteil trifft zu: Geldmangel und Armut schaffen Sorgen und Probleme, jedenfalls viel mehr und viel schlimmere Sorgen und Probleme als ausreichend oder viel Geld oder Reichtum.
- »Geld macht nicht glücklich« – ebenfalls falsch, wie ich weiter oben gezeigt habe.

Diese Glaubenssätze stammen oft von Menschen, die entweder ihr eigenes Misslingen bei ihrem bisherigen oder früheren Vorhaben, Vermögen aufzubauen oder erfolgreich zu bewahren, schönreden wollen, oder von Ideologen, die eine radikale Umverteilungsagenda betreiben.

Je stärker sich ein Mensch solche schädlichen und falschen Anti-Geld-Glaubenssätze – bewusst oder unbewusst, explizit oder implizit – zu eigen macht, desto unwahrscheinlicher wird es sein, dass es ihm gelingt, Vermögen aufzubauen oder ein vorhandenes (beispielsweise ererbtes) Vermögen zu bewahren.

Die Überschrift dieses Abschnittes lautete: »Geld zum Freund machen.« Einen Freund muss man gut behandeln. Tut man das, steigt die Wahrscheinlichkeit, dass er einem über Jahre und Jahrzehnte doppelt und dreifach das zurückgeben wird, was man ihm vorher gegeben hat.

Wenn Ihre Einstellung zu Geld und im weiteren Sinne zur Marktwirtschaft positiv ist, erhöhen Sie – ich glaube dramatisch – Ihre Chancen, dass es »zu Ihnen kommt«. Wenn Sie Geld hingegen offen oder tief in Ihrem Innern verabscheuen, wird es Ihre Gesellschaft meiden. Praktisch die gesamte, ungeheuer umfangreiche »Denke dich reich«-Ratgeberliteratur basiert auf diesem Axiom. Das wohl erste und bis heute weltweit erfolgreichste dieser Bücher ist Napoleon Hills *Think and Grow Rich* (*Denke nach und werde reich*) von 1937.[29]

Geld und die es umgebende Marktwirtschaft sind nicht verwerflich. Im Gegenteil: Mit Geld kann man sich selbst und anderen Gutes tun. »Geld ist der Schlüssel zur Freiheit«, sagte einst Coco Chanel (1883–

29 Der YouTube-Kanal Finanzfluss publizierte 2022 zum Thema dieses Abschnitts ein sehenswertes Video mit dem Titel »10 toxische Glaubenssätze über Geld, die dich arm machen!« (Finanzfluss 2022).

1971), die große französische Modeschöpferin und Frauenrechtlerin. Sie hatte Recht.

Der Rest dieses Buches zeigt Ihnen, wie Sie auf simple und herrlich nüchterne Weise Ihr vorhandenes Geld schützen und langfristig mehr daraus machen können.

Für den Fall, dass Sie sich bei genauerer Betrachtung geradezu unglaublicher Errungenschaften, die die Marktwirtschaft für die Menschheit in den letzten 250 Jahren gebracht hat, genauer informieren möchten, hier einige gute Bücher zur Auswahl:

- Andrew McAfee: *Mehr aus weniger: Die überraschende Geschichte, wie wir mit weniger Ressourcen zu mehr Wachstum und Wohlstand gekommen sind – und wie wir jetzt unseren Planeten retten* (2020)
- Deirdre McClosky/Art Carden: *Leave Me Alone and I'll Make You Rich: How the Bourgeois Deal Enriched the World* (2020) – nur in englischer Sprache verfügbar
- Kristian Niemietz: *Sozialismus: Die gescheiterte Idee, die niemals stirbt* (2021)
- Johan Norberg: *Fortschritt: Ein Motivationsbuch für Weltverbesserer* (2020)
- Steven Pinker: *Aufklärung jetzt: Für Vernunft, Wissenschaft, Humanismus und Fortschritt. Eine Verteidigung* (2018)
- Hans Rosling: *Factfulness: Wie wir lernen, die Welt so zu sehen, wie sie wirklich ist* (2018)
- Martin Schröder: *Warum es uns noch nie so gut ging und wir trotzdem ständig von Krisen reden* (2018)
- Lawrence Siegel: *Fewer, richer, greener. Prospects for Humanity in an Age of Abundance* (2019) – nur in englischer Sprache verfügbar
- Rainer Zitelmann: *Kapitalismus ist nicht das Problem, sondern die Lösung: Eine Zeitreise durch fünf Kontinente* (2018)
- Rainer Zitelmann: *Die 10 Irrtümer der Antikapitalisten. Zur Kritik der Kapitalismuskritik* (2022)

Wenn Sie nur eines dieser Bücher lesen wollen, lesen Sie das von Rosling. Ich möchte fast garantieren, dass es Ihre Weltsicht verändern wird. Wenn Sie nur zwei lesen wollen, dann die Bücher von Rosling und Zitelmann. Die Websites von Hans Rosling www.gapminder.org und die des deutschen Wirtschaftswissenschaftlers Max Roser an der Oxford University www.ourworldindata.org sind ebenfalls exzellente Quellen für solche Informationen.

10.2 Prinzip 2: Humankapital – Ihr größtes Asset verstehen und managen

Humankapital ist der → Barwert (Gegenwartswert) des noch nicht erhaltenen Arbeitseinkommens, das eine Person oder ein Haushalt voraussichtlich bis zum Ruhestand beziehen wird. Der amerikanische Wirtschaftswissenschaftler Gary Becker erhielt 1992 den Wirtschaftsnobelpreis unter anderem für seine bahnbrechenden Forschungen zum Konzept des Humankapitals.

Alles Gehalt, das der Haushalt in der Vergangenheit bereits erhielt und nicht verkonsumierte oder verschenkte, hat er definitionsgemäß in Finanzkapital verwandelt – mit anderen Worten: gespart. Bei einem typischen 30-Jährigen mag Humankapital (HK) 95% seines Gesamtvermögens ausmachen, bei einem 65-Jährigen, der nicht mehr arbeitet, liegt dieser Wert nahe bei null. Bei sehr wohlhabenden Personen hat HK im jungen Alter einen geringeren Anteil.

Das Humankapital eines 30-Jährigen mit normalem oder etwas überdurchschnittlichem Einkommen kann in heutigem Geld (real) ohne Weiteres 1 Million oder 2 Millionen Euro betragen. Bei einem durchschnittlichen Arbeitnehmerhaushalt ohne geerbtes Vermögen und mit einem Gehalt und Sparverhalten in der normalen Bandbreite bildet HK selbst noch rund zehn Jahre vor Eintritt in die Ruhestandsphase den größten einzelnen Teil des Nettogesamtvermögens (Humankapital, Finanzkapital einschließlich Immobilien und der Barwert von Rentenansprüchen zusammengezählt, abzüglich aller Schulden).

Die Website www.finanzfluss.de enthält einen Humankapitalrechner (googeln Sie »Finanzfluss Humankapital berechnen«).

Wer sich nicht sicher ist, welche Annahmen er der HK-Berechnung zugrunde legen sollte, könnte ein pessimistisches, ein mittleres und ein optimistisches Szenario berechnen.

Dass eine jede HK-Schätzung von beträchtlicher Unsicherheit geprägt ist, bedeutet keineswegs, dass es nicht lohnt, den Erwartungswert dieses enorm wichtigen Assets zu ermitteln und ein Gefühl für seine Höhe und seine Stellhebel zu entwickeln.[30]

---

30 Grundsätzlich erfolgt die Bewertung einer Immobilie im Sinne eines → Cashflow-produzierenden Assets oder die Bewertung eines Unternehmens auf der Basis der Gewinne, die es in der Zukunft für seine Eigentümer erzeugen wird, auf der gleichen methodischen Basis wie die Berechnung von Humankapital.

Weil HK für die meisten Haushalte vor Eintritt in den Ruhestand ein so großes und wichtiges Asset ist, sollten all jene unter uns, die sich wünschen, ihren Lebensstandard im fortgeschrittenen Alter beizubehalten, den Wert ihres HKs aktiv managen. Das wird in der Regel heißen:

- Gesund leben, beispielsweise nicht rauchen, wenig Alkohol, starkes Übergewicht vermeiden, regelmäßig ungefährlichen Sport treiben.
- Seine beruflichen Fähigkeiten – sein »ökonomisches Skill-Set« – auch noch nach 40 peu à peu weiterentwickeln und diversifizieren, einen Job haben oder suchen, den man mit 60+ noch ausüben kann und möchte (vielleicht auf Teilzeitbasis), und einkommenslose Lücken im Lebenslauf minimieren.

Je aktiver und besser ein Mensch sein HK managt, desto wahrscheinlicher ist es, dass ihm oder ihr im Laufe der Jahre eine wirtschaftlich und anderweitig attraktive berufliche Opportunität begegnet, die er oder sie aufgreifen will und kann.

Eine ebenso banale wie unbequeme HK-Einsicht ist: Unter sonst gleichen Umständen wird Ihr HK zu einem gegebenen Zeitpunkt umso niedriger sein, je früher Sie Ihre Berufstätigkeit beenden, sprich kein Einkommen aus Berufstätigkeit mehr produzieren.

Infobox: Ehe und Scheidung aus finanzieller Perspektive

Eheschließung (oder eingetragene Lebenspartnerschaften) und Scheidung haben in den meisten Fällen eine große Auswirkung auf die Vermögen der Beteiligten. Das hat mit den beträchtlichen Kostenvorteilen einer gemeinsamen Haushaltsführung zu tun, mit einer Reihe von Steuervorteilen für Ehepaare in Deutschland, mit Vorteilen bei Versicherungen und mit weiteren Vorteilen auf anderen Gebieten. Umgekehrt kann eine Scheidung ein finanzielles Desaster für einen der zwei Beteiligten und erstaunlich oft sogar für beide bedeuten. Mehr dazu im Blog-Beitrag *Ehe und Scheidung aus finanzieller Perspektive* von Kommer und Stagniti.

HK hat in den meisten Fällen eine erfreulich niedrige Volatilität (ist also sehr risikoarm) und eine niedrige oder sogar negative Korrelation zu Aktienrenditen. Das ist der maßgebliche Grund, warum junge Arbeitnehmer oder Haushalte unter sonst gleichen Umständen eine höhere Aktienquote vertragen als ältere. Bei der Festlegung der für Sie passenden Asset-Allokation[31] (siehe Abschnitt 12.3.1) sollten Sie idealerweise Ihr HK berücksichtigen.

Abbildung 6: Schematische Entwicklung des Humankapitals und des Finanzkapitals eines Arbeitnehmers mit akademischer Bildung

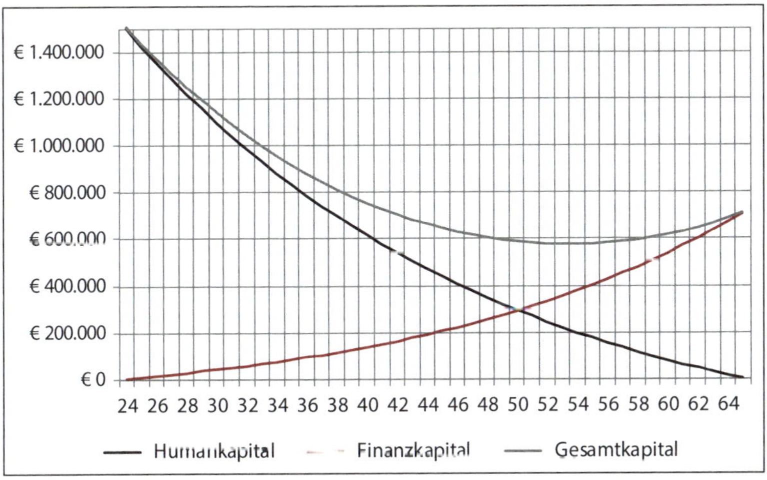

► Vertikale Skala in heutigem Geld, also mit inflationsbereinigten Renditen. ► Das Gesamtkapital ist die Summe aus Humankapital und Finanzkapital. ► Annahme: Der Arbeitnehmer hat einen gut verwertbaren akademischen Masterabschluss oder andere ähnlich attraktive Abschlüsse und ist von 25 bis 65 im Wesentlichen ununterbrochen berufstätig. ► »Finanzkapital« umfasst Vermögen minus Schulden. Grundsätzlich kann es bei einem typischen Arbeitnehmerhaushalt die folgenden Kapitaltypen einschließen: liquides Vermögen, Immobilien und Anspruch an die gesetzliche Rentenversicherung oder vergleichbare Versorgungseinrichtungen.

Selbst wenn 100% Ihres Finanzvermögens in Aktien investiert wäre, dürfte der Anteil des Aktienportfolios (Portfolio) am Gesamtvermögen einschließlich HK bei jungen Haushalten deutlich unter 10% liegen. Das zeigt Abbildung 6 für ein Lebensalter bis 35. Selbst im Alter von 50 beträgt hier der Anteil von Finanzkapital immer noch erst 50% des Gesamtkapitals und darin ist typischerweise ein Anspruch an die gesetzliche Rentenversicherung enthalten, der ebenfalls als risikoarm einzustufen ist.

31 Allokation = Lenkung, Verteilung, Aufteilung.

FAZIT

Wenn Sie kein mittleres bis hohes sechsstelliges Vermögen erben, geschenkt bekommen, in ein solches einheiraten oder einen solchen Betrag in der Lotterie gewinnen und auch nicht durch Unternehmertum reich geworden sind, dürfte HK bis zu einem Lebensalter von etwa 50 und oft sogar noch länger Ihr wertvollstes Asset sein. Gerade deswegen sollten Sie anstreben, seinen Wert zu sichern und zu maximieren.

Kluge Haushalte vergegenwärtigen sich im Laufe ihres berufstätigen Lebens stets ihren jeweiligen Mix aus Humankapital und Finanzkapital und managen beides in einer »integrierten« oder »holistischen« Weise. Wer das tut, wird erkennen, dass er bis zum Lebensalter von ungefähr 50 unter sonst gleichen Umständen normalerweise höhere »gute Risiken« mit seinen Finanzanlagen eingehen kann, als es der größte Teil der Bevölkerung in Deutschland tut. Was gute Risiken sind, wird in Abschnitt 11.2 erläutert. Höhere gute Risiken eingehen bedeutet, die erwartete Rentabilität seines Finanzkapitals erhöhen, um bei Beginn des Rentenalters ein höheres Nettovermögen zu haben.

10.3 Prinzip 3: Schulden sind tabu (mit drei Ausnahmen)

Wer als Privathaushalt langfristig Vermögen bilden möchte, für den müssen Schulden, also Kredite, tabu sein. Das mag in einer Gesellschaft des »I want it and I want it now« unsexy klingen, ist aber so. Schulden unterminieren die Fähigkeit, Vermögen zu bilden, aus zwei Gründen: Schulden kosten laufend Geld (Zinsen), und sie dienen sehr häufig dazu, Dinge anzuschaffen, die man nicht wirklich braucht oder die man jedenfalls noch nicht anschaffen sollte. Eigentlich ist all das trivial. Trotzdem sind Schulden in unserer konsumorientierten Gesellschaft seuchenartig verbreitet.

2017 hatte ein Drittel aller deutschen Haushalte Nicht-Immobilien-Schulden, also Konsumkredite (Bundesbank, ohne Autor, 2019). Aufgrund der seit Anfang 2022 gestiegenen Zinsen dürfte auch die Last dieser Schulden in Zukunft eher zunehmen. (Vor 2022 waren die Zinsen in den meisten westlichen Ländern rund 40 Jahre lang trendmäßig gefallen.)

In den meisten Fällen führen Schulden natürlich nicht direkt in die Schuldenberatung oder den Privatkonkurs. Dennoch haben sie fast immer eine toxische Auswirkung auf unseren langfristigen Erfolg bei Vermögensbildung und Altersvorsorge.

Die einzigen drei Ausnahmen vom Schulden-sind-tabu-Grundgesetz sind Immobilienkredite, Kredite zur Finanzierung eines, sagen wir mal, »ausreichend lukrativen Studiums«, mithin Investition in Ihr »Humankapital« und Existenzgründerkredite. Mit »ausreichend lukrativem Studium« sind Fächer gemeint, bei denen die Berufschancen am Studienbeginn mindestens durchschnittlich eingeschätzt werden. Beispiele für Disziplinen, auf die das wohl nicht zutrifft, sind Soziologie, Ethnologie, Kunstgeschichte, Anglistik und einige andere Sozial- oder Geisteswissenschaften. (Selbstverständlich ist die Nennung dieser Studiendisziplinen nicht abwertend gemeint. Ich will damit lediglich konkrete Beispiele für Fächer nennen, die statistisch niedrigere Gehaltsaussichten haben als z. B. Physik, Medizin, Informatik, Jura oder BWL.)

Immobilienkredite, Studienkredite und Existenzgründerkredite sind »Investmentschulden«. Mit ihnen finanziert man Investments oder »Assets«, die voraussichtlich langfristig einen Ertrag abwerfen, der höher sein kann als die Kreditzinsen. Investmentschulden sind »gute« Schulden. Sie sind das Gegenstück zu den »bösen« Konsumschulden. Außerdem sind die Zinsen für diese drei Kreditarten in der Regel weit niedriger als die Zinssätze für Konsumschulden.

Mit Konsumschulden wird Konsum finanziert, beispielsweise Kleidung, Möbel, Unterhaltungselektronik, Sport, Urlaubsreisen. All diesen Dingen oder Aktivitäten ist gemeinsam, dass sie ihren wirtschaftlichen Wert sofort oder quasi sofort nach Erwerb verlieren und keine langfristigen Erträge generieren, wie das bei Immobilien, Humankapital (Studium) oder der Finanzierung eines Unternehmens der Fall ist.

Grundsätzlich gilt: Über Schulden finanzierter Konsum reduziert Ihre Fähigkeit, langfristig Vermögen zu bilden.

Konsumschulden werden in wohlhabenden Ländern wie Deutschland, Österreich und der Schweiz mit seltenen Ausnahmen nicht mehr deshalb gemacht, »weil wir kein Geld haben«, also wegen bitterer Armut. Wenn wir ehrlich zu uns sind, dann werden sie deshalb gemacht, weil wir nicht warten wollen, bis wir genug eigene Mittel (Eigenkapital) zur Finanzierung unseres Konsumwunsches angespart haben. Konsumschulden sind die Begleiterscheinung von »nicht warten können«, sie sind der »Fluch der Ungeduld«. Die legendären *Marshmallow-Experimente* des amerikanischen Psychologen Walter Mischel Ende der 1960er- und Anfang der 1970er-Jahre illustrieren, wie die Unfähigkeit, Konsum auch nur Sekunden oder Minuten hinauszuschieben, bei Kleinkindern wirtschaftlichen Erfolg im Erwachsenendasein prognostiziert (siehe hierzu das Stichwort »Belohnungsaufschub« auf der deutschen Wikipedia).

Wohlhabende Menschen können mehr konsumieren, weil sie Vermögen haben. Um aber wohlhabend zu werden, muss man zunächst Konsumwünsche in die Zukunft verschieben, also sparen – es sei denn, man gehört zu den wenigen Glückspilzen, die reich geboren wurden oder reich heiraten.

Zu den schlechtesten aller Schulden gehören Kreditkartenschulden und Dispokreditschulden. »They are evil«, könnte man neudeutsch sagen, sie sind des Teufels. Zum einen sind ihre Zinskosten exorbitant hoch (bis zu 20% p.a.) und zum anderen können sie – wie Ratgeberbücher zum Thema *schuldenfrei werden* hervorheben – auf lange Sicht schlimme mentale Auswirkungen haben.

Mancher Kauf beinhaltet Schuldenmachen, sieht jedoch auf den ersten Blick nicht danach aus. Dazu gehören KFZ-Leasing oder KFZ-Kredite, und dazu gehört der typische 24-Monate-Mobiltelefonvertrag.

Im autoverrückten Deutschland werden rund 40% aller Autokäufe (neu und gebraucht) via Leasing oder Kredit finanziert. Viele Autonarren reden sich die in Wirklichkeit unattraktiv teure Finanzierung über Auto-Leasing, Dienstwagen-Leasing oder Autokredit deswegen schön, weil sie nur auf Pump sofort an ihren Wunschwagen gelangen. Dann werden von den vielen finanziellen Variablen, die hier mit hineinspielen, einige bewusst oder unbewusst ausgeblendet und andere verzerrt oder ganz falsch eingeschätzt. Besonders gerne übersehen die Schuldenmacher, dass beim Barkauf (Eigenkapitalkauf) ein weit höherer Rabatt auf den sogenannten Listenpreis gewährt wird als bei »Finanzierung«. Selbst der größte Autolobby-Club der Welt, der ADAC, gibt zu, dass »Barkaufen« – mit seltenen Ausnahmen – billiger ist (www.adac.de, Stichwort »Finanzierung und Leasing«).

Ähnlich sieht es bei der Mobiltelefonie aus. Mit seltenen Ausnahmen ist es auch hier finanzmathematisch billiger, das Mobiltelefon selbst zu kaufen und einen Mobilfunkvertrag ohne Grundgebühr abzuschließen (siehe z. B. die Website www.finanztip.de, Stichwort »Handy«).

Ein Auto oder ein Mobiltelefon zu kaufen statt fremdzufinanzieren, spart also fast immer Geld. Zudem ist die notwendige Cash-Zahlung beim Kauf eine exzellente Seelenprüfung dafür, ob man dieses Konsumgut »wirklich, wirklich« braucht oder ob nur kurzfristige Genusslust, Gier oder Neid hinter dem Anschaffungswunsch steht.

Übermäßiger Konsum in diesem Sinne ist also schlecht. Vermeiden Sie ihn, denn er korrodiert Ihre Fähigkeit, Vermögen zu bilden und Altersvorsorge zu treffen – objektiv in Bezug auf die nackten Zahlen, aber auch subjektiv in Bezug auf Ihre Motivation, Ihre Freiheit und Ihren Seelenfrieden.

Auch das von einer eher kleinen Minderheit, zumeist jüngerer, männlicher Anleger, im Internet propagierte Investieren in Aktien- oder Kryptowährungen auf Kredit, also schuldenfinanziertes Anlegen an der Börse (→ Leveraging, Anlegen mit → Kredithebel), funktioniert statistisch weniger erfolgreich, als es die in diesen Fällen angeführten Einzelfälle und rosinengespickten Zahlenbeispiele vermuten lassen. Wie ambivalent Leveraging aus der Sicht der Wissenschaft ist, haben mein Kollege Daniel Kanzler und ich von einiger Zeit in einem Blog-Beitrag untersucht (Kommer/Kanzler 2022).

FAZIT

Der erste und in mancherlei Hinsicht vielleicht sogar wichtigste einzelne Schritt zur langfristig erfolgreichen Vermögensbildung und Altersvorsorge könnte nicht simpler sein:

So schnell wie möglich runter von den Schulden, wenn welche da sind. Wenn keine da sind: Gratulation!

Die einzigen überzeugenden Gründe für Schulden, die nicht aus blanker Not resultieren, sind Immobilienfinanzierungen, Studienkredite im Falle eines »lukrativen Studienfaches« und Existenzgründerschulden.

Von diesen drei Ausnahmen abgesehen gilt: niemals Schulden machen, auch nicht für sechs Wochen via Dispokredit. Das ist die Grundvoraussetzung für nachhaltigen Erfolg bei Vermögensaufbau und Altersvorsorge.

10.4 Prinzip 4: In jedem Quartal gilt: Einnahmen > Ausgaben

»Unter seinen eigenen Mitteln zu leben, ist die ultimative Finanzstrategie.« (Jack Brennan, ehemaliger Vorstandsvorsitzender der Vanguard Group, der zweitgrößten Fondsgesellschaft der Welt)

Dieser Abschnitt ist einer der kürzesten und umstandslosesten im ganzen Buch. Er besteht aus zwei einfachen Regeln, die – wenn man das Ziel verfolgt, erfolgreich langfristig Vermögen zu bilden und bei Eintritt in den Ruhestand seinen Lebensstandard nicht reduzieren zu müssen – unmittelbar einleuchten, einfach sind, gut wirken und von einem hohen Prozentsatz aller Haushalte missachtet werden.

Regel 1: Tolerieren Sie kategorisch kein Kalenderquartal, in dem Sie (Ihr Haushalt) mehr für Konsum ausgeben, als Sie einnehmen. Einzelne Monate mit Ausgaben, die Ihre Einnahmen übersteigen, sind erlaubt, aber nur solange die Lifestyle-Creep-Management-Regel im Kalenderquartal eingehalten wird. Konsum ist alles, was keine Investition in einen sofort oder später Ertrag produzierenden Vermögenswert repräsentiert. Die Kosten für eine berufliche Weiterbildung, also eine (echte) Investition in Ihr Humankapital, sind kein Konsum. Schuldentilgen ist ebenfalls eine Form von Sparen, sprich Vermögensbildung.

Regel 2: Begrenzen und managen Sie Ihren »Lifestyle-Creep«.[32] Lifestyle-Creep findet dann statt, wenn bei einem Haushalt die Ausgaben für Lebenshaltung, also sein Lebensstandard, eins zu eins mit seinem im Zeitablauf steigenden Einkommen (primär durch Gehaltserhöhungen) zunehmen. Auf diese Weise kann die Sparrate eines Haushaltes in Geldeinheiten niemals steigen. Der Haushalt erfährt dann zwar einen steigenden Lebensstandard, bildet jedoch keine weiteren Reserven und kein Vermögen. Schlimmer noch: Relativ zu den jährlichen Ausgaben für Lebenshaltungskosten schrumpft das Vermögen unter Umständen sogar. Lifestyle-Creep ist der perfide Effekt, der bei Millionen von Haushalten in den westlichen Ländern verhindert, dass sie Reserven bilden und fürs Alter vorsorgen, obwohl sie es an sich könnten. Lifestyle-Creep zu ma-

32 Engl. *to creep*: kriechen, schleichen, langsam ansteigen.

nagen, ist im Prinzip ganz einfach: Wenn Sie eine Gehaltserhöhung von z. B. 100 Euro netto pro Monat erhalten, dann erhöhen Sie Ihre monatliche Sparleistung um mindestens 30 Euro. Mit anderen Worten: Von jedem zusätzlichen Euro Nettoeinkommen werden Sie sich mit maximal 70 Cent zusätzlichem Konsum belohnen und mindestens 30 Cent sparen, d. h. investieren oder Schulden tilgen. Solange Sie jünger sind als 30 Jahre, dürfen Sie Regel 2 vorübergehend missachten, sofern Sie das Gefühl haben, dass es wirklich nicht anders geht. Sobald Sie älter sind als 45, sollten Sie die »inkrementelle Sparquote« von den oben genannten 30% (der Anteil des zusätzlichen Nettoeinkommens, den Sie nicht für Konsum ausgeben), auf 40% oder mehr steigern.

Diese beiden schlichten Regeln werden auf lange Sicht enorm dazu beitragen, dass Sie erfolgreich Vermögen bilden, ohne allzu unangenehme gefühlte Einschränkungen.

Mit Regel 2 unterwerfen Sie sich auf clevere Weise einem selbst auferlegten »positiven Zwangssparvertrag«, ähnlich wie beim Kauf einer selbstgenutzten Immobilie auf Kredit.

Von jedem zusätzlichen Euro Nettoeinkommen in der Zukunft werden Sie mindestens 30% sparen. Ihre Konsumausgaben nehmen damit stets langsamer zu als Ihr Einkommen. So werden Sie auf diese Weise zwei Dinge steigern: Ihren Lebensstandard *und* Ihre Aussicht auf erfolgreiche Vermögensbildung und Altersvorsorge.

Um Prinzip 4 erfolgreich in die Realität umzusetzen, empfehle ich zu testen, ob sie dabei »IT-Unterstützung« in Anspruch nehmen wollen. Inzwischen existiert eine Vielzahl preisgünstiger oder kostenloser Budgeting- oder Haushaltsbuch-Anwendungen für jedes persönliche IT-Gadget: Laptop, Notebook, Tablet oder Smartphone. Googeln Sie einfach die Stichwörter »Haushaltsbuch-Software« oder – wer auch englische Benutzeroberflächen mag – »Budgeting Software« bzw. »Budgeting Apps«. Verschiedene Finanzportale führen regelmäßig aktualisierte Vergleiche unterschiedlicher Apps durch.

10.5 Prinzip 5: Den Erzfeind *Interessenkonflikte* bekämpfen

Seit mehr als einem Jahrzehnt ist es ein Gemeinplatz in Politik und Medien, dass Interessenkonflikte in der Finanzbranche und in den Medien ein, wenn nicht sogar *der* zentrale Ursachenfaktor für die vielen Fälle unerwarteter Verluste in Privatanlegerdepots und für offensichtlichen Anlagebetrug sind, von denen wir jahrein, jahraus hören. Darüber hinaus dürften Interessenkonflikte auch Schuld an dürftigen Langfristrenditen tragen.

Trotzdem ist gerade in den deutschsprachigen Ländern in den letzten Jahren wenig passiert, um diese alte Pest der Finanzindustrie – Interessenkonflikte – wirksam einzudämmen. Da die Akteure hier aus Eigeninteresse (Finanzbranche und Medien) oder Inkompetenz (Politik) nichts tun, müssen Sie sich als Privatanleger selbst schützen. Dieser Abschnitt sagt Ihnen, wie Sie das machen. Bevor ich damit beginne, sollten wir noch kurz klären, wie und wo diese Interessenkonflikte entstehen. Interessenkonflikte (Ökonomenjargon *Prinzipal-Agent-Konflikte*[33]) im Investmentbereich entstehen dann, wenn folgende Konstellation besteht:

- Ein Dienstleister (das könnte eine Bank, ein Finanzberater oder ein Vermögensverwalter sein) wird für einen Privatanleger (den Auftraggeber) im Anlagebereich tätig.
- Der Dienstleister hat gegenüber dem Privatanleger einen fachlichen und/oder prozessualen Informationsvorsprung über den Sachverhalt (Investieren), und es ist für den Privatanleger de facto unmöglich, diesen Informationsvorsprung durch eigene Recherche oder Weiterbildung rechtzeitig auszugleichen.
- Die Höhe der Bezahlung des Dienstleisters variiert mit der Art der Ausführung der Dienstleistung. Mit anderen Worten, der Dienstleister hat also einen Einfluss auf die Art der Investments, und die Höhe seiner Vergütung ist nicht für jedes Investment identisch.

Alle drei Bedingungen liegen im Anlagegeschäft mit Privatkunden von Banken oder bankunabhängigen Finanzberatern und Vermögensverwaltern in den deutschsprachigen Ländern in wohl 99% aller Fälle vor. Das

33 Siehe auf der deutschen Wikipedia unter dem Stichwort »Prinzipal-Agent-Theorie«.

Ergebnis dürfte nicht überraschen: Der Anleger bekommt regelmäßig nicht die – ex ante – für ihn nach wissenschaftlichen Maßstäben objektiv beste Dienstleistung (die Empfehlung des für ihn besten Wertpapiers im oben genannten Beispiel), sondern jene, an der der Dienstleister am meisten oder jedenfalls mehr verdient als an der besten.

In der Finanzbranche in den deutschsprachigen Ländern ist es die Regel, nicht die Ausnahme, dass eine Bank, ein Vermögensverwalter oder ein Finanzberater Provisionen (auch Kommissionen, Rückvergütungen oder »Kickbacks« genannt) von Finanzproduktherstellern bekommt, dafür, dass dessen Produkte im Depot des Kunden landen. Noch schlimmer ist das Hineinlegen »hauseigener« Produkte bei Banken und Vermögensverwaltern in die Depots von Kunden. Da fließt zwar im technischen Sinne keine Provision, aber der Interessenkonflikt ist eher noch schädlicher, weil der geldliche Vorteil für die Bank oder den Vermögensverwalter noch größer ist.

Diese Art von letztlich systembedingter vorsätzlicher oder grob fahrlässiger Fehlleistung dürfte jeden Tag zigtausendfach in Deutschland, Österreich und der Schweiz geschehen und auf lange Sicht sehr oft zu dramatischen Verlusten oder → Opportunitätskosten im Vermögen des Anlegers führen. Wenn es »nur« Opportunitätskosten sind, merken viele Anleger gar nicht, wie sie über den Tisch gezogen werden.

Dass es auch anders geht, haben die Länder Großbritannien und die Niederlande gezeigt. Dort wurde die größte Hauptquelle von Interessenkonflikten in der Finanzbranche – das Zahlen von Provisionen von Finanzproduktherstellern an Banken, Vermögensverwalter und Finanzberater – vor einigen Jahren mit beachtlichem Erfolg weitgehend verboten.

Auch die Medien (einschließlich des Internets in Gestalt von Finanzportalen und Investment-Bloggern) sind Teil dieser unheiligen Allianz. Ihre Investmentberichterstattung trieft förmlich von Interessenkonflikten. In Abschnitt 10.13 (Investmentpornografie) schildere ich, warum und wie.

Die für die Medien sehr lukrative Werbung von Finanzproduktherstellern und Banken in den Medien führen dazu, dass Medienberichterstattung zu selten konkrete Anlageprodukte oder Dienstleister, die Schaden angerichtet haben, zum Gegenstand investigativer, kritischer Berichterstattung macht.

Wie können Sie sich als Privatanleger vor den oft fatalen Konsequenzen von Interessenkonflikten in der Finanzbranche und in den Finanzmedien schützen?

- Die Person, die dem geringstmöglichen Interessenkonflikt in Bezug auf Ihre Geldanlagen unterliegt, begegnet Ihnen jeden Morgen im Badezimmerspiegel. Je mehr diese Person über Geldanlagen weiß und selber tut oder je weniger diese Person mit interessenkonfliktbehafteten Institutionen zusammenarbeitet (siehe folgender Punkt), desto vorteilhafter wird das langfristige Ergebnis für deren Vermögen.
- Befolgen Sie niemals, niemals, niemals die Anlageempfehlung einer Bank, eines Vermögensverwalters oder eines Finanzberaters, wenn diese Institution oder diese Person nicht ausschließlich von Ihnen selbst in Cash bezahlt werden, so, wie Sie einen Steuerberater, Rechtsanwalt oder Handwerker bezahlen. Lassen Sie sich von Ihrem Berater oder Verwalter schriftlich geben, dass sein gesamter »Umsatz« oder sein Honorar nur von Ihnen und Ihnen allein direkt vergütet wird. Das bedeutet leider, dass 98% der Institutionen und Firmen, die in den deutschsprachigen Ländern Finanzberatung und Vermögensverwaltung anbieten, nicht infrage kommen. Erfreulicherweise existieren Alternativen. Hierzu mehr in Kapital 14.
- Überprüfen Sie die Finanzzeitschriften und Investment-Newsletter, die Sie lesen, auf Verseuchung mit Interessenkonflikten und Investmentpornografie. Da, wo ein Verseuchungsverdacht besteht, ist die Beendigung des Abos angeraten. Sparen Sie dadurch Zeit und Geld, die Sie in sinnvollere Dinge stecken können (Dobelli 2021). Lesen Sie Investmentartikel in Ihrer Tageszeitung mit gesunder Skepsis – gehen Sie davon aus, dass Ihnen meistens nur »Geschichten« erzählt werden. Im Anhang nenne ich empfehlenswerte Bücher, YouTube-Channels und Finanzblogs, die wenig oder gar nicht von Interessenkonflikten beeinträchtigt sind.

FAZIT

Obwohl seit Jahren immer häufiger über die schlimmen Folgen von Interessenkonflikten in der Finanzindustrie berichtet wird, begnügt sich die Politik in den deutschsprachigen Ländern mit kosmetischen Korrekturen.

Zu wenige Privatanleger haben bisher echte Konsequenzen aus den epidemischen Interessenkonflikten in der Finanzbranche und in der Investmentberichterstattung der Medien gezogen. Versuchen Sie nicht, Teil dieser Mehrheit zu sein – Ihre Vermögensbildung und Ihre Altersvorsorge werden es Ihnen danken.

10.6 Prinzip 6: Realistische Renditevorstellungen haben

Wenn ein Privatanleger in eine schlechte Geldanlage investiert, steckt dahinter oft eine ursprünglich überzogene Vorstellung von dem, was an langfristiger Rendite bei diesem Produkt oder dieser Strategie (nach Kosten) realistisch möglich ist. Wer unrealistische Vorstellungen hat, geht besonders leicht falschen, gefährlichen Versprechen der Finanzbranche einschließlich vieler Finanz-Blogger und Finanzmedien auf den Leim – mit allen Konsequenzen.

Damit Sie nicht auf überhöhte Renditeversprechungen der Finanzbranche hereinfallen, müssen Sie zunächst einmal die zu erwartenden Langfristrenditen der sechs wichtigsten Asset-Klassen in Tabelle 8 kennen. Man kann die darin enthaltenen historischen Zahlen als guten Indikator dafür betrachten, was in der langfristigen Zukunft an Rendite zu erwarten ist.

Unterstellt man langfristig eine jährliche Inflationsrate von 2,5%, wäre diese zu den Werten in Tabelle 6 zu addieren, um auf nominale Renditen zu kommen.

In der Finanzbranche wird leider fast immer von nominalen Renditen geschrieben und geredet. Ein Beispiel: In den 25 Jahren von 1997 bis 2021 lieferte der DAX (die 40 größten Aktiengesellschaften in Deutschland) eine nominale Rendite von 6,5% p.a. in DM bzw. Euro. Klingt erst einmal passabel, wenn auch nicht spektakulär. Subtrahiert man hiervon allerdings die deutsche Inflation von knapp 1,6% p.a. während dieses Zeitraums, sind wir schon bei nur mehr 4,9% – vor Kosten und Steuern.

Tabelle 6: Langfristige Renditen der wichtigsten Asset-Klassen von 1900 bis 2021 (122 Jahre), inflationsbereinigt (real) in USD, vor Kosten und Steuern

	Aktien, global	Wohnimmobilien, global	Langfristige Staatsanleihen, global	Geldmarktanlagen, global (»Sparbuch«)	Gold	Rohstoffe
Rendite	5,3% p.a.	2,4% p.a.	2,0% p.a.	0,7% p.a.	0,7% p.a.	0,5% p.a.
Zeit bis zur Verdopplung	14 Jahre	30 Jahre	36 Jahre	103 Jahre	103 Jahre	144 Jahre
Vielfaches der »Sparbuchrendite«	7,5-fach	2,2-fach	2,7-fach	---	1-fach	10,5-fach

► Vor Kosten und Steuern (bei Immobilien Instandhaltungskosten enthalten). ► Alle Renditen in USD, ausgenommen Wohnimmobilien, die in lokaler Währung sind. ► Wohnimmobilien abweichende Periode 1900 bis 2017. ► Wohnimmobilien: Preisrenditen inklusive Instandhaltung und Versicherung bei Dimson/Marsh/Staunton (2018) als minus 2,7% berechnet. Dazu Bruttomietrendite von 4,5% addiert. → Leverage (Fremdkapitalkosten) wurden nicht berücksichtigt. ► Die Asset-Klasse Geldmarktanlagen repräsentiert kurzfristige Staatsanleihen in Industrieländern. Das entspricht verzinslichen Bankguthaben innerhalb der gesetzlichen Einlagensicherung. ► Rohstoffe umfassen die fünf Hauptrohstoffgruppen Energie, Edelmetalle, Basismetalle, Mineralien und Agrarrohstoffe (nachwachsende Rohstoffe). Es handelt sich um die Renditen physischer Rohstoffanlagen. ► Datenquelle: Kapitalmarktrenditen und Wohnimmobilien: Dimson/Marsh/Staunton 2018; Gold: World Gold Council; Rohstoffe: David S. Jacks.

Abgeleitet aus oft fragwürdigen Angaben in den traditionellen Medien, im Internet und in Ratgeberbüchern glauben viele Privatanleger, die langfristig anzunehmende Aktienrendite sei »um die 9 bis 10% pro Jahr«. Das mag historisch für den US-Aktienmarkt in den zurückliegenden knapp 120 Jahren gestimmt haben (so weit reichen die Daten hoher Qualität zurück), aber davon sind noch rund drei Prozentpunkte US-Inflation abzuziehen. Und unter den 22 nationalen Aktienmärkten, für die historische Aktienmarktrenditen seit dem Jahr 1900 vorliegen, waren die USA (Stand Ende 2021) der rentabelste Einzelmarkt – statistisch also ein Ausreißer nach oben. Es existiert kein überzeugender Grund dafür, dass die USA in den nächsten 20 oder 50 Jahren wieder so weit oben liegen werden, auch wenn diese »American-Exceptionalism-Theorie« in den USA und bei dem ein oder anderen Experten hierzulande derzeit (Oktober 2022) wieder einmal en vogue ist.[34]

Tabelle 8 besteht aus drei Datenzeilen. Die oberste zeigt die nachhaltig erzielbaren realen Renditen der wichtigsten Asset-Klassen vor Steuern und Kosten an. Die unterste Zeile sagt uns, um wievielmal so hoch die Renditen von Aktien gegenüber allen anderen weniger rentierlichen Asset-Klassen sind – die relative Perspektive. Für Anleger hat sie größere Bedeutung als die absolute Perspektive.

Aktien, die renditestärkste Asset-Klasse, sind auf lange Sicht mehr als doppelt so rentabel wie Immobilien und mehr als siebenmal so rentabel wie das Sparbuch. Deswegen dauert eine Verdopplung einer anfänglich investierten Geldeinheit beim Sparbuch auch siebenmal so lange wie bei Aktien (mittlere Datenzeile in Tabelle 8).

---

34 Abgesehen von der grundsätzlich fehlerhaften Denke, die historischen Renditen eines einzelnen Landes als repräsentativ für die Zukunft in anderen Ländern oder im Weltaktienmarkt zu betrachten, war der nationale US-Aktienmarkt – Stand Januar 2024 – der am höchsten bewertete Länderaktienmarkt unter allen ca. 50 Ländern, für die → KGVs vorlagen.

In den meisten Ländern wäre der relative Renditevorsprung von Aktien gegenüber dem Sparbuch sogar noch größer als hier dargestellt, weil die *effektive* Besteuerung von Aktien im Falle von Buy-and-Hold-Anlegern deutlich geringer ist als die beim Sparbuch – siehe hierzu Abschnitt 12.5.

Jemand könnte fragen, warum in Tabelle 8 die Renditen beispielsweise von (kapitalbildenden) Lebensversicherungen oder von Hedgefonds nicht gezeigt werden. Die Antwort ist einfach. Tabelle 8 stellt Renditen von *Asset-Klassen* dar, nicht jedoch Renditen von Finanzprodukten wie kapitalbildenden Lebensversicherungen, Bausparverträgen oder von aktiven Anlagestrategien wie Hedgefonds oder Private-Equity-Fonds.[35] *Alle* Finanzprodukte und *alle* aktiven Anlagestrategien setzen auf Asset-Klassen auf, sind also lediglich verpackte Asset-Klassen. Verpackungen kosten Geld und führen in den meisten Fällen zusätzliche Komplexität, Intransparenz und nicht selten sogar zusätzliche Risiken in die Gleichung ein. In Summe müssen Finanzprodukte schlechter rentieren, also die Asset-Klassen, auf denen sie basieren. Das ist ein einfaches mathematisches Gesetz, an dem niemand vorbeikommt. Auf das aus einer praxisbezogenen Privatanlegersicht enorm wichtige Thema Verpackung versus Inhalt bei Finanzprodukten gehe ich in Abschnitt 10.12 genauer ein.

Die Asset-Klassen und Sammlerobjekte (z. B. Kunst, Vintage-Cars, Luxusuhren, Sammlerweine) fehlen in Tabelle 8, weil dazu keine seriösen, verlässlichen Renditezahlen existieren und weil man de facto ohnehin nicht breit diversifiziert in Sammlerobjekte als Asset-Klasse investieren kann. Für verschiedene Typen von Sammlerobjekten existieren Datenreihen einzelner Forscher, aber diese sind oft kurz und praktisch nie durch den wissenschaftlichen Bestätigungsprozess gelaufen, der erforderlich ist, bis man solche Zahlen als verlässlich einstufen kann.

Bei Kryptowährungen (auf die ich in Abschnitt 12.4.3 noch näher eingehen werde) bestehen schon deswegen keine langfristigen Datenreihen, weil die älteste Kryptowährung, Bitcoin, noch keine 15 Jahre alt ist.

Gelegentlich höre ich das Argument, dass Asset-Klassen-Renditen, die weiter als soundso viele Jahre zurückreichen, für die heutige Zeit nicht mehr relevant seien. Dieses Argument, das zudem so gut wie nie wirklich begründet wird, ist falsch – jedenfalls nach der herrschenden Meinung der Wissenschaft. Umgekehrt wird ein Schuh draus: Je länger ein

35 Zu Rendite und Risiko von Private Equity siehe Kommer/Weis 2021b.

historischer Zeitraum bei Asset-Klassen-Renditen ist, desto tendenziell aussagekräftiger wird er für die Zukunft. Genauso, wie große Stichproben unter sonst gleichen Umständen verlässlicher sind als kleine. Auch dass Asset-Klassen-Renditen in Teilzeiträumen von bis zu 20 Jahren stark vom langfristigen Mittel abweichen können, ändert nichts an der Aussagekraft von langen Zeiträumen, denn es ist unmöglich, kurz- und mittelfristige Abweichungen verlässlich vorauszusagen.

Gleichwohl ist es interessant, auch kürzere Zeiträume zu betrachten. Das tun wir in der Tabelle 7.

Die Renditen in Tabelle 7 sind ausnahmslos höher als diejenigen in Tabelle 6. Einer der Gründe: Die Daten ab 1900 beinhalten die schädlichen Effekte von zwei Weltkriegen, die kaum vorstellbare Zerstörungen von Humankapital im Sinne des Abschnitts 10.2 und physischem öffentlichen und privaten Vermögen verursachten.

Tabelle 7: Renditen der sechs Haupt-Asset-Klassen von 01/1975 bis 06/2022 (47,5 Jahre) – inflationsbereinigt (real) in DM bzw. Euro, vor Kosten und Steuern

	Aktien, global (MSCI World Standard Index)	**Deutsche Wohnimmobilien [B]**	**Deutsche mittelfristige Staatsanleihen [A]**	**Deutscher Geldmarkt (»Sparbuch«) [D]**	**Gold**	**Rohstoffe, S&P GSCI TR Index [E]**
Reale Rendite p.a.	7,4% p.a.	2,8% p.a.	3,1% p.a.	1,4% p.a.	1,8% p.a.	1,3% p.a.
Maximum Drawdown	–60% (Feb. 2009)	n. v. [C]	–21% (Juni 2022)	–22% (Juni 2022)	–77% (Juli 1999)	–84% (Apr. 2020)

► Vor Kosten und Steuern. ► [A] REXP-Index (deutsche Staatsanleihen mit einer Restlaufzeit von ca. 5,5 Jahren). ► [B] Immobilien: Gesamtrendite (Preisrendite + Bruttomietrendite – Instandhaltungskosten) ohne Transaktionskosten (für Kauf, Verkauf), ohne Fremdfinanzierungseffekte. ► [C] Aussagekräftige, objektiv mit anderen Asset-Klassen vergleichbare Drawdown-Zahlen aus den verfügbaren Indexdaten nicht ableitbar. ► [D] 3-Monats-Euribor-Zins. ► [E] S&P GSCI Total Return Index: Ein über alle Rohstoffgruppen diversifizierter Rohstoff-Futures-Index. ► Datenquellen: MSCI, Bundesbank, Bulwiengesa, Europace, World Gold Council.

Ich persönlich schätze die Renditen in Tabelle 6 als repräsentativer für den Mittelwert über die nächsten 20 Jahre ein als diejenigen in Tabelle 7. In Bezug auf die Asset-Klassen mittel- oder langfristiger Anleihen und

Geldmarkt (»Sparbuchrendite«) bin ich mir dabei besonders sicher. Das hat damit zu tun, dass wir heute (Oktober 2022) ein niedrigeres Zinsniveau haben, als es im Mittel der knapp fünf Jahrzehnte, die in Tabelle 7 abgebildet sind, der Fall war.[36] Wohnimmobilien in den deutschsprachigen Ländern sind aufgrund der positiven Ausreißerrenditen in den Jahren von 2010 bis 2021 aktuell ebenfalls sehr hoch bewertet und haben daher in die Zukunft gerichtet eine niedrigere Renditeerwartung.

So oder so sollte man als kluger Privatanleger – wie oben erwähnt – sein Augenmerk nicht primär auf absolute, sondern auf relative Renditen richten. Absolute Renditen gibt der Markt vor. Auf sie habe ich – zumindest aus wissenschaftlicher Perspektive – keinen Einfluss. Auf relative Renditen habe ich hingegen zumindest insofern Einfluss, als dass ich entscheiden kann, welche Asset-Klassen in meinem Portfolio in welchem Umfang vertreten sind.

Mancher behauptet, dass die in den Tabellen 6 und 7 genannten marktdurchschnittlichen Renditen für ihn nicht maßgeblich seien, weil er nur in überdurchschnittlich ertragreiche Produkte und Strategien investiere. In Kapitel 8 und an anderen Stellen in diesem Buch präsentiere ich sachlogische Argumente und harte Zahlen dafür, warum ich einem solchen Statement große Skepsis entgegenbringe.

Neben den vielen anderen in diesem Buch präsentierten Argumenten, die diese Skepsis begründen, würde ich noch die folgenden zu bedenken geben:

Niemand ist deswegen ein guter Investor, weil er beispielsweise in den zehn Jahren bis Oktober 2022 (als diese Zeilen geschrieben wurden) mit seinem Aktienportfolio im Schnitt real 7% p.a. in Euro verdient hat (also über dem Langfristwert für Aktien in Tabelle 6 oder 7 lag). Der Markt in Gestalt eines MSCI World ETFs hätte in dieser Zeit real 9,9% p.a. erzeugt (in Euro nach Abzug der deutschen Inflation).

Die Marktrendite in jedem historischen Zeitraum von weniger als rund 20 Jahren kann von den Werten in Tabelle 6 und 7 deutlich nach oben

36 Von 1980 bis 2021 fielen die Nominalzinsen und Realzinsen in den meisten westlichen Ländern. Das waren »perfekte Bedingungen« für überdurchschnittliche Renditen auf dem Anleihenmarkt, weil durch fallende Zinsen Kursgewinne bei Anleihen entstehen. Diese Bedingungen bestehen nun jedoch nicht mehr (zum allgemeinen Thema Zinsänderungsrisiko und Zinsänderungschance siehe Kommer/Weis 2019b).

oder unten abweichen, wenngleich diese Abweichungen mit der Länge des verglichenen Zeitraums tendenziell abnehmen.

Soll die Aussage »Ich bin ein erfolgreicher Anleger« oder »Ich bin ein überdurchschnittlicher Anleger« irgendeinen vernünftigen Sinn haben, dann setzt sie sehr wahrscheinlich voraus, dass die Rendite nennenswert über der einer korrekt gewählten, passiven Benchmark auf Buy-and-Hold-Basis lag und der fragliche Zeitraum nicht wesentlich unter zehn Jahre beträgt. Einfach nur eine »hohe Rendite« erzielt zu haben, reicht sowieso nicht, um eine solche Aussagen zu rechtfertigen, weil damit ja nichts über Risiko und Liquidität gesagt wurde. Und Zeiträume von unter zehn Jahren sind nahezu nie aussagekräftig, weil dabei der Zufall eine große Rolle spielen kann.

Gerne wird in diesem Zusammenhang auch vergessen, dass für jeden, der glaubt, er könne die marktdurchschnittlichen Renditen übertreffen, ein anderer existieren muss, der ihm diese Mehrrendite durch dessen eigene marktunterdurchschnittliche Rendite finanziert; auf gut Deutsch ein »dummer« oder »schlechter« Anleger. Der »Markt« sind wir alle, und wir können nicht alle zusammen besser sein als wir selbst. Die Welt funktioniert nun einmal anders als die Schulklassen im fiktiven US-Städtchen Lake Wobegon in den Geschichten des amerikanischen Schriftstellers Garrison Keillor, wo alle Schüler überdurchschnittliche Noten haben.

Hinzu kommt, dass man sich an der Börse – anders als auf normalen Märkten, z. B. auf eBay oder beim Gebrauchtwagenhandel – einen »dummen« Käufer meiner Wertpapiere oder einen »dummen« Verkäufer der Wertpapiere, die man anschaffen möchte, nicht einmal im Prinzip speziell aussuchen kann. Auf einem normalen Markt kenne ich die Gegenpartei meines Kaufes oder Verkaufes. Nicht so an der Börse. Dort ist diese Gegenpartei für mich immer unbekannt, immer anonym. Wenn Sie ihre Tesla-Aktie kaufen, weil Sie glauben, sie sei in diesem Moment ein attraktives Schnäppchen, kaufen Sie sie vielleicht von Goldman Sachs oder einem Hedgefonds-Manager, der ein Team von zehn Analysten um sich hat. Sie können als Käufer vielleicht anderswo, aber eben nicht an der Börse individuell nach einem »inkompetenten« Verkäufer suchen.

FAZIT

Viele von uns haben überzogene Vorstellungen von nachhaltig erzielbaren Renditen. Das ist ein fruchtbarer Boden, um von den Produktverkäufern in der Finanzbranche über den Tisch gezogen zu werden.

Was die nachhaltig erzielbaren Renditen von Asset-Klassen angeht, ist nicht nur ihre absolute, sondern vor allem ihre relative Höhe relevant. Aktien sind nicht so rentabel, wie uns die Produktverkäufer der Finanzbranche einreden wollen, aber viel rentabler als alle anderen Asset-Klassen.

Fast alle konkreten Investments, die in Tabelle 9 nicht auftauchen, sind Finanzprodukte, also Verpackungen, die eine oder mehrere dieser Asset-Klassen enthalten. In Summe können Finanzprodukte keine höheren Renditen haben als die darin enthaltenen Asset-Klassen. Durchschnittlich weisen sie deutlich niedrigere Renditen auf, da die Verpackung Geld kostet (darauf gehe ich in Abschnitt 10.12 näher ein).

10.7 Prinzip 7: Nebenkosten so wichtig nehmen, wie sie sind

Viele Leser werden es schon einmal gehört haben: Die Nebenkosten des Investierens haben auf lange Sicht eine hohe Auswirkung auf den Vermögensendwert eines Investments, und nur auf diesen kommt es am Ende ja an. Tabelle 6 illustriert diesen Sachverhalt anhand eines Zahlenbeispiels. Wir vergleichen darin die Entwicklung eines normalen, aktiv gemanagten Aktienfonds mit laufenden Kosten von 1,45% p.a. mit der eines Aktien-ETFs mit Kosten von 0,12% p.a.[37] (Laufende Kosten – im Englischen die → Total Expense Ratio/TER – sind eine Kostenquote, die sich auf das jahresdurchschnittliche Anlagevermögen des Fonds bezieht.) Diese beispiel-

37 Laufende Kosten sind eine Kostenquote, die sich auf das jahresdurchschnittliche Anlagevermögen des Fonds beziehungsweise auf den jahresdurchschnittlichen Wert Ihrer Fondsanteile bezieht . Beispiel: Sie haben im Jahresmittel 10 000 Euro in einen Fonds investiert. Dann zahlen Sie bei laufenden Kosten von 1,45% insgesamt 145 Euro an die Fondsgesellschaft, bei 0,12% hingegen nur 12 Euro. Diese Kosten begleichen Sie nicht direkt, sondern sie werden anteilsmäßig täglich dem Fondsvermögen entnommen.

haften Zahlen sind einigermaßen typisch für einen aktiven international investierenden Aktienfonds und einen entsprechenden ETF.

Im September 2022 existierten mehrere ETFs auf dem globalen Aktienmarkt – beispielsweise auf den MSCI World Standard Index – in der o. g. Kostengrößenordnung von 0,12%. Ein ETF auf den dem bekannten MSCI World Index gleichwertigen Solactive GBS Developed Markets Large & Mid Cap Index war mit 0,05% p.a. noch weit günstiger (Stand Oktober 2022).

Tabelle 8 zeigt, wie schädlich sich die rund zwölfmal so hohe Kostenquote des aktiv gemanagten Fonds gegenüber dem preisgünstigen ETF auf den Endvermögenswert auswirkt. Ich unterstelle dabei, dass der aktiv gemanagte Fonds und der ETF *vor Kosten* dieselbe durchschnittliche Rendite erzielen, nämlich 8% p.a. (aus der Sicht der Wissenschaft ist das eine realistische Annahme).

Nach 20 Jahren hat der ETF-Anleger einen um 29% höheren und nach 30 Jahren sogar einen um 46% höheren Vermögensendwert. Das ist die in diesem Fall negative Wirkung des Zinseszinseffekts.

Tabelle 8: Die langfristige Wertentwicklung einer anfänglichen Einmalanlage von 10 000 Euro in einem Aktienfonds in Abhängigkeit von den Anlagekosten bei einer Vor-Kosten-Rendite von 8% p.a.

Investmentlaufzeit in Jahren	**Wert des Investments in Euro**		
	nach 10 Jahren	**nach 20 Jahren**	**nach 30 Jahren**
Vermögensendwert Fonds A nach lfd. Kosten von 0,12% p.a. des Anlagevolumens	€ 21 300	€ 45 300	€ 96 500
Vermögensendwert Fonds B nach lfd. Kosten von 1,45% p.a. des Anlagevolumens	€ 18 800	€ 35 200	€ 66 100
Endwertvorsprung von Investment A in Euro	€ 2 500	€ 10 100	€ 30 400
Endwertvorsprung von Investment A in %	+13%	+29%	+46%

► Beträge gerundet auf volle 100-Euro-Beträge. ► Keine Berücksichtigung von Steuern.

Dass die Zahlen in Tabelle 8 wirklichkeitsnah sind, lässt sich leicht belegen. Tabelle 9 vergleicht die Renditen und andere Kennzahlen von zwei bekannten, besonders großen aktiv gemanagten Aktienfonds mit einem entsprechenden preisgünstigen ETF. Diese Real-World-Ergebnisse illustrieren das für zwei aktive Fonds, was in den Tabellen 2 und 3 für alle Fonds in einigen Asset-Klassen zum Ausdruck kam.

Tabelle 9: Rendite und Risiko zweier bekannter aktiv gemanagter Aktienfonds und eines entsprechenden ETFs im Zeitraum vom 30.09.2012 bis 30.09.2022 (10 Jahre) – Rendite in Euro

	Templeton Growth (Euro) Fund (WKN 941034)	DWS Top Dividende LD (WKN 984811)	HSBC MSCI World UCITS ETF (WKN A1C9KK)
Asset-Klasse	Aktien, global	Aktien, global	Aktien, global
Laufende Kosten	1,82% p.a.	1,45% p.a.	0,15% p.a.
Kaufkosten (einmalig)	5,75%	5,0%	0,1%
Rendite	4,8% p.a.	7,1% p.a.	10,0% p.a.
→ Maximum Drawdown	–23% (Feb. 2020)	–19% (Feb. 2020)	–20% (März 2020)
→ Vereinfachte Sharpe Ratio	0,12	0,21	0,23

► Ohne Steuern. ► Die angegebene Rendite schließt etwaige Ausschüttungen mit ein. Die unterschiedlichen Kaufkosten der drei Fonds wurden in der Rendite berücksichtigt. ► Maximum Drawdown. Die Messung des MDD erfolgte auf Monatsrenditebasis, auf Tagesrenditebasis wäre der MDD bei allen drei Fonds um ca. fünf Prozentpunkte stärker (schlechter) gewesen. ► Vereinfachte Sharpe Ratio = risikogewichtete Rendite.

Viele Banken, Vermögensverwalter und Finanzberater versuchen die hohen Gebühren ihrer Produkte und Dienstleistungen mit dem abgedroschenen Slogan »Qualität hat nun mal ihren Preis« schönzureden. Der mag bei Autos, Möbeln, Funktionskleidung und Musikkonzerten zutreffen, für Anlageprodukte gilt er nicht. Die Renditen der allerteuersten, »alleredelsten« Anlageprodukte: geschlossene Fonds, Hedgefonds und → Private-Equity-Fonds – dagegen sind selbst der DWS Top Dividende und der Templeton-Fonds billige »Aldi-Ware« – lagen in den vergangenen rund 20 Jahren weit unterhalb der von gut vergleichbaren ETFs.

Hauptgrund: Die Kosten (Gebühren) dieser Anlageprodukte sind noch höher als die herkömmlicher Investmentfonds. Zweitwichtigster Grund: Der Vertrieb dieser Produkte ist mit schlimmen Interessenkonflikten infiziert. Drittwichtigster Grund: 30% bis 50% der Fondsmanager liegen sogar schon vor Kosten unterhalb ihrer passiven Benchmark (hier Indexfonds).

Auch Vermögensverwaltungsmandate im *Private Banking*, das ist das besonders teure Edelsegment im Privatkundengeschäft der Banken, produzieren statistisch schlechtere Renditen als ein einfaches ETF-Portfolio.

Seit ETFs mit Einsetzen der großen Finanzkrise 2008 weltweit immer mehr Privatanleger überzeugen, übt dieser Erfolg eines Low-Cost-Produktes auch willkommenen Preisdruck auf die traditionellen Finanzdienstleister aus (Banken, unabhängige Vermögensverwalter und aktiv gemanagte Fonds). Eine raffinierte Idee, auf die diese dann in dieser Situation gekommen sind, ist die verstärkte Nutzung von »Performance-Fees« – »gewinn- oder erfolgsabhängigen« Gebühren. Die konventionelle Fondsgebühr oder Vermögensverwaltungsgebühr wird gesenkt und im Gegenzug eine Performance-Fee (PF) eingeführt. Grund: Für Laien sieht es auf den ersten (und oft sogar auf den zweiten) Blick so aus, dass PFs eine faire, anlegerfreundliche Maßnahme seien, denn schließlich scheinen sie nur bei echtem Erfolg anzufallen und ferner eine Gleichrichtung der Interessen des Finanzdienstleisters[38] mit denen des Anlegers zu fördern. Mitnichten.

PFs sind eine üble Mogelpackung. Sie sind aus drei Gründen abzulehnen: (a) Sofern der Fonds eine mittlere, marktdurchschnittliche Performance (wie ein vergleichbarer ETF) oder eine marktunterdurchschnittliche (wenngleich nicht katastrophal schlechte) Rendite produziert (also klar unter dem ETF liegt), kostet die PF den Anleger auf lange Sicht rund 0,6 Prozentpunkte, je nach Einzelfall. Wer als Privatanleger also glaubt, dieser Typus von Gebühr falle nur dann an, wenn der Fonds seine Benchmark übertreffe, sitzt einem fatalen Irrtum auf. Warum das so ist, hat mit der raffinierten, für Nichtfachleute schwer durchschaubaren Konstruktionsformel für diese Gebühren zu tun. Was sie den Anleger *tatsächlich* auf lange Sicht kosten und wie diese Kosten selbst bei schlechter Rendite zustande kommen, haben mein Kollege Jonas Schweizer und ich in einem Blog-Beitrag gezeigt (Kommer/Schweizer 2019). Lediglich wenn der Fonds »krass absäuft«, wie rund ein Drittel aller aktiv gemanagten Fonds, zahlt der Anleger vermutlich keine PF, aber er wurde ja noch schlimmer »bestraft«. Die Bezeichnung »gewinnabhängige« oder »erfolgsabhängige« Gebühr ist mithin falsch, weil irreführend. (b) Performance-Fees können dazu führen, dass der Dienstleister im letzten Kalenderquartal besonders hohe Risiken eingeht, die sich gerade nicht aus der eigentlichen Anlagestrategie ableiten und erklären lassen. Auch

38 Je nach Konstellation ist das ein Banker, ein unabhängiger Finanzberater, ein Vermögensverwalter oder ein Fondsmanager.

das läuft gegen die Interessen des Anlegers. Die Details hierzu werden ebenfalls im o. g. Blog-Beitrag erläutert. (c) Performance-Fees reduzieren die Kostentransparenz zulasten des Anlegers. Im Englischen würde man sagen, sie sind »Smoke and Mirrors«. Der Anleger weiß nicht im Voraus, was er bezahlen wird.

Wir haben nun gesehen, dass Kosten senken ein Stellhebel für Investmenterfolg ist, den jeder Anleger ernst nehmen sollte. Gleichwohl wäre es ein Fehler, niedrige Kosten zum *alleinigen* Anlegerziel zu machen. Diejenige Vermögensanlage mit den allerniedrigsten Kosten ist ein Bankguthaben – da können selbst ETFs nicht mithalten. Trotzdem sind Bankguthaben außerhalb enger Bedingungen weder in Bezug auf Rendite noch auf Risiko attraktive Investments.

FAZIT

Relativ harmlos aussehende, kleine prozentuale Unterschiede bei den laufenden Kosten von Anlageprodukten haben auf lange Sicht drastische Auswirkungen auf den Vermögensendwert. Deswegen ist es sehr wichtig, Produkt- und Investmentkosten im Allgemeinen niedrig zu halten. ETFs sind unter denjenigen Anlageprodukten, die zumindest im Prinzip eine attraktive Renditeerwartung haben, dasjenige Anlageprodukt mit den niedrigstmöglichen Kosten, ganz besonders, wenn man breit diversifiziert investieren möchte.

Der oft gehörte Hinweis von Finanzdienstleistern, hohe Qualität habe nun einmal ihren Preis, ist Marketing-Blabla, auf das Sie nicht hereinfallen sollten. Er gilt für viele andere Güter und Dienstleistungen, nicht jedoch für Finanzprodukte.

10.8 Prinzip 8: Die Macht der Langfristigkeit für sich nutzen

> »Eine wirklich langfristige Perspektive verändert die Sichtweise auf das Risiko von Aktien radikal. Die kurzfristigen Schwankungen an der Börse, die Anlegern bei ihrem aktuellen Auftreten so groß erscheinen, sind im Vergleich zur allmählichen Aufwärtsbewegung der Aktienwerte im Zeitablauf unbedeutend.« (Jeremy Siegel, BWL-Professor, Autor des Investmentbuchklassikers *Stocks for the Long Run*)

Die meisten Leser dieses Buches werden es schon oft gehört oder gelesen haben: Der Zinseszinseffekt führt auf lange Sicht schon bei relativ kleinen jährlichen Durchschnittsrenditen zu erstaunlichen Vermögensvervielfachungen. Abbildung 7 illustriert das für eine anfängliche Einmalanlage von 10 000 Euro über einen Zeitraum von 40 Jahren grafisch.

Abbildung 7: Die Wirkung des Zinseszinseffektes bei einem anfänglichen, einmaligen Investment von 10 000 Euro in Abhängigkeit unterschiedlicher Durchschnittsrenditen (Gesamtperiode 40 Jahre)

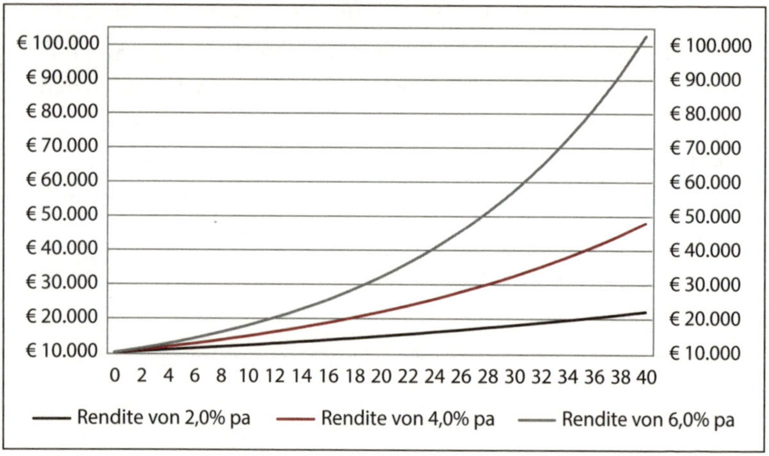

Abbildung 7 zeigt die großen Endvermögensunterschiede bei Jahresrenditen, die sich jeweils um nur zwei Prozentpunkte unterscheiden. Das bringt einen umgekehrten, »negativen Zinseszinseffekt« zum Ausdruck, nämlich einen, der Kosten betrifft. Kosten senken bedeutet daher bares Geld erzeugen.

In der Kalkulation in Abbildung 7 habe ich bewusst nicht die hohen Renditen zugrunde gelegt, denen man häufig in solchen Beispielrechnungen zum Zinseszinseffekt in Zeitschriften und Ratgeberbüchern begegnet, wie beispielsweise 9% p.a. In Wirklichkeit sind Werte jenseits von 6% p.a. in zweifacher Hinsicht unrealistisch. Erstens basieren sie auf nominalen statt auf realen Renditen (ein erster gravierender Fehler im Sinne von Irreführung), und zweitens berücksichtigen sie keine Abzüge für Steuern oder Kosten. Ohne diese Korrekturen übertreiben Renditen jedoch den tatsächlich erzielbaren *echten* Vermögenszuwachs im Sinne von Kaufkraftzuwachs – übertreiben ihn dramatisch. Zur Veranschaulichung: Würde man eine (unrealistische) Rendite von 9% p.a. zugrunde legen, wäre nach 40 Jahren ein Endvermögen von 314 000 Euro erreicht anstatt »nur« 103 000 Euro im Falle von 6% p.a.

Aber auch bei einer Rendite von lediglich 4% p.a. hat sich das Anlegervermögen nach 18 Jahren verdoppelt und nach 40 Jahren fast verfünffacht. Das zeigt die Macht des Zinseszinseffekts.[39] Diesen sollten sich Privatanleger zunutze machen. Sie können das auf einfache Weise tun, indem sie möglichst früh anfangen, diszipliniert in Aktien (oder als zweitbeste Alternative in Immobilien) zu investieren. Mit »diszipliniert« meine ich durch dick und dünn auf Buy-and-Hold-Basis. Also ganz anders, als es die meisten machen: nämlich rein in die Kartoffeln, raus aus den Kartoffeln, in der fast immer vergeblichen Hoffnung, man könne die schlechten Marktphasen zuverlässig umschiffen (→ Performance-Chasing). Dieses »Hin und her macht Taschen leer« – das haben zahlreiche wissenschaftliche Untersuchungen gezeigt – zerstört Rendite im Vergleich zu einem simplen und sturen Buy-and-Hold-Ansatz (Arnott 2021, Pakula u. a. 2016).

Hilft der Zinseszinseffekt nur jungen Leuten? Keineswegs. Viele Privatanleger, junge und alte, unterschätzen ihren tatsächlichen Anlagehorizont. Ein 20-jähriger Angestellter, der seine Lehre gerade beendet hat, mag bis zum Eintritt in die Rente einen Anlagehorizont von 50 Jahren haben;

39 In zahlreichen Ratgeberbüchern und noch mehr Finanz-Blogs wird Albert Einstein mit der Aussage zitiert, der Zinseszinseffekt sei »das achte Weltwunder« oder »die größte Entdeckung der Menschheit«. Das hat Einstein niemals gesagt (siehe https://quoteinvestigator.com/2011/10/31/compound-interest/). Hätte er es gesagt, wäre die Aussage gerade für ein Genie wie ihn reichlich kurios. Einfache mathematische Funktionen werden von so großen Geistern nicht als »Weltwunder« betrachtet.

vielleicht sogar länger, wenn er sein Portfolio danach nicht schlagartig verbraucht, sondern allmählich über viele Jahre oder Jahrzehnte hinweg »entspart«. Selbst ein 70-jähriger, gesundheitlich fitter Investor könnte einen Restanlagehorizont von 25 Jahren haben, sofern er nicht sein gesamtes angespartes Vermögen schlagartig in wenigen Jahren verbraucht.[40]

Jeder, der plant, einen nicht trivialen Vermögenswert weiterzuvererben, hat im Prinzip einen »unendlichen« Anlagehorizont oder jedenfalls einen, der über seine Restlebenserwartung hinausreicht.

Neben dem Zinseszinseffekt gibt es noch einen anderen guten Grund, Langfristigkeit bei der Vermögensanlage zu betonen. Er heißt »Time Diversification« (Zeitdiversifikation). Mit diesem merkwürdigen Begriff wird zum Ausdruck gebracht, dass man nicht nur über einzelne Investments hinweg diversifizieren (streuen) kann und sollte, um sein Risiko zu senken, sondern auch über Zeitperioden. Je länger man investiert ist, desto wahrscheinlicher ist es nämlich, dass sich gute und schlechte Perioden ausgleichen und dass man eine realistisch anvisierte Mindestrendite auch tatsächlich erreicht. Anders ausgedrückt: Das Shortfall-Risk (Abschnitt 11.6) eines Investments sinkt normalerweise mit der Länge der Anlageperiode. Das Konzept der Zeitdiversifikation ist in der Wirtschaftswissenschaft nicht ganz unumstritten, aber ich meine, dass es alles in allem valide ist. In meinem Buch *Souverän investieren mit Indexfonds und ETFs* (2018) habe ich mich dazu in Abschnitt 1.9 genauer auseinandergesetzt.

FAZIT

Nutzen Sie die Macht des Zinseszinseffektes. Er wird Ihnen umso mehr helfen, je länger Sie wenigstens einen kleinen Teil Ihres sauer Verdienten in Aktien investieren (auch über einen ETF-Fondssparplan). Bedenken Sie dabei, dass Ihr Anlagehorizont wahrscheinlich nicht mit dem Ende Ihrer Berufstätigkeit endet, sondern vielleicht Jahrzehnte darüber hinausreicht.

40 Der Begriff »Anlagehorizont« wird leider in der Finanzbranche undiszipliniert und Missverständnisse begünstigend in vielfältig unterschiedlichen Bedeutungen gebracht. Die sinnvollste Interpretation von »Anlagehorizont« ist für die Mehrzahl aller Anleger ihre Restlebenserwartung.

10.9 Prinzip 9: Erkennen, dass Zinssparen allein nicht zum Ziel führen wird

> »Inflationsbereinigt fällt das allgemeine Zinsniveau in den entwickelten Ländern trendmäßig seit ungefähr 500 Jahren.« (Paul Schmelzing, Wirtschaftshistoriker an der Harvard-Universität)

Seit etwa 2016 gibt es in den deutschsprachigen Ländern eine lebhafte öffentliche Diskussion um »Nullzinsen«. Dabei wird die These vorgebracht, dass die niedrigen Zinsen für Bankguthaben deutsche Sparer regelrecht »enteignen«. Schuld an dieser Enteignung seien die Zentralbanken mit ihrer Niedrigzinspolitik, die Anfang der Nullerjahre begann und in der großen Finanzkrise ab 2008 noch einmal verstärkt wurde.

Diese populäre »Theorie« mag uns emotional gute Dienste leisten, da sie uns einen unsympathischen Schuldigen für die frustrierend niedrigen Zinsen auf dem Bankkonto liefert, nur leider stimmt sie nicht.

Wie der Finanzhistoriker Paul Schmelzing in seinen bahnbrechenden Forschungen zeigt, fällt das Zinsniveau für die sichersten zinstragenden Anlagen ihrer Zeit in allen wohlhabenden westlichen Ländern trendmäßig seit etwa 500 Jahren (Schmelzing 2017 und Schmelzing u. a. 2022). Dieser allmähliche, langfristige Zinssenkungstrend wird allerdings nur dann deutlich, wenn man, erstens, reale (inflationsbereinigte) Zinsen (nicht jedoch nominale Zinsen) betrachtet[41] und, zweitens, nur Zinssätze betrachtet für die in ihrer Zeit jeweils sichersten zinstragenden Anlagen. Heute sind das beispielsweise Staatsanleihen von Ländern wie Deutschland, Schweiz, Österreich, Norwegen, USA, Kanada, Australien und einige andere. Im 16. Jahrhundert waren das Staatsanleihen der norditalienischen Republiken Florenz und Venedig sowie Spaniens, den damals mächtigsten und reichsten Staaten. Heute gehören zu solchen zinstragenden Investments auch Bankguthaben, soweit sie von einem bonitätsmäßig guten Staat garantiert werden.

Wir brauchen indessen gar nicht 500 Jahre zurückgehen, es genügt, wenn wir diese Zinsen in den letzten 120 Jahren betrachten.

Tabelle 10 zeigt, dass die inflationsbereinigten Zinsen nach Steuern für supersichere Anlagen in den letzten gut 120 Jahren (mittlere Spalte) im

---

41 Siehe die für dieses Buch wichtigen Ausführungen zur Unterscheidung von nominalen und realen Renditen in Kapitel 2.

Schnitt negativ waren (in mehr als der Hälfte der Kalenderjahre waren sie negativ und in weniger der Hälfte positiv). Auch die realen Zinsen vor Steuern waren im Mittel äußerst niedrig.

Tabelle 10: Nominale und reale Zinsen für sichere zinstragende Anlagen (»Sparbuchzinsen«, Geldmarktrendite) von 1900 bis 2021

	1900 bis 2021 (122 Jahre)	2009 bis 2021 (13 Jahre)
Nominale Zinsen vor Steuern	4,8% p.a.	0,9% p.a.
Reale Zinsen vor Steuern	0,9% p.a.	−0,9% p.a.
Reale Zinsen nach Steuern [A]	−0,5% p.a.	−1,1% p.a.

► Ohne Kosten. ► Einfacher Durchschnitt der Renditen kurzfristiger Staatsanleihen von 16 Ländern (USA, Kanada, Australien, Neuseeland, Großbritannien, Belgien, Frankreich, Schweiz, Spanien, Portugal, Dänemark, Norwegen, Schweden, Finnland, Niederlande, Südafrika). Die Länder Deutschland, Österreich, Frankreich, Italien und Japan wurden bewusst nicht berücksichtigt (siehe Erläuterung im laufenden Text). ► Datenquelle: Dimson/Marsh/Staunton – Morningstar. ► [A] Es wurde ein Steuersatz von 30% auf die Nominalzinsen unterstellt. ► Ein Vergleich dieser Tabelle mit Tabelle 13 in Abschnitt 11.6 zum Shortfall-Risk von Geldmarktanlagen kann illustrativ sein.

Bei dieser Auswertung habe ich die fünf Staaten Deutschland, Österreich, Frankreich, Italien und Japan bewusst sogar außen vor gelassen. Hätte ich sie mit hineingerechnet, wären die inflationsbereinigten Zinsen für alle Perioden noch niedriger als in Tabelle 10. Das Weglassen der fünf Ländern hat damit zu tun, dass der Erste und/oder der Zweite Weltkrieg in diesen Staaten besonders schwere Schäden im nationalen Geldwesen anrichtete, die zu hoher Inflation und sehr stark negativen Realzinsen führten (Staatskonkurse, Hyperinflationen, Währungsreformen). So gesehen könnte man argumentieren, dass die Daten dieser Länder nicht für die Zukunft repräsentativ sind.

Auffällig an der Tabelle ist, dass die (aus Anlegerperspektive nicht relevanten) Nominalzinsen für den Gesamtzeitraum von 1900 bis 2021 im Mittel gegenüber den letzten 13 Jahren von 2009 bis 2021 sehr hoch waren (rund fünfmal so hoch). Bei den aus Anlegerperspektive relevanten Realzinsen vor und nach Steuern bestand jedoch ein viel geringerer Unterschied. Somit ist das einzig wirklich Neue an der Zinslandschaft seit 2009, dass seitdem auch die Nominalzinsen niedrig sind, vorher waren das lediglich die Realzinsen. Dieser Umstand dürfte mehr als alles andere zu dem Mythos »Nullzinsen sind neu« beigetragen haben – neben dem geschichtsfremden Unsinn, der zu Nullzinsen in den letzten zehn Jahren in den Medien berichtet wurde.

Warum die Zinsen in wohlhabenden Ländern seit rund 500 Jahren (mit großen vorübergehenden Schwankungen nach oben und unten) fallen, darüber gibt es viele Theorien und Spekulationen. Ich nenne nur eine einzige: Die (realen) Renditen *aller* Asset-Klassen werden und müssen mit zunehmendem Wohlstandsniveau trendmäßig fallen (Bernstein 2013). Daneben existieren noch andere Gründe, beispielsweise die in wirtschaftlich entwickelten Ländern fallende → Gegenwartspräferenz, das abnehmende → politische Risiko, das sich abschwächende Wirtschaftswachstum, der steigende Anteil von Menschen im Ruhestand.[42] Der Einfluss der Zentralbanken auf diesen fundamentalen Zinssenkungstrend ist – abweichend zur herrschenden Meinung am Internetstammtisch – eher gering.

Im Zusammenhang mit niedrigen Zinsen, den »Nullzinsen«, wurde ab 2008 und eigentlich bis heute von vielen argumentiert, dass diese niedrigen Zinsen vor allem der Geldpolitik der Zentralbanken geschuldet sei. Diese populäre These ist bestenfalls halbrichtig. Der langfristige Trend fallender Realzinsen hat nichts mit dem Einfluss von Zentralbanken zu tun. Jeremy Siegel, BWL-Professor an der US-Wirtschaftsuniversität Wharton und Autor des Investmentbuchklassikers *Stocks for the Long Run* schreibt: »Die langfristigen Realzinsen werden primär von realen ökonomischen Faktoren bestimmt, nicht von Zentralbanken.« Wer jedoch nur auf nominale Zinsen blickt, wird das vermutlich nicht sehen. Weil nicht die EZB die Hauptschuld am auf lange Sicht strukturell fallenden und niedrigen Realzinsniveau hat, sondern marktstrukturelle Entwicklungen, erübrigt sich auch die Hoffnung, dass dieser Umstand sich in Zukunft fundamental ändern wird.

Natürlich können und werden die Zinsen kurz- und mittelfristig wieder über das historisch ganz besonders niedrige Niveau ansteigen, das zwischen 2016 und 2021 bestand – so, wie das im Verlauf des Jahres 2022 in Bezug auf die Nominalzinsen geschehen ist. Dass die Realzinsen für risikoarme Anlagen aber *dauerhaft* wieder auf ein Niveau von 3% oder 4% steigen werden, das erscheint vor dem Hintergrund der hier skizzierten strukturellen Entwicklungen unwahrscheinlich.

42 Ruheständler investieren (direkt oder indirekt) stärker als jüngere, arbeitende Menschen in sichere Anleihen. Das drückt das Zinsniveau nach unten.

FAZIT

Die Hauptschlussfolgerungen aus diesem kurzen Ausflug in die Finanzgeschichte:

Bei einer realen Verzinsung von 1% p.a. (vor Kosten) braucht man über 70 Jahre, um eine investierte Geldeinheit zu verdoppeln. In diesem Schneckentempo kann man in für normale Menschen relevanten Zeitspannen kein Vermögen bilden. Weil das niedrige Renditeniveau für Bankeinlagen in den wohlhabenden westlichen Ländern bei korrekter Betrachtung schon immer bestand, scheiden verzinsliche Bankguthaben als primäre Anlageform aus, sofern man Vermögensaufbau anstrebt. Dieser Sachverhalt ist nicht neu, er ist seit einigen Jahren nur deutlicher erkennbar, weil nicht nur die Realzinsen, sondern auch die Nominalzinsen niedrig sind.

Wer Vermögen nachhaltig aufbauen will (wer also deutlich positive reale Langfristrenditen erzielen will), der kommt für einen nennenswerten Teil seines Finanzvermögens um die Asset-Klassen Aktien und Immobilien nicht herum. Wie das mit Aktien geht, zeige ich in diesem Buch. Auf die Alternative Immobilien komme ich im unmittelbar folgenden Abschnitt (und ausführlicher in meinen beiden Büchern zu Immobilien).

Bankguthaben *unterhalb* der staatlichen (gesetzlichen) Einlagensicherungsgrenze sind lediglich sinnvoll (a) für das Vorhalten der persönlichen Liquiditätsreserve eines Haushaltes (siehe dazu die Abschnitte 12.2 und 16.1) und (b) für das Investieren des risikoarmen Portfolioteils im Rahmen meines Weltportfolio-Konzeptes. Oberhalb der staatlichen Einlagensicherungsgrenze sind Bankguthaben aus Risikogründen nur tolerierbar für das maximal einige Wochen oder Monate dauernde Zwischenparken von Liquidität, bis der Haushalt entschieden hat, wie das betreffende Geld langfristig ertragreicher und sicherer angelegt werden soll.[43]

43 Beispiele für solche Cash-Zuflüsse: Der Kaufpreiseingang nach einem Immobilienverkauf, die Auszahlung einer Lebensversicherung, eine Bargelderbschaft oder ein hoher Bonus.

10.10 Prinzip 10: Nicht auf Omas Immobilienlegende reinfallen

In Tabelle 8 (Abschnitt 10.7) haben wir gesehen, was die langfristigen inflationsbereinigten Renditen der sechs wichtigsten Asset-Klassen sind. Aus der Tabelle geht auch hervor, dass die Asset-Klasse Immobilien niedrigere Langfristrenditen produziert als die Asset-Klasse Aktien.

Dass Wohnimmobilien in den DACH-Ländern (DE, AT, CH) zwischen 2010 und 2021 außerordentliche Wertsteigerungen erfuhren, ändert nichts am grundsätzlichen Bild der langen Frist. Jede Asset-Klasse hat irgendwann einmal ihre »15 Minutes of Fame«, um ein bekanntes Bonmot von Pop-Art-Ikone Andy Warhol auf Asset-Klassen anzuwenden. Diese 15 Minutes of Fame waren für Immobilien in den deutschsprachigen Ländern die zwölf Jahre von 2010 bis 2021. Wenn eine Asset-Klasse einige Jahre stark überdurchschnittliche Renditen hatte, steigt die Wahrscheinlichkeit, dass darauf Jahre mit unterdurchschnittlichen Renditen folgen.

Auch dass sich Immobilieninvestments besonders leicht »hebeln« lassen, indem man den Kauf partiell mit Fremdkapital finanziert (Kredithebel), ändert letztlich nichts an dem historischen Renditevorteil von Aktien (siehe dazu meine weiterführenden Lesehinweise am Ende dieses Abschnitts).

Generell überschätzen nicht wenige Privathaushalte die nachhaltigen Renditen von Wohnimmobilien. Das gilt gleichermaßen in Bezug auf selbstgenutzte und auf vermietete Objekte. Diese Überschätzung hat eine Reihe von Ursachen, auf die ich in meinem Buch *Kaufen oder Mieten* (2021) detailliert eingehe.

Von 1970 bis 2021 (52 Jahre) betrug die inflationsbereinigte Wertsteigerung deutscher Wohnimmobilien durchschnittlich nur 0,6% p.a. Der entsprechende Wert im Sinne des bevölkerungsgewichteten Durchschnitts für zwölf westliche Länder war mit 1,6% p.a. nicht markant höher. (Die zwölf Länder sind Deutschland, Schweiz, Niederlande, Frankreich, Italien, Spanien, Großbritannien, Schweden, USA, Australien, Japan, Südafrika. Für Österreich gehen die verfügbaren Daten nicht so weit zurück. Details zu diesen Zahlen in meinem Buch *Kaufen oder Mieten*, 2021.)

Viele Privatanleger sind davon überzeugt, dass Wohnimmobilien in Großstädten langfristig höhere Gesamtrenditen aufweisen als jene auf dem platten Land. Diese These lässt sich nicht mit historischen Daten belegen. Ja, Immobilienrenditen in großen Städten und auf dem Land entwickeln sich oft nicht parallel, aber sehr langfristig sind ihre Unterschiede gering, und einiges spricht dafür, dass Renditen auf dem Land auf sehr lange Sicht sogar minimal höher sind.[44]

Zurück zu den Gründen, warum viele von uns Immobilienrenditen überschätzen.

Grund Nr. 1: Aussagekräftige, belastbare historische Renditezahlen für die Asset-Klasse Immobilien, die mehr als nur ein paar Jahre zurückreichen, sind in der Öffentlichkeit kaum verfügbar.[45] Diejenigen, die diese Zahlen am ehesten berechnen und veröffentlichen könnten – die Bankbranche und die Immobilienbranche –, haben daran kein Interesse, weil die Ergebnisse deutlich schlechter wären, als die breite Öffentlichkeit annimmt. Da deshalb solche Zahlen kaum in der Public Domain verfügbar sind, kann sich jeder, Privatanleger und Makler, seine eigenen (Wunsch-)Vorstellungen machen – überwiegend abgeleitet aus nur wenige Jahre zurückreichenden, selektiv ausgewählten Daten.

Grund Nr. 2: Es gibt nur wenige Privathaushalte, die die Eigenkapitalrendite ihrer eigenen Immobilieninvestitionen berechnen bzw. finanzmathematisch korrekt berechnen können. Bei liquiden Vermögensanlagen besteht ein solches Defizit nicht.

Grund Nr. 3: Vermögensanlagen in Immobilien – ob selbstgenutzt oder vermietet – sind bei Privathaushalten stärker mit Emotionen und Wunschdenken überfrachtet als andere Arten von Geldanlagen und Altersvorsorge.

Grund Nr. 4: Seit Jahrzehnten wiederholen Oma und Opa, unsere eigenheimbesitzenden Freunde, die interessenkonfliktbehaftete Immobilienbranche, die Bankbranche, Immobilien-Blogger und leider auch viele Wirtschaftsjournalisten die statistisch-empirischen und sachlogischen

44 Eine verwandte, ebenfalls falsche Annahme ist, dass die Verstädterung (Urbanisierung) trendmäßig immer weiter zunehme. In den westlichen, wirtschaftlich weit entwickelten Ländern stimmt das schon seit fast 100 Jahren nicht mehr; es trifft lediglich für Entwicklungsländer zu. Beispielsweise machte die Bevölkerung der meisten Hauptstädte in Europa im Jahre 1920 einen höheren Anteil an der nationalen Bevölkerung aus als heute.

45 Mit »aussagekräftig« meine ich insbesondere, dass Instandhaltungskosten und Bruttomietrenditen korrekt berücksichtigt wurden.

Ammenmärchen à la »Mieten ist Geld zum Fenster hinauswerfen« oder »Jeder zahlt in seinem Leben eine Immobilie ab, die eigene oder die seines Vermieters«. Beides mag einleuchtend klingen, ist indessen trotzdem finanzieller Schmarrn, wie man in Bayern sagt – Schmarrn, der auch durch noch so zahlreiche Wiederholung nicht wahrer wird.

Tatsache ist, dass Mieten in Verbindung mit einer Kapitalmarktanlage in Deutschland in den meisten mehrjährigen Zeitfenstern seit 1970 aus einer Kaufen-oder-Mieten-Perspektive rentabler war als Kaufen. Die Zahlen hierzu nenne ich in meinem oben erwähnten Buch *Kaufen oder Mieten*. Auch für andere Länder, beispielsweise die USA, liegen vergleichbare Ergebnisse vor.

Grund Nr. 5: Über die Auswirkung der oben bereits erwähnten Hebelwirkung von Fremdfinanzierung auf die Eigenkapitalrendite (Kredithebel) bei Immobilienanlagen verbreiten die Immobilienbranche und viele Finanz-Blogger »seit Menschengedenken« die Behauptung, dass diese überwiegend positiv sei, also die Eigenkapitalrendite durch den Kredithebel per saldo erhöhe. Belastbare statistische Belege oder wissenschaftliche Studien – im Unterschied zu willkürlichen Beispielrechnungen und Einzelfallgeschichten – werden nicht vorgelegt. Tatsache ist, dass in Deutschland der Kredithebel für Eigenheimfinanzierer in der Mehrzahl der Zeitfenster der zurückliegenden 52 Jahre die Eigenkapitalrendite eher verschlechterte. Auch für börsennotierte Unternehmen, einschließlich Immobilienunternehmen, lässt sich eine eindeutig positive Auswirkung von Fremdfinanzierung auf die Bucheigenkapitalrendite oder die → Aktionärsrendite nicht belegen – wenn überhaupt deuten die Daten auf das Gegenheil hin: Schulden verschlechtern tendenziell die Eigenkapitalrendite (ausführlich hierzu der Blog-Beitrag von Kommer/Kanzler 2022).

Wie die Finanzkrise ab 2007/2008 gezeigt hat, können Privatanleger mit Eigenheiminvestments oder Vermietungsimmobilien Eigenkapitalverluste bis zu 100% erleiden, wenn die Immobilie weniger wert wird als der Kredit. Das war in dieser Zeit für Millionen von Haushalten in den USA, Großbritannien, Irland, Spanien, Portugal, Griechenland, Italien und zahlreichen osteuropäischen Ländern der Fall. In München sanken Wohnimmobilienpreise inflationsbereinigt von 1991 bis 2009 peu à peu um kumulativ 40%. In Japan sind die Preise von 1991 bis 2021 inflationsbereinigt um 38% gefallen.

All das soll keineswegs heißen, dass ich Immobilieninvestments, insbesondere Investments in selbstgenutzte Wohnimmobilien, grundsätzlich für eine schlechte Idee halte. Der nachfolgende Abschnitt und meine beiden Immobilienbücher illustrieren das.

Wogegen ich mich allerdings wende, ist die naive Verherrlichung von »Betongold« als »sicher, solide und rentabel«, wie wir ihr tagaus, tagein in der Finanz- und Immobilienbranche und den Medien begegnen. Eine Asset-Klasse, die diese drei Eigenschaften zugleich besitzt, existiert auf diesem Planeten nicht und schon gar nicht, wenn das betreffende Investment vorwiegend mit Schulden finanziert wird.

Wenn Sie sich mit Rendite und Risiko von Immobilien tiefergehend beschäftigen wollen, dann empfehle ich meine folgenden frei zugänglichen Blog-Beiträge:

- Kommer/Schweizer (2018a): »Das Risiko von Direktinvestments in Immobilien besser verstehen«
- Kommer/Schweizer (2018b): »Die Rendite von Investments in Immobilien«
- Kommer/Weis (2019e): »Sind Vermietungsimmobilien attraktive Vermögensanlagen?«
- Kommer/Schweizer (2021): »Instandhaltungskosten – wie man Immobilieninvestments schönrechnet«
- Kommer/Großmann (2022b): »Offene Immobilienfonds – Illusion und Wirklichkeit«

FAZIT

Die Rendite (und auch das Verlustrisiko) von Immobilieninvestments werden in der Bevölkerung regelmäßig zu optimistisch eingeschätzt.

Immobilien, ob selbstgenutzt oder vermietet, sind eine wichtige Asset-Klasse, wenn es um das Thema langfristige Vermögensbildung und Altersvorsorge geht. Ganz besonders gilt das für Vermögensbildung über die Route Eigenheim (Wohnung oder Haus). Darauf gehe ich im nächsten Abschnitt ein. Direktinvestments in Immobilien sind für Privatanleger jedoch im Standardfall weniger ertragreich als global diversifizierte Aktienanlagen auf Buy-and-Hold-Basis.

10.11 Prinzip 11: Ohne Aktien oder Immobilien geht es nicht

Die gesetzliche Rentenversicherung (GRV) in Deutschland wird für die Rentnergenerationen ab etwa dem Jahrgang 1960 und jünger eine Beibehaltung des unmittelbar von Eintritt in den Ruhestand gewohnten Lebensstandards nicht mehr leisten können, sofern sie die einzige Form der Altersvorsorge des Haushaltes ist. Nachdem fast die gesamte Politikerkaste und ein großer Teil der etablierten Medien diesen seit Mitte der 1990er-Jahre erkennbaren Sachverhalt viele Jahre lang leugneten, wird er nun nicht mehr bestritten.

Weil die GRV künftig keine Vollversorgung mehr sein kann und wird, muss eigentlich jeder Privathaushalt, der seinen Lebensstandard im Alter nicht absenken möchte, zumindest in gewissem Umfang ergänzend eigene Vermögensbildung und Altersvorsorge betreiben.

Für Haushalte ohne nennenswertes ererbtes Vermögen und mit normalem Einkommen ist die kreditfinanzierte Anschaffung eines Eigenheims (Wohnung, Haus) eine beliebte Möglichkeit, das zu tun. Dabei muss normalerweise gewährleistet sein, dass das Immobiliendarlehen bei Beendigung der Berufstätigkeit abbezahlt ist.

Weil Immobilien immerhin die zweitrentabelste Haupt-Asset-Klasse sind (siehe Tabellen 8 und 9 in Abschnitt 10.7), stellt der kreditfinanzierte Eigenheimerwerb eine grundsätzlich geeignete Form der ergänzenden Vermögensbildung dar (ergänzend zur GRV oder ihrer Äquivalente für Beamte und Freiberufler), jedenfalls für Haushalte, die vor dem Hintergrund ihrer Lebensplanung dazu willens sind *und* finanziell dazu in der Lage sind.[46]

Infobox: Kann unsere gesetzliche Rentenversicherung wirtschaftlich funktionieren?

Ein Rentensystem, das auf dem Umlageverfahren basiert (also aus Beiträgen der gleichzeitig lebenden Arbeitnehmer finanziert wird), kann finanziell nur dann nachhaltig funktionieren (sich selbst finanzieren), wenn die fol-

46 Die finanziellen und die nichtfinanziellen Argumente pro und contra Anschaffung Eigenheim versus Beibehaltung des Mieterstatus kombiniert mit Vermögensbildung über ETFs stelle ich in meinem Buch *Kaufen oder Mieten* dar (Kommer 2021c).

genden Voraussetzungen mehr oder weniger *in Summe* vorliegen: (a) Das zahlenmäßige Verhältnis zwischen Beitragszahlern (Arbeitnehmern) und Rentenempfängern (die »Dependency Ratio«) verschlechtert sich im Zeitablauf nicht; (b) die Renten steigen nicht schneller als die Gehälter; (c) das effektive durchschnittliche Renteneintrittsalter sinkt nicht; (d) die Lebenserwartung der Bevölkerung nimmt nicht zu; (e) es werden keine Rentenbezugsberechtigten in das System aufgenommen, die vorher nicht wie alle anderen »regulär« eingezahlt haben.

In Deutschland und in anderen westlichen Ländern war während der drei bis vier vergangenen Jahrzehnte letztlich keine einzige dieser Bedingungen erfüllt, und für alle Bedingungen zusammen galt das noch viel weniger. Deswegen ist die gesetzliche Rentenversicherung hierzulande schon seit Jahren auf enorme Quersubventionierungen aus allgemeinen Steuermitteln angewiesen – sie wäre sonst längst kollabiert.

Generell gilt: So, wie der politische Prozess in westlichen Demokratien abläuft, können wir davon ausgehen, dass kein umlagefinanziertes Rentensystem, das Politiker (egal, welcher Partei) kontrollieren, aus sich selbst heraus dauerhaft überlebensfähig ist.

Eine früher und bei älteren Zeitgenossen bis heute verbreitete Alternative zum Eigenheimerwerb war oder ist »Zinssparen«, also verzinsliche Bankguthaben: früher das Sparbuch, heute das Tagesgeld oder Termingeld. In den Abschnitten 10.7 und 10.9 haben wir gesehen, dass diese Form der Vermögensbildung eigentlich schon immer ineffizient war. Nach Abzug von Inflation, Steuern und Kosten war damit in den 120 Jahren noch nie echte langfristige Vermögensbildung möglich. Aufgrund der bis ungefähr 2008 noch recht hohen Nominalzinsen bemerkte ein großer Teil der Bevölkerung diesen Sachverhalt jedoch nicht.

Mittlerweile scheint diese Nominalzinsillusion in der Bevölkerung zumindest bis zu einem gewissen Grad verschwunden zu sein.

Eine statistisch rentablere Alternative als Immobilien und Zinssparen und für fast alle Haushalte – nicht nur für eine Minderheit wie im Falle Eigenheim – tatsächlich *praktikable* Form der Vermögensbildung sind ETFs, also breit gestreute Investments in den Kapitalmarkt (primär Aktien und Anleihen). Sie sind deswegen besonders praktikabel, weil (a) mit ihnen statistisch eine höhere Eigenkapitalrendite als mit Eigenheim-investments erzielbar ist, (b) weil Vermögensbildung mit ETFs alles in allem eher risikoärmer ist als Vermögensbildung mit kreditfinanzierten einzelnen Immobilien (Klumpenrisiko), (c) weil man mit ETFs schon ab 20 Euro investieren kann, es dabei also kein »Klumpigkeitsproblem« wie bei Immobilien gibt,[47] (d) weil ETF-Sparen nicht die Lifestyle-mäßigen Beschränkungen mit sich bringt, die kreditfinanzierter Immobilienerwerb fast zwangsläufig bedeutet, und (e) weil ETF-Sparen technisch-intellektuell eher einfacher ist als Eigenheimerwerb.

FAZIT

In die Zukunft gerichtet führt für normale Arbeitnehmerhaushalte an der Vermögensbildung und Altersvorsorge über eine selbstgenutzte Immobilie oder – das ist rentabler und mit der Lebensplanung der meisten Haushalte kompatibler – über den Aktienmarkt kein Weg vorbei. Jedenfalls dann nicht, wenn sie sicherstellen wollen, dass sie ihren gewohnten Lebensstandard im Ruhestand beibehalten können. ETFs sind die einfachste, bequemste und sicherste Art und Weise, in den Kapitalmarkt zu investieren.

10.12 Prinzip 12: Verpackung und Inhalt bei Finanzprodukten auseinanderhalten

Vielen Privatanlegern erscheint langfristig erfolgreiches Investieren auch deswegen so schwierig, weil sich Investieren notwendigerweise innerhalb eines Produktdschungels abspielt, der auf sie undurchsichtig und vielleicht sogar beängstigend wirkt. Bei genauerer Betrachtung hat es viel mit dem Sachverhalt »Verpackung versus Inhalt« zu tun.

Was steckt dahinter? Wie ich in den vorhergehenden Kapiteln schon mehrfach angedeutet habe, sind Finanzprodukte keine »originären« In-

47 Ein Direktinvestment in eine Immobilie erfordert in den deutschsprachigen Ländern eine Mindestsumme von 150 000 Euro oder mehr – je nach Objekt. Weil wenige Haushalte im Alter von unter 60 Jahren so viel liquides Vermögen besitzen, sind Kreditfinanzierungen nötig.

vestments, so, wie das Asset-Klassen sind. Finanz- oder Anlageprodukte sind Verpackungen von originären Investments, verpackte Asset-Klassen. Diese Verpackungen können aus Anlegersicht Vor- und Nachteile haben. Bei den meisten Finanzprodukten überwiegen die Nachteile.

Wem es gelingt, Verpackung (oftmals überflüssige Hülle) und Inhalt (relevanter Kern) eines Anlageproduktes in seinem Investmentdenken einigermaßen korrekt auseinanderzudröseln, der hat einen gigantischen Schritt in Richtung richtiges Verständnis von Chance und Risiko des Produkts getan. Der verwirrend und nicht selten frustrierend unübersichtliche Produktdschungel ist in Wirklichkeit primär ein »Verpackungsdschungel«. Man kann fast sagen: Das wichtigste einzelne mentale Werkzeug beim angemessenen Verständnis von Finanzanlagen ist die Unterscheidung zwischen Verpackung (rechtlicher Struktur) und Inhalt (ökonomischer Kern oder Motor).

Wer die Unterscheidung zwischen Verpackung und Inhalt nicht versteht, wird im Laufe eines langen Sparer- und Anlegerlebens immer und immer wieder über den Tisch gezogen werden, indem er sich eine suboptimale oder sogar katastrophale Rendite-Risiko-Kombination einkauft oder verkaufen lässt.

In diesem Zusammenhang nenne ich nachfolgend die drei mit großem Abstand wichtigsten Asset-Klassen. Sie sind der ökonomische Motor eines normalen Privatanlegerportfolios. Im Endeffekt stellen die Hunderttausenden unterschiedlicher Finanzanlageprodukte, die an Privatanleger vertrieben werden, zu 95% nur unterschiedliche Verpackungen mit gleichen Inhalten dar.

(a) Die für einen Privatanleger drei wesentlichen Asset-Klassen im Überblick

- *Aktien:* Beteiligungen am Eigenkapital börsennotierter Unternehmen.
- *Anleihen:* Beteiligungen am Fremdkapital von Unternehmen oder von Staaten (oder anderen öffentlichen Institutionen).
- *Immobilien:* Immobilien sind hier als Direktanlagen zu verstehen. Solche Direktanlagen sind abzugrenzen von Investments in börsennotierte Aktien oder Anleihen von Immobilienunternehmen. Letztere gehören zu den oben genannten ersten beiden liquiden Asset-Klassen. Generell sind bei Immobilien Wohnimmobilien und Gewerbeimmobilien zu un-

terscheiden. Der erwartete Ertrag aus einer Immobilie besteht aus einer Kombination von Mieteinnahmen und Wertsteigerungen abzüglich Kosten für Instandhaltung und Versicherungen. Viele Direktanlagen in Immobilien werden partiell mit Fremdkapital finanziert (Leverage-Effekt). Das erhöht das Risiko und kann die Rendite steigern oder senken. Die selbstgenutzte Wohnimmobilie ist ein einzigartiger Investmentsonderfall, weil sie einen untrennbaren Doppelpack aus (emotionaler) Lifestyle- oder Konsumentscheidung und Investment darstellt.

Die meisten für Privatanleger relevanten und sinnvollen Anlageprodukte beziehen sich auf die drei oben genannten Asset-Klassen.

Wie sich in diesem Buch an vielen Stellen zeigen wird, ist es nur eine geringfügige Vereinfachung zu sagen: »Mehr braucht's nicht« – mit der partiellen Ausnahme des Finanzprodukts Bankguthaben, auf das ich in Abschnitt 16.1 eingehe.

Investmentprodukte, die teilweise oder ganz aus anderen Asset-Klassen bestehen, sind für normale Privatanleger in der Regel zu risikoreich, haben zu hohe Nebenkosten, sind zu illiquide, zu komplex und renditemäßig (in die Zukunft gerichtet) eher unattraktiv.[48]

(b) Die fünf wichtigsten »exotischen« Asset-Klassen im Überblick

- *Edelmetalle:* Gold, Silber, Platin, Palladium.
- *Rohstoffe:* Es existieren fünf Rohstoffkategorien: Agrarrohstoffe (z. B. Weizen, Mais, Reis, Schweinebäuche, Baumwolle, Holz), Basismetalle (z. B. Kupfer, Nickel, Zink, Aluminium, seltene Erden), Edelmetalle, Energie (Kohle, Erdöl, Erdgas) und Mineralien (z. B. Bauxit, Phosphat, Schwefel). Die weltwirtschaftlich bedeutendste Kategorie ist Energie.
- *Sammlerobjekte:* Das sind z. B. Kunst, Antiquitäten, Diamanten, Sammlerweine, Oldtimer-Autos, Luxusuhren. Sie sind für normale Privatanleger als Vermögensanlagen in der Praxis eher sinnlos, weil diese Asset-Klasse besonders hohe Expertise erfordert, außerordentlich illiquide ist,[49] hohe Versicherungs- und Lagerkosten aufweist und über

48 Mit der besonders wichtigen Sonder-Asset-Klasse Humankapital haben wir uns schon in Abschnitt 10.2 befasst.

49 Illiquidität bedeutet hohe Transaktionskosten (Kosten für Kaufen und Verkaufen), die während politischer oder wirtschaftlicher Krisen oft noch vorübergehend weiter zunehmen. Hohe Illiquidität bedeutet auch, dass es statistisch

ihr Risiko und ihre Rendite kein hinreichender Konsens in der Wissenschaft besteht. Die Renditeangaben zu bestimmten Sammlerobjekten in den allgemeinen Finanzmedien sind hochgradig selektiv und unverlässlich (zur langfristigen Rendite siehe Korteweg u. a. 2016 sowie Dimson u. a. 2018).
- *Kryptowährungen:* Mit Kryptowährungen – von denen mehrere Tausend verschiedene existieren – befasse ich mich näher in Abschnitt 12.4.3.
- *Wechselkurse/Währungen:* Korrekt berechnet ist die *erwartete* inflationsbereinigte Rendite von Wechselkursen bzw. Währungen ganz einfach null und ihre Schwankungsintensität – auch die von »Hartwährungen« wie Schweizer Franken und norwegischen Kronen – außerordentlich hoch (siehe dazu meine zwei YouTube-Videos Kommer (2021f) und Kommer/Lochner (2022).

Nachdem wir nun die drei essenziellen Asset-Klassen und fünf exotische Asset-Klassen kennengelernt haben, können wir zum Kernpunkt dieses Abschnittes kommen, der Unterscheidung zwischen Verpackung und Inhalt. Sehr häufig ist es so, dass die Verpackung drei negative Dinge bewirkt:

(i) Sie verursacht zusätzliche Kosten, ohne den erwarteten Ertrag der Asset-Klasse innerhalb der Verpackung zu erhöhen; (ii) sie führt möglicherweise zusätzliche Risiken ein, die die Asset-Klasse selbst gar nicht hat; (iii) sie macht das Investment weniger transparent und/oder komplexer, also letztlich schwerer zu durchschauen und zu verstehen.

In eher seltenen Fällen produziert die Verpackung per saldo tatsächlich einen Anlegernutzen. Ich zeige das nachfolgend beispielhaft anhand von neun konkreten Beispielen.

(c) Neun populäre verpackte Investmentprodukte, was sie enthalten und was ihre Verpackung bedeutet

- *Kapitalbildende Lebensversicherungen:* Sie sind eine Verpackung für ein Investment in Staats- und Unternehmensanleihen (normale KLVs) oder Aktien (fondsgebundene KLVs). Generell stellen KLVs eine strukturell

---

sehr lange (mitunter mehrere Jahre) dauert, bis ein Kauf oder Verkauf von der ersten Entscheidung bis zum vollständigen Abschluss umgesetzt ist.

sinnlose Kombination eines reinen Versicherungsprodukts (Risikolebensversicherung) mit einem reinen Sparprodukt (Wertpapiersparen auf Anleihen oder Aktien) dar. Der »Versicherungsmantel« verursacht enorme Zusatzkosten, macht das Investment illiquide, intransparent und führt überflüssiges, weil leicht vermeidbares Ausfallrisiko (Rückzahlungsrisiko) der Versicherungsgesellschaft ein. Mehr zu dem in Deutschland leider ungeheuer verbreiteten schlechten Finanzprodukt in Abschnitt 16.2.

- *Offene Immobilienfonds:* Sie sind Direktanlagen in ein typischerweise kleines deutsches oder europäisches Gewerbeimmobilienportfolio. Innerhalb seiner Investmentfondshülle wird 30% bis 50% des Immobilienportfolios mit Krediten finanziert. Die Verpackung in einen Investmentfondsmantel verursacht hohe Kosten und verdeckt das wahre Risiko des Portfolios aufgrund einer veralteten, interessenkonfliktbehafteten Bewertungsmethodik, woraus eine unklare, unzuverlässige Risikomessung resultiert. Gegenüber Immobilienaktien-ETFs sind die Renditen schlechter, die Diversifikation geringer und die Kosten höher. Mehr »schlechte Nachrichten« zu diesem fehlkonstruierten Finanzprodukt in Abschnitt 16.7.
- *Bausparverträge:* Sie sind ein sehr langfristiger Kontosparvertrag mit einer Bank, der auf komplexe Weise mit einem fünf bis zehn Jahre später folgenden Immobilienkredit dieser Bank an den vormaligen Sparer und nunmehrigen Kreditnehmer verschweißt ist. Mehr Verpackung relativ zum Inhalt als bei einem Bausparvertrag geht eigentlich nicht. Diese Verpackung ist so dick und undurchsichtig, dass nicht einmal klar ist, ob es sich hier um ein Darlehens- oder um ein Anlageprodukt handelt. Warum Bausparverträge mit seltenen Ausnahmen ein schlechtes Finanzprodukt repräsentieren, erläutere ich in Kommer 2022a.
- *Geschlossene Fonds:* Eine rechtlich und ökonomisch extrem komplexe, nicht börsennotierte Beteiligung des Privatanlegers an einer Kommanditgesellschaft (dem Investmentvehikel). Der Privathaushalt ist dabei nicht nur einfach Anleger, sondern »Mitunternehmer« (Kommanditist) – mit potenziell fatalen Finanzfolgen. Dieses Produkt ist noch vor Bausparverträgen der absolute Spitzenreiter in der Kategorie »Verhältnis anlegerschädliche Verpackung zu mickrigem Inhalt«. Dieser Inhalt besteht aus schlecht diversifizierten Direktanlagen in einige wenige Immobilien oder Unternehmen, die das Anlegergeld zusammen

mit viel Kreditkapital in Wind- oder Solarkraftanlagen, Schiffe, Container, Flugzeuge oder Hollywood-Filme investieren. Die offenen und versteckten Kosten (sowohl anfänglich als auch laufend), die durch die rechtliche Verpackung dieser Investments verursacht werden, sind atemberaubend hoch. Sie werden selten durch die überoptimistisch prognostizierten Steuervorteile ausgeglichen. Das Kostenvolumen und die geringe Diversifikation garantieren beinahe, dass der Anleger nichts verdient oder viel Geld verliert.

- *Zertifikate:* Bankanleihen, die jedoch keine Zinsen zahlen, sondern ein anderes komplexes »Auszahlungsprofil« haben. Der Inhalt einer »Bankschuldverschreibung« wird bis zur Unkenntlichkeit mit einem von Hunderttausenden an möglichen »Payoff-Profilen« umwickelt, das einzelne Aktien, Rohstoffe, Zinsen und nahezu unendliche Kombinationen dieser zum Gegenstand hat. Ein großer Teil der insgesamt hohen Kosten von Zertifikaten ist versteckt und kaum nachvollziehbar. Gerät die emittierende Bank in eine Schieflage (da Bankschuldverschreibung), kann das vorgebliche »Aktieninvestment« (im Falle eines aktienbezogenen Zertifikats) seinen gesamten Wert verlieren, obwohl es der zugrunde liegenden Aktie gutgeht (mehr zu Zertifikaten in Abschnitt 16.6).
- *Peer-to-Peer-Kredite:* P2P-Kredite sind ein zinstragendes Investment, sprich ein Kredit, den eine Privatperson einer anderen (fremden) Privatperson oder einem Kleinunternehmen gewährt. Der Kredit wird durch einen (natürlich nicht kostenlosen) Mittelsmann (die P2P-Plattform) über das Internet vermittelt. P2P-Kredite sind aus der Perspektive des Geldgebers ökonomisch ein sehr illiquides Anleiheninvestment, bei dem der Anleihenemittent ebenjene Privatperson oder kleine Firma ist. P2P-Kredite kommen als neuartiges, hippes Anlageprodukt daher, sind es aber nicht, da Kleinkredite seit Tausenden von Jahren existieren. Das einzig Neue daran ist das Internet als Vertriebskanal und die rechtliche Struktur (Verpackung). Die staatliche Regulierung und damit auch der Anlegerschutz ist bisher eher unklar oder nicht vorhanden. Das wahre Risiko dieses Finanzinstruments lässt sich schwer beurteilen, weil nennenswerte historische Daten fehlen.
- *Crowdinvesting:* Zunächst einmal ist dieses zu unterscheiden von Crowdfunding für gemeinnützige Zwecke. Auf Crowdfunding trifft das Meiste zu, was oben über die ähnlichen P2P-Kredite gesagt wurde. Bei Crowdinvesting sind die Einzelkreditsummen in der Regel kleiner,

und es werden häufig der Freundeskreis des Kreditnehmers oder bestimmte »Social Communities«, die mit dem Kreditnehmer irgendwie verbandelt sind, als Anleger mobilisiert. Crowdinvesting wird gerne in Bezug auf Immobilien angeboten (ein bekannter Anbieter ist »Exporo«). Auch hier haben wir es mit einem Fall von hipper Verpackung für einen uralten, banalen Inhalt (Immobilienfinanzierungen) zu tun – mithin alter Wein in neuen Schläuchen, sinnlos teuren Schläuchen, um genauer zu sein. Wer in Immobilien investieren will und keine ganze Immobilie kaufen kann oder will, ist mit Immobilien-ETFs klar besser bedient.

- *Aktiv gemanagte Investmentfonds:* Das ist ein Investmentfonds (Publikumsfonds) als rechtliche Hülle, innerhalb derer typischerweise in die Asset-Klassen Aktien und/oder Anleihen investiert wird. Aktiv gemanagte Investmentfonds werden vorwiegend an Privatanleger vertrieben. Solche Fonds sind deswegen abzulehnen, weil es eine klar bessere Alternative gibt: ETFs. Warum besser und in welcher Hinsicht besser, darauf gehe ich in den meisten Kapiteln dieses Buches direkt und indirekt ein, speziell in Kapitel 12 und 13.
- *ETFs (passiv gemanagte Investmentfonds):* In rechtlicher Hinsicht sind ETFs identisch mit aktiv gemanagten Investmentfonds. ETFs besitzen alle Vorteile aktiv gemanagter Investmentfonds zu einem Bruchteil der Kosten (oft nur ein Zehntel bis ein Fünftel) und dadurch langfristig höheren Nettorenditen. Außerdem sind sie viel transparenter. Sie sind auch einfacher zu verstehen. ETFs sind das einzige Investmentprodukt in dieser Aufzählung, bei dem die Verpackung einen echten Nettonutzen für den Anleger erzeugt.

Meine Ausführungen in diesem Abschnitt bis hierher sollten illustrieren, dass Verpackungen bei Finanzprodukten in den meisten Fällen einfach nur anlegerschädlicher, teurer Ballast sind, der den Blick auf den »Renditemotor« (den Kern des Investments) und seine Eigenschaften mit Bezug auf Rendite, Risiko, Liquidität und Kosten verstellt. Abgeklärte, rationale Anleger beurteilen ein Anlageprodukt nach dem Grundprinzip: Was ist die Verpackung und was der Inhalt?

FAZIT

Was ist aus diesen Einsichten für die konkrete Anlageentscheidung eines Privathaushaltes abzuleiten?

Eine gute Grundregel beim Investieren ist: Bevorzugen Sie solche Anlagen, die »so nahe wie möglich an der Asset-Klasse« sind. Mit ETFs ist diese Regel leicht umzusetzen.

Wenn der Inhalt eines Anlageprodukts nicht klar erkennbar eine der zwei Asset-Klassen Aktien und Anleihen in Reinform darstellt, sollten bei Ihnen die Warnlampen angehen.

Versuchen Sie bei einem Finanzprodukt zu verstehen, welche Vor- und Nachteile die rechtliche Hülle für Sie als Anleger hat oder haben könnte, also die Verpackung um die darin »eingewickelte« Asset-Klasse.

Die beiden typischen Nachteile der Verpackung könnten unnötig hohe Kosten und unnötige schlechte Risiken sein. Beide resultieren schlussendlich aus den Interessenkonflikten, denen die Verkäufer des Produktes unterliegen.

Vergleichen Sie die Kosten (Kaufkosten und laufende Kosten) eines Finanzproduktes mit denen eines entsprechenden ETFs. Das gibt Ihnen eine Vorstellung, was Sie für die vermeintlichen Vorteile des Finanzproduktes bezahlen. Leider sind für normale Privatanleger bei vielen Anlageprodukten nicht alle Kosten leicht und ihrer Höhe nach korrekt identifizierbar.

Versuchen Sie die Risiken zu identifizieren, die die Verpackung einführt und die die in der Verpackung enthaltenen Asset-Klassen nicht haben. Überwiegend handelt es sich dabei um schlechte Risiken, also solche, für die der Kapitalmarkt statistisch betrachtet keine Risikokompensation zahlt. Ihre »erste Anlegerpflicht« ist es, schlechte Risiken nicht in Ihrem Portfolio zu tolerieren.

Sollte es Ihnen nicht gelingen, hinreichend sicher auseinanderzuhalten, was der Inhalt und was die Verpackung bei einem gegebenen Finanzprodukt ist, rate ich Ihnen, *Nein* zu sagen. Das Nichtauseinanderhaltenkönnen ist ein Indikator für Nichtverstehen. Anlagen, die man nicht versteht, sollte man nicht in sein Vermögensportfolio nehmen oder nicht darin behalten.

10.13 Prinzip 13: Investmentpornografie nicht auf den Leim gehen

> »Artikel, die glauben machen, dass Investieren kinderleicht sei – beispielsweise ›Drei Wege, Ihr Geld zu verdoppeln‹ oder ›Zehn heiße Aktien‹ –, das ist Investmentpornografie.« (Jane Bryant Quinn, amerikanische Wirtschaftsjournalistin, Finanzbuchautorin)

Investment- oder Finanzpornografie sind Aussagen über Vermögensanlagen, die von den Medien, im Internet und von der Finanzbranche als »Information« verkleidet verbreitet werden, die aber aus der Sicht der Wissenschaft völlig unrealistisch sind. Drei Beispiele aus der Finanzratgeberbuchwelt:

Das in Deutschland am meisten verkaufte Ratgeberbuch ist Bodo Schäfers *Der Weg zur finanziellen Freiheit – Ihre erste Million in 7 Jahren*, das 1998 erstmalig erschien. Ein kleines Rechenbeispiel zum Untertitel des Buches *Ihre erste Million in 7 Jahren*: Wer anfänglich 100 000 Euro investiert, braucht – nach Steuern und Kosten – eine durchschnittliche Rendite von rund 39% p.a., um in sieben Jahren zu 1 Million zu gelangen. Abgesehen davon, dass eine solche Rendite in sieben aufeinanderfolgenden Jahren bisher nur bei *Alice im Wunderland* beobachtet wurde, stellt sich die Frage, woher die anfänglichen 100 000 Euro kommen sollen. Startet man mit weniger, muss die Rendite entsprechend noch höher sein.

Ein weiteres Beispiel: *Finanzielle Freiheit: Erreiche finanzielle Freiheit im Schlaf* (2018) von Elisabeth Raynor. Die Autorin suggeriert ihren Lesern allen Ernstes, dass man mit ihrem Büchlein »im Schlaf« finanziell frei werden könne. Unter finanziell frei versteht sie ausreichend »passives« Einkommen, um nie mehr arbeiten zu müssen. Wer die Realität von Geldanlegen und Existenzgründung kennt, kann über derart haarsträubenden Unsinn nur den Kopf schütteln.

Ein Buch zu Immobilienanlagen von Michael Peter aus dem Jahr 2015 hat den Untertitel *Warum Immobilien so phänomenal lukrativ sind*. Erstens existieren »phänomenal lukrative Geldanlagen« in die Zukunft gerichtet nur verknüpft mit »phänomenal hohen« Risiken.[50] Und zweitens besteht in

50 Die Ausnahmen von dieser Regel liegen typischerweise im illegalen Bereich und sind daher auf ihre Weise sehr risikoreich.

der Wissenschaft ein weitreichender Konsens darüber, dass Immobilienanlagen risikobereinigt eher schlechtere Renditen produzieren als Aktien, und Aktien sind ganz gewiss nicht »phänomenal lukrativ«.

Allgemein formuliert sind Investmentpornografie Aussagen über oder Empfehlungen zu Anlagemöglichkeiten, die eine oder mehrere folgende Eigenschaften besitzen:

- Ihr Eintreffen ist aus der Sicht der Wissenschaft unwahrscheinlich.
- Sie werden mit selektiv ausgewählten, nicht repräsentativen historischen Renditen über kurze Zeiträume aus der jüngeren Vergangenheit »belegt«.
- Sie appellieren bewusst an die schlechtesten Eigenschaften von Anlegern, nämlich Gier, »FOMO« (Fear of Missing Out), Selbstüberschätzung, Gutgläubigkeit und Unwissenheit.
- Sie beziehen sich besonders häufig auf neue oder neuartige Investments.
- Im Rückblick (wenn es zu spät ist) stellt sich heraus, dass ihr Verkauf in unethischer Weise erfolgte und sie in den meisten Fällen die Finanzgesundheit von Anlegern geschädigt haben. Zwei jüngere Beispiele sind »P&R Container« und »PIM Gold«. P&R war ein bayrisches Unternehmen, das Privatanlegern seit 1975 »Sachwerteanlagen« in Schiffscontainern verkaufte. Der Schaden für über 50 000 Privatanleger dürfte 2 Milliarden Euro überschreiten. PIM Gold war eine hessische Firma, die Goldkäufe vermittelte. Der Anlegerschaden wird mit über 150 Millionen Euro beziffert. Beide Unternehmen waren betrügerische Schneeballsysteme, und bei beiden hat sich das im Vergleich zu anderen westlichen Ländern armselige Niveau des deutschen Verbraucherschutzes bei Finanzprodukten – vor allem, wenn es um »Sachwerte« geht – fatal ausgewirkt.

In meinem Buch *Souverän investieren mit Indexfonds und ETFs* (2018) widme ich dem schlüpfrigen Thema Investmentpornografie einen viel ausführlicheren Abschnitt als hier, mit mehr Beispielen aus Anlegerzeitschriften und dem im Vergleich zum Buchmarkt – wen überrascht's – noch viel krasser finanzpornografischeren Internet.

Der ehemalige Hedgefonds-Manager und Finanzbuchautor Nassim Taleb fragt in seinem Bestseller-Finanzbuch *The Black Swan* (2007): »Why does reading the newspaper actually decrease your knowledge of the world?«[51] Der Verdacht, dass der laufende Konsum von Nachrichten in den tagesaktuellen Medien einschließlich dem Internet und insbesondere Social Media uns per saldo dümmer macht – so, wie das der Schweizer Denker und Schriftsteller Rolf Dobelli glaubt –, ist in der Tat nicht leicht von der Hand zu weisen (Dobelli 2021). Auf alle Fälle macht uns dieser Konsum tendenziell zu schlechteren Investoren.

FAZIT

Die Medien, das Internet und das Marketing-Material der Finanz- und Immobilienbranche quellen über vor Investmentpornografie à la »Mit den richtigen Aktien 5 000% Gewinn. Titel, die Jahr für Jahr steigen« (Titelseite der Zeitschrift *Börse Online*). Ähnlich wie bei konventioneller Pornografie läuft man durch intensiven Konsum ihrer Investmentvariante Gefahr, sein Familienleben (und auch seine Finanzgesundheit) unreparierbar zu schädigen.

Wenn Sie irgendwo von »garantierten Renditen« über 0% lesen oder noch allgemeiner von Anlagemöglichkeiten, die in Ihren Ohren einfach nur sehr attraktiv klingen, dann seien Sie extrem auf der Hut. Es könnte sein, dass Sie in diesem Moment auf Investmentpornografie hereinfallen. Grundregel Nr. 1: Beim Geldanlegen existiert kein Free Lunch (kein Gratismittagessen). Wo hohe Renditen bei geringem Risiko versprochen werden, muss irgendwo auch hohes Risiko lauern, auch wenn dieses Risiko kleingeredet wird. Wenn Sie es nicht sehen, haben Sie nicht genau genug hingeschaut oder Sie haben zu wenig Fachkenntnis. Wo niedrige Risiken in Verbindung mit mittleren oder hohen Renditen versprochen werden, handelt es sich entweder um eine Lüge oder das Versprechen ist nichts wert.

51 Zu Deutsch: »Warum senkt das Lesen von Zeitungen [GK: Gemeint sind Nachrichten im Allgemeinen] Ihr Wissen über die Welt?«

11 Risiko bei Vermögensanlagen – eine Einführung

»Die Rendite eines gegebenen Vermögenswerts in einer gegebenen Periode ist genau die, die der Vermögenswert liefert; sein Risiko hingegen ist dasjenige, das der Investor wahrnimmt.«
(Javier Estrada, BWL-Professor, IESE Business School, Barcelona)

Eine sehr allgemeine und vermutlich unvollkommene Definition von Risiko könnte so lauten: Risiko ist die Möglichkeit, dass Sie an einem bestimmten Zeitpunkt weniger liquide Geldmittel (Kaufkraft) zur Verfügung haben, als Sie es bei Ihrer ursprünglichen Investitionsentscheidung erwarteten (planten).

Wer intensiv sucht, wird schnell Schwächen in dieser Risikodefinition finden, obwohl sie bewusst allgemein gehalten ist. Meines Wissens ist es noch niemandem, auch keinem der über 70 Wirtschaftsnobelpreisträgern, gelungen, eine universell akzeptierte Definition von Finanzrisiko zu formulieren, die auf jede denkbare Art von Investmentrisiko für jeden Anleger zutrifft.

Dies vorausgeschickt beschreibe ich in diesem Kapitel elf zentrale Aspekte von Investmentrisiko, von denen ich glaube, dass sie für einen Privatanleger hilfreich sind, der die Investment-Basics schon kennt, aber noch kein Vollprofi ist.

11.1 Risiko ist subjektiv

Auf der einen Seite existiert das Messergebnis für eine bestimmte Risikokennzahl, wie Volatilität oder Maximum Drawdown, und auf der anderen Seite steht die subjektive Wahrnehmung dieses Risikos und der Kennzahlausprägung. Der globale Aktienmarkt besitzt eine relativ leicht und genau zu bestimmende historische oder für die Zukunft geschätzte Volatilität oder andere Risikoausprägungen wie z. B. Ausfallrisiko, Shortfall-Risk oder Liquiditätsrisiko. Wie diese objektive Risikorealität von einem *be-*

stimmten Anleger wahrgenommen und gefühlt wird, ist von den nackten Daten jedoch fast völlig unabhängig (siehe Eingangszitat dieses Abschnitts). Ein simples Beispiel: Der Freestyle-Skifahrer Franz stürzt sich gerne nahezu vertikale Tiefschneehänge in den Hochalpen hinunter, während der gleichaltrige Otto aus Angst (Risikoscheu) solche Hänge allenfalls unter physischem Zwang und auf dem Bauch robbend hinunterrutschen würde. Nicht anders verhält es sich mit der Wahrnehmung von Finanzrisiken.

11.2 Gutes versus schlechtes Risiko

Nicht wenige Privatanleger glauben, ein zentrales Ziel beim Investieren im Kapitalmarkt müsse darin bestehen, Risiken zu vermeiden. Das stimmt so nicht. Ziel beim Investieren muss sein, *schlechte* Risiken zu vermeiden und *gute* Risiken bewusst im gewünschten Umfang ins Depot zu holen. Bei Risiken gilt demnach Aschenbrödels Leitspruch: »Die guten ins Töpfchen, die schlechten ins Kröpfchen.«

Schlechte Risiken sind solche, von denen der Anleger aus der Sicht der Wissenschaft nicht erwarten kann, dass sie künftig durch eine angemessene Rendite belohnt werden. Schlechte Risiken sind sozusagen Schmerzen ohne Schmerzensgeld. Warum werden sie nicht belohnt? Weil schlechte Risiken sich im Rahmen eines sehr breit gestreuten Investments »wegdiversifizieren« lassen, also nicht getragen werden müssen. Deswegen zahlt der Kapitalmarkt für schlechte Risiken statistisch keine Belohnung.

Da, wo es im *Rückblick* Belohnungen für schlechte Risiken gab, waren sie Zufall – auch wenn das die betroffenen Anleger anders wahrnehmen mögen. Diesen Zufallsbelohnungen stehen in gleichem Umfang Verluste (oder entgangene Gewinne) gegenüber.

Gute Risiken sind solche, von denen der Anleger erwarten kann, dass sie künftig durch eine angemessene Rendite belohnt werden. Gute Risiken sind solche, die sich nicht wegdiversifizieren lassen.

Wer hilft uns herauszufinden, was gute und was schlechte Risiken sind? Die Wissenschaft und nur die Wissenschaft; eher selten Finanz-Blogger Andi, Wirtschaftsjournalistin Schulze oder »Ihr vertrauensvoller Bankberater«.

In Tabelle 11 werden gute und schlechte Risiken bei Kapitalmarktanlagen einander gegenüberstellt.

Tabelle 11: Gute versus schlechte Risiken bei Kapitalmarktanlagen

Schlechte Risiken (wegdiversifizierbare Risiken)	Gute Risiken (nicht wegdiversifizierbare Risiken)
• Wetten auf einzelne Aktien oder einzelne Unternehmensanleihen (Einzelwertrisiko) • Wetten auf einzelne Länder (Einzelländerrisiko) • Wetten auf einzelne Branchen (Einzelbranchenrisiko) • Wetten auf Themen [A] • Wetten auf einzelne Fondsmanager • Wetten auf den richtigen Ein- und Ausstiegszeitpunkt (Market-Timing) • Die meisten Verpackungsrisiken bei Finanzprodukten (Verpackungsrisiko) • Bankguthaben oberhalb der gesetzlich vorgeschriebenen Einlagensicherung (Bankadressrisiko (Ausfallrisiko) siehe Abschnitt 16.1)	Investieren in ganze Asset-Klassen mit breit gestreuten ETFs auf Buy-and-Hold-Basis, also in sehr breite (hoch diversifizierte) Segmente des globalen Aktien- und Anleihenmarktes ohne Branchen- oder Themenwetten. Verpackungsrisiken und Gegenparteirisiken werden hiermit minimiert.

► [A] Themen sind gewissermaßen »Minibranchen« – mehr dazu in Abschnitt 16.5.

Wie Tabelle 11 illustriert, ist die Unterscheidung zwischen guten und schlechten Risiken eigentlich gar nicht schwer. Schlechte Risiken sind typischerweise gekennzeichnet von Konzentration (statt Diversfikation), von Spekulation, von Ausfallrisiken und von komplexen Verpackungen.

FAZIT

Sorgen Sie dafür, gute Risiken in Ihrem Portfolio zu haben, und meiden Sie schlechte Risiken wie der Teufel das Weihwasser. Gute Risiken sind letztlich leicht zu identifizieren: Es sind diejenigen, die mit dem Anlegen in ganze Asset-Klassen auf Buy-and-Hold-Basis kommen. Mit ETFs kann man ganze Asset-Klassen sehr preisgünstig in sein Portfolio holen. Tragen Sie diese guten Risiken und den damit verknüpften zeitweiligen Schmerz willig, denn er wird auf lange Sicht sehr wahrscheinlich mit Rendite belohnt. So, wie ein Athlet die Anstrengung und den gelegentlichen Schmerz beim Ausüben seines Sports stoisch trägt, weil er weiß, dass er dafür am Ende mit Fitness, Freude und sportlichen Erfolgen belohnt wird.

11.3 Renditen sind in erster Linie Risikoprämien

Rendite ist primär die Belohnung für das Tragen oder das Nehmen von *gutem* Risiko. Aus statistischer Perspektive beeinflusst kein anderer Faktor die Rendite eines Investments stärker als sein Risikograd und speziell die Menge des dabei in der Zukunft erwarteten guten Risikos. Renditen sind also »Schmerzensgeld«, die Belohnung für das Aushalten von »Risikoschmerzen«. Beispielsweise produziert die Asset-Klasse Aktien höhere Renditen als die Asset-Klasse kurzfristige High-Quality-Anleihen (einschließlich verzinslicher Bankguthaben innerhalb der staatlichen bzw. gesetzlichen Einlagensicherung), hauptsächlich, weil Aktien ein höheres Renditerisiko in Gestalt von Volatilität und Drawdown haben. Schwellenländeraktien haben auf lange Sicht höhere Renditen als Industrieländeraktien, weil erstere stärker schwanken, also risikoreicher sind.

Die für die Zukunft erwartete Rendite eines breit diversifizierten Aktienportfolios ist also die Belohnung für das Eingehen, das Nehmen von Risiko. Somit ist Risiko die *Voraussetzung* (!) von Rendite, ohne Risiko kann es keine echte Rendite geben, insbesondere nicht Rendite nach Abzug von Inflation, Steuern und Kosten. Rendite und Risiko sind also untrennbar miteinander verbunden.

Renditen sind primär die Kompensation für das »Nehmen« von guten Risiken oder, konventioneller formuliert, für das Tragen von Risiko. Im Englischen heißt das »to take risks« und ausdrücklich nicht »to carry risks« (das wäre eine falsche Übersetzung aus dem Deutschen). »Risiko nehmen« drückt in der Tat besser aus als »Risiko tragen«, worum es hier geht, nämlich um eine bewusste, positive Entscheidung *für* etwas (eine bestimmte Menge und Art von Risiko im eigenen Portfolio), nicht das passive Erduldenmüssen eines bloßen Übels.

Wer keine (guten) Risiken nimmt, kann ex ante/statistisch keine Rendite erwarten. Da Renditen Schmerzensgeld sind, gilt: Je weniger Schmerztoleranz ein Anleger hat, desto geringer muss seine Renditeerwartung sein; je höher die Schmerztoleranz, desto höher kann die Renditeerwartung liegen.

Wenn Ihnen jemand erzählen will, Anlageprodukt X hätte eine jährliche Rendite von, sagen wir, 10% bei »überschaubarem Risiko«, »geringem Risiko« oder »ohne Risiko«, ist das ein Dummkopf oder ein Scharlatan, und in beiden Fällen sollten Sie von diesem »Experten«

keine Investmentratschläge entgegennehmen. Vernünftiges Investieren besteht darin, bewusst die für Sie richtige Menge guter Risiken in Ihr Portfolio zu holen.

Versprechen einer hohen Rendite mit geringem Risiko sind einfach Scharlatanerie. So könnte man Riester-Anlagen beinahe als staatlich herbeigeführte Scharlatanerie sehen, ein unhaltbares Versprechen von »nahezu kein Drawdown-Risiko mit aktienähnlicher Rendite«. Risiko muss sich überdies in irgendeiner Form und Frequenz materialisieren. Würde es das nicht tun, wäre es kein Risiko.

FAZIT

Ein rationaler, kluger Anleger ist keiner, der Risiko vermeidet oder zu umgehen versucht, sondern einer, der gute Risiken sucht, diese versteht und sie in genau der Quantität, die seiner wohlüberlegten Risikotoleranz und Renditeerwartung entsprechen, in sein Portfolio holt. Das tut der rationale, kluge Anleger, weil er weiß, dass Renditen in allererster Linie Prämien für das bewusste und willige Nehmen von Risiko sind. Wer kein Risiko nimmt, kann keine Rendite erwarten.

11.4 Volatilität: Das für Kapitalmarktanlagen am meisten verbreitete Risikomaß

Volatilität ist das in der Finanzökonomie am meisten verbreitete Risikomaß. Das Wort leitet sich vom lateinischen Verb *volare* (fliegen) ab und bezieht sich auf die Wertschwankungen (genauer Renditeschwankungen) eines Investments im Zeitablauf. Volatilität wird typischerweise anhand der statistischen Kennzahl *Standardabweichung* gemessen. Je höher die Standardabweichung der Wertschwankungen in der Betrachtungsperiode, desto risikoreicher ist das Investment. Die allermeisten Menschen mögen keine negative Wertschwankungen eines Investments – das dürfte nicht überraschen. Hinzu kommt, dass negative Wertschwankungen bei »normalen Menschen« gefühlsmäßig nicht vollständig durch betragsgleiche positive Wertschwankungen ausgeglichen werden. Als aus der Wissenschaft abgeleitete Faustregel kann man Folgendes sagen: Ein Investment muss für einen negativen Ertrag (einen Verlust) einen doppelt so hohen positiven Ertrag (einen Gewinn) erzeugen, bis der »Gefühlshaushalt« (oder »Nutzenhaushalt«) des Anlegers wieder voll ausgeglichen ist. Ein Verlust von einer Geldeinheit muss hier also mit einem Gewinn von zwei Geldeinheiten wettgemacht werden. Streng genommen ist das irrational, doch so sind wir Menschen nun einmal, und weil das so ist, mögen wir Volatilität nicht. Wie sich Volatilität auf Portfolioebene (Depotebene) senken lässt, das kommt im nächsten Abschnitt zur Sprache.

11.5 Diversifikation: Die cleverste Form der Risikoreduktion

Warum ist Diversifikation die klügste Form der Risikoreduktion? Weil sie »kostenlos« ist. Diversifikation, wenn entsprechend umgesetzt, reduziert Risiko, ohne die erwartete Rendite zu senken, also ohne Opportunitätskosten. Daher wird Diversifikation oft als der einzige »Free Lunch« (Gratismittagessen) beim Investieren bezeichnet. Veranschaulichen wir uns anhand eines einfachen Beispiels, warum Diversifikation ein so cleverer Weg zur Risikosenkung ist. Wir denken uns zwei Aktiengesellschaften. Ihre jährlichen Gewinne, die wir – in realitätsferner Vereinfachung – mit Aktionärsrenditen gleichsetzen, sind in Tabelle 12 dargestellt. Das eine Unternehmen stellt Badehosen her, das andere Wintermäntel. In überwiegend heißen Jahren geht es der Badehosen AG finanziell gut, ihr Gewinn steigt. In eher kalten Jahren hingegen geht er zurück. Genau umgekehrt verhält es sich mit der Wintermantel AG. Im langfristigen Durchschnitt gibt es gleich viele kalte wie heiße Jahre. Ein Investor hätte – vereinfacht gesagt – drei Möglichkeiten: Er könnte seine Mittel vollständig in die Badehosen AG, vollständig in die Wintermantel AG oder je zur Hälfte in beide Unternehmen investieren. Wie aus Tabelle 12 hervorgeht, ist die langfristige Durchschnittsrendite aller drei Portfolios identisch. Dennoch ist das diversifizierte »50/50-Gesamtportfolio« (Portfolio C) klar vorzuziehen, denn es weist keinerlei jährliche Renditeschwankungen und daher kein Risiko auf – hier gemessen als Standardabweichung, einem Maß für die Volatilität von Renditen. Bei den anderen beiden Portfolios ist das nicht der Fall. Die Korrelation der Gewinne der beiden Firmen hat den Idealwert von –1,0.

Tabelle 12: Auswirkung von Diversifikation auf die Schwankung der jährlichen Renditen (Gewinn) eines gemischten Portfolios

	Jahr 1 Heiß	Jahr 2 Kalt	Jahr 3 Heiß	Jahr 4 Kalt	Jahr 5 Heiß	Jahr 6 Heiß	Jahr 7 Kalt	Jahr 8 Kalt	Ø Jahresrendite	Risiko: Streubreite [A]	Risiko: Std.-abw.
Portfolio A: 100% Badehosen AG	€ 10	€ 4	€ 10	€ 4	€ 10	€ 10	€ 4	€ 4	€ 7	€ 6	€ 3
Portfolio B: 100% Wintermantel AG	€ 4	€ 10	€ 4	€ 10	€ 4	€ 4	€ 10	€ 10	€ 7	€ 6	€ 3
Portfolio C: 50% Badeh. AG + 50% Winterm. AG	€ 7	€ 7	€ 7	€ 7	€ 7	€ 7	€7	€7	€ 7	€ 0	€ 0

► [A] Streubreite: Differenz zwischen maximaler und minimaler Rendite in einem einzelnen Jahr.

So unrealistisch das Badehosen-Wintermantel-Beispiel im Detail sein mag, so illustriert es doch korrekt, dass der Risikosenkungsvorteil, jedenfalls bei Diversifikation innerhalb von Asset-Klassen, kostenlos erzielt wurde. Er musste nicht mit einem Renditeverlust erkauft werden.

Eingangs habe ich von Diversifikation innerhalb von Asset-Klassen und über Asset-Klassen hinweg gesprochen. Ein Beispiel für Diversifikation innerhalb einer Asset-Klasse ist ein globaler Aktien-ETF. Ein Beispiel für Diversifikation über Asset-Klassen hinweg ist eine 50/50-Mischung aus einem globalen Aktien-ETF und einem kurzlaufenden Staatsanleihen-ETF. Ihr risikosenkender Effekt kommt in Abbildung 8 zum Ausdruck.

Abbildung 8 lässt mit bloßem Auge leicht erkennen, dass durch Beimischung risikoarmer Anlagen zu einem Aktiendepot die Schwankungsintensität des Gesamtdepots abnimmt. Das 50/50-Portfolio (blaue Linie) entwickelte sich während dieser fast drei Jahrzehnte weit stetiger und gleichförmiger (weniger volatil) als das »aggressivere« 100/0-Portfolio (rote Linie). Am wenigsten volatil war das 0/100-Portfolio (gelbe Linie) aus ausschließlich risikoarmen kurz- und mittelfristigen Anleihen. Natürlich sinkt auch das Ertragspotenzial mit zunehmendem Anteil der risikoarmen Anlage. Beachten Sie, dass es sich hier um inflationsbereinigte Renditen handelt. Da im Jahr 2022 die Inflation stark anstieg, drehten die realen Renditen des risikoarmen Portfolios dann vergleichsweise stark in den negativen Bereich.

Abbildung 8: Vergleich einer 50/50-Asset-Allokation (globale Aktien/ »risikofreie« Anlage) mit 100/0- und 0/100-Asset-Allokationen im Zeitraum von Januar 1992 bis September 2022 (30,8 Jahre) – inflationsbereinigte (reale) Entwicklung des Wertes eines anfänglich investierten Euros (logarithmische vertikale Skala)

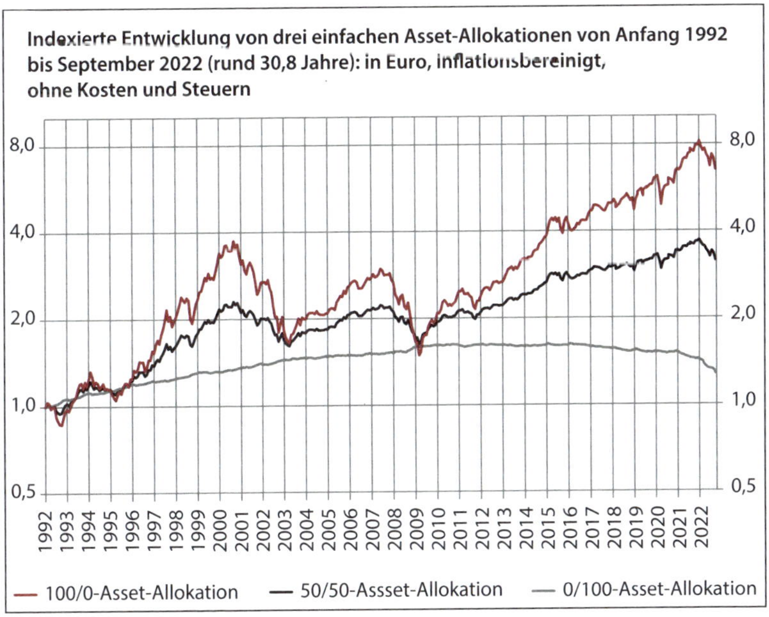

► Logarithmische vertikale Skala. ► Ohne Kosten und Steuern. ► In den Namen der drei Portfolios wird der risikobehaftete Portfolioteil stets zuerst genannt (»100/0« = 100% Aktien, 0% risikoarme Anleihen). ► Daten: Aktienteil: MSCI World Standard. Risikoarmer Portfolioteil: 50/50-REXP (deutsche mittelfristige Staatsanleihen) und deutscher Geldmarkt (Frankfurter Geldmarkt Dreimonatsgelder bis Ende 1998, danach 3-Monats-Euribor). ► Datenquellen MSCI, Deutsche Bundesbank.

11.6 Shortfall-Risk: Bei Aktien sinkt es mit der Länge des Betrachtungszeitraums

Die einfachste Form des Konzepts Shortfall-Risk ist die Wahrscheinlichkeit im Sinne der prozentualen Häufigkeit, mit der ein Investment eine bestimmte nominale oder reale Renditeschwelle oder eine Minimumrendite (z. B. 0% real oder nominal) in einer historischen Periode unterschritt. Wenn das zugrundeliegende historische Datenmaterial umfassend genug ist, kann man daraus auch einigermaßen gut auf die Zukunft schließen. Die Rendite-Benchmark (in Tabelle 13 ist das eine Nullrendite) kann statt einer fixen Renditezahl auch ein Benchmark-Investment sein, z. B. die Inflationsrate oder »risikofreie« kurzfristige Staatsanleihen oder der DAX.

Wie Tabelle 13 illustriert, nimmt das Shortfall-Risk bei einem breit diversifizierten Aktienportfolio mit der Länge des Messintervalls recht deutlich ab, während bei supersicheren, nahezu volatilitätsfreien verzinslichen Geldmarktanlagen dieses Shortfall-Risk für alle Betrachtungszeiträume höher ist als bei Aktien und mit zunehmender Intervalllänge nur wenig abnimmt.

Tabelle 13: Historisches Shortfall-Risk von Aktien und sicheren Geldmarktanlagen im Vergleich: Anteil der Intervalle, die eine inflationsbereinigte Rendite von unter null (0%) produzierten (US-Aktien und US-Geldmarkt im Gesamtzeitraum von 01/1926 bis 08/2022 – 96,7 Jahre)

	US-Aktien: CRSP 1–10 Index	Risikoarme US-Geldmarktanlage (»Sparbuch«)
5-Jahres-Intervalle	21%	45%
10-Jahres-Intervalle	13%	44%
15-Jahres-Intervalle	3%	38%
20-Jahres-Intervalle	0%	33%

► Daten: CRSP 1–10 Index = US-Aktiengesamtmarkt, risikoarme Geldmarktanlage = einmonatige US-Staatsanleihen. ► Datenquelle: Dimensional Fund Advisors. ► Ohne Kosten und Steuern. ► Der Berechnung liegen rollierende (überlappende) Intervalle zugrunde. ► Würde man in dieser Kalkulation Steuern berücksichtigen, wäre der *relative* Shortfall-Risk-Vorteil von Aktien über das »Sparbuch« noch größer, da bei einem Buy-and-Hold-Aktieninvestment die *effektive* Steuerbelastung geringer ist als bei zinstragenden Anlagen (siehe Abschnitt 12.5).

Wenn Sie die Höhe des hier ausgewiesenen Shortfall-Risk bei Geldmarktanlagen erstaunlich oder überraschend finden, dann empfehle ich einen kurzen Blick auf Tabelle 10 in Abschnitt 10.9. Dann dürfte klar werden, warum dieses Shortfall-Risk beim »Sparbuch« so hoch ist und – anders als bei Aktien – für längere Anlagezeiträume nur langsam abnimmt und selbst über 20 Jahre noch nicht auf null sinkt.

11.7 Sichtbares und unsichtbares Risiko

Ein Risikokonzept, dessen praktische Bedeutung für Privatanleger meines Erachtens kaum überschätzt werden kann, aber dennoch selten beachtet wird, besteht in der Unterscheidung zwischen sichtbarem und unsichtbarem Risiko (»unsichtbar« ist hier natürlich nicht wortwörtlich zu verstehen). Der Grundgedanke hinter dieser Überlegung ist: Ein Risiko existiert unabhängig davon, ob es für den Investor sichtbar oder unsichtbar ist. So, wie das Risiko, von einer Leiter zu fallen und sich dabei schwer zu verletzen, weil eine Sprosse einen tiefen Riss hat, nicht dadurch verschwindet, dass jemand den Riss mit einem Klebeband überdeckt und unsichtbar macht.

Bei börsennotierten Investments ist das in der Privatanlegerpraxis vermutlich wichtigste Investmentrisiko – Volatilität – offen sichtbar und nicht verdeckt oder versteckt durch eine Produktverpackung. Bei nicht börsennotierten Investments sieht das leider anders aus, da ist das Wertschwankungsrisiko mangels Börsennotierung unsichtbar, obwohl es in Wirklichkeit genauso existiert wie bei börsennotierten Investments. Warum es hier genauso existiert, hat mit der bereits in Abschnitt 10.12 erläuterten, für Anleger wichtigen Unterscheidung zwischen Verpackung und Inhalt eines Finanzproduktes zu tun. Tabelle 14 kategorisiert Investments nach in diesem Sinne sichtbarem und unsichtbarem Risiko.

Nehmen wir das Beispiel eines Investments in einen → Private-Equity-Fonds. Private Equity sind – wie Aktien – Investments in das Eigenkapital von Unternehmen, hier allerdings von nicht börsennotierten Unternehmen. Bei einem PE-Investmentfonds-Investment erhält der Anleger nur alle drei bis sechs Monate ein Reporting über den aktuellen Wert seines Investments. Nicht nur sind diese Abstände sehr groß, sondern auch die für die Fondsanteile genutzte Bewertungsmethode basiert auf sehr groben, geglätteten Schätzungen. Mir ist es ein Rätsel, warum irgendjemand glauben kann, dass das Wertschwankungsrisiko dieser Eigenkapitalinvestments deswegen niedriger sein soll, weil man es nicht laufend beobachten kann, aber genau das macht die PE-Branche ihren Anlegern weis, und die meisten PE-Anleger glauben es.

Tabelle 14: Die Aufteilung des Anlageuniversums in Investments mit sichtbarem und unsichtbarem Risiko

Investments mit »sichtbarem« Risiko (börsennotierte Investments): Laufende Renditeschwankungen offen beobachtbar	**Investments mit »unsichtbarem« Risiko (nicht börsennotierte Investments): Laufende Renditeschwankungen nicht offen beobachtbar**
Aktien, Anleihen (Staatsanleihen, Unternehmensanleihen), Gold, andere Edelmetalle, Rohstoffe, Kryptowährungen und von diesen liquiden Asset-Klassen abgeleitete verpackte Finanzprodukte wie Investmentfonds, ETFs, Zertifikate, Derivate (Optionen, Futures)	Kapitalbildende Lebensversicherungen, private Rentenversicherungen, die gesetzliche Rentenversicherung, Bausparguthaben, offene Immobilienfonds, P2P-Kredite, private Kreditforderungen, Sammlerobjekte, Direktanlagen in Immobilien, Investments in Agrar- und Waldland, Investments in geschlossene Fonds (Immobilien, Schiffe, Flugzeuge, Windkraftanlagen etc.), Private-Equity-Investments, Beteiligungen an nicht börsennotierten Unternehmen

11.8 Einzelwertrisiko versus Asset-Klassen-Risiko

Wer in Aktien und Anleihen investieren möchte, steht vor der grundsätzlichen Frage, wie er diese Absicht praktisch umsetzen soll. Es bieten sich vier Alternativen an: (a) Anlagen in Einzelwerte, (b) Anlagen in aktiv gemanagte Investmentfonds, (c) Anlagen in passiv gemanagte Investmentfonds (Indexfonds/ETFs), (d) eine Mischung aus diesen drei Möglichkeiten.

Mein Ziel ist es, zu zeigen, dass und warum Option (c) für die meisten Privathaushalte die klügste Lösung ist. Zu einem wesentlichen Teil geschieht das, indem die Nachteile und Probleme von (a) und (b) aufgezeigt werden. Für die unkluge Alternative (b) – aktiv gemanagte Investmentfonds – habe ich das schon in Kapitel 8 und Abschnitt 10.6 getan.

Nun zu den Nachteilen der Option (a) – Einzelwertanlagen. Diese Nachteile haben auch und insbesondere mit Risiko zu tun. Im Folgenden werde ich aus Platzgründen alle praktischen Beispiele auf Aktien beziehen. Diese Argumente treffen allerdings größtenteils in ähnlicher Weise auf Anleihen (Staatsanleihen und Unternehmensanleihen) zu.

Argument 1: Einzelwertinvestments bedeuten mehr Risiko ohne höhere Renditeaussichten

Eine alte und sehr gut etablierte Erkenntnis in der wissenschaftlichen Finanzökonomie lautet: Einzelwerte besitzen einzelwertspezifisches Risiko (im Fachjargon *idiosynkratisches* oder *unsystematisches* Risiko), das sich durch breite Diversifikation innerhalb der Asset-Klasse vollständig und ohne negative Auswirkung auf die für die Zukunft erwartete Rendite beseitigen lässt. Andersherum formuliert: Wer in Einzelwerte investiert, trägt sinnloses Risiko. Sinnlos, weil dieses Mehrrisiko gegenüber der diversifizierten Asset-Klasse statistisch nicht durch eine höhere Renditeerwartung kompensiert wird. Es gibt sogar überzeugende Evidenz dafür, dass konzentrierte Portfolios (Portfolios aus wenigen Einzelwerten) höheres Risiko *und* weniger Rendite zugleich produzieren (Cilla u. a. 2019).

Tabelle 15: Vergleich von nominaler Rendite und Risiko zweier Aktienportfolios mit unterschiedlichem Diversifikationsgrad – 11/1997 bis 10/2022 (25 Jahre)

	Allianz, Deutsche Telekom, Siemens (drei dt. Aktien) [A]	**→ MSCI ACWI IMI Index (ca. 8 600 Aktien aus prinzipiell allen Ländern [B]**
	Schlecht diversifiziert	Maximal diversifiziert
Rendite: nominal	7,2% p.a.	7,1% p.a.
Risiko: Volatilität	25%	15%
Risiko: Max. Drawdown	–82% (02/2003)	–52% (02/2009)

► Vor Kosten und Steuern. ► Renditen in Euro. ► Volatilität und Maximum Drawdown. ► [A] Die drei Aktien wurden gleich gewichtet. Die Auswahl der Werte geschah willkürlich; andere Aktien hätten eine höhere oder niedrigere Portfoliorendite produziert, aber vermutlich kein signifikant anderes Risiko. Zu bedenken ist, dass jede Auswahl, die lediglich heutige DAX-Werte berücksichtigt (wie in diesem Beispiel), am sogenannten → Survivorship-Bias krankt und daher Renditen sehr wahrscheinlich überzeichnet. Von den 30 DAX-Startwerten im Jahr 1988 waren per Ende September 2022 mehr als die Hälfte aus dem Index ausgeschieden – vielfach aufgrund schlechter Renditen. ► [B] MSCI All Country World Investable Market Index. Er umfasst Aktien von Industrie- und Schwellenländern und repräsentiert rund 98% der Marktkapitalisierung des globalen Aktienmarktes (Large Caps, Mid Caps, Small Caps). In diesen Index kann man per ETF investieren. ► Rohdaten: Yahoo.de, MSCI.

Für eine repräsentative Stichprobe dänischer Privatanleger zeigen Florentsen u. a. (2019), dass diese Anleger im Durchschnitt nur zwei Aktien halten – ein meines Erachtens beinahe schockierendes Ergebnis. Damit könnte der durchschnittliche dänische Privatanleger die Volatilität seines Depots durch den Kauf eines breit diversifizierten Indexfonds halbieren – bei statistisch identischer Renditeerwartung wie mit seinem Zwei-Aktien-Portfolio.

Deswegen ist Einzelwertrisiko »schlechtes Risiko« (statistisch nicht kompensiertes Risiko). Tabelle 15 veranschaulicht diesen Sachverhalt beispielhaft anhand von Aktienrenditen. Das gut diversifizierte Portfolio in der rechten Spalte hat die gleiche Langfristrendite wie das schlecht diversifizierte Portfolio in der mittleren Spalte, beim Risiko ist das gut diversifizierte Portfolio jedoch sehr deutlich überlegen.

Zwei Risikoaspekte bei Einzelwertinvestments, die in Tabelle 15 nicht zum Ausdruck kommen: Bei Einzelwerten besteht grundsätzlich ein 100%-Verlustrisiko (man denke an Wirecard 2020), bei einem global breit gestreuten Aktien-Portfolio (via ETF) besteht dieses 100%-Verlustrisiko de facto nicht. Wenn der Kurs eines Einzelwerts um, sagen wir, 60% eingebrochen ist, können Sie als Anleger nie mit Gewissheit wissen, ob diese Aktie in den nächsten 10 oder 20 Jahren wieder vollständig zurückkommen wird. Bei einem global diversifizierten Aktienportfolio haben Sie darüber jedoch Gewissheit[52] und mit dieser Gewissheit geht ein Plus an Seelenfrieden einher.

Argument 2: Einzelwertinvestments bedeuten mehr Arbeit

Dass Investments in Einzelwerte deutlich mehr Arbeit machen, dürfte so offensichtlich sein, dass man es nicht weiter belegen muss. Besonders krass ist der zusätzliche Arbeitsaufwand von Einzelwertinvestments, wenn man ihn mit dem Aufwand vergleicht, der durch passives Buy-and-Hold-Investieren mit ETFs entsteht, wie es in diesem Buch dargestellt wird. Wer glaubt, er könne dem »Mehrarbeitfluch« dadurch entgehen, dass er diesen Aufwand an einen Fondsmanager oder einen Vermögensverwalter delegiert, der täuscht sich. Den hohen (aus meiner Sicht) nutzlosen Arbeitsaufwand, den diese Parteien haben, müssen sie sich naturgemäß bezahlen lassen, sodass der Aufwand am Ende doch – in diesem Fall finanziell – beim Privatanleger hängenbleibt.

52 Jedenfalls »Gewissheit«, soweit diese bei von Menschen beeinflussten Geschehnissen überhaupt möglich ist.

Argument 3: Einzelwertinvestments setzen mehr Detail- und Fachwissen voraus

Auch diese Feststellung wird unstrittig sein. Dieses Wissen muss man sich erwerben. Das verursacht Arbeit und Aufwand, der schon in Argument 2 zur Sprache kam. Nicht jeder hat die Zeit und den Willen, sich dieses Know-how anzueignen. Von der Minderheit, die die Zeit und den Willen hat, wird nicht jeder – so viel Ehrlichkeit muss sein – die notwendige Befähigung besitzen.

Argument 4: Einzelwertinvestments sind sicherer im Hinblick auf »Struktur- und Prozessrisiken«

Dieses Argument repräsentiert keinen Nachteil von Einzelwertanlagen, sondern ist die Widerlegung eines immer wieder fehlerhaft von Einzelwertanlegern und gelegentlich sogar Journalisten und Bloggern vorgebrachten angeblichen, aber eben nicht tatsächlichen Nachteils von Investieren via Investmentfonds und ETFs. Weil diese falschen Argumente gegen Fondsinvestments und ETFs (und damit indirekt für Einzelwertanlagen) so erstaunlich verbreitet sind, bin ich in Kapitel 6 (rechtliche Sicherheit von ETFs) ausführlich darauf eingegangen. Quintessenz: Das Bevorzugen von oder Beharren auf Einzelwertanlagen, weil ETFs relativ zu Einzelwertanlagen angeblich höhere Struktur-, Prozess- und Rechtsrisiken aufweisen, ist wenig überzeugend.

11.9 Buchverluste versus realisierte Verluste

Diese Unterscheidung mag manchem Leser trivial erscheinen, anderen dagegen als eine ganz essenzielle Einsicht: Für einen global diversifizierten Buy-and-Hold-Anleger sind vermutlich der allergrößte Teil der Verluste, die er in seinem Anlegerleben ertragen muss, und der allergrößte Teil der Zeit, in der solche Verluste auftreten, nur vorübergehende Buchverluste. Buchverluste sind – anders als realisierte Verluste – »nur« Verluste auf dem Papier und eben nicht endgültig. Volatilität, die Risikokennzahl, die wir in den vorigen Abschnitten kennen lernten, misst – solange man die entsprechende Anlage nicht verkauft – lediglich Buchverluste und Buchgewinne. Warren Buffett hat in seinem großen Unternehmensportfolio immer irgendwo Buchverluste; jeder Unternehmer, ob Apple Inc. oder

Schulzes Zeitungskiosk um die Ecke, hat sie zumindest zeitweilig, und die meisten deutschen Eigentümer einer Wohnimmobilie, die zwischen 1981 und 2009 gekauft wurde, hatten sie bezogen auf ihr eingebrachtes Eigenkapital jahrelang, teilweise jahrzehntelang. Für Unternehmer ist dieses temporäre Auf und Ab, zumindest für einen Teil ihrer Investmentprojekte, »die normalste Sache der Welt« und ein selbstverständlicher Teil der Risikonehmerfunktion des Unternehmertums, ohne die es für sie letztlich keinen Gewinn geben kann. Die Chance, aus Buchverlusten wieder herauszuwachsen, ist weit höher für global und über mehrere Asset-Klassen hinweg diversifizierte Buy-and-Hold-Anleger als für aktive »Rein-Raus-Anleger«, die in Einzelwerte oder jedenfalls konzentrierte Nischenthemen investieren. Eine globale Asset-Klasse kann nicht Konkurs gehen, ein einzelnes Unternehmen oder ein einzelnes Land jedoch durchaus, wie man auch mit einer schuldenfinanzierten Immobilie 100% des in ihr steckenden Eigenkapitals verlieren kann.[53] Akzeptieren Sie Buchverluste als notwendigen, normalen Teil Ihres Anlegerdaseins.

11.10 Hat Aktienrisiko in den letzten Jahren zugenommen?

Dass das Aktienrisiko »seit Jahren« zunehme oder »in den letzten Jahren« zugenommen habe, ist immer wieder in den Medien zu lesen oder wird oft von Finanzberatern und Bankern behauptet, wenn diese ihre sogenannten »sicheren« Produkte verkaufen wollen. Außerdem neigen wir alle dazu, uns einzureden, unser eigenes Zeitalter sei irgendwie »besonders« und natürlich auch »besonders risikoreich«. Dieser Glaube lässt sich mit langfristigen harten Zahlen kaum erhärten; ich halte ihn für ganz einfach falsch.

Zurück zu Aktien. Das Wertschwankungsrisiko – die Volatilität – von Aktien geht seit rund 150 Jahren im Zeitablauf rauf und runter, wird intensiver und wird wieder moderater, ohne einen wirklich dauerhaften Trend nach oben oder unten – auch nicht beispielsweise in den letzten 20 Jahren. Das lässt Abbildung 9 gut erkennen.

53 Bei nicht börsennotierten Investments wird man etwaig bestehende Buchverluste nicht »sehen« (siehe Abschnitt 11.7), das lässt diese Buchverluste natürlich nicht verschwinden.

Abbildung 9: Die Volatilität von US-Aktienrenditen von 01/1874 bis 06/2022 (148,5 Jahre)

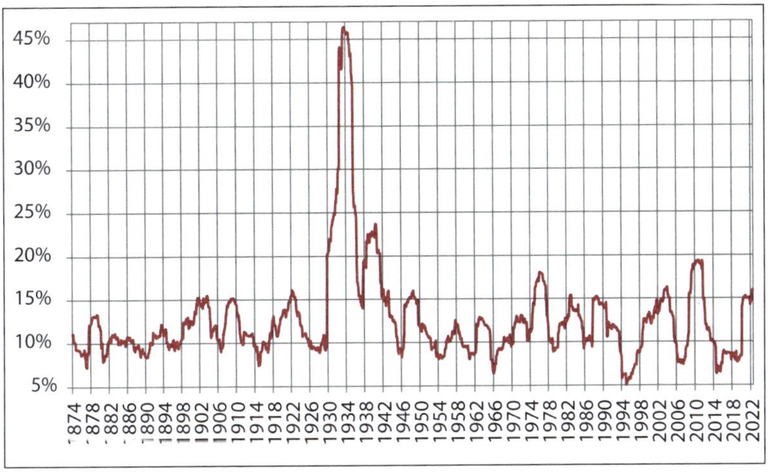

► Volatilität gemessen als annualisierte Standardabweichung der inflationsbereinigten Monatsrenditen des S&P-Composite-Aktienindex in den jeweils vorhergehenden 36 Monaten (Trailing 36 Months). ► Datenquelle: Robert Shiller Website.

Was kann man aus Abbildung 9 ableiten?

- Während der Weltwirtschaftskrise von 1929 bis 1937 und unmittelbar danach in der Anfangsphase des Zweiten Weltkriegs erhöhte sich die Volatilität des US-Aktienmarktes vorübergehend sehr stark. Das dürfte mit der Schwere dieser beiden wirtschaftlichen und politischen Krisen zu tun gehabt haben und mit den zahlreichen, aus heutiger Sicht haarsträubenden geldpolitischen Fehlern der Zentralbanken der damals vier größten Volkswirtschaften USA, Großbritannien, Frankreich, Deutschland bei der Abschaffung des währungspolitischen Goldstandards (Ahamed 2011).
- Als die spätere Niederlage des antikapitalistischen Deutschen Reiches ab Anfang 1942 allmählich erkennbar (wahrscheinlicher) wurde, sank die Volatilität des US-Aktienmarktes wieder und bewegte sich fortan in einem zwar breiten, gleichwohl stabilen Korridor. Anfang 2020 nahm die Volatilität mit der wirtschaftlichen und gesellschaftlichen Unsicherheit, die die Corona-Pandemie anfänglich repräsentierte, wieder zu. Gerade als diese Unsicherheit abzuflauen begann, setzten im Februar 2022 der Ukraine-Russland-Krieg und die Erhöhung der vorher sehr nied-

rigen Inflation ein. Trotzdem bewegte sich die jüngste Risikoerhöhung im normalen Volatilitätskorridor der zurückliegenden 50plus-Jahre. Eine trendmäßige Erhöhung lässt sich auch beim größten Pessimismus aus diesen Langfristdaten nicht herleiten.

- Gleichermaßen falsch ist die verbreitete Vorstellung, dass »Lebensrisiken« schlechthin in den letzten Jahren oder Jahrzehnten für Bürger in den Industrieländern zugenommen hätten. Eine solche Vorstellung mag unserem Ego schmeicheln,[54] lässt sich indessen mit sauber recherchierten Langfristdaten nicht bestätigen. Eher das Gegenteil scheint der Fall zu sein. Das Dasein des durchschnittlichen Bewohners eines westlichen Landes wird trendmäßig immer risikoärmer in fast allen Lebensdimensionen (Pinker 2018, Rosling 2018, Schröder 2019).

11.11 Crash-Risiko existiert in allen Asset-Klassen

Wenn wir im Wirtschaftsteil einer Zeitung oder auf einer Finanz-Website im Internet das Wort »Crash« sehen, dann brauchen wir in Bezug auf einen bestimmten Gesichtspunkt gar nicht weiterlesen: In neun von zehn Fällen wird der nachfolgende Text von Aktien handeln.

Das ist insofern ein Armutszeugnis für die Medien, weil Crashs – drastische Wertverluste einer Vermögensanlage – in *allen* Asset-Klassen auftreten. Dennoch lesen wir von drastischen Wertverlusten innerhalb des Aktienmarktes unvergleichlich viel mehr als in den übrigen Asset-Klassen. Von schweren Crashs zum Beispiel bei Immobilen berichten die Medien nur alle Jubeljahre.

Bevor ich das belege, noch kurz zur Frage, was unter dem Begriff »Crash« zu verstehen ist. Feststellung 1: Eine allgemeine Definition von »Crash« existiert nicht. Jeder kann das Wort Crash benutzen, wie er lustig ist, und das geschieht in den Medien und im Internet auch jeden Tag, ganz besonders häufig in Fällen, wenn ein Crash nur prognostiziert wird, aber

54 Unser Ego will einfach glauben, dass unsere eigene Existenz und das Zeitalter, in das uns das Schicksal geworfen hat, »gefährlicher«, »degenerierter«, »schwieriger« sei als das Leben früherer Generationen. Dieser Glaube hilft uns, psychologisch für die in unserer persönlichen Einschätzung bestehenden Unzulänglichkeiten in unserem Dasein eine Ursache außerhalb von uns selbst zu finden.

noch gar nicht stattgefunden hat.[55] Feststellung 2: Oft wird die Crash-Vokabel dann bemüht, wenn der betreffende Wertverlust innerhalb von ein bis zwei Jahren 20% bis 30% erreicht hat.

Kommen wir nun zu Crashs außerhalb der Asset-Klasse Aktien:

Asset-Klasse Immobilien: In jedem Land auf der Welt, für das Daten hinreichender Qualität vorliegen, gab es in den vergangenen 100 Jahren Einbrüche des nationalen Immobilienmarkts, die 30% überschritten, zum Teil drastisch überschritten. Einige wenige Zahlen: In Frankreich sanken die inflationsbereinigten Immobilienpreise von 1911 bis 1948 peu à peu um kumulativ 84%. Dann dauerte es noch einmal 15 Jahre, bis sie diesen Einbruch wieder aufgeholt hatten. Misst man Immobilienpreise nicht auf nationaler Ebene, sondern auf regionaler oder städtischer Ebene, erhöht sich aufgrund der geringeren Diversifikation die Zahl dieser Immobilien-Crashs weltweit dramatisch. San Francisco ist die Stadt in den USA mit der höchsten Lebensqualität. Von 2006 bis 2009 fielen Immobilienpreise dort um über 50%, in München von 1991 bis 2007 inflationsbereinigt um 40%. Schnelle Crashs oder sogenannte »Zeitlupen-Crashs« mit einer Einbruchsphase, die sich über mehr als zehn Jahre hinzieht (wie in den hier genannten Beispielen San Francisco und München), traten in den vergangenen 100 Jahren in vermutlich jeder großen oder kleinen Stadt der Welt auf. Ich sage deswegen »vermutlich«, weil bisher hierzu leider noch niemand die Daten wenigstens der größten fünf Städte eines Landes zusammengestellt hat, um diese Aussage endgültig zu belegen. Die allermeisten Immobilienpreisdaten vor den 1950-Jahren liegen zudem nur auf jährlicher Basis vor, nicht auf täglicher oder monatlicher wie für den Aktienmarkt. Fehlende Daten ändern jedoch nichts an der zugrundeliegenden Realität. Auf dem Höhepunkt der amerikanischen Immobilienkrise 2009, die Ende 2006 begonnen hatte, hatte ein Viertel aller US-Eigenheime »Negative Equity«. Die Immobilie war also weniger wert als der auf ihr lastende Immobilienkredit; der entsprechende Haushalt erlitt einen Verlust von 100% oder mehr auf das von ihm eingesetzte Eigenkapital (Daten des Forschungsinstituts S&P CoreLogic). Warum wir Wohnimmobilieninvestments dennoch als si-

55 Belegen kann ich es nicht, trotzdem bin ich sicher, dass 19 von 20 Crash-Prognosen in den gut 30 Jahren, die ich die Börse nun intensiv beobachte, nicht eintrafen.

cher und solide wahrnehmen, versucht der Blog-Beitrag von Kommer/Schweizer 2018a zu beantworten.

Asset-Klasse Kryptowährungen: In den zehn Jahren seit Mitte 2010 gab es bei Bitcoin sechsmal Drawdowns von 40% und mehr (in der Spitze bis zu minus 84%). Viele andere der Tausendenen von Kryptowährungen sind noch risikoreicher. Fast ist man geneigt zu sagen, dass Crashs bei Kryptowährungen die Norm, nicht die Ausnahme sind.

Asset-Klasse Gold: Von Anfang 1980 bis Anfang 2001 fiel der Goldpreis inflationsbereinigt um kumulativ über 80%. Auf inflationsbereinigter Basis hat Gold diesen Verlust bis heute – 43 Jahre später – nicht wieder aufgeholt.

Finanzprodukt Bankguthaben: Bankguthaben außerhalb der gesetzlichen Einlagensicherung sind leider nicht sicher. Das lehrt uns die Geschichte der Finanzmärkte in den vergangenen 200 Jahren. Die letzte globale Krise des Bankensektors liegt weniger als 20 Jahre zurück. Einzelne Banken gehen sowieso laufend unter. Die letzten bekannten Fälle in Deutschland waren die der Greensill Bank 2021 und der VTB Bank und der Sberbank Direct 2022. Systemische Bankenkrisen gehören zur Marktwirtschaft genauso wie Konkurswellen in anderen Branchen (Kommer/Schweizer 2019a).

Ich könnte hier mit der Aufzählung weiterer Asset-Klassen und ihrer ganz normalen Crash-Anfälligkeit fortfahren (Unternehmensanleihen, Staatsanleihen, Rohstoffe, Nicht-Gold-Edelmetalle, Sammlerobjekte und die aus diesen Asset-Klassen abgeleiteten Finanzprodukte), aber aus Platzgründen erspare ich Ihnen das. Es bleibt festzuhalten: In *allen* Asset-Klassen traten auf nationaler oder internationaler Ebene in den letzten 100 Jahren vorübergehende Verluste von 50% oder mehr auf – und mehrfach. Je weniger breit ein Anleger sein individuelles Investment innerhalb der Asset-Klasse streute, desto stärker wirkte sich das materialisierte Risiko auf seine Rendite aus. Bei Einzelwertinvestments (z. B. einzelnen Aktien, einzelnen Immobilien, einzelnen Anleihen, einzelnen Banken) ist das Risiko am höchsten – insbesondere, weil eine globale Asset-Klasse immer zurückkommen wird, nicht notwendigerweise ein Einzelwert.

Warum verknüpfen wir den Begriff »Crash« trotzdem beinahe ausschließlich mit der Asset-Klasse Aktien?

Im Falle von Immobilien ist der Hauptgrund das Fehlen objektiver monatlicher Immobilienpreisdaten, wie sie bei börsennotierten Aktien, Anleihen, Rohstoffen, Edelmetallen und Kryptowährungen vorliegen. Weil wir das laufende Risiko bei Immobilien nicht sehen, glauben wir, dass es nicht existiert.

Bei Bankguthaben ist der Hauptgrund unsere Vergesslichkeit in Bezug auf die vielen einzelnen Bankenpleiten und systemischen Bankenkrisen, möglicherweise vermischt mit schräger Kommunikation durch die Bankbranche und mit Wunschdenken und Bequemlichkeit aufseiten der Bankkunden.

Ein Crash-Risiko war nicht nur in der Vergangenheit in allen Asset-Klassen da – es muss sogar da sein, weil es die Bedingung, die Voraussetzung für Rendite ist. Gäbe es kein Risiko in Form drastischer Verluste, könnte es auch keine Asset-Klasse geben, die nach Inflation, Steuern und Kosten langfristig mehr Rendite als Sparguthaben oder weitgehend risikofreie kurzfristige Staatsanleihen generiert, und deren Rendite liegt inflationsbereinigt auf lange Sicht nur knapp über 0% (Kommer/Weis 2018c).

Erfreulicherweise kann man das Crash-Risiko für sich persönlich managen, indem man zunächst einmal Einzelwertinvestments vermeidet und stattdessen nur in ganze Asset-Klassen investiert[56], am besten in mehrere Asset-Klassen gleichzeitig. Zudem ist es klug, risikobehaftete Investments (also renditeproduzierende Anlagen) nur mit dem Geld zu tätigen, das man mit großer Wahrscheinlichkeit mindestens fünf bis zehn Jahre nicht anrühren muss.

11.12 Ein Überblick über die relativen Risiken von Asset-Klassen und Finanzprodukten

Abbildung 10 listet die gängigen Anlageformen (Asset-Klassen und Anlageprodukte) von oben nach unten auf, grob geordnet nach Risiko und der damit einhergehenden Renditeerwartung.

56 Bei einem Eigenheim ist das aus offensichtlichen Gründen nicht möglich. Das ist der Grund, warum selbstgenutzte Wohnimmobilien immer auch Klumpenrisiko erzeugen.

Abbildung 10: Ungefähres Risikospektrum unterschiedlicher Asset-Klassen und Anlageprodukte (bei zinstragenden Anlagen wird die Abwesenheit von Wechselkursrisiko unterstellt)

Hohes erwartetes Renditeschwankungs- und Verlustrisiko

- Optionen und andere Derivate, Contracts for Differences (CFDs) [A]
- Bitcoin und andere Kryptowährungen (siehe Abschnitt 12.4.3)
- Peer-to-Peer-Kredite und Crowdinvesting
- Geschlossene Fonds (Immobilien, Flugzeuge, Schiffe, Windparks, Filme etc.)
- Schwellenländeraktien
- Rohstoff-Futures (siehe Abschnitt 12.4.2)
- Vermietete, einzelne Wohnimmobilie bei einem Fremdfinanzierungsanteil >= 70% [B]
- Zertifikate (strukturierte Zertifikate) (siehe Abschnitt 16.6)
- Selbstgenutzte Wohnimmobilie bei einem Fremdfinanzierungsanteil >= 70% [B]
- Gold
- Private Equity
- Industrieländeraktien von kleinen Unternehmen (Small Caps)
- Industrieländeraktien von großen Unternehmen (Large Caps)
- Anleihen von Unternehmen oder Schwellenländerregierungen mit Rating von BB+/Ba1 oder schlechter (»Hochzinsanleihen«, »Junk Bonds« oder »Mittelstandsanleihen«) [C]
- Hedgefonds
- Unternehmensanleihen mit Rating besser als BB+/Ba1 [C]
- Bankguthaben in Euro oberhalb der staatlichen Einlagensicherung [D]
- Kapitalbildende Lebensversicherungen (siehe Abschnitt 16.2)
- Vermietete, einzelne Wohnimmobilie, wenn schuldenfrei
- Selbstgenutzte Wohnimmobilie, wenn schuldenfrei
- Staatsanleihen von Industrieländern mit Rating AA oder besser und mit Restlaufzeiten von über fünf Jahren [C]
- Staatsanleihen von Industrieländern mit Rating AA oder besser und mit Restlaufzeiten zwischen 18 Monate und fünf Jahren [C]
- Bankguthaben innerhalb der staatlichen Einlagensicherung [D] und Staatsanleihen von Industrieländern bis 18 Monate Restlaufzeit (Staat hat Rating AA oder besser) [C]

Niedriges erwartetes Renditeschwankungs- und Verlustrisiko

► Die dargestellte Risikoreihenfolge ist nur als grobe Indikation zu betrachten. ► Bei nicht börsennotierten Anlagen besteht das Problem der Unsichtbarkeit von Wertschwankungsrisiken (siehe Abschnitt 11.7). ► Mit Ausnahme von Crowdinvesting, Peer-to-Peer-Krediten, geschlossenen Fonds, Immobilieninvestments, kapitalbildenden Lebensversicherungen, Kontoguthaben und naturgemäß den genannten Immobilieninvestments wurden hier diversifizierte Investments in eine Asset-Klasse unterstellt. Ohne Diversifikation innerhalb der Asset-Klasse (z. B. bei Einzelaktien) erhöht sich das Risiko deutlich. ► Mit Ausnahme der genannten Immobilieninvestments wird überall angenommen, dass die Anlage rein aus Eigenkapital finanziert wird (also ohne Kredithebel). ► Bei partiell fremdfinanzierten Immobilien wird der Risikolevel auf der

Ebene des Eigenkapitals gemessen, nicht auf der Ebene des Objekts. ► [A] Bei Optionen ist die Käuferposition weniger risikoreich als die Verkäuferposition. Bei der Käuferposition sind jedoch auch prozentuale Verluste bis zu 100% möglich, und das sogar häufig. Bei der Verkäuferposition sind unbegrenzte Verluste möglich. ► [B] Je geringer der Fremdfinanzierungsanteil gemessen am Marktwert abzüglich Verkaufskosten, desto risikoärmer. Die Länge der verbleibenden Festzinsbindung beeinflusst den Risikograd bei gegebener geplanter Mindesthaltedauer ebenfalls stark. ► [C] Bei Anleihen gilt: (a) Je länger die Laufzeit, desto risikoreicher. (b) Sofern Anleihen oder Kontoguthaben nicht in der Heimatwährung des Anlegers denominiert sind, erhöht sich das Risiko zusätzlich aufgrund von Wechselkursschwankungen. ► [D] Zur gesetzlichen (staatlichen) Einlagensicherung siehe Abschnitt 16.1.

FAZIT

- Risiko ist die Voraussetzung von Rendite. Das Ziel eines *rationalen* Anlegers kann nicht sein, Risiken zu vermeiden, sondern *gute* Risiken zu suchen und sie bewusst in sein Portfolio zu holen, weil er dafür vom Kapitalmarkt eine angemessene Kompensation erwarten kann. Ohne (gutes) Risiko keine Rendite. In dieser Hinsicht sind »aktive Anlagestrategien«, die auf die sehr oft erfolglose Umschiffung *aller* Risiken, einschließlich der guten, abzielen, strukturell fehlkonstruiert.
- Schlechte Risiken, darunter die in diesem Kapitel genannten, sollte man hingegen vermeiden. Diversifikation ist die klügste Form der Risikoreduktion, weil sie »kostenlos« ist.
- Bei nicht börsennotierten Anlagen besteht in Bezug auf Wertschwankungen (Volatilität) das Problem des unsichtbaren Risikos.
- Buchverluste in einem global diversifizierten Aktienportfolio sind etwas völlig Normales. Wer sie versteht und aushalten kann, hat die essenzielle Grundvoraussetzung für das langfristige Ernten der Erträge der rentabelsten aller Asset-Klassen geschaffen.
- Aktienrisiko hat in der jüngeren Vergangenheit gegenüber dem langfristigen Mittel nicht grundsätzlich zugenommen, obwohl das immer wieder behauptet wird.

12 Das Weltportfolio-Konzept von Gerd Kommer

»Jeder, der ein Urteil auf Basis von Renditedaten fällt, die sich über einen Zeitraum von weniger als zehn Jahren erstrecken, sollte per Gesetz dazu verpflichtet werden, ein Clownskostüm zu tragen.« (Finanzbuchautor und Neurologe William Bernstein)

12.1 Was es ist und auf welchen Prinzipien es basiert

Das Weltportfolio-Konzept ist ein praxisorientierter Investmentansatz für Privatanleger, der auf soliden etablierten, wissenschaftlichen Erkenntnissen aus den zurückliegenden 60 Jahren über Vermögensanlage in Kapitalmarktanlagen basiert. Seine Zwecke sind langfristige Vermögensbildung, Altersvorsorge und finanzieller Seelenfrieden – in Abgrenzung zu dem Ziel »schnell reich zu werden«. Das Weltportfolio-Konzept soll von »ganz normalen Menschen« mit einem geringen Budget an Zeit und Interesse praktisch umsetzbar sein.

Nachfolgend liste ich die wichtigsten theoretischen Hauptmerkmale des Ansatzes auf. Mit der praktischen Umsetzung des Weltportfolio-Ansatzes beschäftigen wir uns im darauffolgenden Abschnitt.

- Der Weltportfolio-Ansatz (auch Souverän-Investieren-Ansatz genannt, nachfolgend WPF-Ansatz) ist für Do-it-yourself-Anleger einfacher, weniger arbeitsaufwendig, kostengünstiger und transparenter als jede Form traditionellen, aktiven Investierens jenseits eines Tagesgelds. Der WPF-Ansatz ist auch in vielerlei Hinsicht einfacher als Vermögensbildung über eine selbstgenutzte, partiell mit Kredit finanzierte Wohnimmobilie. Insbesondere belässt der Weltportfolio-Ansatz einem Haushalt in der ersten Lebenshälfte mehr »Lebensflexibilität«, einschließlich der wichtigen Flexibilität, den ökonomischen Wert seines Humankapitals zu steigern.[57]

57 Das wird in meinem Buch *Kaufen oder Mieten* (2021) detailliert ausgeführt.

- Der WPF-Ansatz eignet sich für junge Anleger, die gerade erst mit Vermögensaufbau anfangen und vielleicht anfänglich nur 25 Euro im Monat sparen können, gleichermaßen wie für vermögende Haushalte, die auf den Ruhestand zusteuern oder bereits in ihm angekommen sind (Vermögensnutzungs- und Vermögensschutzphase) und 1 Million Euro oder mehr liquides Vermögen anzulegen haben.
- Auf der Produktebene wird das Weltportfolio-Konzept über ETFs umgesetzt. ETFs bedeuten zunächst einmal: Einfachheit und niedrige Kosten. Theoretisch wäre auch eine Umsetzung des Weltportfolio-Konzepts mit Einzelwertpapieren (Aktien und Anleihen) möglich. In der Praxis hätte die Umsetzung über Einzelwerte jedoch mehr Nach- als Vorteile, insbesondere im Hinblick auf Kosten, Arbeitsaufwand und Komplexität.
- Es wird versucht, den »Markt« hinsichtlich der Asset-Klassen Aktien und »risikoarme Anlage«[58] abzubilden. Den Markt abzubilden, ist gleichbedeutend mit dem Verzicht darauf, »den Markt zu schlagen«, also dem Verzicht auf die Nutzung von Prognosen, seien es offen erkennbare explizite Prognosen oder implizite Prognosen (z. B. »die Tesla-Aktie wird in den nächsten zwölf Monaten auf 350 Dollar steigen«). Eine implizite Prognose ist eine Vorhersage, die nicht wie eine Vorhersage aussieht, aber trotzdem eine ist – Beispiel: »Schwellenländeraktien haben derzeit besonders attraktive Renditeaussichten.«
- Der Anleger ist ein konsequenter Buy-and-Hold-Anleger (Kaufen und Halten), und zwar über viele Jahre oder idealerweise sogar mehrere Jahrzehnte hinweg.
- Der Anleger praktiziert maximale Streuung (Diversifikation) innerhalb von Asset-Klassen. Bei Aktien bedeutet das, global, »lückenlos« und überlappungsfrei in Industrie- und Schwellenländer zu investieren.
- Der Anleger minimiert die Nebenkosten des Investierens und lehnt das auf anderen Gebieten des Lebens gültige Prinzip »Qualität hat nun einmal ihren Preis« beim Investieren ab. Aktiv gemanagte Anlageprodukte kommen schon allein aus Kostengründen für einen WPF-Anleger nicht infrage.
- Finanzberatung, Produktverkauf und Vermögensverwaltung, die mit Interessenkonflikten beim Bankbetreuer, Finanzberater, Fondsvermitt-

58 Im Ökonomenjargon *the riskfree asset*.

ler oder Vermögensverwalter einhergehen, lehnt der Anleger kategorisch ab.

- Der Anleger betrachtet Rendite primär als Kompensation für gutes Risiko (siehe Abschnitt 11.2), also als »Schmerzensgeld«. Er betrachtet Rendite nicht als Kompensation für »brillante Investmentideen« oder »Guru-Können«. Daher lehnt er Investmentpornografie à la »Rendite ohne Risiko« oder »garantierte Rendite« oder »jetzt auf *dieses* sichere Investment umsteigen, um dem nahenden Crash zu entgehen« als gefährliche Sirenengesänge ausnahmslos ab.
- Er praktiziert »evidenzbasiertes Investieren«. Das heißt, er orientiert sich strikt an wissenschaftlich gut abgesicherten Investmentprinzipien und Forschungsergebnissen statt an der subjektiven, oft wechselnden Meinung eines einzelnen Finanzberaters, einer einzelnen Bank oder Fondsgesellschaft.
- Er übt kritische Selbstreflektion und Demut angesichts der eigenen Investmentfehler, der Fähigkeiten von »Experten« und der grundsätzlichen Unfähigkeit des Menschen, die Zukunft von sozialen Systemen wie dem Kapitalmarkt zuverlässig vorhersehen zu können.

Abbildung 11 stellt das Weltportfolio in vereinfachter Form grafisch dar. Nachdem das Portfolio einmal angelegt ist, sollte man ihm, wie bei einem kunstvollen Garten oder Landschaftspark, viele Jahre geben, seine Stärken über gute und schlechte Marktphasen hinweg zu zeigen.[59] Besonders gut ist es, wenn man im Laufe der Jahre den Garten peu à peu vergrößert, indem man einen Fondssparplan aufsetzt, gelegentlich größere Einzelbeträge nachinvestiert, aber auch durch regelmäßiges Rebalancing verhindert, dass sich eine oder zwei Pflanzenarten zulasten der übrigen ausbreiten und damit den Garten – um bei dieser Metapher zu bleiben – seines ursprünglichen Zwecks und seiner Ästhetik berauben sowie ihn anfällig für Krankheiten machen.

59 Natürlich darf man diesen Vergleich nicht überinterpretieren. Gärten und Parks durchlaufen keine unterschiedlichen Marktphasen, doch auch sie erleben im Laufe von 20+ Jahren ein extremes Auf und Ab ihrer Wachstumsbedingungen: Orkane, andere schwere Unwetter, möglicherweise Überschwemmungen, lange Trockenperioden, Frost zur falschen Zeit, Schädlingsbefall, eventuell Feuer und natürlich auch lange Phasen günstiger oder optimaler Umstände.

Abbildung 11: Schematische Darstellung des Weltportfolios

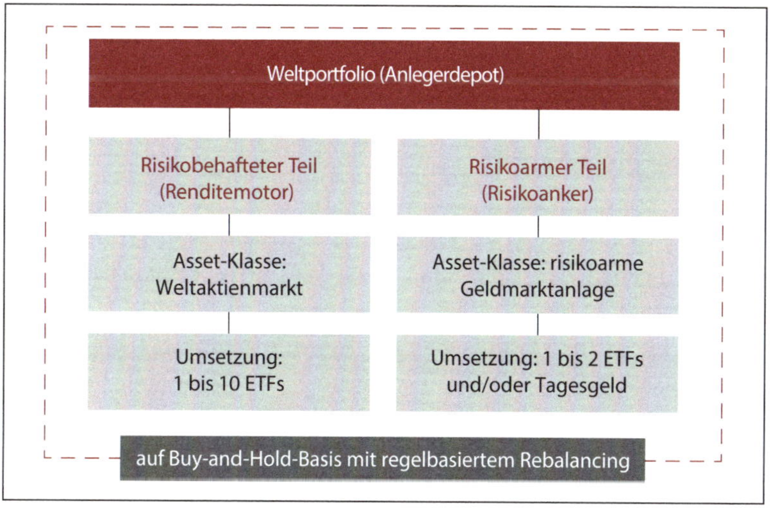

Die anlegerspezifische Gewichtung zwischen dem risikobehafteten und dem »risikofreien« Portfolioteil (im WPF-Ansatz heißt das »Level-1-Asset-Allokation«) ist der wichtigste einzelne Hebel, um die Ertragserwartung, den Risikograd und die Liquidität des Portfolios zu bestimmen. Damit, wie das im Einzelnen zusammenhängt und umgesetzt wird, beschäftigen wir uns in den folgenden Abschnitten.

Sogenanntes → Factor-Investing, auch Smart-Beta-Investing genannt, ist nicht Teil des in diesem Buch dargestellten einfachen, marktneutralen Weltportfolio-Konzepts. Wer sich für diesen etwas fortgeschritteneren, ebenfalls wissenschaftlich basierten Ansatz interessiert, mit dem man die erwartete Rendite seines Portfolios ohne Spekulation etwas erhöhen kann, der sei auf mein Buch *Souverän investieren mit Indexfonds und ETFs* (2018) verwiesen.

Aus dem bisher Gesagten ergibt sich vermutlich schon, was ich hier dennoch gesondert betonen möchte: Das Weltportfolio ist ein *Konzept*. Es ist kein spezifisches, einzelnes Portfolio. Letzteres wäre schon deswegen unmöglich, weil Anleger unterschiedliche Ausgangsvoraussetzungen bei den Einflussvariablen Risikotragfähigkeit, Anlagehorizont, Ertragserwartung, Liquiditätsbedarf, Anlagevolumen, Toleranz für Komplexität und Vorwissen haben. Weil das Weltportfolio ein voll integriertes, zugleich aber auch flexibles und einfaches Konzept ist, können es Anleger mit ganz unterschiedlichen Ausgangsvoraussetzungen und Zielen für sich nutzen.

12.2 Ihre persönliche Liquiditätsreserve – der erste Schritt

Eine Basisvoraussetzung für Vermögensaufbau (aber auch Vermögensbewahrung) besteht darin, dass man zuerst das Thema persönliche Liquiditätsreserve (PLR) für sich selbst abgehakt hat.

Die PLR ist Ihr Notgroschen für Notfälle – so etwas wie das Extrapaar Socken auf der Gebirgswanderung oder die zusätzliche Powerbank für Handy und Laptop auf der Dienstreise. Eine PLR zu haben, schenkt mentale Stärke und verhindert, dass man bei der erstbesten »Panne im Lebensplan« sein Weltportfolio anzapfen muss. Das wäre das Gegenteil von Buy and Hold, die Beschädigung des Steuervorteils im WPF-Konzept (siehe Abschnitt 12.5) und der Verzicht auf die Magie des Zinseszinseffektes.

Mit Vermögensbildung beginnen zu wollen, ohne eine ausreichend große PLR zu haben, bedeutet, den zweiten vor dem ersten Schritt zu tun.

Betraglich sollte die PLR zwischen dem Vierfachen und dem Zehnfachen Ihrer durchschnittlichen monatlichen Lebenshaltungskosten liegen. An welchem Ende dieses Spektrums Sie persönlich liegen wollen, müssen Sie selbst beurteilen.

Im Optimalfall brauchen Sie Ihre PLR über Jahrzehnte hinweg nie anzuzapfen, weil Ihr »laufender Cash-Inflow«, also die laufenden Einnahmen, stets hoch genug sind, um Ihre Ausgaben zu decken.

Wenn Sie – in einem ungeplanten Liquiditätsengpass – Mittel aus Ihrer PLR entnehmen, müssen Sie sie bei der nächsten Möglichkeit wieder schnellstmöglich auffüllen. Diese Disziplin schulden Sie Ihrem Selbstrespekt und Ihrem Vermögensbildungs-Mindset. Vor diesem Auffüllen sollten Sie sich keine Extravaganzen (Urlaubsreisen, Luxus etc.) leisten.

Praktisch empfiehlt es sich, die PLR als Tagesgeld (innerhalb der gesetzlichen Einlagensicherung) auf einem gesonderten Bankkonto (nicht Ihr reguläres Girokonto) zu parken. Hier sind maximale Liquidität und maximale Sicherheit wichtig. Rendite ist irrelevant.

12.3 Ein simpler Weltportfolio-Vorschlag

Die nachfolgenden zwei Abschnitte erläutern, wie ein konkretes Weltportfolio aufgebaut ist. Das geschieht in zwei Schritten. Im ersten Schritt legt der Anleger seine sogenannte Level-1-Asset-Allokation (»Level-1-AA«) für sich fest, im zweiten seine Level-2-Asset-Allokation (»Level-2-AA«). Was sich hinter diesen beiden simplen Konzepten verbirgt, werden Sie auf den folgenden Seiten erfahren.

12.3.1 Die »Level-1-Asset-Allokation« festlegen

> »Ihre Investment-Performance wird fast vollständig durch einen einzigen Faktor bestimmt – Ihre Asset-Allokation über breite Asset-Klassen hinweg. Aktien- oder Fonds-Picking sowie Market-Timing – die Faktoren, von denen traditionell angenommen wird, sie würden den Anlageerfolg bestimmen, sind tatsächlich annähernd irrelevant.« (Finanzbuchautor und Neurologe William Bernstein)

Aus der Helikopterperspektive besteht das WPF lediglich aus zwei Komponenten: Einer risikobehafteten Aktienkomponente und einer risikoarmen zinstragenden Komponente (siehe Abbildung 11 in Abschnitt 12.1). Nichts im WPF-Konzept hat mehr Einfluss auf die erwartete Rendite, das erwartete Risiko oder die Liquidität als diese einfache Aufteilung.

Der risikobehaftete Teil (global diversifizierte Aktien) dient – wie Mast und Segel bei einer Segeljacht – als das Fahrzeugelement, das den Vortrieb erzeugt, vorausgesetzt, der Wind (die Märkte) ist freundlich.

Der risikoarme Portfolioteil entspricht bei der Jacht den Vorrichtungen und Geräten, die der Sicherheit dienen, wie z. B. Rettungsboot, Schwimmwesten und Anker. Diese Gerätschaften geben dem Schiff ganz offensichtlich keinen Vortrieb. Im Gegenteil, sie bremsen den Vortrieb aufgrund von Gewicht und Luftwiderstand, sind unbequem (Schwimmwesten), kosten sogar Geld und nehmen knappen Platz weg. Das ist aber dennoch okay, denn jeder Skipper weiß, dass es ohne Anker, Schwimmwesten und Rettungsbote nicht geht, wenn man jahrelang auf den Ozeanen kreuzen will. Ganz ähnlich geht es beim risikoarmen Portfolioteil – dem »Stabilitätsanker« im Portfolio – ausdrücklich nicht darum, die Rendite des Portfolios zu erhöhen, sondern ihm den gewünschten Sicherheitsgrad zu verleihen.

Hohe und überhöhte Renditeerwartungen an den Stabilitätsanker zu stellen, ist ein verbreiteter und gefährlicher Anlegerfehler. Wir rufen uns in Erinnerung: »Risikoarm« heißt hier kein oder nur ein ganz geringes Volatilitätsrisiko, das niedrigstmögliche Ausfallrisiko, kein Wechselkursrisiko und maximale Liquidität. Wie hoch realistische Langfristrenditen für sichere zinstragende Anlagen sind, habe ich in Abschnitt 10.7 dargestellt.

Tabelle 16 zeigt elf Level-1-AA für ein WPF mit ihren jeweiligen Rendite- und Risikoeigenschaften. Im folgenden Abschnitt 12.3.2 kommen wir zur Level-2-AA. Sie ist die Übersetzung einer Level-1-AA in einen konkreten Anlagevorschlag auf Produktebene.

Tabelle 16: Kennzahlen für Risiko und Rendite von elf Portfolios aus global diversifizierten Aktien (ohne → Faktorprämien) und einer »risikofreien« Anlage auf der Basis von inflationsbereinigten Renditen in Euro von 1970 bis 2021 (52 Jahre)

Portfolio-Nr.	1	2	3	4	5	6	7	8	9	10	11
Risikobehafteter Portfolioteil (Aktien)	100%	90%	80%	70%	60%	50%	40%	30%	20%	10%	0%
Risikoarmer Portfolioteil (zinstragende Anlagen)	0%	10%	20%	30%	40%	50%	60%	70%	80%	90%	100%
Maximaler kumulativer Verlust, nominal	–53%	–48%	–3%	–38%	–32%	–26%	–19%	–13%	–7%	–2%	–2%
Erwartete reale Rendite	5,4%	4,9%	4,5%	4,0%	3,5%	3,0%	2,5%	2,0%	1,5%	1,0%	0,5%

► Ohne Kosten und Steuern. ► Daten: Aktienteil: MSCI World Standard 1970 bis 1987, MSCI ACWI Standard 1988 bis 1995, danach MSCI ACWI IMI. »Risikofreier« Portfolioteil: 50/50-REXP (deutsche mittelfristige Staatsanleihen) und deutscher Geldmarkt (Frankfurter Geldmarkt Dreimonatsgelder bis Ende 1998, danach 3-Monats-Euribor). ► Datenquellen MSCI, Deutsche Bundesbank.

Zur Interpretation der Zahlen in der untersten Tabellenzeile »Erwartete reale Rendite« bitte noch einmal einen Blick auf die Infobox »Das Konzept der erwarteten Rendite« in Kapitel 8 werfen. Neben den dort genannten Erläuterungen bitte beachten: (a) Es handelt sich hier um sogenannte → geometrische Durchschnitte (arithmetische Durchschnitte wären höher). (b) Das jeweils aktuelle Bewertungsniveau spielt bei der Berechnung erwarteter Renditen eine große Rolle. Ist es beispielsweise zwölf Monate später deutlich niedriger, dann steigen die erwarteten Renditen, ist es höher, dann fallen sie.

Die in Tabelle 16 aufgeführten Zahlen unterstellen für den Aktienteil ein normales, mittleres Bewertungsniveau, das im November 2022 (als dieser Abschnitt geschrieben wurde) für den globalen Aktienmarkt bestand. Für den Anleihenteil wurden die erwarteten Renditen relativ zu den historischen Daten aufgrund des aktuell immer noch niedrigen Zinsniveaus (ergo hohe Bewertung von Zinsanlagen) relativ zu den historischen Mittelwerten nach unten angepasst. (c) Kosten und Steuern sind hier nicht berücksichtigt. Auch Zusatzrenditen aus Faktorprämien sind nicht enthalten.

Ich bin sicher, dass den meisten Lesern die Renditezahlen in Tabelle 16 enttäuschend niedrig und die Risikokennzahlen beunruhigend hoch erscheinen, aber so sind nun einmal die Fakten (siehe auch die historischen Langfristdaten in Abschnitt 10.7). Für mich sind in diesem Zusammenhang vor allem zwei Feststellungen wichtig: Entscheidend ist weniger die absolute Höhe der Renditen, sondern die relative Höhe: Wie wir in Tabelle 8 und 9 in Abschnitt 10.7 gesehen haben, besteht für Aktien eine rund doppelt so hohe Renditeerwartung wie für Immobilien und eine siebenmal so hohe wie für das Sparbuch.

Außerdem sind die Renditen in Tabelle 16, so niedrig sie erscheinen mögen, Renditen, die wohl mehr als 90% aller aktiv gemanagten Fonds (Fonds, Vermögensverwalter-Depots, Do-it-yourself-Depots) über Zeiträume von fünf Jahren an und aufwärts *nicht* erreichen. Dass das so ist und warum es so ist, habe ich in Kapitel 8 und an anderer Stelle in diesem Buch beschrieben.

Die für Sie passende Level-1-AA wählen Sie folgendermaßen aus: Studieren Sie ausgiebig den für die einzelnen Portfolios genannten maximalen kumulativen Verlust (Maximum Drawdown). Wenn Sie eine bestimmte Level-1-AA auswählen, müssen (!) Sie sich sicher sein, dass Sie diesen Verlust mental und liquiditätsmäßig aushalten können, ohne schlaflose Nächte zu haben, »ohne das Handtuch zu werfen«, sprich zu verkaufen und natürlich ohne den Familienfrieden zu gefährden. Man kann es auch anders formulieren: In den risikobehafteten Portfolioteil darf man nur Mittel investieren (oder investiert lassen), die man zu jedem gegebenen Zeitpunkt (also nicht nur anfänglich) mit an Sicherheit grenzender Wahrscheinlichkeit in den folgenden fünf Jahren nicht benötigt.

Historisch gesehen ist eine nominale → Nullrenditeperiode für ein 100%-Aktienportfolio von zehn Jahren oder zwölf Jahren in den zurückliegenden 100 Jahren mehrfach aufgetreten, und darauf müssen Sie mit dem Aktienteil Ihres Portfolios grundsätzlich gefasst sein. (Bei einer einzelnen Immobilie dürfte eine zehnjährige Nullrenditeperiode in den zurückliegenden 100 Jahren noch viel häufiger geschehen sein, aber das lässt sich mit den verfügbaren historischen Zahlen nicht belegen, ganz abgesehen davon, dass das die betreffenden Haushalte oft gar nicht voll realisieren.)

Wer in einer Aktien-Crash-Phase aussteigt (verkauft), wird den damit einhergehenden Renditeschaden statistisch in vielen »Anlegerleben« wohl nicht mehr aufholen. Das wollen wir unbedingt vermeiden, und deswegen sollte man im Zweifel lieber eine konservativere Level-1-Asset-Allokation wählen, vor allem, wenn man noch weniger als fünf Jahre Erfahrung mit Aktieninvestments hat.

Die folgende Tabelle 17 fasst die Faktoren zusammen, die die Risikotragfähigkeit eines Haushalts bestimmen. In der linken Spalte sind drei Risikobegrenzungskriterien genannt. Sie sind alle drei gleich wichtig. Dasjenige der drei Kriterien, bei dem ein Haushalt am konservativsten (risikoscheuesten) abschneidet, bestimmt schlussendlich die Risikotragfähigkeit des Haushaltes.

Ein Beispiel für die nervlich-emotionale Bereitschaft, Risiko zu tragen: Ich nehme dabei an, Sie wählen heute Portfolio 2 aus Tabelle 16. Ein Jahr nach Aufsetzen des Portfolios beginnt ein Aktien-Crash. Nach drei oder vier Monaten Marktabschwung beginnen die Dinge ernsthaft ungemütlich zu werden. Nach 14 Monaten hat sich Ihr Portfolio um 35% in Richtung Süden bewegt. Schon als Ihr Depot die 10%-Verlustmarke durchbrach, begannen Sie nervös zu werden und eine psychische Belastung zu empfinden. Jetzt, bei minus 35%, sind Sie verzweifelt, schlafen schlecht und können kaum noch an etwas anderes denken. Gegenüber Ihrem Lebenspartner haben Sie ein furchtbar schlechtes Gewissen, denn Sie waren es, der ursprünglich unbedingt die renditeträchtige Portfolio-Variante 2 wollte, weil eine niedrigere Renditeerwartung damals für Sie nicht attraktiv genug erschien.

Tabelle 17: Die drei Kriterien, die die Risikotoleranz nach oben begrenzen: »Fähigkeit«, »Notwendigkeit« und »Bereitschaft«, Risiko zu tragen

Risikobegrenzungskriterium	**Subjektiv versus objektiv**	**Erläuterung**
Die wirtschaftliche *Fähigkeit*, Risiko zu tragen	Objektiv	Die objektiven Ausgangsbedingungen des Haushaltes: z.B. (i) das Startvermögen, also das gesamte Nettovermögen einschließlich Humankapital, nach Abzug aller Schulden (Leverage ist risikoerhöhend), (ii) die Stabilität (der Risikograd) dieses Vermögens, (iii) das laufende Einkommen des Haushaltes nach Abzug aller Lebenshaltungskosten, (iv) die Stabilität dieses Einkommens, (v) der Anlagehorizont und (vi) der Liquiditätsbedarf in den kommenden fünf Jahren. Je besser diese Bedingungen insgesamt sind, desto tendenziell höher ist die Risikotragkapazität bei diesem Kriterium.
Die wirtschaftliche *Notwendigkeit*, Risiko zu tragen	Objektiv	Die notwendige Investmentrendite, die der Haushalt rein theoretisch bei einem vorgegebenen Endvermögensziel erzielen müsste. Diese ergibt sich aus dem Zielvermögenszuwachs bei einem gegebenen Startvermögen während des Anlagehorizontes. Je höher diese notwendige Minimumrendite, desto tendenziell höher ist die Risikotragkapazität hinsichtlich dieses Kriteriums.
Die nervlich-emotionale *Bereitschaft*, Risiko zu tragen	Subjektiv	Die nervlich-emotionale Bereitschaft und tatsächliche Fähigkeit, verlustbedingten Stress auszuhalten. Je stressresistenter das risikoscheueste Mitglied des Haushaltes ist, desto tendenziell höher ist die Risikotragkapazität bei diesem Kriterium. Die nervlich-emotionale Bereitschaft, Risiko zu tragen, wird im Zeitablauf üblicherweise durch zunehmendes Investmentwissen und wachsende Erfahrung mit Aktien erhöht.

Wenn Sie nun aus Stress, also der Angst davor, dass es noch schlimmer kommen könnte, oder aus einem Liquiditätsengpass heraus einen Teil der Aktienkomponente des Portfolios oder sogar das ganze Portfolio verkaufen, machen Sie Buchverluste zu endgültigen Verlusten. Damit zementieren Sie Ihr Unglück. Sie nehmen Ihrem Portfolio sehr wahrscheinlich die Chance, sich wieder aus der Verlustzone heraus aufzurappeln.

Ich will damit nicht sagen, dass ein solcher Verkauf *immer* die falsche Entscheidung ist. Erstens kann man das erst nach Jahren endgültig beurteilen, und zweitens kann es dann die richtige Entscheidung sein, wenn Sie feststellen, dass Sie ursprünglich Ihre Risikotragfähigkeit falsch eingeschätzt (überschätzt) hatten. Das ist tragisch, aber es ist auch menschlich. Am besten man macht diesen Fehler gar nicht erst. Deshalb gilt: Wenn Sie sich nicht sicher sind, dann wählen Sie ein Portfolio, das eine oder zwei Stufen konservativer ist (in der Tabelle nach rechts gehend) als das, was Ihnen vorschwebt. Nachdem Sie einige Jahre Zeit hatten, sich an das mit einer bestimmten Level-1-AA einhergehende Schwankungspotenzial Ihres Portfolios zu gewöhnen, können Sie später ja immer noch einen Gang hochschalten.

In gewisser Weise stellt die in Tabelle 16 genannte Risikokennzahl (maximaler Drawdown) eine praxisfremde *Worst-Case*-Perspektive dar. Praxisfremd insofern, als dass dabei realitätsfern unterstellt wird, (a) ein Anleger investiert exakt am schlechtestmöglichen Tag und (b) er gibt den gesamten Betrag in einer Summe in den Markt (also nicht über einen längeren Zeitraum verteilt). Unter 50 Aktienanlegern wird es vermutlich nur einen geben, auf den diese beiden Bedingungen zutreffen. Vermögen in Form von Humankapital wird in dieser Betrachtung ebenfalls nicht berücksichtigt.

Die WPF-Rendite wird, nach allen Kosten und Steuern, auf lange Sicht mit großer Wahrscheinlichkeit höher sein als die der meisten vergleichbaren aktiven Anlageportfolios – vergleichbar im Sinne des eingegangenen erwarteten Risikos (»Ziel-Risiko«). Das hat einige einfache Gründe: niedrigere Kosten, die Vermeidung renditeschädlicher Effekte aus Performance-Chasing und ein vorteilhafter steuerlicher Barwerteffekt durch Buy and Hold (siehe Abschnitt 12.5).

12.3.2 Die »Level-2-Asset-Allokation« festlegen und umsetzen

Kommen wir nun zur Level-2-Asset-Allokation. Sie ist das Befüllen der beiden »Gefäße« *Risikobehaftet* und *Risikoarm* in Abbildung 11 (Abschnitt 12.1) mit granulareren Asset-Klassen, die durch konkrete Anlageprodukte abgebildet werden. Damit sind wir bei der Umsetzung des Weltportfolios im engeren Sinne angelangt.

Das WPF kann in unterschiedlichen Komplexitätsstufen realisiert werden – je nach Anlegerpräferenz und -bedürfnissen. In diesem Buch stelle ich lediglich die »WPF-Variante 1« vor, weil sie aufgrund ihrer Simplizität für die allermeisten normalen Privathaushalte am besten geeignet ist. In meinem Buch *Souverän investieren mit Indexfonds und ETFs* (2018) sind zusätzlich noch die etwas komplexeren und leicht renditeträchtigeren Varianten 2, 3 und 4 enthalten. Variante 1 ist am einfachsten aufzusetzen, am pflegeleichtesten und funktioniert auch gut bei kleinen Anlagevolumina.

Eine Vorbemerkung zur Frage der Auswahl konkreter ETF-Produkte: Ich nenne nachfolgend lediglich Indizes, die Asset-Klassen repräsentieren. Für diese existieren jeweils in Deutschland an Privatanleger vertriebene ETFs. Ich nenne hier jedoch keine konkreten ETFs. Das Auflisten spezifischer ETFs wäre deswegen unsinnig, weil diese Nennungen angesichts der laufenden und begrüßenswerten Fortentwicklung des ETFs-Marktes bereits in wenigen Monaten teilweise veraltet wären. Dieses Buch wird jedoch mehrere Jahre im Handel sein. Zweitens ist es natürlich so, dass für eine gegebene Asset-Klasse innerhalb des Weltportfolios nicht nur ein oder zwei bestimmte ETFs infrage kommen, die man in einem Buch nennen könnte. Und drittens stellt Abschnitt 13.4 weiter unten eine Anleitung dar, wie man bei der Suche nach und Auswahl an geeigneten ETFs vorgeht. Wer in Eigenregie ein Weltportfolio aufbauen möchte, der sollte die Voraussetzung mitbringen, die dafür passenden ETFs selbst auswählen zu können. Wie Abschnitt 13.4 zeigen wird, ist das gar nicht so schwierig. Man muss einfach nur damit anfangen.

Der risikobehaftete Portfolioteil besteht aus einem einzelnen ETF, der den Weltaktienmarkt so umfassend und lückenlos wie möglich abdeckt. Dafür existieren derzeit (November 2022) zwei globale Aktienindizes, zu denen in Deutschland zahlreiche ETFs vertrieben werden:

- Der *MSCI ACWI IMI Index* (MSCI All Country World Investable Market Index). Dieser Aktienindex deckt rund 98% des Weltmarktes ab, einschließlich Schwellenländer und Small Caps (Nebenwerte). Die etwa 45 Industrie- und Schwellenländer sind nach ihrer Marktkapitalisierung gewichtet.
- Der *FTSE All World Index*. Dieser Index deckt rund 93% des Weltmarktes einschließlich Schwellenländern ab. Zwar fehlen Small Caps, aber das untere Ende der FTSE Mid Cap Range reicht weiter »hinunter« in Richtung Small Size als beim Index-Provider MSCI – daher in Bezug

auf den Grad der Gesamtabdeckung des Weltaktienmarktes insgesamt eher geringe Unterschiede zum etwas breiteren MSCI ACWI IMI Index.

Damit ist der risikobehaftete Teil der Level-1-Asset-Allokation mit einem einzigen ETF bereits komplett abgedeckt. Einfacher geht es nicht.

Der risikoarme Portfolioteil kann auf unterschiedliche Weise umgesetzt werden. Für alle Lösungen gilt: Es darf kategorisch kein Wechselkursrisiko bestehen, und das Ziel in diesem Portfolioteil sind höchstmögliche Sicherheit und Liquidität. Wenn das bedeutet, dass die Rendite nach Steuern, Kosten und Inflation null oder sogar negativ ist, dann akzeptieren wir das ohne Murren. Warum wir das tun sollten, habe ich bereits zuvor erläutert. Hier fasse ich das Hauptargument noch einmal in einem Satz zusammen: Weil es für die Asset-Klasse mit der niedrigstmöglichen Volatilität, dem niedrigstmöglichen Ausfallrisiko, der höchstmöglichen Liquidität und der Abwesenheit von Wechselkursrisiko in den letzten 120 Jahren der Normalfall war.

Wer mit der Rendite seines *Gesamt*portfolios – und nur auf diese Rendite kommt es an – unzufrieden ist, muss den Anteil des risikobehafteten Portfolioteils erhöhen und den Anteil des risikofreien Portfolioteils dementsprechend senken – unter bewusster Inkaufnahme der damit einhergehenden Risikozunahme. Rendite ist die Belohnung für das Tragen von Risiko. Hingegen ist die Umwandlung des Sicherheitsankers im Portfolio in eine risikobehaftete Komponente mit höherer erwarteter Rendite ein Fehler. Er beruht auf der gefährlichen Illusion, dass man Sicherheit und Rendite *zugleich* haben könne.

Die simpelste Form des risikofreien Portfolioteils ist ein verzinsliches Bankguthaben (z. B. Tagesgeld, Festgeld oder Sparkontoguthaben), soweit sie betragsmäßig innerhalb der staatlichen Einlagensicherung von 100 000 Euro pro Kontoinhaber und Bankinstitut liegt. Es darf dabei kein Wechselkursrisiko bestehen und der garantierende Staat sollte mindestens von zwei Rating-Agenturen ein Rating besitzen, das AA– (Rating-Stufe Nr. 4 von etwa 25) oder besser ist.[60] Das gilt beispielsweise für Deutschland oder Österreich. Keinesfalls sollte man Bankguthaben außerhalb bzw. oberhalb der staatlichen (gesetzlichen) Einlagensicherung für mehr

60 Eine Tabelle mit allen Rating-Noten finden Sie auf der deutschen Wikipedia unter dem Stichwort »Liste der Länder nach Kreditrating«.

als ein paar Monate auf einem Bankkonto halten, weil das unnötiges Zusatzrisiko birgt, das nicht durch zusätzliche Rendite kompensiert wird. Banken sind außerhalb oder oberhalb der staatlichen Einlagensicherung ganz einfach risikoreiche Schuldner.

Die zweite Alternative ist die Abbildung durch einen ETF auf einen Anleihenindex: Der Index sollte die folgenden Eigenschaften haben: (a) kurze gewichtete Durchschnittslaufzeit der Anleihen (im Fachjargon auch *Duration* genannt) bis maximal 36 Monate (noch kürzer wäre noch besser); (b) aus Anlegerperspektive kein Wechselkursrisiko, entweder weil nur Anleihen der Heimatwährung enthalten sind oder weil etwaige Fremdwährungsanleihen in diese Heimatwährung zurückgehedgt werden; (c) im Falle von Staatsanleihen idealerweise nur solche höchster Bonität, d. h. Anleihen der ersten ca. vier Rating-Stufen; (d) im Falle von Unternehmensanleihen nur solche mit mindestens einer »Investment-Grade-Bonität« (Rating-Note BBB– oder besser), einer sehr hohen, länderübergreifenden Diversifikation (mindestens 100 verschiedene Emittenten) und einer gewichteten Durchschnittslaufzeit von maximal 18 Monaten. (Bei Unternehmensanleihen auf die ersten vier oder fünf Rating-Stufen zu bestehen – was an sich überlegenswert wäre –, erscheint hier aussichtslos, weil in diesem High-Quality-Bereich nur sehr wenige kurzfristige Unternehmensanleihen existieren und jedenfalls per heute, im November 2022, kein ETF in Deutschland an Privatanleger vertrieben wird, der einen solchen Index repliziert. Daher muss das Risiko eines solchen Investments über die kürzere Restlaufzeit reduziert werden.)

Dafür kommen beispielsweise die folgenden Staatsanleihenindizes in der Währung Euro infrage, auf die ETFs in Deutschland angeboten werden: (a) FTSE MTS Highest Rated Macro-Weighted Government Bond Index 1–3 Years (Staatsanleihen in Euro mit zwischen einem und drei Jahren Restlaufzeit und hoher Bonität) oder (b) EuroMTS Cash 3 Months (sehr kurzlaufende Staatsanleihen in Euro).

In Bezug auf Unternehmensanleihen kommen beispielsweise die folgenden Indizes infrage: (a) Solactive Euro Corporates 0–3 Year Liquid EUR, (b) iBoxx MSCI ESG EUR Liquid Investment Grade Ultrashort, (c) Markit iBoxx EUR Liquid Investment Grade Ultrashort, (d) Bloomberg Euro Corporate Bond 0–3.

Die dritte Alternative für die Abbildung des risikofreien Portfolioteils ist der Kauf einiger weniger einzelner Anleihen (Einzelwertpapiere) mit kurzer Restlaufzeit und höchster Bonität. Faustregel: Die vier ersten Rating-Stufen bei Staaten und die drei ersten Rating-Stufen bei Unternehmensanleihen; in jedem Fall ohne Währungsrisiko. Den meisten Privatanlegern wird dieser Weg jedoch zu kompliziert oder zu aufwendig sein, alleine schon deshalb, weil die Liquidität bei Fälligkeit einer Anleihe immer manuell vom Anleger reinvestiert werden muss. Bei einem ETF geschieht das automatisch über die Fondsgesellschaft.

Naturgemäß kann man die drei Alternativen bei der Zusammenstellung einer »risikofreien« Anlage auch mischen.

Die Weltportfolio-Varianten 2, 3 und 4, die in meinem Buch *Souverän investieren mit Indexfonds und ETFs* (2018) beschrieben werden (im vorliegenden Buch jedoch nicht), schließen – je nach Konstellation – zusätzlich Gold, Rohstoff-Futures, Immobilienaktien und die Übergewichtung sogenannter Faktorprämien mit ein. Außerdem wird im besagten Buch erläutert, warum und wie man die regionalen Gewichtungen im Aktienteil eventuell gegenüber dem in den oben genannten beiden globalen Aktienindizes verwendete Kriterium der Marktkapitalisierung modifizieren könnte.

Wie dieser Abschnitt gezeigt hat, ist das Weltportfolio in der simplen Variante 1 schon mit zwei Komponenten realisierbar. Wenn es um Geldanlage geht, bringen Einfachheit und Transparenz enorme Vorteile: Erstens bedeuten sie niedrige Kosten und erhöhen damit die Renditeerwartung. Zweitens senken sie den einmaligen Arbeitsaufwand am Anfang und den dauerhaften beim Betrieb des Portfolios. Drittens erlauben sie auch ganz »normalen« Privatanlegerhaushalten, ihr Depot wirklich zu verstehen und sich damit zu identifizieren. Niedriger Arbeitsaufwand und hohe Identifikation erhöhen wiederum die Wahrscheinlichkeit, dass der Anlegerhaushalt über Jahre und Jahrzehnte bei diesem Ansatz bleibt und seinem Portfolio damit die Chance gibt, die Risikoprämien, die im Portfolio stecken, auch tatsächlich zu ernten und von der Macht des Zinseszinses zu profitieren. Ohne diese beiden Effekte wird erfolgreiche Altersvorsorge kaum funktionieren.

In den verbleibenden Abschnitten dieses Kapitels sowie im Folgekapitel 13 beschäftigen wir uns mit weiteren praktischen Umsetzungsaspekten, denn der Teufel steckt bekanntlich im Detail, und das gilt auch fürs Geldanlegen.

12.4 Vier erwägenswerte Beimischungen für Ihr Weltportfolio

Ob Gold, Rohstoffe oder Kryptowährungen (Bitcoin oder andere) Teil eines systematisch diversifizierten Weltportfolios sein sollten, ist keine ganz leicht zu beantwortende Frage. Dieser Abschnitt will Ihnen dabei helfen, zu entscheiden, ob Sie eine oder mehrere dieser drei Asset-Klassen als Beimischung in Ihrem Weltportfolio berücksichtigen sollten.

12.4.1 Gold

Gemäß Tabelle 8 in Abschnitt 10.7 lieferte Gold in den 122 Jahren von 1900 bis 2021 eine inflationsbereinigte Rendite von nur 0,7% p.a. – vor Kosten und Steuern. Auch in dem kürzeren und in diesem Fall vermutlich repräsentativeren Zeitraum von 1975 bis Mitte 2022 (47,5 Jahre) sahen die Dinge mit 1,8% p.a. nicht viel besser aus (Tabelle 9, Abschnitt 10.7). Berücksichtigt man nicht nur Rendite, sondern auch Risiko, wird das Gesamtbild noch schlechter. Gold wies in den vergangenen 47 Jahren eine höhere Volatilität auf als Aktien bei weniger als einem Sechstel von dessen Rendite.

»Goldbugs« (Gold-Fans) führen die folgenden Argumente für ein Investment in das Edelmetall ins Feld: (a) Gold ist nicht beliebig vermehrbar. (b) Gold wird seit mindestens 3000 Jahren als Zahlungsmittel und Wertaufbewahrungsmittel eingesetzt. (c) Gold ist inflationsfest, gleicht also die Geldentwertung auch in Hochinflationsphasen gut aus. (d) Gold schneidet in schweren weltpolitischen Krisen renditemäßig gut ab. (e) Gold ist als Beimischung in einem Aktienportfolio nützlich, weil es eine geringe Korrelation zu Aktien hat. (f) Gold hat steuerliche Vorteile.

Argument (a) ist irrelevant, auch wenn das die allermeisten Gold-Fans nur über ihre Leiche akzeptieren würden. Tatsache ist, dass unendlich viel Dinge auf unserem schönen Planeten Erde existieren, die nicht beliebig vermehrbar sind und von denen trotzdem kein Mensch auf die Idee käme, sie als Investment zu betrachten. Argument (c) ist gewiss nicht so klar und eindeutig, wie in der Gold-Community geglaubt wird.

Am überzeugendsten finde ich persönlich die Argumente (e) und (f). Eine Gold-Beimischung von (maximal) 10% des Gesamtvermögens eines Haushaltes (exklusive Humankapital) kann die erzielbare Rendite-Risiko-

Kombination für das Gesamtvermögen verbessern.[61] Ob das in einem gegebenen 10- oder 20-Jahres-Zeitraum in der Zukunft tatsächlich geschieht, ist aber keineswegs garantiert. Grund für den potenziellen Beimischungsvorteil: Goldrenditen einerseits und die Renditen von Aktien, Immobilien und zinstragenden Anlagen andererseits entwickeln sich zumindest zeitweilig gegenläufig. Die Korrelation zwischen Gold und dem Weltaktienmarkt war von 1975 bis 2021 mit +0,11 erfreulich niedrig.

Außerdem hat im Privatvermögen gehaltenes Gold, einschließlich Gold in Gestalt von Gold-ETFs, in Deutschland tatsächlich steuerliche Vorteile.

Gold über einen ETC (zu »ETC« siehe Kapitel 7) zu kaufen und zu halten, bedeutet zudem geringe Transaktionskosten und bequemere Verwaltung. Physisches Gold zu Hause im Tresor zu verwahren, wäre mir in Bezug auf die damit einhergehende Einbruchs- und Überfallgefahr persönlich zu gefährlich. Ich glaube, dass niemand dieses leicht vermeidbare Risiko Familienmitgliedern zumuten sollte, die im gleichen Haus leben.

Wenn Sie sich genauer über Gold als Investment informieren wollen, dann empfehle ich den Blog-Beitrag dazu von meinem Kollegen Alexander Weis und mir (Kommer/Weis 2019d).

Alles in allem sind mir die Vorteile von Gold in Anbetracht seiner schwachen Langfristrendite zu gering. Deswegen besitze ich keines. Ich kann aber gut nachvollziehen, wenn das jemand anders sieht, jedenfalls in Bezug auf eine Beimischung in der oben genannten Größenordnung.

12.4.2 Rohstoffe

Rohstoffe sind als Beimischung in einem ETF-Portfolio im Prinzip erwägenswert. Das haben sie mit Gold gemeinsam. Auch bei Rohstoffen gilt die Faustregel: maximal 10% des Gesamtvermögens.

Was gibt es zu Rohstoffen als Asset-Klasse und Rohstoff-ETFs im Speziellen zu wissen?

Es existieren fünf Rohstoffhauptgruppen: Energie (Kohle, Erdöl, Erdgas), Edelmetalle (Gold, Silber, Platin, Palladium), Basismetalle (Kupfer, Blei, Zink, Aluminium und andere), Mineralien (Bauxit, Phosphat, Schwefel und andere) sowie Agrarrohstoffe (z. B. Getreide, Tabak, Kaffee, Fleisch).

61 Wo nicht ausdrücklich anders spezifiziert, meine ich mit »Gesamtvermögen« in diesem Buch stets das gesamte Vermögen des Haushaltes (exklusive Humankapital), nicht nur das liquide Vermögen.

Wie Tabelle 18 zeigt, haben Rohstoffe in den rund 53 Jahren seit 1970 im Vergleich zu Aktien eher bescheiden und über den gesamten Zeitraum besonders ungleichmäßig rentiert – man vergegenwärtige sich beispielsweise die negative Realrendite in den zurückliegenden 26,8 Jahren. Die beiden Jahre 2021 und 2022 (bis Redaktionsschluss im November 2022) waren allerdings phänomenal gut für Rohstoffe.

Tabelle 18: Inflationsbereinigte Rendite und Risiko von Rohstoffen und Aktien im Vergleich – in USD

	Rohstoffe: S&P GSCI TR-Index [A]	**Aktien global: MSCI World Standard Index**
Rendite: 01/1970 bis 10/2022 (52,8 Jahre)	2,9% p.a.	5,2% p.a.
Rendite: 01/1970 bis 12/1995 (26 Jahre)	7,5% p.a.	5,9% p.a.
Rendite: 01/1996 bis 10/2022 (26,8 Jahre)	–1,3% p.a.	4,5% p.a.
Rendite: 11/2020 bis 10/2022 (2 Jahre)	37,4% p.a.	0,4% p.a.
Risiko: Max. Drawdown Gesamtzeitraum	–89% (04/2020)	–54% (02/2009)

► Ohne Berücksichtigung von Kosten und Steuern. ► Daten: Standard & Poor's, MSCI. ► [A]: S&P Goldman Sachs Commodity Index Total Return, der bekannteste Commodity-Futures-Index mit der am weitesten zurückreichenden Datenhistorie. Diesen Index bilden in den USA viele Commodity-ETFs ab.

Die wichtigsten weiteren Informationen zu Rohstoffinvestments:

Mit Ausnahme von Edelmetallen kann man in Rohstoffe nicht direkt investieren. Für Direktanlagen in Rohstoffe – im Finanzjargon *Commodity Spot Market Investments* – wären die Lagerkosten viel zu hoch. Man versuche einmal für 10 000 Euro Eisenerz, Öl oder Weizen zu kaufen und dann notwendigerweise in Empfang zu nehmen. Jede denkbare Rendite eines solchen Vorhabens würde für Privatanleger durch die Kosten von Transport und Lagerung aufgefressen. Wer als Privatanleger in Rohstoffe investieren möchte, der muss das über »Rohstoff-Futures« tun, zu Deutsch Rohstofftermingeschäfte. Rohstoff-Futures sind nichts Esoterisches und letzten Endes nicht komplizierter als Aktien oder Anleihen, aber sie funktionieren völlig anders. Wer Rohstoffinvestments tätigen will, sollte diese Funktionsweise verstehen. Deren Grundzüge und andere wissenswerte

Fakten zu Rohstoffinvestments werden in einem Blog-Beitrag von meinem Kollegen Daniel Kanzler und mir beschrieben (Kommer/Kanzler 2021).

Dass Rohstoffe zwangsläufig immer knapper werden und ihre Preise deswegen langfristig unweigerlich steigen würden, ist ein nicht ausrottbares Ammenmärchen, das Untergangspropheten und gutmeinende, aber faktenignorierende Ökologen schon seit gut 150 Jahren verbreiten.[62] Weil das Knappheitsargument nicht stimmt, kann es auch keine grundsätzlich preistreibende Wirkung haben.

Die drei einzigen für mich überzeugenden Argumente zugunsten von Rohstoffinvestments sind die folgenden:

- Rohstoffe haben zumeist dann gute Renditen, wenn die Inflation merklich steigt oder hoch ist. Das war in den 1970er-Jahren der Fall. Sollte die Inflation wieder stark anziehen, dürften Rohstoff-Futures davon renditemäßig profitieren. So war es auch 2021 und 2022. In diesem Sinne tragen Rohstoffe zum kurz- und mittelfristigen (aber nicht zum langfristigen) Inflationsschutz in einem Portfolio bei.
- Rohstoffpreise steigen oft, aber nicht immer, in schweren politischen Krisen, die wichtige, große Staaten einschließen. Wer also zu den pessimistischen Zeitgenossen gehört, für den könnten Rohstoff-ETFs aus diesem Blickwinkel interessant sein. Nach Beginn des Russland-Ukraine-Kriegs im ersten Quartal 2022 schossen die Monatsrenditen des S&P GSCI TR Index in die Höhe. Allerdings: Nach Ende einer solchen Krise fallen die Preise wieder, manchmal bald danach, manchmal später und langsamer.
- Rohstoffrenditen korrelieren schwach mit den Renditen von Aktien- und Anleihen und eignen sich insofern gut zur Diversifikation eines Aktien-Anleihen-Portfolios.

Von Rohstoffinvestments in der rechtlichen Form eines Rohstoffzertifikats (siehe Abschnitt 16.6) ist aus einer ganzen Anzahl von Gründen abzuraten. Insbesondere sind diese »Rohstoffanlagen« in Wirklichkeit verpackte Bankschuldverschreibungen und nicht mit physischen Rohstoffen unterlegt.

62 Erstens sind Agrarrohstoffe grundsätzlich nicht begrenzt, da nachwachsend. Das gleiche gilt für erneuerbare Energie. Zweitens wurde auf dem größten Teil der Fläche dieses Planeten (grob gesagt unter der Meeresoberfläche) noch fast überhaupt nicht nach Rohstoffen gesucht oder diese abgebaut, weil das aus Kostengründen nicht rentabel oder technisch bisher noch nicht möglich war. Drittens ist die Erde kein geschlossenes, sondern ein offenes System, dem die Sonne jeden Tag gigantische Mengen an Energie zuführt.

Die Aktien von Rohstoffunternehmen stellen keinen sinnvollen Ersatz für echte Rohstoffinvestments dar, obwohl das immer wieder irgendwo behauptet wird. Rohstoffunternehmensaktien sind ganz einfach Aktien, die etwas höher mit dem Rohstoffmarkt korrelieren als der restliche Aktienmarkt, sie sind keine Rohstoffe und investmentmäßig kein Rohstoffersatz. Für das Beispiel von Aktien von Goldminenbetreibern und Gold habe ich das in einem YouTube-Video gezeigt (Kommer 2020b).

Im deutschen Privatanlegermarkt sind aktuell über 20 breite Rohstoff-Futures-ETFs verfügbar, die mehrere etwas voneinander abweichende Futures-Indizes abbilden. Aufgrund der Unterschiede bei den Indizes unterscheiden sich die historischen Renditen der einzelnen ETFs über Zeiträume bis zu rund fünf Jahren zum Teil recht stark. Im Einzelfall führen auch Spezialeigenschaften zu abweichenden Renditen, wie beispielsweise das → Hedging von Wechselkursen oder der Ausschluss einzelner Rohstoffgruppen.

Wer in Rohstoffe investiert, sollte das aus Risikogründen über einen breiten Rohstoffindex tun, der alle fünf o. g. Rohstoffhauptgruppen abbildet.

In gewisser Weise hilft es uns allen, wenn Rohstoffpreise fallen. Dann profitieren wir als Konsumenten davon, weil die Preise für Güter und Dienstleistungen davon günstig (nach unten) beeinflusst werden.

Obwohl ich persönlich eher ein Rohstoffskeptiker bin, können diversifizierte Rohstoff-Futures für Anleger Sinn machen, die eines der folgenden beiden Szenarien (oder beide) für sehr wahrscheinlich halten: (a) Schnell steigende Inflation (im Unterschied zu hoher, aber nicht mehr steigender Inflation) in der kurz- und mittelfristigen Zukunft und/oder (b) eine politische »Megakatastrophe« wie ein größerer Krieg innerhalb der westlichen Welt oder ein chaotischer, ungeordneter Zerfall der Eurozone. Die Wahrscheinlichkeit dieser beiden Szenarien erscheint mir persönlich jedoch zu niedrig, als dass ich die Opportunitätskosten (die im Vergleich niedrigen Langfristrenditen) von Rohstoff-Futures akzeptieren möchte.

12.4.3 Kryptowährungen (Bitcoin & Co)

Über Bitcoin wurden in den letzten Jahren ganze Bibliotheken geschrieben. Die Meinungen von sachverständigen Personen zu Bitcoin reichen von »Schneeballsystem« bis hin zu »Investmentchance des Jahrhunderts« (für ersteren Blickwinkel siehe beispielsweise Smith 2022).

Ich persönlich zähle mich zu den Kryptoskeptikern und habe daher noch nie in eine der inzwischen über 12 000 Kryptowährungen investiert. Daher habe ich lange überlegt, ob ich meine Überlegungen zu Kryptowährungen in diesen Abschnitt 12.4 »Vier erwägenswerte Beimischungen für ihr Weltportfolio« oder nicht besser in Kapitel 16 »Anlageprodukte, von denen Sie die Finger lassen sollten« platziere. Am Ende habe ich mich für Abschnitt 12.4 entschieden, aber noch einmal – ich selbst habe noch nie in Kryptowährungen investiert, plane auch nicht von diesem Grundsatz abzuweichen und würde meiner Familie und meinen Freunden von solchen Investments abraten.

Andererseits kann ich verstehen, wenn jemand in Bitcoin oder einer anderen Kryptowährung eine Investmentgelegenheit sieht, die er nicht grundsätzlich missen will. In diesem Fall würde ich jedoch empfehlen, maximal 5% bis 10% des gesamten Haushaltsvermögens in diese Anlage zu lenken und bei diesem prozentualen Maximum auch im Falle von Kurssteigerungen im eigenen Kryptodepot zu bleiben. Es gibt bei Kryptowährungen aus meiner Sicht einfach noch zu viele Unwägbarkeiten, Risiken und Fragezeichen, um einen höheren Anteil zu rechtfertigen. Die wichtigsten zähle ich nachfolgend im Schweinsgalopp nur kurz und sicherlich nicht vollständig auf.

- Da Kryptowährungen noch neu sind, existieren keine langfristigen Rendite-Datenreihen, aus denen für die Zukunft hinreichend verlässliche Schlussfolgerungen in Bezug auf den Rendite-Risiko-Charakter dieser Anlageform abgeleitet werden können. Als hinreichend lang wären rund 25 Jahre aufwärts anzusehen. Die vorhandenen Zeitreihen betragen jedoch lediglich rund 14 Jahre für Bitcoin und deutlich weniger für die meisten anderen Kryptowährungen. Das Argument der geringen Aussagekraft der vorhandenen, sehr kurzen Datenreihen wird auch durch die hohen Kryptorenditen bis Ende 2021 nicht relativiert. Eine hohe oder sogar extrem hohe historische Rendite über kurze Zeit – auch dann, wenn diese Zeit die jüngere Vergangenheit ist – ist für sich genommen ganz klar kein ausreichend überzeugender Grund, in ein Asset oder eine Asset-Klasse zu investieren.
- Die Forschungslage zu Kryptowährungen ist bisher noch unübersichtlich und vorläufig. Ein wirklicher Konsens unter Wissenschaftlern existiert nicht.

- Die Volatilität von Bitcoin war bisher eingeweidezerreißend hoch: Rund sechsmal so hoch wie die eines global diversifizierten Aktienportfolios, das ja aus Privatanlegersicht seinerseits schon sehr volatil ist. In den 14 Jahren seiner Existenz erlebte Bitcoin im Grund genommen sieben Crashs mit maximalen Drawdowns von 50% oder mehr. Mitte November 2022 (als diese Zeilen geschrieben wurden) stand Bitcoin (und viele andere Kryptowährungen) 70% unter seinem Kurs ein Jahr zuvor. Normale Menschen halten diese Volatilität nur aus, wenn sie lediglich einen kleinen Teil des Gesamtvermögens betrifft.
- Das politische Risiko (in Form der Einflussnahme von Staaten auf die Zulässigkeit der Nutzung von Kryptowährungen) ist derzeit noch deutlich zu hoch. Warum? In dem Maße, wie Kryptowährungen die reguläre Währung eines Landes als Zahlungsmittel und Wertaufbewahrungsmittel verdrängen, würde das die Geldpolitik dieses Landes wirkungslos, quasi »ohnmächtig« machen. Neben der Fiskalpolitik ist die Geldpolitik einer der zwei Hauptarme der staatlichen Wirtschaftspolitik und damit natürlich auch der Sozialpolitik. Staaten – Demokratien nicht und Autokratien noch weniger – werden meines Erachtens nicht zulassen, dass ihnen durch Kryptowährungen ein großer Teil der Einflussnahme und Steuerung auf Wirtschaft und Soziales in einem Land genommen wird. Da Kryptowährungen bisher wirtschaftspolitisch keine Rolle spielen, lassen die meisten Staaten den bunten und chaotischen Kryptowährungsmarkt bis auf Weiteres gewähren und beobachten ihn im Sinne eines interessanten Experiments, aus dem man vielleicht selbst Erkenntnisse und Nutzen für die eigene Geld- und Währungspolitik ziehen kann. Jedenfalls lässt sich meines Erachtens nicht ausschließen, dass im Falle der steigenden Verbreitung von Kryptowährungen noch mehr Regierungen als bisher bereits renditeschädliche Krypto-bezogene Beschränkungen, Verbote oder Regulierungen erlassen werden, wenn und sofern diese Nutzung bestimmte Größenordnungen überschreitet.
- Dass speziell Bitcoin – die in Bezug auf die Marktkapitalisierung bedeutendste Kryptowährung – jemals in nennenswertem Umfang im Zahlungsverkehr eingesetzt wird, erscheint mir unwahrscheinlich. Für den Zahlungsverkehr ist Bitcoin zu langsam, zu teuer, zu ökologisch schädlich und generell gegenüber anderen Kryptowährungen zu veraltet.
- Selbst wenn Bitcoin oder eine andere Kryptowährung einmal zu einem

normalen, allgemein gebräuchlichen Zahlungsmittel werden würde, hätte sie danach – wie alle normalen Währungen – keine nennenswerte positive Realrendite mehr im Sinne des Anstiegs des inflationsbereinigten Wechselkurses zum Dollar oder einer anderen konventionellen Währung. Die reale langfristige Renditeerwartung einer Währung (eines Wechselkurses) liegt im Durchschnitt bei null – das ist eine unstrittige, uralte Erkenntnis der Investmenttheorie.

- Es bestehen ökologische Bedenken gegen die Nutzung von Bitcoin, da seine Herstellung und sein Betrieb mit exorbitantem Energieverbrauch einhergehen. Auch dieser Gesichtspunkt trägt zu dem oben bereits erwähnten politischen Risiko bei: Es könnte in der Zukunft ökologisch motivierte Bitcoin-Mining-Verbote geben. Immerhin: Das Ökologieproblem gilt nicht für alle Kryptowährungen.
- Bei Direktinvestments in Kryptowährungen besteht das statistisch relevante Risiko, direkt oder indirekt Opfer eines Hacks zu werden, also eines elektronischen Diebstahls oder einer anderen Schädigung von Kryptoguthaben. Auch das Risiko des unabsichtlichen Verlusts der elementaren sogenannten »Private Keys«, den ein Bitcoin-Eigentümer braucht, um seine Coins zu verwalten und zu nutzen, ist statistisch offenbar beträchtlich. Es wird geschätzt, dass zwischen 20% und 30% aller jemals produzierten Bitcoins in der Vergangenheit auf diese Weise unwiderruflich verloren gegangen sind. Das entspricht einem 100%-Verlust für den jeweiligen Eigentümer.
- Eine Reihe von im Internet verbreiteten Pro-Bitcoin- bzw. Pro-Krypto-Argumenten sind falsch und peinlich naiv, darunter beispielhaft, dass der Preis von Bitcoin deswegen weiter steigen müsse, weil Bitcoin nicht beliebig vermehrbar sei, dass Bitcoin nicht von Staaten oder Notenbanken kontrolliert werden könne oder dass Bitcoin die Anonymität von Zahlungen garantiere.

Keine Asset-Klasse hat relativ zu Ihrer Marktkapitalisierung in den letzten 13 Jahren ähnlich viele kriminelle Aktivitäten (einschließlich, die aus Hacking-Fällen), Finanzskandale und Steuerhinterziehung mit sich gebracht wie Kryptowährungen und ihr »Ökosystem« aus Kryptobörsen und Kryptofinanzdienstleistern. Der aktuellste, als dieser Abschnitt geschrieben wurde, war der wohl betrügerische Konkurs der damals weltweit drittgrößten Kryptobörse FTX im November 2022.

Wie würde man ein Investment in Kryptowährungen konkret umsetzen, wenn man es trotz dieser zahlreichen Risikoindikatoren möchte?

Wer sich dazu entscheidet, Kryptowährungen direkt zu erwerben, sollte sich über diesen für Laien relativ komplexen Weg zuerst umfassend informieren. Hierzu kann dieses Buch aus Platzgründen leider nichts sagen.

Ein technisch einfacherer und für normale Privatanleger weniger risikoreicher Weg ist, einen Bitcoin-ETF, genauer gesagt Bitcoin-ETN zu kaufen (zur Unterscheidung zwischen ETFs und ETNs siehe Kapitel 7). Weniger risikoreich ist dieser Weg insofern, als hier kein Verlustrisiko für die Private Keys besteht. Auch andere potenzielle teure operative Fehler, die ein nichtversierter Privatanleger beim Kaufen und Verkaufen von Coins machen könnte, werden hier seltener vorkommen. Einfacher ist dieser Weg definitiv, weil der Bitcoin-ETN genauso gekauft und verkauft wird wie ein normaler ETF. Der Krypto-ETN liegt bequem und übersichtlich im Wertpapierdepot.

Bei der Besteuerung existiert nach der derzeitigen Informationslage (die man aber nicht als final einstufen sollte) in Deutschland kein Unterschied zwischen direkt erworbenen Bitcoins und indirekt über einen ETN erworbenen Coins.

12.4.4 Ein Eigenheim

Grundsätzlich ist ein Eigenheim für diejenigen Haushalte, die die umfassenden Lifestyle-mäßigen Implikationen von Eigenheimbesitz attraktiv finden, ein sinnvolles Investment zur Vermögensbildung und zur Altersvorsorge. Dass Immobilien nicht die ertragreichste aller Asset-Klassen sind und – insbesondere, wenn sie kreditfinanziert werden – auch nicht die risikoärmste, sollte jedem Privathaushalt allerdings klar sein.

In der Mehrzahl der Fälle sollte ein Haushalt mit Eigenheim erst mit dem Aufbau eines ETF-Depots beginnen, wenn das Eigenheim ganz schuldenfrei ist. Die Tilgung eines Kredites (in Abgrenzung zu Zinszahlungen) entspricht ökonomisch betrachtet ja einem Investment. Durch die Tilgung erwirbt der Haushalt »mehr Immobilie«.

Eigenheimbezogene Schulden zuerst vollständig zu tilgen und dann mit einem ETF-Investment zu beginnen, ist aus Risikosicht fast immer der bessere Weg, der zudem verhindert, dass es zu einem finanziell nachteiligen *negativen Zinsdifferenzgeschäft* kommt. Ein solches besteht, wenn ein Haushalt auf der einen Seite einen Kredit unterhält und auf der anderen Seite »Cash-artiges Vermögen« (beispielsweise ein Tagesgeld bei einer Bank) hat. Der Zinssatz für den Kredit übersteigt nahezu immer den Ertragszinssatz (nach Steuern) für das Cash-artige Vermögen – ein offensichtliches Drauflegegeschäft (mehr zum Thema negative Zinsdifferenzgeschäfte in Kommer/Schweizer 2020c).

Wer schon ein schuldenfreies Eigenheim besitzt, für den ist ein zusätzliches ETF-Depot eine exzellente Ergänzung. Es repräsentiert eine sinnvolle Diversifikation weg vom Klumpenrisiko in der Asset-Klasse Immobilien, es ist im Vergleich zu vielen Alternativen rentabler (vor allem, wenn das Depot eine hohe Aktienquote hat), es ist liquide und flexibel, und es ist einfacher und weniger arbeitsintensiv als viele denkbare Alternativen, beispielsweise eine Vermietungsimmobilie oder aktives Investieren in Eigenregie (zu Rendite und Risiko von Vermietungsimmobilien siehe Kommer/Weis 2019e).

In der Vermögensabbauphase nach Beendigung des Erwerbslebens bietet ein ETF-Depot besonders viele Vorteile. Sein Risikograd kann »stufenlos« auf die spezifischen Verhältnisse des Haushaltes eingestellt werden, und – wichtig für die *nichtsuperreichen* Haushalte – es erlaubt eine höhere jährliche Entnahmerate als eine Immobilie, sofern eine hohe Entnahmerate zur Finanzierung der laufenden Lebenshaltungskosten während der geschätzten Restlebenserwartung notwendig ist. Was ist damit gemeint?

Angenommen, ein Rentnerhaushalt besitzt Vermögenswerte im Wert von 300 000 Euro, und angenommen, der Haushalt benötigt 15 000 Euro im Jahr für die »Subventionierung« seiner Lebenshaltungskosten, weil die Rente allein zu niedrig ist. In diesem Fall beträgt die jährliche Entnahmerate 15 000 ÷ 300 000 Euro = 5%. Diese Entnahme würde sich bei einem ETF-Depot im Wert von 300 000 Euro aus Ausschüttungen und Anteilsverkäufen zusammensetzen. Sie kann im Prinzip jederzeit beliebig erhöht oder gesenkt werden.

Bei einer Immobilie würde das nicht gehen. Hier ist die Entnahmerate, je nach Einzelobjekt, typischerweise auf 0% bis 4% p.a. begrenzt. Das ist die Größenordnung der jährlichen Nettoeinnahmen relativ zum aktuellen Immobilienwert. Nettoeinnahmen sind Bruttomieteinnahmen (oder eingesparte Miete bei einem Eigenheim) abzüglich durchschnittlicher Instandhaltungskosten, Versicherungskosten, Grundsteuer und Kapitaldienst für ein etwaiges Darlehen. Apropos Instandhaltungskosten: Weil diese bei einer Immobilie sehr unregelmäßig und »klumpig« anfallen, kann es geschehen, dass ein Eigenheimbesitzer in einem gegebenen Jahr sogar mehr Geld in sein Heim hineinsteckt, als er an Miete einspart. Dasselbe kann einem Vermieter geschehen. Das nennt man dann »negativen Cashflow«.

Alles in allem kann man sagen, dass bei Immobilien das Verbrauchen der Substanz im Normalfall unmöglich ist und selbst die Höhe der laufenden Nettoeinkünfte beträchtlichen Schwankungen unterliegt.[63]

12.5 Steuern sparen durch Buy and Hold

Buy and Hold ist ein zentraler Bestandteil des passiven Investierens und des Weltportfolio-Konzepts. Buy and Hold hat drei bekannte Vorteile und einen weitgehend unbekannten. Die bekannten sind Kostensenkung, geringerer Aufwand für Do-it-yourself-Anleger und Vermeidung von renditeschädlichen Timing-Entscheidungen. Erstaunlich unbekannt ist dagegen der Steuervorteil von Buy and Hold.

Gemeint ist der sogenannte → Barwertvorteil »nachgelagerter Steuerzahlungen« auf Aktien, einschließlich Aktien-ETFs (Barwert). Hier gilt: Je länger die Halteperiode, desto stärker der Rückgang des *effektiven* Steuersatzes. Vom effektiven Steuersatz im Unterschied zum gesetzlichen oder statutarischen Steuersatz spricht man, wenn der Zeitwert des Geldes, der Zinseszinseffekt und eventuell andere Faktoren, die die *tatsächliche* Steuerbelastung mindern, bei der Ermittlung der tatsächlichen Steuerquote im Unterschied zur gesetzlichen mit in Betracht gezogen werden – so, wie es eigentlich jede Finanzrechnung, die über ein einzelnes Jahr hinausreicht, korrekterweise tun sollte.

Ein Anleger, der seine Aktien oder Aktienfonds mehr oder weniger laufend kauft und verkauft (also Aktien oder Aktien-ETF-Anteile im Depot durchschnittlich nur ein Jahr oder wenige Jahre hält), hat diesen Steuervorteil nicht oder nur in sehr geringem Maße. Man profitiert von ihm nur bei sehr langfristigem Buy and Hold. Tabelle 19 illustriert und quantifiziert den Steuervorteil anhand eines konkreten Zahlenbeispiels.

63 Das Verbrauchen der Substanz würde einen Verkauf oder eine Beleihung erfordern. Beides ist teuer und umständlich.

Tabelle 19: Barwertvorteil bei Aktienanlagen durch Buy and Hold – Vergleich der steuerlichen Belastung eines aktiven Anlegers (häufiges Kaufen und Verkaufen) mit der eines passiven Buy-and-Hold-Anlegers

Steuereffekte bei einem aktiven gegenüber einem Buy-and-Hold-Anleger (B&H-Anleger)	**Nach 1 Jahr**	**Nach 10 Jahren**	**Nach 20 Jahren**	**Nach 30 Jahren**	**Nach 40 Jahren**
Vorsteuerrendite für beide Anlegertypen	8,5% p.a.	8,5% p.a.	8,5% p.a.	8,5% p.a.	8,5% p.a.
Vermögensendwert nach Steuern aktiver Anleger	€ 106	€ 181	€ 328	€ 594	€ 1076
Vermögensendwert nach Steuern B&H-Anleger	€ 106	€ 188	€ 374	€ 768	€ 1604
Vorsprung Endvermögen B&H-Anleger	0%	+4%	+14%	+29%	+49%
Effektiver Steuersatz aktiver Anleger	27,995%	27,995%	27,995%	27,995%	27,995%
Effektiver Steuersatz B&H-Anleger	27,995%	23,5%	19,8%	17,3%	15,5%
Nachsteuerrendite aktiver Anleger	6,1% p.a.	6,1% p.a.	6,1% p.a.	6,1% p.a.	6,1% p.a.
Nachsteuerrendite B&H-Anleger	6,1% p.a.	6,5% p.a.	6,8% p.a.	7,0% p.a.	7,2% p.a.
Renditevorteil B&H-Anleger (Prozentpunkte)	0,0% p.a.	0,4% p.a.	0,7% p.a.	0,9% p.a.	1,1% p.a.

► Die Wirkung der österreichischen Kapitalertragsteuer (KESt) von 27,5% ist diesbezüglich mit der deutschen Abgeltungsteuer von 25% plus SolZ und Kirchensteuer vergleichbar. In der Schweiz sind Kursgewinne von Wertpapieren für Privatanleger steuerfrei; auf Dividenden- und Zinserträge ist die normale Einkommensteuer zu entrichten. ► Der Barwertvorteil von Buy and Hold bei Aktien ist im Prinzip zugleich ein struktureller steuerlicher Vorteil gegenüber zinstragenden Anlagen, bei denen langfristig keine oder weniger Kursgewinne zu erwarten sind.

Die der Berechnung in Tabelle 19 zugrundeliegenden Annahmen lauten wie folgt:

Anfängliches Einmalinvestment von 100 Euro in Aktien. Nominale Kursrendite 6% p.a., → Dividendenrendite 2,5%, nominale Gesamtrendite 8,5% p.a. Der Buy-and-Hold-Anleger realisiert Kursgewinne erst am

Ende der in der obersten Tabellenzeile genannten Anlageperiode, der aktive Anleger realisiert Kursgewinne einmal im Jahr (oder häufiger). Die Dividendeneinkünfte werden bei beiden Anlegertypen jährlich besteuert. Der Steuersatz beträgt 27,995% (Abgeltungsteuer + Solidaritätszuschlag + Kirchensteuer von 9%).

Woher kommt der Steuervorteil? Stellen Sie sich Anleger Lukas und Anlegerin Laura vor. Beide erzielen drei Jahre hintereinander mit ihren ETF-Investments Kursgewinne von genau 10% im Jahr. Sie starten zu Beginn von Jahr 1 mit 100 000 Euro (Gewinne aus laufenden Erträgen ignorieren wir für die Zwecke dieses Beispiels). Wir unterstellen der Einfachheit halber einen Steuersatz von 25%. Lukas ist ein aktiver Anleger. Die allermeisten seiner Investments hält er nicht länger als ein Jahr. Laura praktiziert radikales Buy and Hold. Am Ende von Jahr 1 muss Lukas 2 500 Euro Steuern abführen, Laura dagegen nichts. Daher kann Lukas am Beginn von Jahr 2 nur 7 500 reinvestieren, Laura hingegen 10 000 Euro. Beide verdienen wieder annahmegemäß 10%. Am Ende von Jahr 2 hat Laura somit 2 500 × 10% = 250 Euro mehr verdient als Lukas. Wenn dieser Prozess über z. B. 30 Jahre fortgesetzt wird, dann entsteht der Barwertvorteil, der anhand unterschiedlicher Kennzahlen in Tabelle 19 illustriert wird.

Warren Buffett hat die Steuerstundung bei noch nicht realisierten Kursgewinnen schön anschaulich »ein zinsloses Darlehen vom Staat« genannt, mit dem der Anleger vorläufig weiter wirtschaften und Geld verdienen kann.

In Wirklichkeit dürfte der zu erwartende Endwertvorsprung eines Buy-and-Hold-Anlegers bei langen Anlageperioden noch größer sein als in Tabelle 19 beziffert, weil ich dort die notwendigerweise höheren Transaktionskosten des aktiven Anlegers ignoriert habe.

Bei einem im Zeitablauf allmählich erfolgenden Investment, wie z. B. einem Fondssparvertrag, wäre der Vorteil – da die »zeitgewichtete« Investitionsperiode kürzer ist – naturgemäß geringer, aber auf jeden einzelnen Euro bezogen bestünde der Vorteil grundsätzlich in gleicher Weise.

Banken und bankunabhängige Vermögensverwalter praktizieren überwiegend eine Totschweigepolitik in Bezug auf den steuerlichen Barwertvorteil aus Buy and Hold, weil er für sie ertragsschädigend ist. Sie verdienen am häufigen Kaufen und Verkaufen und vermarkten aktionistisches Rein-Raus bei ihrem gutgläubigen Klientel als Kompetenz oder Risikoabwehr. Sie sind daher keine Fans von Buy and Hold. Für die meisten Finanzjournalisten dürfte der Sachverhalt zu kompliziert oder einfach zu »unsexy« sein.

12.6 Fondssparen mit ETFs: Regelmäßig kleine Beträge anlegen

Mit einem Fondssparplan, auch Wertpapiersparplan genannt, wird regelmäßig, z. B. monatlich oder quartalsweise, ein bestimmter fixer Geldbetrag automatisch in einen im Voraus festgelegten Investmentfonds – idealerweise einen ETF – investiert.

Sparpläne werden bei einer Depotbank angelegt. Vorher muss dort naturgemäß ein Depot für den betreffenden Anleger eröffnet werden. Die Höhe des periodisch anzulegenden Betrags kann man frei festsetzen; allerdings existiert meist ein Mindestbetrag pro zu besparender Position, also pro ETF. Am unteren Ende liegt der Betrag, je nach Depotbank, bei 25 oder 50 Euro pro Monat, nach oben oft bei einer Größenordnung von rund 3 000 Euro.[64]

Sparpläne eignen sich sehr gut zum langfristigen, allmählichen Vermögensaufbau. Sie haben fünf Vorteile:

- Ein Sparplan ist – wie ein Dauerauftrag bei einer wiederkehrenden Zahlungsverpflichtung, z. B. der monatlichen Miete – bequemer als manuelles periodisches Anlegen und verhindert, dass man den Anlagevorgang ab und zu vergisst.
- Die Ausführungskosten pro Kauf sind bei Sparplänen (sofern man da keinen Fehler macht – siehe weiter unten) geringer als bei betragsgleichen Einzelkäufen.
- Ein Sparplan bewirkt eine vorteilhafte erzieherische »Investmentdisziplinierung«. Wenn das Geld an einem festen Termin pro Monat oder Quartal automatisiert investiert wird, stellt sich gar nicht erst die Frage, ob man das Geld doch lieber für Konsumzwecke verballert. Dies ist vergleichbar mit dem »positiven Zwangssparen«, dem man bei einem

64 Für große Anlagebeträge wären die Transaktionskosten deutlich niedriger als für Einzelkäufe. Vor diesem Hintergrund möchte eine Bank natürlich nicht, dass Sparpläne als kostengünstiger Ersatz für großvolumige Einmalkäufe »missbraucht« werden.

Immobilienkauf unterliegt, bei dem ein nennenswerter Teil des Kaufpreises über einen Kredit finanziert wurde. Dort hat man ja de facto auch nicht jeden Monat die Wahl, ob man die Kapitaldienstrate für das Darlehen diesen Monat tatsächlich bezahlt oder nicht.

- Auf lange Sicht (z.B. 10 oder 20 Jahre) können durch einen Sparplan erstaunlich hohe Endvermögenswerte entstehen, weil der Anleger vom Zinseszinseffekt profitiert.
- Über einen ETF-Sparplan, den man jährlich oder in größeren Abständen entsprechend umstellt, lässt sich prima Cashflow-basiertes Rebalancing im Weltportfolio betreiben (siehe übernächster Abschnitt 12.8 zu Rebalancing).

Was gibt es bei der Einrichtung und dem laufenden »Betrieb« eines Sparplans zu beachten?

Sparpläne bei Direktbanken (Onlinebrokern) sind fast immer wesentlich billiger als bei traditionellen Full-Service-Banken. Idealerweise sollte ein Sparplan pro Ausführung kostenlos sein oder jedenfalls nicht mehr als 5 Euro oder 1% der Sparrate betragen.

Eine Minderheit von ETFs sind seitens des ETF-Anbieters von Hause aus grundsätzlich nicht sparplanfähig. Jede Bank hat einen (im Zeitablauf sich verändernden) Katalog an sparplanfähigen ETFs. Diese Liste lässt sich online abrufen. Ob ihr Lieblings-ETF dabei ist, ist daher nicht garantiert. Wenn nicht, müssen Sie auf eine zweitbeste ETF-Alternative umsteigen oder – das dürfte eher selten eine attraktive Option sein – ein weiteres Depot bei einer anderen Onlinebank eröffnen.

Man kann ohne Weiteres auch zwei oder mehr ETF-Sparpläne parallel betreiben, wenn die monatliche Sparfähigkeit hoch genug ist.

Als praktischen »Mental Hack«, der bei der langfristigen Vermögensbildung eines Haushaltes helfen könnte, lässt sich das Instrument des Sparplans wie folgt einsetzen: Wann immer der Haushalt eine Gehaltserhöhung erhält, nutzt er 70% dieser Gehaltserhöhung zur Erhöhung seines Lebensstandards und 30% zur Erhöhung der monatlichen Sparrate im ETF-Sparplan. Wenn der Geldverdiener im Haushalt etwa 45 oder älter ist, kann oder sollte das 70/30-Verhältnis zugunsten des Sparplans verschoben werden.

Bei Selbstständigen und manchen anderen Haushalten schwanken die monatlichen Einnahmen zu stark, um monatlich einen fixen Betrag zur

Seite zu legen. Ein klassischer Sparplan eignet sich in solchen Fällen nur bedingt. Hier gibt es eine einfache Alternative: Anstatt monatlich Cash in Gestalt eines Sparplans in Wertpapiere zu transformieren, kann man – je nach momentaner Einkommenssituation – variierende Geldbeträge auf ein speziell dafür eingerichtetes Girokonto überweisen und von dort in größeren Intervallen anlegen, z. B. quartalsweise oder halbjährlich im Wege eines Einmalinvestments, sobald ein Mindestvolumen von 500 Euro oder mehr erreicht ist.

Die folgenden vier Finanzportale enthalten laufend aktualisierte Erläuterungen dazu, wie man einen ETF-Sparplan Schritt für Schritt aufsetzt und welche Sparplankonditionen bei den einzelnen Onlinebanken bestehen. Googeln Sie einfach die in Anführungszeichen gesetzten Stichworte.

www.finanztip.de: »finanztip ETF-Sparplan Vergleich«
www.finanzfluss.de: »finanzfluss ETF-Sparplan Vergleich«
www.extraETF.com: »extraETF ETF-Sparplan Vergleich«
www.justETF.com: »justETF ETF-Sparplan Vergleich«

Am Schluss dieses Abschnitts noch ein Wort zu dem im Zusammenhang mit Fondssparplänen immer wieder gerne genannten »Cost Average Effect«, zu Deutsch Durchschnittskosteneffekt. Viele Vertreter der Finanzbranche und der Medien proklamieren seit 20 oder mehr Jahren, dass ein Anleger im Rahmen eines Fondssparplans vom Durchschnittskosteneffekt profitiere und es besonders schlau sei, diesen auszunutzen. Das ist Nonsens. Dieser Effekt – jedenfalls wenn man ihn als eine systematische, also nicht nur zufällige Verbesserung von Rendite und/oder Risiko versteht – existiert nicht. Das haben Wissenschaftler schon vor gut 40 Jahren erstmalig und eindeutig festgestellt. Warum er nicht existiert, habe ich 2017 in einem Blog-Beitrag zusammengefasst (Kommer 2017b). Wenn ein Vertreter der Finanzbranche Ihnen den Unsinn des Cost-Average-Effekts weismachen möchte, sollten Sie das als Signal für Inkompetenz oder Interessenkonflikte werten und daraus entsprechende Konsequenzen ziehen. Selbstverständlich ist monatliches Fondssparen nützlich und smart, und die Gründe habe ich in diesem Abschnitt dargelegt. Zu diesen Gründen gehört der Durchschnittskosteneffekt aber ganz gewiss nicht.

12.7 Die Frage des Einstiegszeitpunktes und des Einstiegsmodus

Wenn Privatanleger in Aktien investieren wollen, dann stellen sie sich typischerweise die Frage, ob »jetzt« der richtige Zeitpunkt für einen Einstieg in den Markt sei. Die Antwort, die sie sich geben, lautet in der Mehrzahl der Fälle: »Nein.« Hinter diesem Nein stehen, je nach Zeitpunkt, eine von zwei Überlegungen, die ungefähr so lauten:

(e) Nach allem, was ich gehört habe, sind die Aktienmärkte (oder der Aktienmarkt) derzeit teuer und hoch bewertet, vielleicht sogar überbewertet. Jetzt einsteigen heißt, wahrscheinlich nahe beim Allzeithoch zu kaufen. Das kann nicht richtig sein. Und vielleicht kommt bald ein Crash. Die Kiste ist mir zu heiß. Ich warte lieber, bis die Märkte wieder billiger sind.

(f) Wir befinden uns ganz offensichtlich mitten in einer anhaltenden Abwärtsbewegung oder sogar im Anfangsstadium eines Crashs. Überall hört man, dass der Boden wohl noch lange nicht gefunden wurde. Wer in den letzten Monaten Aktien gekauft hat, hat damit einiges Geld verloren. Jetzt ist vermutlich der falsche Zeitpunkt, Aktien zu kaufen. Die allermeisten Experten sagen: Besser warten, bis erkennbar ist, ob Politik und Wirtschaft endlich anfangen, die aktuelle Soundso-Krise zu bewältigen. Im Moment fehlen mir dafür jedenfalls überzeugende Belege.

Was gibt es hierüber zu sagen? Derzeit (November 2022) befinden wir uns in der Überlegung oder dem »Kontext 2«.[65] Wir können jedoch sicher sein, dass auch die Zeit von Kontext 1 irgendwann in den nächsten Jahren wiederkommen wird.

Insgesamt steht hinter alldem die Frage der Wahl des richtigen Einstiegszeitpunkts oder analytisch noch korrekter die Frage, ob »Market-

65 Als ich im August 2018 die damalige Fassung dieses Abschnitts für die erste Auflage des Buches schrieb, befanden wir uns im Kontext 1. Von Ende August 2018 bis Ende August 2022 rentierte der MSCI World kumulativ 77,4% oder 15,4% p.a. Dazwischen ereignete sich der Corona-Crash (ab 02/2020), die chaotische US-Präsidentenwahl mit dem »Sturm auf das Capitol« (2020), drastische Zinserhöhungen (ab Anfang 2021) und der Beginn des Russland-Ukraine-Kriegs im Februar 2022.

Timing«, also das Rein und Raus aus Märkten (hier dem Aktienmarkt), in Abhängigkeit von Bewertungseinschätzungen oder anderen Kriterien zuverlässig genug funktionieren kann. Dafür gibt es aus Sicht der Wissenschaft – und nur die zählt für mich – keine überzeugende Evidenz. Hingegen existiert sehr viel Evidenz, dass Market-Timing nicht funktioniert. »Nicht funktioniert« heißt, dass es auf lange Sicht, man könnte auch sagen »statistisch«, schlechter rentiert als eine kosten- und steuerminimierende Buy-and-Hold-Strategie – und die ist überdies einfacher und nervenschonender. Schlechter rentiert heißt im Allgemeinen, dass es schlechtere absolute Renditen produziert und in vielen Studien sogar schlechtere risikogewichtete Renditen gemessen an der Sharpe-Ratio.

Die wissenschaftliche Literatur zur »Loser-Strategie« Market-Timing ist umfangreich. Einige aus meiner Sicht besonders überzeugende Aufsätze sind: Estrada 2008, Estrada 2015, Black/Wang 2015, Goetzmann 2016, Metcalfe 2017, Boudoukh u. a. 2018, Laarits 2022.

Mit meinen Kollegen habe ich selbst auch vier statistische Untersuchungen (Simulationsrechnungen) durchgeführt zu der Wahrscheinlichkeit, mit Market-Timing besser abzuschneiden als durch einen »agnostischen« Soforteinstieg in den Aktienmarkt mit anschließendem Buy and Hold. Die vier Untersuchungen hatten jeweils ein ähnliches Ergebnis: Market-Timing vernichtet Vermögen.

- Kommer/Weis (2019f): »Timing des Markteinstiegs – funktioniert es?«
- Kommer/Weis (2020a): »Einstieg in den Aktienmarkt: Einmalanlage oder Phaseninvestment?«
- Kommer/Ganowski (2021a): »Die Angst vor dem Allzeithoch – ein schädlicher Irrtum«
- Kommer/Ganowski (2021c): »Warum junge Anleger für den Crash beten sollten«

Dass *rückblickend* der spezifische Ein- und Ausstiegszeitpunkt im Aktienmarkt einen großen Renditeunterschied macht, ist offensichtlich klar. Viele leiten aus dieser banalen Tatsache ab, dass man Ein- und Ausstieg für in die Zukunft geplante Investments richtig timen müsse oder könne. Ein fataler Irrtum. Hier gilt die Regel: Etwas zu versuchen, das schön und attraktiv klingen mag, das aber mit großer Wahrscheinlichkeit nicht funktionieren wird, bringt nicht nur nichts, sondern kann sogar enorme Verluste oder Opportunitätskosten anrichten.

Fassen wir die Grundeinsichten zur Frage des richtigen Einstiegszeitpunktes zusammen: Wer an der Seitenlinie steht, kann kein Tennismatch gewinnen, und wer als Wanderer am Morgen nicht losläuft, kann am Mittag nicht auf dem Berggipfel stehen. Neudeutsch und auf den Aktienmarkt gemünzt bedeutet das: »Time in the market is more important than timing the market.«

Denken Sie in Jahrzehnten, nicht in Monaten. Aktien sind die ertragreichste aller Asset-Klassen; ertragreicher als Immobilien, Zinsanlagen, Rohstoffe, Edelmetalle und viel ertragreicher als die gesetzliche Rentenversicherung. Aktien sind nicht trotz, sondern wegen ihres dauernden Auf und Abs so rentabel – Renditen sind Risikoprämien.

Wer kein Risiko trägt, weil er ängstlich an der Seitenlinie wartet, der wird auch nicht an den Renditen teilhaben, die Aktien ihren »treuen Besitzern« auf lange Sicht liefern.

Das sah auch John Maynard Keynes so, der einflussreichste Ökonom der letzten 120 Jahre und selbst ein Investor, der für ein beträchtliches privates Vermögen und für das liquide Vermögen seiner Universität verantwortlich war. Keynes schrieb: »I should say that it is from time to time the duty of a serious investor to accept the depreciation of his holdings with equanimity and without reproaching himself. […] An investor […] should be aiming primarily at long-period results and should be solely judged by these.«[66]

Egal, wann der Einstieg stattfindet, er wird sich für die meisten Privatanleger, das kann ich fast garantieren, immer so anfühlen, als sei es ein ungünstiger Zeitpunkt. Ein mulmiges Gefühl beim Einstieg ist völlig normal. Und noch einmal: Renditen sind die Kompensation für das Tragen von Risiko. Das ist die Natur des Aktienmarktes.

Langfristig – das zeigen die Daten aus den letzten 50 Jahren und aus den letzten 200 Jahren – geht es am Aktienmarkt aufwärts. Seine kurz- und mittelfristigen Bewegungen kann jedoch niemand zuverlässig prognostizieren, auch wenn uns das nicht einleuchten will und auch wenn beinahe die gesamte Finanzbranche mit ihrer unendlichen Geschichte gebrochener Versprechungen das Gegenteil behauptet. Mehr als die Hälfte meines 410-seitigen Buches *Souverän investieren mit Indexfonds und ETFs* (2018)

66 Zu Deutsch: »… von Zeit zu Zeit ist es die ›Pflicht‹ eines ernsthaften Anlegers die Abwertung seiner Anlagen gleichmütig zu akzeptieren …«

zeigt, warum das Befolgen von Rendite- und Kursprognosen im Allgemeinen und Crash-Prognosen im Besonderen – also Market-Timing – mehrheitlich Schäden anrichtet.

An der Seitenlinie des Aktienmarktes verharren und auf einen vermeintlich besseren Einstiegszeitpunkt zu warten, produziert statistisch schlechtere Renditen, als sofort in den Markt reinzugehen. Die, die warten, warten typischerweise zu lange, viele vielleicht sogar für immer. Über Monate oder Jahre verpassen die Zögerer und Zauderer positive Aktienmarktrenditen, denn auch vermeintlich oder tatsächlich überbewertete Märkte können jahrelang und manchmal sogar jahrzehntelang höhere Renditen als Tagesgelder (der Geldmarkt) oder Anleihen produzieren.

Wer in Aktien investieren möchte, jedoch wegen eines vorgeblich überbewerteten Aktienmarktes den Einstieg scheut oder generell Angst hat vor der Volatilität des Aktienmarktes, dem können vielleicht die Hinweise im restlichen Teil dieses Abschnitts helfen:

Kluges Risikomanagement – darum geht es hier – geschieht gerade *nicht* über eher aussichtsloses Market-Timing (Raus/Rein, Hin/Her, Warten/Nicht warten, Risk-On/Risk-Off), sondern über eine für den Anleger generell passende Asset-Allokation, die seine grundsätzliche Risikotragfähigkeit, seinen Anlagehorizont und andere Dinge reflektiert. Wem der globale Aktienmarkt – und anders als global gestreut sollte sowieso kein Privatanleger in den Aktienmarkt investieren – zu risikoreich erscheint, der muss seine Asset-Allokation konservativer ausrichten, statt über kurz- und mittelfristige Marktbewegungen zu spekulieren.

Nicht investieren ist unmöglich. Jeder ist immer schon investiert. Die Frage ist nicht, ob oder ob nicht investieren, sondern in was investieren. Wer Angst vor der Überbewertung des Aktienmarktes hat, darf diese niemals in Isolation betrachten, wenn er rational agieren will. Bewertungen von Asset-Klassen und einzelnen Assets müssen stets relativ, also im Vergleich zur Bewertung anderer Asset-Klassen und Assets, erfolgen. Selbst wenn der globale Aktienmarkt um 100% überbewertet wäre (was er in den letzten 50 Jahren nie war), bestünde für ihn in die Zukunft gerichtet immer noch eine höhere Renditeerwartung als für das Sparbuch.

Generell ist meine Empfehlung: Investieren Sie Geldmittel (Liquidität), die *grundsätzlich* (gemäß ihrer Asset-Allokation) für die Asset-Klasse Aktien vorgesehen sind, immer dann und immer dann sofort, wenn sie Ihnen zufließen. Beispiel: Meine Oma schenkt mir 200 000 Euro im Rahmen des schenkungsteuerlichen Freibetrags für Enkel. Ich will generell eine 70/30-Asset-Allokation. Dann investiere ich die 140 000 Euro in Aktien-ETFs innerhalb einer Woche, nachdem sie auf meinem Konto eingegangen sind. Das ist eine einfache und auf lange Sicht kluge Regel. Dann erledigt sich in Zukunft auch die Frage des Einstiegszeitpunkts ein für alle Mal.

Wen die oben genannten rationalen, »statistischen« Argumente noch nicht überzeugt haben, dem könnte eventuell eine oder mehrere der vier folgenden, an der Psychologie orientierten einfachen »heuristischen Regeln« helfen:

(a) Beginnen Sie einfach mit einer moderaten 10%-Allokation (10% des Gesamtportfolios) in einen global diversifizierten Aktien-ETF, und dann beobachten Sie ein oder zwei Jahre, wie Sie damit nervlich und anderweitig zurechtkommen. Wenn Sie damit gut zurechtkommen, könnten Sie nach einem oder zwei Jahren auf 20% aufstocken (oder früher, wenn Sie das möchten) – entweder durch Umschichtung oder durch Nachinvestieren. Investieren in Aktien ist – wie Tangotanzen, Skatspielen, Skifahren oder Kochen – etwas, das man Schritt für Schritt lernt und lernen kann.

(b) Stellen Sie einen »Investmentphaseneinstiegsplan« auf, und befolgen Sie diesen dann mechanisch. Dieser Phaseneinstiegsplan könnte beispielsweise wie folgt aussehen: (i) Man investiert ein Viertel der fraglichen Summe heute und in jedem der drei folgenden Quartale ein weiteres Viertel (Gesamtdauer neun Monate). (ii) Man investiert ein Sechstel des Anlagebetrages sofort und dann alle sechs Monate ein weiteres Sechstel (Gesamtdauer 30 Monate). Weitere Spielarten hiervon sind nach eigenem Gusto möglich. In jedem Fall muss man den ursprünglich geplanten Plan konsequent und rein mechanisch umsetzen, egal, in welche Richtung sich die Märkte kurzfristig bewegen, und in jedem Fall sollte man den Einstieg meines Erachtens nicht über 36 Monate hinaus strecken. Mit einem solchen Plan kann ein Anleger gefühlsmäßig eigentlich nur gewinnen: Steigt der Markt nach dem Anfangsinvestment, freut sich der Anleger über den Wertzuwachs seines Portfolios und über seine Klugheit, das Investment nicht aufgeschoben zu haben. Fällt der Markt, hat er nun die Gelegenheit, zu günstigeren Preisen zu kaufen, und wird sich in der Entscheidung bestätigt fühlen, nicht alles auf einmal investiert zu haben.

(c) Nutzen Sie einen Robo-Advisor (einen, der mit ETFs arbeitet). Dieser übernimmt für Sie die Festlegung der Asset-Allokation, die Auswahl der ETFs, die Depoteröffnung und vieles weitere, das sie bisher vom Investieren abhält. Sie haben dann immer noch die Möglichkeit, das Depot nach beispielsweise einem Jahr von der Bank des Robos zu einer anderen Bank zu übertragen, wo Sie dann selbst im Do-it-yourself-Modus dafür verantwortlich sind. In Abschnitt 14.2 gehe ich genauer auf Robos ein.

(d) In Abschnitt 12.6 beschreibe ich die Vorteile von »ETF-Fondssparen«, also automatisiertes Anlegen und Sparen von Beträgen, die Sie laufend und mechanisch von Ihrem Einkommen abzweigen. Wenn Sie »Einstiegsangst« haben, dann starten Sie »wenigstens« jetzt mit einem ETF-Fondssparplan auf einen globalen Aktienindex. Auch das kann ein Mittel sein, Einstiegsangst und die Market-Timing-Illusion zu überwinden. Beginnen Sie also als Minimum auf diesem betraglich und zeitlich bescheidenen Niveau, denn das Risiko, damit Ihren jetzigen (sofortigen) Start zu bereuen, ist ja bereits wegen der niedrigen absoluten Beträge und des langsamen Tempos überschaubar. Weniger Einstieg sollten Sie beim besten Willen nicht praktizieren.

FAZIT

Hören Sie auf, an das verstaubte Märchen vom »richtigen Timing«, von der »Umschiffung von Markteinbrüchen« und von »jetzt ist nicht der richtige Zeitpunkt« zu glauben. Viele Bauernfänger aus der Finanzbranche und zahlreiche Wirtschaftsjournalisten und Finanz-Blogger verbreiten es seit Jahrzehnten jeden Tag neu, doch davon wird es nicht weniger falsch, nicht weniger unwissenschaftlich und auf lange Sicht nicht weniger vermögensschädlich.

Bestimmen Sie stattdessen in Ruhe die für Sie richtige Asset-Allokation, die zu Ihrer allgemeinen Risikotragfähigkeit passt, und investieren Sie in den Aktienmarkt auf dieser Grundlage immer genau dann und sofort dann, wenn Ihnen Liquidität zufließt, die Sie grundsätzlich anlegen wollen. Folgen Sie dieser einfachen Regel bis an Ihr Lebensende. Praktizieren Sie radikales Buy and Hold.

Wenn Ihnen zu einem Soforteinstieg der Mut fehlt (wofür ich stets Verständnis hätte), dann praktizieren Sie einen, zwei oder drei der oben genannten »Investment-Hacks«.

12.8 »Rebalancing« – das Portfolio auf Kurs halten

Wer sich für passives Investieren mit ETFs entscheidet, der sollte sich auch mit dem Konzept und der Umsetzung von *Rebalancing* befassen.

Tabelle 20 illustriert den Hintergrund von Rebalancing (RB) anhand eines Zahlenbeispiels für ein simples Portfolio aus drei Einzelbestandteilen (drei ETFs) und mit einem gesamten anfänglichen Anlagebetrag von 10 000 Euro. Die unterschiedlichen individuellen Renditen der drei Portfoliokomponenten in der Betrachtungsperiode – hier ein Jahr – führen zu einer deutlichen Verschiebung der Asset-Allokation zwischen Beginn und Ende des Jahres.

Tabelle 20: Illustration der Notwendigkeit von Rebalancing

	Portfoliokomponente A (ETF 1)	**Portfoliokomponente B (ETF 2)**	**Portfoliokomponente C (ETF 3)**	**Gesamtportfolio**
Erwartete Rendite	**niedrig**	**mittel**	**hoch**	
Erwartetes Risiko	**niedrig**	**mittel**	**hoch**	
Ausgangssituation am Anfang von Jahr 1				
Gewichtung im Gesamtportfolio (Asset-Allokation)	40%	30%	30%	100%
Geldbetrag	4000 €	3000 €	3000 €	10000 €
Situation am Ende von Jahr 1				
Rendite der Einzelkomponenten in Jahr 1	0%	–10,0%	+30,0%	6,0%
Neuer Geldbetrag Ende Jahr 1	4000 €	2700 €	3900 €	10600 €
Neue Gewichtung im Portfolio Ende Jahr 1 (Asset-Allokation)	38%	25%	37%	100%

► Zahlen kaufmännisch gerundet. ► Alle Berechnung ohne Berücksichtigung etwaiger Steuereffekte.

Am Ende des Jahres hat sich der Rendite-Risiko-Charakter des Portfolios in Richtung mehr Risiko und mehr Renditeerwartung (mehr Renditechancen) entwickelt. Die risikoreichste Komponente im Portfolio, ETF 3, hat jetzt ein Gewicht von 37% statt zuvor 30%. Relativ betrachtet sind das

23% zu viel (37% ÷ 30% – 1), jedenfalls wenn man annimmt, dass die ursprüngliche Asset-Allokation immer noch Gültigkeit haben soll, was ich hier tue. Umgekehrt steht es bei den risikoärmeren Komponenten (ETF 1 und 2). Sie sind im Portfolio nun zu gering gewichtet.

RB ist der Prozess, solche Ungleichgewichte, die im Zeitablauf durch Marktentwicklungen (nicht durch den Willen des Anlegers) entstanden sind, wieder ins Lot zu bringen. Das Ziel besteht darin, den ursprünglich bewusst gewählten Rendite-Risiko-Charakter des Portfolios nicht durch Marktentwicklungen zu verlieren. In diesem Sinne ist RB zunächst einmal eine Form von systematischem Risiko-Management, weil damit verhindert wird, dass das Portfolio im Zeitablauf risikoreicher oder risikoärmer (und ertragsschwächer) wird.

Ein anderer Grund, der für RB spricht, ist sein tendenziell renditefördernder Effekt bezogen auf RB innerhalb von Asset-Klassen mit ähnlichen erwarteten Renditen, also Asset-Klassen ähnlichen Risikos. Im günstigsten Fall kann das langfristig um 0,2 bis 0,4 Prozentpunkte pro Jahr zusätzliche Rendite ausmachen. Dieser Effekt wird in der Literatur als »Rebalancing-Bonus« oder »Diversifikationsrendite« bezeichnet. Keinen solchen Effekt hat RB zwischen Asset-Klassen mit deutlich unterschiedlicher erwarteter Rendite (also z. B. zwischen Aktien und risikoarmen Anleihen). Hier senkt RB tendenziell die Portfoliorendite, da man mit RB ja gerade verhindert, dass die höher rentierlichen Asset-Klassen ihr Portfoliogewicht im Zeitablauf ausdehnen.

Wie wird RB konkret praktiziert, und wie wird es umgesetzt? »Richtiges«, diszipliniertes RB erfordert nicht, dass in jedem Moment exakt oder fast exakt die Zielstruktur des Portfolios realisiert sein muss. Vorübergehende Abweichungen sind durchaus erlaubt, sofern die Befolgung der RB-Methode (a) strikt und mechanisch ist (also einer generell formulierten Regel folgt); (b) über einen Zeitraum von maximal 24 bis 36 Monaten die realistische Aussicht besteht, wieder nahe zur Zielstruktur zurückzukommen; (c) Verzögerungen/Abweichungen beim/vom Erreichen der Zielstruktur primär motiviert sind durch Einsparungen von Transaktionskosten oder Steuern.

Grundsätzlich existieren die folgenden vier Konzepte und Techniken, die beim RB eine Rolle spielen. Sie werden nachfolgend erläutert.

In Bezug auf den Auslösungsmechanismus von RB unterscheidet man (a) kalenderbasiertes RB und (b) bänderbasiertes RB.

In Bezug auf die Umsetzung (Durchführung) von RB gibt es (a) Cashflow-basiertes RB und (b) Umschichtungs-RB.

- Anleger in der Vermögensaufbauphase verwenden im Normalfall neue Finanzmittel für das RB, einschließlich eines Fondssparplans, den man etwa alle zwölf Monate aus RB-Gesichtspunkten ändert (siehe Abschnitt 12.6). Nachinvestments (Zuführungen zum Depot) werden stets in die Depotkomponente (Asset-Klasse) investiert, die relativ zum Zielgewicht am stärksten untergewichtet ist. Hier handelt es sich um Cashflow-basiertes RB. Es kann zu jedem beliebigen Zeitpunkt stattfinden. Über einen ETF-Sparplan, den man jährlich oder in größeren Abständen entsprechend anpasst oder umstellt, lässt sich wunderbar CF-basiertes RB im Weltportfolio betreiben.
- Anleger in der Vermögensverbrauchsphase bewerkstelligen RB über Entnahmen. Diese finden aus derjenigen Asset-Klasse statt, deren prozentuales Gewicht über dem Zielgewicht liegt. Auch hier handelt es sich um CF-basiertes RB. CF-basiertes RB hat gegenüber Umschichtungs-RB den Vorteil, dass keine Transaktionskosten oder Steuerabflüsse anfallen, die nicht sowieso anfallen würden. Es ist in diesem Sinne also kostenlos.

Soweit kein Cashflow-basiertes RB möglich ist oder es volumenmäßig nicht ausreicht, ist Umschichtungs-RB erforderlich. »Volumenmäßig nicht ausreicht« bedeutet: Es besteht keine realistische Aussicht, dass die erwarteten Cashflows (Zuflüsse, Entnahmen) das Portfolio innerhalb von 24 Monaten wieder einigermaßen ins Lot (in die Zielstruktur) zurückbringen werden. Umschichtungs-RB kann auf zwei Arten erfolgen:

- Kalenderbasiertes Umschichtungs-RB: Einmal im Jahr in einem bestimmten Monat (z. B. immer im Januar) überprüft der Anleger die Abweichungen der einzelnen Portfoliokomponenten vom Zielgewicht. Da, wo diese Abweichungen nicht sehr klein sind, nimmt er entsprechende Umschichtungen (Verkäufe, Käufe) vor, um die Zielstruktur wiederherzustellen.
- Bänderbasiertes Umschichtungs-RB: Hier werden zunächst »RB-Bänder« definiert. Ein Beispiel: Bei einer gegebenen Asset-Allokation bleibt man im Falle von prozentualen Verschiebungen, wie sie in Tabelle 20 beschrieben sind, so lange untätig, bis mindestens eine Asset-Klasse

ihre Zielallokation beispielsweise um 20% über- oder unterschreitet. Das RB-Band hat also eine Weite von plus/minus 20%. Soll die risikoarme Portfoliokomponente beispielsweise 40% in einem Portfolio umfassen, würde das bedeuten, dass sich diese Portfoliokomponente zwischen 32% und 48% bewegen darf. Außerhalb dieses Bandes werden Umschichtungen vorgenommen.

In einem Aktien-Crash ist RB auf Sicht von fünf Jahren aufwärts vermutlich besonders rentabel, da man damit günstige oder günstiger bewertete Aktien nachkauft. Zugleich erfordert RB in dieser Situation besonders viel Disziplin. Sehr viele Privatanleger werden diese Disziplin und letztlich den Mut dann, wenn diese beiden Eigenschaften erforderlich und besonders renditeträchtig wären, nicht haben. Hier trennt sich die Spreu der »schwachen, naiven, undisziplinierten Anleger« vom Weizen der »starken, klugen, disziplinierten«. Hierzu mehr im Kapitel »Was tun im Crash?« am Ende des Buches.

Im Prinzip lassen sich kalenderbasiertes und bänderbasiertes RB auch miteinander kombinieren, wenngleich ich persönlich eine solche Kombination eher für zu viel des Guten halte.

Aus wissenschaftlicher Sicht gibt es keine klare Aussage, ob die Kalender-Methode (z. B. fortlaufend, jährlich oder zweijährlich) oder die Bänder-Methode zu bevorzugen ist. Die Wahl ist also Geschmacksache.

Keinesfalls sollte man RB in der Form eines verkappten Market-Timing betreiben. RB sollte ein strikt mechanischer, disziplinierter und regelbasierter Vorgang sein und nicht in Spekulation auf steigende oder fallende Kurse ausarten.

Im Internet finden sich mehre kostenlose RB-Rechner, mit denen Sie für eine gegebene Depotstruktur leicht ermitteln können, was die Zielbeträge in einer gegebenen Situation für Ihr Depot sind (Sie könnten das natürlich auch mit einer selbst gebastelten Excel-Tabelle herausfinden). Googeln Sie einfach die Worte »extraETF rebalancing-rechner« oder »finanzfluss rebalancing-rechner«.

Wenn Sie sich tiefergehend mit dem interessanten und für einen passiven Anleger recht wichtigen Thema Rebalancing auseinandersetzen wollen, dann empfehle ich den Blog-Beitrag dazu von meinem Kollegen Jonas Schweizer und mir (Kommer/Schweizer 2021b).

12.9 Was das Weltportfolio-Konzept nicht ist

Um das Weltportfolio-Konzept angemessen und anwenderfreundlich zu beschreiben, ist es nach meiner Erfahrung hilfreich, es von Ansätzen abzugrenzen, die ihm oberflächlich ähneln, aber ihm dennoch widersprechen. Nachfolgend daher eine kurze Auflistung von Investmentansätzen, die die Nutzung von ETFs beinhalten, aber kein *souveränes Investieren* darstellen.

- Aktiv investieren mit ETFs. Der größte Teil der rund 10 000 Milliarden Dollar, die Mitte 2022 weltweit in ETFs investiert waren, wurde *aktiv*, also spekulativ investiert, d. h. gerade nicht passiv auf Buy-and-Hold-Basis. Es wird Market-Timing mit ETFs betrieben. Das geschieht über die kurz- oder mittelfristige Über- und Untergewichtung bestimmter ETFs im Depot, die Regionen, Länder oder Branchen abbilden, mit dem Ziel, eine Überrendite zu erzielen. Die Forschung hat dieses aktive Investieren mit ETFs untersucht, soweit es durch Privatanleger geschieht. Mehrheitlich produziert es Minderrenditen (Bhattacharya u. a. 2016). In diesem Zusammenhang zeugt die fortwährende Gleichsetzung von »in ETFs investieren« in den traditionellen Medien und im Internet mit »passiv investieren« von schlampigem Journalismus.
- Investieren in nur einen oder wenige ETFs – auch auf Buy-and-Hold-Basis –, ohne auf systematische, weltweite Diversifikation zu achten. Ein DAX-ETF, ein EURO-STOXX-50-Investment oder ein Nasdaq-100-ETF allein repräsentiert noch keine nennenswerte Aktienmarktdiversifikation und ist kein marktneutrales, sondern spekulatives, letztlich prognosebasiertes Investieren, weil hier relativ kleine, nicht gut diversifizierte Teilsegmente des Weltaktienmarktes gegenüber einer marktneutralen Gewichtung herausgepickt wurden. Ohne dass das den betreffenden Anlegern unbedingt immer klar ist, wettet derjenige, der nur in ein Teilsegment des Weltaktienmarktes investiert, damit zugleich *gegen* den Rest des Marktes. Das ist aktives Investieren.
- Mischen von ETFs mit aktiv gemanagten Anlagen, z. B. in Form des von Finanzberatern und Finanz-Bloggern immer wieder gerne aus der Mottenkiste geholten, inzwischen allerdings arg angestaubten »Core-Satellite-Ansatzes«. In diesem inkonsistenten Konzept wird der »Kern« (Core) des Anlegerportfolios mit ETFs abgedeckt, die »Satelliten« (die um den Kern schwebenden Satelliten, also »Ränder« oder »Nischen«)

dagegen mit aktiven Produkten oder Strategien. Das ist ungefähr so klug und logisch, wie wenn ein schwer kranker Mensch zu einem Facharzt geht, dann jedoch nur 70% von dessen therapeutischen Maßnahmen umsetzt und zusätzlich, parallel dazu, zu 30% noch die Maßnahmen eines Voodoo-Doktors. Nicht nur kommt dabei »weniger« heraus als bei vollständiger Anwendung der wissenschaftlichen Therapie, letztere kann durch die Vermischung mit Quacksalberei selbst sogar schädlich werden.

- Die Verwendung von Hedging-Techniken zur Absicherung von Kursrisiken nach unten. Beispiele sind Stop-Loss-Orders oder inverse ETFs (siehe Abschnitt 16.5), die an Wert gewinnen, in dem Maße, wie Marktkurse sinken. Von wenigen Spezialkonstellationen abgesehen erfolgt Downside Hedging bei echtem Indexing über das Mischungsverhältnis zwischen dem risikobehafteten und dem risikoarmen Portfolioteil. Warum Downside Hedging alles in allem eine kontraproduktive Idee ist, haben mein Kollege Max Bartosch und ich vor einiger Zeit in einem Blog-Beitrag untersucht (Kommer/Bartosch 2022a).

13 Praktische Umsetzungsfragen beim Weltportfolio-Konzept

»Die 20 Prozent der wirklich dummen Entscheidungen im Leben schaden uns mehr als die 20 Prozent der wirklich smarten Entscheidungen uns helfen.« (Nate Silver, amerikanischer Statistiker, ehemaliger Pokerspieler und Ratgeberautor)

13.1 Sozial verantwortlich investieren mit ETFs

Wenig andere Themen auf dem Gebiet der Geldanlage haben – zumindest in den Medien – in den letzten fünf Jahren solche Wogen geschlagen wie nachhaltig Investieren. Zwei Kürzel, die man kennen sollten, wenn man nachhaltig mit ETFs investieren möchte, sind »ESG« und »SRI«.

ESG: Die Abkürzung steht für »Environmental, Social and Governance«.[67] Ein ESG-Index, und damit ein den ESG-Index replizierender ETF, reduziert das Gewicht von Aktien, die in diesen Kriterien im Vergleich zu einer marktneutralen Index-Variante »schlechtere Punktezahlen haben«. »Reduziert das Gewicht« bedeutet relativ zum entsprechenden Nicht-ESG-Mutter-Index, aus dem sich die ESG-Variante des Index rekrutiert – Beispiel: der MSCI World ESG Index relativ zum MSCI World Index.

SRI: Die Abkürzung steht für »Socially Responsible Investing« (sozial verantwortliches Investieren). Die grundsätzlichen Unterschiede zu ESG waren ursprünglich gering. In den letzten ein, zwei Jahren hat sich jedoch eingebürgert, dass SRI im Bereich Börsenindizes (und damit den darauf aufsetzenden ETFs) für eine »schärfere Variante« von ESG steht. Bei SRI werden tendenziell nicht die in Sachen ESG-Kriterien innerhalb

67 Der Begriff »Governance« bezieht sich auf Sachverhalte im Bereich der Unternehmensführung, beispielsweise, ob zur Unternehmensleitung auch Frauen gehören oder ob die Vergütung des Vorstands hinreichend transparent gemacht wird.

einer Branche schlechten Unternehmen aussortiert (das Gewicht dieser Unternehmen im Index gesenkt), sondern ganze Branchen wie Rohstoffe, Tabak, Waffen ausgeschlossen.

Es dürfte keinen Leser verwundern, dass nachhaltiges oder sozial verantwortliches Investieren mit komplexen und vielfach höchst subjektiven ethisch-moralischen Fragen einhergeht, auf die allesamt vernünftige, anständige Menschen sehr unterschiedliche Antworten geben können und geben werden. Ich nenne dafür nur ein Beispiel: Die Mehrheit der Franzosen (und möglicherweise auch die Mehrheit aller Bewohner des Planeten Erde) sieht Atomenergie jedenfalls über die nächsten 10 bis 20 Jahre als sinnvolle oder sogar die wichtigste Technologie im Kampf gegen den Klimawandel. Die Mehrheit der Deutschen teilt diese Meinung nicht. Was ist richtig? Was ist besser? Was ist nachhaltiger? Man könnte problemlos ein ganzes Buch mit der Erörterung ähnlicher Güterabwägungen im Umfeld von Ethik, Politik, Naturwissenschaft, Wirtschaft, Technologie und deren jeweiliger Einschätzung füllen. Nur geringfügig überspitzt könnte man sagen, dass keine zwei Menschen bei diesen Dingen die gleiche Ansicht haben.

Bei der Entscheidung, nachhaltig zu investieren oder nicht, geht es einerseits um eine Gewissensfrage, andererseits um die persönliche Meinung hinsichtlich des richtigen Wegs zur Erhaltung unserer Lebensgrundlage. Da jeder denkbare Weg mit großer Komplexität und Unsicherheit verbunden ist, kann dies nicht nach einem simplen Schwarz-Weiß-Muster beantwortet werden, und jeder Anleger muss schlussendlich für sich individuell entscheiden.

In diesem kurzen Abschnitt will ich angesichts dieser komplexen, weltanschaulich aufgeladenen Ambivalenz daher nur auf einige praktische Aspekte des nachhaltigen Investierens mit ETFs hinweisen:

Nachhaltig zu investieren, ist mit ETFs klarer, systematischer, transparenter und wirksamer möglich als mit aktivem Investieren, beispielsweise mit aktiv gemanagten ESG-Fonds. Die Gründe für den Einschluss oder Ausschluss eines bestimmten Unternehmens bei ETFs sind einfach viel stringenter, ehrlicher und konsequenter formuliert als bei aktiv gemanagten Fonds, wo vieles subjektiv, willkürlich vage, nur scheintransparent und von angeberischer Werbung der Fondsgesellschaften verzerrt ist.

Die Zahl der ESG/SRI-ETFs hat in den letzten Jahren erfreulich stark zugenommen. Von den im Februar 2022 in Deutschland vertriebenen über 1800 ETFs gehörten etwa 450 zum nachhaltigen Typus. Diese Zahl wird absolut und relativ weiter steigen. Lässt man die meines Erachtens ohnehin fragwürdigen, kaum diversifizierten Themen-ETFs unberücksichtigt (siehe Abschnitt 16.5), kann man die meisten Investmentpräferenzen bei Aktien und Anleihen heutzutage auch mit nachhaltigen ETFs umsetzen.

Innerhalb der ESG/SRI-Community existiert die These oder Behauptung, dass nachhaltiges Investieren genauso rentabel oder gar rentabler sei als Nicht-ESG-Investieren. Um das zu beweisen, werden dann üblicherweise Renditedaten aus den letzten 5, 10 oder 15 Jahren gezeigt. Ich halte diesen Anspruch für im höchsten Maße fragwürdig und in gewisser Weise unethisch, weil der wissenschaftliche Konsens diese Aussage ganz gewiss nicht hergibt. Im Übrigen beweist auch eine noch so attraktive Rendite von ESG-Investments in einem willkürlich ausgewählten Zeitraum diese Aussage selbstverständlich nicht, auch wenn dieser Zeitraum »zufällig« die letzten zehn Jahre sind.

Der klaren Mehrheitsmeinung in der Wissenschaft zufolge geht nachhaltiges Investieren auf lange Sicht mit niedrigeren Renditen bei leicht niedrigerem Risiko einher. Die sachlogischen und die empirisch-statistischen Gründe führe ich hier aus Platzgründen nicht aus und verweise stattdessen nur auf die Studien von Barber u. a. 2021 und Bruno u. a. 2022.

Gegenüber konventionellem passivem Investieren geht nachhaltiges Investieren auf alle Fälle mit weniger Diversifikation einher. Je nach Intensitätsgrad der Nachhaltigkeit müssen nämlich eine beträchtliche Zahl von Unternehmen aussortiert werden. Einerseits haben Unternehmen mit einer hohen (guten) ESG-Punktezahl oft ein risikoärmeres Geschäftsmodell als »braune« (»schmutzige«) Unternehmen mit niedriger Punktezahl. Das wirkt aus Anlegersicht risikomindernd. Die geringere Diversifikation bei ESG-Anlagen wirkt jedoch risikoerhöhend. Was der Nettoeffekt ist, lässt sich nicht allgemeingültig beurteilen.

FAZIT

Nachhaltiges Investieren geht mit komplexen ethischen und praktischen Güterabwägungen einher. Was für den einen nachhaltig ist, kann für den anderen dessen Gegenteil sein.

Nachhaltiges Investieren dürfte auf lange Sicht zu etwas niedrigeren absoluten Renditen führen.

Nachhaltiges Investieren geht mit ETFs vermutlich besser als mit jedem anderen Finanzprodukt und – meiner Ansicht nach – auch besser als mit Einzelwerten.

13.2 Ausschüttende oder thesaurierende ETFs – was passt besser für mich?

Die in dieser Überschrift formulierte Frage lässt sich schnell beantworten. Thesaurierende ETFs eignen sich für die meisten Anleger in den meisten Konstellationen besser als ausschüttende ETFs. Dennoch sind ausschüttende ETFs bei der Mehrzahl aller Privatanleger beliebter.

In diesem Abschnitt werde ich die Argumente, die für thesaurierende ETFs sprechen, im Schnelldurchgang auflisten. Wer diese Argumente detaillierter nachvollziehen möchte, dem empfehle ich die am Ende dieses Abschnitts genannten drei Blog-Beiträge von meinen Kollegen und mir.

(a) Vorteile von thesaurierenden ETFs (Nachteile von ausschüttenden ETFs)

- Thesaurierende ETFs machen weniger Arbeit. Der Anleger muss sich nicht um die Wiederanlage von Ausschüttungen kümmern.
- Thesaurierende ETFs sind letztlich günstiger, denn beim Anleger fallen keine Transaktionskosten für einen Kauf im Rahmen der Wiederanlage von Ausschüttungen an. (Auf Anleger, die auf Ausschüttungen/Entnahmen aus dem Depot angewiesen sind, komme ich weiter unten zu sprechen.)
- Sie sind tendenziell rentabler, weil bei ihnen Ausschüttungen nicht »monatelang« ohne Rendite auf einem Verrechnungskonto herumliegen können.
- Sie haben in Deutschland normalerweise einen leichten Steuervorteil gegenüber ausschüttenden Aktien-ETFs. Diesen beschreibe ich in Kapitel 15.

- Sie enthalten einen nützlichen Mechanismus der Selbstdisziplinierung, indem sie beim Anleger die Versuchung reduzieren, Ausschüttungen für Konsum zu verpulvern. So helfen sie dem Anleger, maximal von der Wirkung des Zinseszinseffekts zu profitieren.

(b) Scheinvorteile oder angebliche Vorteile von ausschüttenden ETFs

- *Scheinvorteil 1: Für Anleger in der Vermögensnutzungsphase, die auf Entnahmen aus ihrem ETF angewiesen sind, sind ausschüttende ETFs aufgrund einer Einsparung bei den Transaktionskosten besser geeignet.* Das stimmt so nicht. Wenn ich das in meinen Kundengesprächen sage, ernte ich oft ungläubiges Staunen. Warum haben ausschüttende ETFs auch in dieser Konstellation keinen echten Vorteil? Antwort: Es käme einem Wunder biblischen Ausmaßes gleich, wenn ein Anleger mit ausschüttenden ETFs (eventuell zusammen mit seinen anderen ausschüttenden Investments wie Immobilien, einzelnen Aktien oder Anleihen), nach Steuern *dauerhaft genau* die Ausschüttungshöhe hinbekäme, die er tatsächlich braucht. In der Realität wird ein solcher Anleger in einem gegebenen Monat oder Quartal nahezu immer entweder zu viel oder zu wenig Ausschüttungen erhalten. Hat er zu wenig, muss er doch ETF-Anteile veräußern, hat er zu viel, muss er die überschüssigen Ausschüttungen reinvestieren. Angesichts der im Privatkundengeschäft üblichen Struktur und Höhe von Transaktionskosten entstehen bei den meisten Banken bereits für relativ kleinbetragliche Anteilskäufe oder -verkäufe annähernd die gleichen Transaktionskosten wie für etwas größere. Im Ergebnis hat der Anleger, der ausschüttende ETFs nutzt, unnütze Mehrarbeit mit dem Management seiner ständig wechselnden Mischung aus Ausschüttungen und Anteilsverkäufen, ohne jedoch nennenswert Kosten zu sparen.
- *Scheinvorteil 2: Aktien mit hohen Dividendenrenditen (die fast immer in ausschüttenden ETFs verpackt sind) haben auf lange Sicht höhere Gesamtrenditen als Aktien mit niedrigen Dividenden oder ohne Dividenden.* Dass dividendenstarke Aktien einen Vorteil bei der Gesamtrendite (Dividenden + Kursgewinne) gegenüber Aktien mit niedrigen Renditen hätten, ist ein nicht ausrottbares Ammenmärchen (siehe auch Literaturhinweise am Ende dieses Abschnitts). Auch dass Dividenden endgültige Gewinne seien, Kursgewinne hingegen nicht, ist – mit Verlaub – Unsinn. Schon das Konzept »endgültig« ist in diesem Zusam-

menhang zweifelhaft. Reinvestierte Dividenden sind genauso wenig »endgültig« wie nicht realisierte Kursgewinne. Nicht reinvestierte sind keinen Deut »endgültiger« als realisierte Kursgewinne.

Schlussendlich ist der einzig verbleibende echte Vorteil ausschüttender ETFs ein fragwürdiger: Manche Privatanleger müssen aus rein emotionalen Gründen den regelmäßigen Eingang von Dividenden auf ihrem Verrechnungskonto sehen und erleben. Ohne dieses Erleben würden sie die Disziplin zum Aktieninvestieren nicht aufbringen. Zwar hat das aus den hier gezeigten Gründen tendenziell einen negativen Einfluss auf die wirklich relevante Gesamtrendite, aber am Ende des Tages kann es ein nützlicher Mentaltrick sein. Motto: Besser in »schlechte« ausschüttende ETFs investieren als gar nicht investieren.

Denjenigen, die sich über die hier getroffenen Aussagen genauer informieren wollen, empfehle ich die folgenden drei Blog-Beiträge:

- Kommer/Weis (2017): »Ausschüttende vs. thesaurierende Fonds«
- Kommer/Weis (2018c): »Dividendenstrategien: Fakten und Fantasien«
- Kommer/Weis (2019): »Depotentnahmen: Mythen und Missverständnisse«

13.3 Wechselkursrisiko – wie damit umgehen?

Wer in börsennotierte Anlagen, einschließlich ETFs, investiert, der sollte sich grundsätzlich über die Frage des Währungsrisikos (Wechselkursrisikos) Gedanken machen. Erfreulicherweise ist diese Thematik für ein ETF-Investment, wie es in diesem Buch empfohlen wird, recht simpel. Die zentralen Regeln, die man dazu kennen sollte, fasse ich im Folgenden zusammen.

- Die in der Praxis vielleicht wichtigste Feststellung ist, dass die »Fondswährung« (ökonomisch präziser die »Berichtswährung«) eines ETFs für sich genommen rein gar nichts über das Wechselkursrisiko des Investments aussagt, insbesondere nicht bei Aktien-ETFs. Die Fondswährung ist bei manchen, aber nicht bei allen außerhalb Deutschlands investierenden ETFs ein Namensbestandteil, typischerweise am Ende des ETF-Namens. Ein Beispiel hierfür sind die folgenden beiden von mir willkürlich ausgewählten ETFs auf den bekannten US-Aktienindex S&P 500: (a) Amundi ETF S&P 500 UCITS ETF USD (WKN A2H575), (b) BNP Paribas Easy S&P 500 UCITS ETF EUR (WKN A1W4DP). Beim ersten ETF ist der USD die Fondswährung (Berichtswährung), beim zweiten der Euro. Beide ETFs haben für den Anleger, egal ob Deutscher, Österreicher oder Schweizer, jedoch exakt das gleiche Wechselkursrisiko – ganz einfach deswegen, weil die Fondswährung für das tatsächliche Wechselkursrisiko komplett irrelevant ist. Diese Regel gilt für Aktien-ETFs allgemein, egal, ob sie den US-Aktienmarkt, den chinesischen Aktienmarkt oder den globalen Aktienmarkt abbilden.

- In einem halbwegs global diversifizierten Aktienportfolio (was mit ETFs ja leicht zu erreichen ist) macht es ökonomisch keinen Sinn, einen bestimmten Wechselkurs, beispielsweise den USD-Euro-Wechselkurs, abzusichern. Das hat folgende Gründe: (a) Realwirtschaftlich auf Ebene der Einzelunternehmen sind in einem solchen Portfolio *Hunderte* von Wechselkursen und Wechselkursrisiken enthalten und eben nicht nur der USD-Euro-Kurs. Das trifft bereits auf große einzelne Unternehmen zu, wie z. B. Apple, und es trifft natürlich noch mehr zu auf ein Portfolio aus Hunderten Großunternehmen, die aus Dutzenden Währungsräumen Vorleistungen beziehen und in diesen Währungsräumen Umsätze erzielen. Wenn das so ist, ist es nicht nur sinnlos, sondern kontraproduktiv, nur eines dieser Risiken (einen einzelnen Wechselkurs) zu fixieren. In gewissem Sinne kann man hier von Pseudo-Wechselkurssicherung sprechen. (b) Wechselkurse schwanken zwar kurz- und mittelfristig stark und unberechenbar, haben in der eigenen Währung aber eine inflationsbereinigte Renditeerwartung von null. Weil das so ist, können Wechselkurse sowohl risikoerhöhend als auch risikosenkend wirken. Wechselkursrisiko und Wechselkurschance sind zwei Seiten der gleichen Medaille – siehe dazu auch die Tabelle 1 in Kapitel 2. (c) Wechselkurssicherung kostet Geld. Wechselkursgesicherte Aktien-ETFs sind teurer als solche ohne Sicherung. Aufgrund dieser drei Argumente waren im Februar 2022 von den etwa 1400 in Deutschland vertriebenen Aktien-ETFs nur etwa 80 wechselkursgesichert.
- Dass die Aktienmärkte aus Ländern mit »Weichwährung« (Währungen, die langfristig gegenüber den sogenannten Hartwährungen verlässlich abwerten) wegen dieser chronischen Abwertungstendenz zwangsläufig niedrigere Rendite, gemessen in der Hartwährung, produzieren, ist

falsch, auch wenn es unserem Bauchgefühl entspricht. Schwellenländer als Gruppe haben gegenüber Hartwährungen notorisch abwertende Währungen. Trotzdem weisen sie von 1988 bis 2021 (34 Jahre) höhere Aktienrenditen auf als Industrieländer. Der US-Dollar wertete in den 51 Jahren von 1971 bis 2021 gegenüber der DM (bis 1998) und dem Euro (danach) um durchschnittlich 1,5% p.a. ab. Trotzdem hatte der US-Aktienmarkt in diesem Zeitraum in DM bzw. Euro eine höhere Rendite als der deutsche Aktienmarkt.

- Bei Anleihen-ETFs gelten grundsätzlich andere Regeln. Sofern die Anleihen im Portfolioteil des Risikoankers sind, sollte bei einem Anleihen-ETF kategorisch *kein* Wechselkursrisiko relativ zur Heimatwährung des Anlegers (seiner funktionalen Währung) bestehen. Warum nicht? Weil Wechselkurse kurz- und mittelfristig stark und nicht zuverlässig prognostizierbar schwanken, würde ein Wechselkursrisiko den Sicherheitscharakter solcher ETFs vollkommen »überschwemmen« und zerstören (Sicherheit im Sinne von geringen Kurs- und Renditeschwankungen, also geringer Volatilität). Wer mit dem Euro als Heimatwährung beispielsweise in US-Staatsanleihen oder US-Unternehmensanleihen hoher Bonität investieren möchte, sollte das über einen Anleihen-ETF mit Wechselkurssicherung tun, im Ökonomenjargon mit Hedging des Wechselkurses. Anders sieht es eventuell aus, wenn jemand gezielt auf Wechselkursänderungen spekuliert (wovon ich abrate) oder wenn jemand in internationale Anleihen geringer Bonität investiert (Hochzinsanleihen), die dem risikobehafteten Portfolioteil zuzuordnen sind.
- Dass der Euro eine Weichwährung oder Wackelwährung sei, ist von manchen »Experten« im Kontext von (oft berechtigter, aber genauso oft auch überzogener) EU-Skepsis verbreiteter modischer Nonsens, der sich mit Zahlen nicht beweisen lässt. Dazu habe ich vor einiger Zeit ein YouTube-Video gedreht (Kommer 2021g). Im Übrigen ist eine abwertende heimische Währung (für einen Anleger in Deutschland also ein abwertender Euro) unter sonst gleichen Umständen in Bezug auf die Rendite seiner internationalen Investments ein Vorteil und eine Aufwertung ein Nachteil. Das bringt uns zum letzten Gesichtspunkt.
- Finanzportfolionachteile aus der Aufwertung der Heimatwährung gegenüber anderen Währungen werden bei normalvermögenden Haushalten teilweise durch Vorteile aus dieser Aufwertung bei der Kaufkraft des Haushaltes für importierte Güter und Dienstleistungen oder Auslands-

reisen ausgeglichen (»natürlicher Hedge«). Wenn der US-Dollar gegenüber dem Euro abwertet, ist das unter sonst gleichen Umständen schlecht für die US-Investments eines deutschen Anlegers, aber zugleich nimmt seine Kaufkraft für Güter und Dienstleistungen zu, die aus dem US-Dollarraum importiert werden. Aus diesem Effekt kann sich ein teilweiser Ausgleich des Aufwertungsrisikos der heimischen Währung ergeben.

Lesern, die sich noch tiefgehender mit dem Wechselkursrisiko für ETF-Anleger befassen möchten, empfehle ich den Blog-Beitrag »Währungsabsicherung: Wann sinnvoll, wann nicht?« (Kommer/Weis 2018f).

13.4 Die für mich passenden ETFs finden

Angesichts der über 1800 in Deutschland an Privatanleger vertriebenen ETFs, von denen sehr viele den gleichen Index oder jedenfalls die gleiche Asset-Klasse replizieren, tun sich viele Privatanleger bei der Suche und Auswahl der für sie am besten geeigneten ETFs schwer. Dieser Abschnitt liefert Regeln, Kriterien, Werkzeuge und Hinweise, um diesen Auswahlprozess zu erleichtern.

Die im deutschsprachigen Raum beiden führenden Websites, die bei der Auswahl von ETFs helfen, sind www.extraETF.com und www.justETF.com. Die reine ETF-Auswahl ist bisher auf beiden Websites kostenfrei. Einige weitergehende Services sind kostenpflichtig. Ich empfehle Ihnen, eine dieser beiden Websites für die ETF-Suche und -Auswahl zu nutzen. Auch die im Anhang genannten weiteren Websites und Portale können bei der Auswahl von ETFs behilflich sein.

Über die folgenden 16 Auswahlmerkmale sollten Sie sich bei der ETF-Suche Gedanken machen. Einige sind naturgemäß bedeutender als andere.

Welche Asset-Klasse? Welcher Index? Die essenziellste Frage bei der Suche nach dem für Sie richtigen ETF lautet: Welche Asset-Klasse, welchen Index soll der ETF abbilden? Viele Anleger haben primär deswegen Schwierigkeiten bei der ETF-Suche und -Auswahl, weil sie diesen ersten entscheidenden Schritt auf dem Weg zum geeigneten ETF nicht oder nicht abschließend vollzogen haben. Wer nicht weiß, was er sucht, kann es auch nicht finden. Die Auswahl der Asset-Klasse führt zu einer stärkeren Einengung des ETF-Kandidatenfelds als jedes andere der nachfolgend genannten Auswahlkriterien. (Statt »Asset-Klasse« kann man eigentlich auch Index sagen. Allerdings kann ein und dieselbe Asset-Klasse durch verschiedene Indizes von verschiedenen Indexanbietern abgebildet werden. Ein Beispiel: Für die Asset-Klasse »Aktien Large & Mid Caps Industrieländer« existieren zahlreiche ETFs auf den bekannten MSCI World Standard Index und (derzeit) ein ETF auf den Solactive GBS Developed Markets Large & Mid Cap Index. ETFs auf unbekanntere Indizes sind nicht selten billiger und genauso gut, weil der ETF-Anbieter in diesem Fall geringere Lizenzgebühren an den Indexanbieter zahlen muss.[68]

Art der Indexreplikation: ETFs können einen Index physisch nachbilden oder via Swap (Tauschvertrag) zwischen dem ETF und einer dritten Partei, typischerweise einer Bank. Swap-ETFs werden auch synthetische ETFs genannt. Ich empfehle Anlegern, sich der Einfachheit halber auf »physisch replizierende« ETFs zu beschränken. Dazu gehören ETFs, die (a) alle Wertpapiere enthalten, die der abzubildende Index vorgibt, oder (b) eine repräsentative Stichprobe davon enthalten. Auf den ETF-Finanzportalen heißt Letzteres »Direct Replication«, »Optimized« (optimiert) oder »Sampling«. Eine repräsentative Stichprobe genügt vollkommen (die Diversifikation ist immer noch groß genug), und das hilft, die laufenden Kosten des ETFs zu senken. Über Swap-ETFs (latent irreführend oft auch synthetische ETFs genannt) wurden in den letzten Jahren ganze Bibliotheken geschrieben. Leider übertreiben viele Veröffentlichungen die Risiken der Swap-Struktur oder stellen sie falsch dar. Swap-ETFs wurden 2001 erfunden, weil sie für bestimmte Asset-Klassen (sprich Indizes) einen Kostenvorteil gegenüber physisch replizierenden ETFs haben. Historisch war dieser Kostenvorteil größer, als er es heute ist. Soweit der Kostenvorteil an den Anleger weitergegeben wird, stellt er eine ausreichende Kompensation für das sehr geringfügig höhere Risiko eines Swap-ETFs gegenüber einem entsprechenden physisch replizierenden ETF dar. Wer sich das Leben einfach machen möchte, verzichtet grundsätzlich auf Swap-ETFs. Das sollte selten ein Problem sein, da die für einen normalen Privatanleger relevanten Asset-Klassen praktisch ausnahmslos als physisch replizierende ETFs verfügbar sind.

---

68 Aus aufsichtsrechtlichen Gründen muss das Unternehmen, das den Index erstellt und fortlaufend berechnet, rechtlich und wirtschaftlich vom ETF-Anbieter getrennt sein. Das ist gut so.

Laufende Kosten: Unter sonst gleichen Umständen sollte ein Buy-and-Hold-Anleger den ETF mit den niedrigsten *laufenden Kosten* (der aufsichtsrechtlich definierten Kostenquote) auswählen (Total Expense Ratio/TER).

Ausschüttend oder thesaurierend: In den meisten Fällen sind thesaurierende den ausschüttenden ETFs vorzuziehen – weitere Details zu dieser Frage in Abschnitt 13.2.

Die Marke (Anbieter): Die Marke – sei es die des globalen ETF-Marktführers iShares (BlackRock) oder die des Zacharias-Zamperl-Anbieters – sollte bei der Auswahl eines ETFs keine Rolle spielen, vor allem deswegen, weil aufsichtsrechtlich alle in der EU offiziell an Privatanleger vertriebenen ETFs der gleichen strikten EU-UCITS-Regulierung unterliegen und Sondervermögen darstellen. Zudem sind fast alle restlichen Auswahlkriterien wichtiger.

Nachhaltigkeit: Darauf bin ich in Abschnitt 13.1 eingegangen.

Wertpapierleihe ja/nein: Viele ETFs betreiben die sogenannte Wertpapierleihe. Sie ist ein im Zusammenhang mit ETFs im Internet oft falsch oder absurd verzerrt dargestelltes Thema. Aus meiner Sicht sind ETFs, die Wertpapierleihe betreiben, vorzuziehen, weil sie über Wertpapierleihe einen kleinen Zusatzertrag erzielen, der in einem vernünftigen Verhältnis zu dem dabei eingegangenen Minirisiko steht.

Steuerliche Gesichtspunkte: Für Privatanleger in Deutschland werden ETFs genauso besteuert wie alle anderen offenen Investmentfonds (UCITS-Fonds), nämlich durch die Kapitalertragsteuer (Abgeltungsteuer) – sofern die ETFs im steuerlichen Privatvermögen gehalten werden. Steuern (da einheitlich) dürften im Allgemeinen kein relevantes Auswahlkriterium für ETFs sein. Eine partielle Ausnahme hiervon sind Quellensteuern bei Aktien-ETFs. Hier können ETFs, die ihr Fondsdomizil in Irland haben (siehe nächster Punkt), kleine Vorteile bieten. Auf diesen Gesichtspunkt gehe ich in Kapitel 15 über Steuern etwas näher ein. Bei Aktien-ETFs besitzen thesaurierende ETFs (derzeit) minimale steuerliche Vorteile gegenüber ausschüttenden ETFs.

Infobox: Kryptische Abkürzungen und Angaben in den Namen von ETFs

Die folgenden Abkürzungen werden Ihnen früher oder später in den Namen von ETFs begegnen: **UCITS** = siehe Infobox in Kapitel 3. **Dist** = »Distributing« (ausschüttend). **Acc** = »Accumulating« (thesaurierend). **TR** = »Total Return«: die Gesamtrendite aus laufenden Erträgen und Kursveränderungen. Die Angabe bezieht sich in der Regel auf den abgebildeten Index. **TRN** = »Total Return Net«: Gesamtrendite abzüglich maximaler Quellensteuer. **DR** = »Direct Replication«: Physische Indexreplikation in Abgrenzung zur Swap-Replikation. **Swap** = Ein ETF mit Swap-Replikation (synthetischer Replikation). **SRI** = »Socially Responsible Investing«: Kennzeichnung für einen Typus nachhaltiger ETFs. **ESG** = »Environmental, Social and Governance«: Kennzeichnung für einen Typus nachhaltiger ETFs. **ETC** = »Exchange Traded Commodity«: siehe dazu Kapitel 7. **ETN** = »Exchange Traded Note«: siehe ebenfalls Kapitel 7. **ETP** = »Exchange Traded Product«: siehe ebenfalls Kapitel 7. **WKN** = »Wertpapierkennnummer«. Sie ist das deutsche Äquivalent zur international gebräuchlichen ISIN. **ISIN** = »International Security Identification Number«.

Fondsdomizil: Ein ETF ist eine juristische Person (eine Körperschaft), die ihren rechtlichen Sitz (ihr Fondsdomizil) in einem bestimmten Land haben muss. Die häufigsten Fondsdomizile von in Deutschland an Privatanleger vertriebenen ETFs sind (in dieser Reihenfolge): Irland (mit großem Abstand), Luxemburg, Frankreich und Deutschland. Mit Ausnahme des o. g. quellensteuerlichen Sachverhalts bei Aktien-ETFs dürfte das Fondsdomizil selten ein wichtiges Auswahlkriterium sein.

Fondsgröße: In Bezug auf die Fondsgröße können kleine ETFs das kaum zu quantifizierende, aber auf jeden Fall eher geringe und merkwürdigerweise oft überschätzte Risiko bergen, irgendwann von der Fondsgesellschaft aus Gründen mangelnder Profitabilität für die Fondsgesellschaft liquidiert (aufgelöst) zu werden. Daraus ergeben sich für den Anleger in der Praxis selbst im schlimmsten Fall nur geringe, überwiegend nahezu vernachlässigbare wirtschaftliche Nachteile bei Steuern und Transaktionskosten. Dennoch ist eine solche Liquidierung etwas ärgerlich. Einen festen Schwellenwert für die Klassifikation als »zu klein« bei der Fondsgröße kann ich nicht nennen; allerdings könnte unterhalb von 15 Millionen Euro die Luft für das langfristige Überleben eines ETFs dünn werden. Dieses Größenkriterium sollte man jedoch nicht auf Fonds anwenden, die jünger als drei bis vier Jahre sind (siehe folgendes Auswahlmerkmal »Fondsalter«).

Fondsalter: Das Alter eines ETFs mag im Einzelfall eine interessante Information sein, ist aber letztlich für die Auswahl unmaßgeblich. Junge ETFs werden unter sonst gleichen Umständen ein kleineres Fondsvolumen haben als ältere ETFs.

Sparplanfähigkeit: Auf Sparpläne gehe ich in den Abschnitten 12.6 und 12.8 näher ein.

Wechselkurssicherung (Währungssicherung) ja/nein: Dieser Aspekt ist primär bei Anleihen-ETFs relevant. Details dazu weiter oben im Abschnitt 13.3.

Börsenplatz für Kauf und Verkauf: Für Privatanleger, die ETFs auf der Basis eines Buy-and-Hold-Ansatzes halten, spielt die Auswahl der Börse (→ XETRA Frankfurt, Frankfurt-Präsenzhandel, Stuttgart, Zürich, Wien, London, New York etc.) in der Regel keine große Rolle. In den allermeisten Fällen fahren Anleger mit Sitz in Deutschland oder Österreich wahrscheinlich am besten, wenn sie ihre Orders an der XETRA platzieren, weil sie oft die günstigste und für die meisten Wertpapiere liquideste Börse im deutschsprachigen Raum ist. Im Allgemeinen dürfte es sinnvoll sein, eine ETF-Order nicht außerhalb der jeweiligen Börsenhandelszeiten (also nicht nachts oder am Wochenende) aufzugeben, weil sich die → Geld-Brief-Spannen ausweiten könnten, wenn die Order direkt nach Handelsbeginn einer Börse durchgeführt wird (siehe auch Stichwort »Kosten« weiter oben). Ein hilfreicher, kurzer Artikel hierzu mit dem Titel »Wie funktioniert der ETF-Handel?« findet sich auf der Website www.justETF.com.

Produkttyp: Hier geht es um die Unterscheidung zwischen echten ETFs (UCITS-Fonds) und unechten ETFs (ETPs, ETCs, ETNs) – siehe Kapitel 7.

Produktunterlagen: Zu jedem ETF existieren ein sogenanntes Fact-Sheet und ein Dokument mit dem eher uncoolen Namen »Wesentliche Anlegerinformationen« (im aufsichtsrechtlichen Jargon KID oder KIID für *Key Investor Information Document*). Beides sind kurze PDF-Dokumente von je ein bis zwei Seiten Umfang. Beide Texte werden von der Fondsgesellschaft erstellt. Inhalt und Form des KIDs sind aufsichtsrechtlich vorgeschrieben, Inhalt und Form des Fact-Sheets dagegen nicht, was zugleich Vor- und Nachteile hat. Zum Teil überlappen sich die Inhalte der Dokumente, aber das spielt keine große Rolle, da sie ja kurz sind und sich insgesamt ergänzen. Zusammen enthalten sie die zentralen Informationen, die ein Privatanleger zur Entscheidungsfindung und zum Verständnis seiner Investments braucht. Lediglich die aufsichtsrechtlich vorgeschriebene Risikoeinstufung (»Risikoprofil«) im KID hat einen fundamentalen Defekt. Diese Risikoeinstufung erfolgt für den ETF (oder den UCITS-Fonds im Allgemeinen) *individuell*, also in Isolation. Es wird dabei sozusagen unterstellt, dass der Anleger keine einzige andere Vermögensanlage hat als diesen einen ETF. Das dürfte auf wahrscheinlich 98% aller Anleger nicht zutreffen. Selbst für einen 28-Jährigen – um ein eher »extremes« Beispiel zu nehmen –, der buchstäblich sein gesamtes (Finanz-)Vermögen von 5 000 Euro in einen MSCI World ETF steckt, stimmt es nicht, denn dieser Mensch hat vermutlich ein großes Humankapital und vielleicht auch schon einen Anspruch an die gesetzliche Rentenversicherung. Der Risikograd eines Portfolios ergibt sich jedoch gerade aus dem spezifischen Zusammenwirken *aller* Portfoliobestandteile. Diese Feststellung kann in ihrer Bedeutung kaum überschätzt werden.

Ein Beispiel: Anlegerin Leni (35) nennt ein Tagesgeld von 48 000 Euro ihr Eigen (der Betrag liegt also komplett innerhalb der gesetzlichen Einlagensicherung) sowie ETF-Anteile auf den MSCI Emerging Market Index im Wert von 2 000 Euro. Ihr Finanzvermögen von 50 000 Euro ist damit in Summe risikoarm, obwohl der ETF im KID die hohe Risikostufe »6« hat (7 ist die risikoreichste Stufe). Dass Leni zu diesem Zeitpunkt zudem noch nennenswertes Humankapital besitzt (je nach Einkommensniveau und Qualifikation zwischen 500 000 Euro und 1,5 Millionen Euro) sowie einen Anspruch an die gesetzliche Rentenversicherung im Barwert von, sagen wir, 60 000 Euro hat, müsste man eigentlich auch noch berücksichtigen (sowohl Humankapital als auch Anspruch an die gesetzliche Rentenversicherung sind risikoarme Assets). Kurzum, die Risikoeinstufung 6 des

ETFs kann, wenn man ihn nicht in diesem Gesamtkontext sieht, sehr irreführend sein. An diesem unheilbaren Designfehler leiden alle Ratings von Investmentfonds, z. B. das der Stiftung Warentest oder das von Morningstar, das auf vielen Finanzportalen verwendet wird.

Insgesamt empfehle ich auf jeden Fall, beide Dokumente – Fact-Sheet und KID – zu jedem ETF, den man kaufen möchte, aufmerksam zu lesen. (Wer es ganz genau wissen möchte, könnte in Ergänzung auch noch das gesonderte Fact-Sheet zum Index googeln, den der ETF abbildet. Es wird vom Index-Anbieter erstellt und wird fast ausnahmslos nur in englischer Sprache verfügbar sein.)

13.5 Die betriebliche Altersvorsorge in die Vermögensbildung integrieren

Aus offizieller, staatlicher Perspektive betrachtet basiert die Altersvorsorge in Deutschland auf dem sogenannten Drei-Säulen-Prinzip: Gesetzliche Rente, betriebliche Altersvorsorge (BAV) und private Altersvorsorge. Diese Sichtweise – viel mehr als eine Sichtweise ist es leider nicht – setzte vor etwa 20 Jahren ein, als die Politikerkaste von links bis rechts nicht mehr leugnen konnte, dass die gesetzliche Rente als alleinige Altersvorsorge (und einzelne »Säule«) für die künftigen Rentnergenerationen ab etwa dem Jahrgang 1960 nicht mehr ausreichen würde.[69] Ein solcher Arbeitnehmer oder Haushalt, der im Ruhestand allein auf die gesetzliche Rente angewiesen ist, wird mit hoher Wahrscheinlichkeit seinen vorher gewohnten Lebensstandard nennenswert absenken müssen.

Doch Jammern hilft uns nicht weiter, vor allem weil sich an diesem Umstand nichts mehr ändern wird.

Diejenigen Leser, bei denen BAV-Rentenansprüche bestehen, wird interessieren, wie sie diese Vermögenswerte in das Weltportfolio-Konzept integrieren können. Dazu möchte dieser kurze Abschnitt einige knappe Hinweise geben.

---

69 Es ist nicht viel mehr als eine Sichtweise, weil der deutsche Staat im Vergleich beispielsweise zu Großbritannien und den USA wenig tut, um die betriebliche und die private Altersvorsorge steuerlich und auf andere Weise zu fördern.

Zunächst sollten Sie herausfinden, in welche Asset-Klassen und zu welchen Teilen Ihre Sparleistungen im Sinne des → Underlying investiert werden. Angenommen, es ist ein »Mischfonds« (siehe Abschnitt 16.4), dann ordnen Sie pragmatisch vereinfachend die Hälfte der Asset-Klasse Anleihen und die andere Hälfte der Asset-Klasse Aktien zu.

Typischerweise sollte Ihnen das halbjährliche oder jährliche Reporting des Versorgungsträgers den Barwert Ihrer Ansprüche mitteilen. Wenn Sie den Gesamtbetrag (Barwert) und die prozentuale Aufteilung auf Asset-Klassen kennen, sind Sie bei der Risikoeinordnung schon einen wichtigen Schritt weiter. Die hilft Ihnen bei der Wahl einer für Sie passenden Level-1-Asset-Allokation (siehe Abschnitt 12.3.1).

Generell macht für die meisten BAV-Investments vermutlich eine stark aktienlastige Asset-Allokation am meisten Sinn (jedenfalls wenn es noch mehr als fünf Jahre bis zum Eintritt in den Ruhestand sind), weil die BAV-Anlage ohnehin nicht vorzeitig veräußert wird und weil dadurch der relative Steuervorteil am größten ist.

Versuchen Sie herauszufinden, ob Sie im Rahmen der BAV-Lösung in passive Indexfonds/ETFs investieren können. Das wäre der Optimalfall, jedenfalls wenn Sie von den Vorteilen passiven Investierens überzeugt sind, die in diesem Buch dargestellt werden. Sofern es eine passive Produktlösung gibt (das dürfte eher selten der Fall sein, weil die BAV-Produktanbieter wenig an diesen verdienen), sollten Sie in diese überwechseln.

Neben den o. g. Datenpunkten sollten Sie auch die laufenden Kosten herausfinden. Wenn diese insgesamt über 1% p.a. liegen, dann stellt sich die Frage, ob sich die ganze Sache überhaupt für Sie lohnt – trotz des Steuervorteils, der mit BAV-Anlagen einhergeht. Dieser besteht darin, dass pro Arbeitnehmer 292 Euro im Monat eingezahlt werden können, ohne dass Sozialversicherungsbeiträge und Steuern anfallen. Der → Break-even-Point zur Alternative Aktien-ETF im Privatvermögen mit Kosten von 0,15% und dem steuerlichen Vorteil durch Buy and Hold, den ich in Abschnitt 12.5 illustriert habe, dürfte für diese begünstigten Einzahlungen ungefähr bei 1% laufenden Kosten für die BAV-Anlage liegen. Falls die Kosten relativ zur zugrundeliegenden Anlage im Sinne von Asset-Klasse zu hoch sind, kann eine Beendigung der weiteren Einzahlungen oder jedenfalls eine Begrenzung bei 219 Euro Sinn machen. Natürlich sollten Sie dann stattdessen die monatlich freigewordenen Mittel diszipliniert in eine private, nicht steuerbegünstigte ETF-Lösung umlenken, z. B. in Ihr Weltportfolio.

14 Wenn ich nicht im Do-it-yourself-Modus anlegen kann oder möchte

Dieses Buch will seine Leser grundsätzlich in die Lage versetzen, als Do-it-yourself-Anleger (DIY-Anleger) mit einem einfachen und ETF-basierten Investmentansatz langfristig Vermögensbildung und Altersvorsorge vor und im Ruhestand betreiben zu können.

Allerdings kann oder möchte nicht jeder DIY-Anleger sein. Es gibt viele gute Gründe dafür, beim Investieren, bei der Vermögensbildung, die Unterstützung eines Dienstleisters in Anspruch zu nehmen. Dazu gehören: Mangel an Zeit (z. B. durch Überlastung im Beruf, in der Familie und wegen anderer Pflichten), Mangel an Interesse und Lust an diesem Thema (»Ich will mich nicht selbst um meine Geldanlage kümmern«), Mangel an Selbstvertrauen oder Mangel an theoretischem oder praktischem Wissen (zwischen den beiden besteht beim Geldanlegen ein großer Unterschied).

Weitere Motive für die Nutzung von Unterstützung sind die folgenden: Einer Familie oder einer Einzelperson fließt quasi plötzlich ein besonders großer Anlagebetrag zu, beispielsweise aus einer Erbschaft, der Veräußerung einer Immobilie oder einem Unternehmensverkauf. Angesichts der Größenordnung dieses neuen Vermögens möchte der Entscheidungsträger die Expertise eines Dritten in die Verwaltung des neuen, plötzlich viel größeren Vermögens einbringen.

Bei älteren Ehepaaren existiert manchmal das Motiv der Absicherung in dem Sinne, dass bei ungleich aufgeteilter DIY-Kompetenz die Sorge besteht, der weniger versierte Partner wäre nach Ableben des kompetenteren Partners nicht allein in der Lage, das Portfolio angemessen weiterzuführen.

Nicht wenige Haushalte können sich zwar DIY-Anlegen vorstellen, tun sich aber vor dem Start mit der Frage sehr schwer, wie mit den bereits vorhandenen Vermögensanlagen umzugehen ist (hierzu will ich in Kapitel 17 Handreichungen geben). ETF-Anlegen ist ja für manche Haushalte ein Umstieg, kein Start bei null.

In den folgenden Abschnitten dieses Kapitels gehe ich auf drei Alternativen zum DIY-Anlegen ein, die dauerhaft oder zumindest vorübergehend (für eine Einstiegsphase, bis Sie investmentmäßig quasi auf Reiseflughöhe sind) helfen können.

14.1 Mit einer Bank, einem Vermögensverwalter oder einem Anlageberater arbeiten

Wer in Bezug auf liquide Vermögensanlagen mit einer traditionellen Bank (einer »Filialbank«) als Berater oder Vermögensverwalter arbeitet, wird auf lange Sicht wahrscheinlich kein gutes Investmenterlebnis haben. Dafür sind zwei Grundsatzprobleme verantwortlich. Das erste betrifft nur die Haushalte, die nicht sehr vermögend sind – also die große Mehrheit von uns.

Grundproblem 1: Sofern Sie für Ihre liquiden Vermögensanlagen bei einer Bank einen persönlichen, festen Ansprechpartner wollen, der nicht alle naslang wechselt oder ein vielköpfiger »Berater-Pool« ist, und sofern Sie von Ihrer Bank eine Betreuung wünschen, die keine »standardisierte Vermögensverwaltung« und damit Massenabfertigung ist, wird das einen Anlagebetrag von mindestens 50 000 Euro und in manchen Filialbanken deutlich mehr voraussetzen. Sollten Sie persönlich dieses Kriterium nicht erfüllen, ist die Route »persönliche Beratung/Betreuung Filialbank« meines Erachtens von vornherein nicht realistisch, ganz abgesehen vom zweiten Grundproblem.

Das sind (a) die Interessenkonflikte, die bei traditionellen Banken einfach zu gravierend sind, (b) ihr Investmentansatz, der zu unwissenschaftlich ist und (c) ihre inakzeptabel hohen Gesamtkosten.

Was sind die fünf Kriterien, die ein wirklich guter Finanzberater oder Vermögensverwalter – ob bei einer Bank angestellt oder ob nicht – erfüllen müsste?

(a) Er (oder die Institution, die er repräsentiert) darf keine hauseigenen Produkte verwenden, (b) er darf keine Provisionen von Dritten für die Vermittlung der Finanzprodukte des Dritten beziehen, (c) er darf keine erfolgsabhängigen Gebühren nehmen,[70] (d) er darf nicht am Trading (Kaufen oder Verkaufen) von Einzelwerten oder Finanzprodukten verdienen,

70 Wenn Sie sich genauer dafür interessieren, auf welch perfide Weise erfolgsabhängige Gebühren (Performance-Fees) Kunden das Geld sogar bei klarer Abwesenheit von Erfolg aus der Tasche ziehen, dann lesen Sie bitte Kommer/Schweizer 2019b (Blog-Beitrag).

(e) seine Vergütung muss allgemein so gestaltet sein, dass deren Höhe vollkommen unabhängig davon ist, mit welcher Strategie und welchen Produkten der Kunde investiert.

Wenn Sie derzeit mit einem Berater, Vermittler, Vermögensverwalter oder einer Bank zusammenarbeiten, sollten Sie sich fragen, ob und in welchem Maße diese fünf Don't-do-Kriterien erfüllt sind.

Sofern Sie annehmen, einen interessenkonfliktfreien Honorarberater oder Vermögensverwalter gefunden zu haben, dürfte es umgekehrt nicht schaden, wenn Sie zur Überprüfung Ihrer Annahme einfach folgende Bestätigung von ihm einholen:

»Sehr geehrte Frau X, sehr geehrter Herr Y, bitte bestätigen Sie mir, dass Sie in Bezug auf mein Vermögen in Ihrer Anlageberatung, Anlagevermittlung, Finanzportfolioverwaltung oder Abschlussvermittlung (was immer tatsächlich stattfindet) (a) niemals hauseigene/konzerneigene Finanzprodukte (Finanzinstrumente) einsetzen, (b) niemals von Dritten Provisionen, Kommissionen, Rückvergütungen, Kickbacks oder Ähnliches vereinnahmen (oder soweit Sie das tun, diese zu 100% und sofort an mich auskehren) und mir (c) keine erfolgsabhängigen Gebühren (Performance-Fees und Ähnliches) in Rechnung stellen.«

Sollte der infrage kommende Berater oder Vermögensverwalter diese Bestätigung nicht abgeben wollen, wissen Sie, dass er der Falsche ist oder wäre.

14.2 Der Robo-Advisor von Gerd Kommer

Wenn Sie den in diesem Buch vorgestellten Investment-Ansatz nicht im Do-it-yourself-Modus umsetzen wollen, dann ist dieser »Robo« – »Gerd Kommer Capital« – vielleicht eine für Sie attraktive Alternative.

Was sind Robos? Robos sind digitale, also auf reiner Onlinebasis operierende, einfache Vermögensverwaltungen. »Vermögensverwaltung« im engeren Sinne des Wortes schließt keine Finanzberatung mit ein – oder allenfalls die Beratung, welchen Risikograd ein Depot (Portfolio) haben sollte. Und so ist es im Prinzip auch mit allen Robos.

Die meisten Robos – es gibt über 30 in Deutschland – arbeiten auf der Produktebene überwiegend oder sogar ausschließlich mit ETFs und verfolgen meist eine passive oder jedenfalls relativ passive Investmentstrategie.

Vermögensverwaltung durch Robos ist – wenn man richtig rechnet – deutlich billiger als die von Banken und traditionellen Vermögensverwaltern außerhalb von Banken. Sie leidet außerdem nicht an den chronischen Interessenkonflikten der etablierten Player. Robos konzentrieren sich auf das, was sie gut können: einfache Portfoliostrukturierung und Vermögensverwaltung, ohne dabei unnützen »Finanztrödel« zu vertreiben. Der Robo nimmt Ihnen ganz allgemein Arbeit und im Speziellen folgende Aufgaben ab: einzelne ETFs aussuchen, Ihre Asset-Allokation bestimmen, eine Depotbank auswählen (die bringt der Robo mit) und ein Depot eröffnen sowie das laufende Rebalancing und Monitoring des Depots. Auch der Arbeitsaufwand mit Fondssparplänen wird durch einen Robo gesenkt, weil man stattdessen nur noch einen einzigen Dauerauftrag einzurichten braucht. Alles, was man auf das zum Depot gehörende persönliche Verrechnungskonto beim Robo überweist, wird sofort automatisch vom Robo investiert. Entnahmen sind ebenfalls einfach – und man muss dabei nicht überlegen, welcher konkrete ETF in welchem Umfang verkauft wird.

Bei den meisten Robos kann man jederzeit oder mit sehr kurzen Fristen kündigen und dann wahlweise die Depotinhalte veräußern oder diese irgendwo anders hin übertragen lassen.

Die Nachteile von Robos? Sie eignen sich eher nur für Internet-affine Kunden. Face-to-Face-Beratung gibt es bei ihnen – außer bei sehr hohen Anlagevolumina ab etwas 100 000 Euro – normalerweise nicht; auch Telefonberatung wird auf ein Minimum beschränkt. Generell bieten Robos eine standardisierte Vermögensverwaltung an, die Spezial- und Sonderwünsche eines einzelnen Mandanten nicht zulässt.

Mein Robo (GKC) setzt alle in diesem Buch vorgestellten Investmentprinzipien und -techniken um, also strikt passives, prognosefreies, aus der Wissenschaft abgeleitetes Investieren, nach dem Weltportfoliokonzept. Um die langfristige Rendite aus dem Aktienteil gegenüber einem konventionellen passiven Portfolio etwas zu erhöhen, praktiziert GKC Factor-Investing (Smart-Beta-Investing). Aus Platzgründen wird diese Investmenttechnik im vorliegenden Buch nicht erläutert – das geschieht aber in einem der drei auf der GKC-Website verfügbaren Videos/Online-Seminare (»Factor Investing – passives Investieren mit Turbo«).

Die anfängliche Mindestanlagesumme bei GKC beträgt aufgrund der mit 17 Stück hohen Anzahl an im GKC-Portfolio verwendeten ETFs aktuell 5 000 Euro (Stand: April 2023). Danach kann man ab 25 Euro pro Monat weitermachen.

Regelmäßig aktualisierte Robo-Vergleiche werden von verschiedenen Medien publiziert – googeln Sie einfach »Robo Advisor Vergleich«.

14.3 Der ETF von Gerd Kommer

Falls Sie den normalen Do-it-yourself-Ansatz scheuen, bei dem Sie Ihr Weltportfolio aus einzelnen, von Ihnen selbst ausgesuchten ETFs zusammenbauen, Sie aber auch nicht mit einem Robo arbeiten wollen, könnte mein eigener ETF für Sie interessant sein, der Mitte 2023 an den Start ging. Er heißt *L&G Gerd Kommer Multifactor UCITS ETF* und ist in einer thesaurierenden (WKN WELT0A) und einer ausschüttenden Variante (WKN WELT0B) verfügbar.

Es handelt sich dabei um einen reinen Aktien-ETF, der den risikobehafteten Portfolioteil des in diesem Buch vorgestellten Weltportfolio-Konzepts abbildet.

Wer »100/0« investieren möchte, bräuchte keinen zweiten ETF, um die Level-1-Asset-Allokation umzusetzen. Wenn man konservativer als 100/0 investieren will – z. B. 70/30 – dann lässt sich das durchs Hinzufügen einer risikoarmen Anlage umsetzen, wie in Abschnitt 12.3.2 beschrieben.

Mein ETF wird innerhalb der ETF-Sparte von Legal & General Investment Management (LGIM), dem Asset-Management-Arm von Legal & General (L&G), verwaltet. L&G gehört zu den größten Versicherungsgesellschaften und Fondsfirmem in Europa. LGIM verwaltet weltweit Anlegervermögen im Volumen von 1 600 Milliarden US-Dollar (Stand Mitte 2022) und offeriert aktuell mehr als 40 ETFs auf dem deutschen Markt.

Der Gerd-Kommer-ETF bildet den *Solactive Gerd Kommer Multifactor Equity Index* ab, der 2022/2023 von meinen Mitarbeitern und mir zusammen mit der Solactive AG entwickelt wurde. Solactive ist ein deutscher Indexanbieter mit Sitz in Frankfurt. Hier ein Kurzüberblick über die Hauptmerkmale dieses Index und damit auch ETFs:

- Der ETF bildet den globalen Aktienmarkt ab. Die Ländergewichtung innerhalb des ETFs erfolgt zu 50% nach Marktkapitalisierung und zu 50% nach Wirtschaftsleistung, gemessen am Bruttoinlandsprodukt.

Damit werden die Vorzüge dieser beiden unterschiedlichen Gewichtungsmethoden kombiniert. Insbesondere wird so das »Klumpenrisiko USA«, das in einem ausschließlich nach Marktkapitalisierung gewichteten Portfolio bestünde, abgesenkt.

- »All-Cap-Prinzip«: Berücksichtigung des gesamten Unternehmensgrößenspektrums im Aktienmarkt: Also Small-Cap-, Mid-Cap- und Large-Cap-Aktien.
- »All-Regions-Prinzip«: Abdeckung sowohl der Industrieländermärkte (Developed Markets) als auch der Schwellenländer (Emerging Markets) in einem einzigen Index/ETF.
- Factor-Investing (Smart-Beta-Investing): Abbildung der sechs am besten in der Forschung etablierten Faktorprämien: Small Size, Value, Quality (Profitability), Low Asset Growth (Investment), Momentum und Political Risk.
- Datengetriebener ESG-Filter (Nachhaltigkeit): Leichter ETF-Screen mit Fokus auf Verringerung von CO_2-Emissionen, da diese im Unterschied zu den meisten anderen ESG-Kriterien gut und eindeutig messbar sind sowie den stärksten ESG-Verstößen.
- Sehr hohe Diversifikation trotz ESG-Filter und Faktorprämien-Berücksichtigung: Über 1000 Einzeltitel im Portfolio.
- Indexabbildung durch physische Replikation (keine synthetische Abbildung durch Swaps). Die laufenden Kosten (TER) des ETFs betragen 0,50% pro Jahr.

Es gibt keinen Mindestanlagebetrag. Man kann bereits ab 10 Euro in den ETF investieren oder über einen Sparplan sogar ab 1 Euro pro Monat.

Auf der Website https://weltportfolio.de gibt es weitere Informationen zu meinem ETF oder den zugrundeliegenden Indizes.

15 Steuern: Die Basics, die Sie kennen müssen

Dieser Abschnitt fasst die per Rechtsstand September 2022 gültigen einkommensteuerlichen Regeln für Privatanleger (natürliche Personen) in Deutschland bei der Besteuerung von Anlagen in Investmentfonds einschließlich ETFs in knapper Weise zusammen. Auf andere Anlageformen und viele Details und Spezialfälle kann ich aus Platzgründen leider nicht eingehen. Steuerliche Sachverhalte in der Schweiz und Österreich werden leider ebenfalls nicht behandelt.

Folgende generelle Annahmen liegen den Aussagen in diesem Abschnitt zugrunde: Der Steuerpflichtige ist eine in Deutschland ansässige, unbeschränkt steuerpflichtige, natürliche Person. Die steuerlich relevanten Vermögenswerte befinden sich im Privatvermögen der Person, nicht im Betriebsvermögen. Die Depotstelle (das Bankdepot) liegt im Inland. Wo nachfolgend von »Investmentfonds« oder »Fonds« die Rede ist, sind sowohl aktiv gemanagte Fonds als auch ETFs gemeint. Aufsichtsrechtlich sind sogenannte UCITS-Fonds bzw. Publikumsfonds gemeint (siehe Abbildung 2 in Kapitel 7).

Wo nachfolgend die Bezeichnung »Abgeltungsteuer« verwendet wird, ist das die »Kapitalertragsteuer«.[71] Die Kapitalertragsteuer ist die Steuer auf Einkünfte aus Kapitalvermögen, eine der sieben Einkunftsarten im deutschen Einkommensteuerrecht.

(a) Steuerliche Grundsachverhalte

Die Abgeltungsteuer (Kapitalertragsteuer), die auf die hier relevanten Erträge aus Investmentfonds anfällt, ist eine Erhebungsform der Einkommensteuer. Der Steuersatz ergibt sich aus 25,0% Kapitalertragsteuer + 1,375% Solidaritätszuschlag (= 5,5% × 25,0%), also gesamt 26,375%. Sofern Kirchensteuer hinzukommt, erhöht sich der Gesamtsteuersatz – je nach

71 In den deutschen Steuergesetzen werden die Namen von Steuern stets ohne Fugen-s geschrieben, also »Einkommensteuer«, nicht »Einkommenssteuer«.

Bundesland – entweder auf 27,819% (bei 8% Kirchensteuer) oder 27,995% (bei 9% Kirchensteuer).

Abgeltungsteuer fällt an auf »Einkünfte aus Kapitalvermögen«. In erster Linie sind das laufende Erträge, nämlich Dividenden bei Aktienfonds, Zinserträge bei Anleihenfonds, Mieteinnahmen bei offenen Immobilienfonds und Veräußerungsgewinne, die auf Anlegerebene (nicht auf Fondsebene) realisiert werden. Veräußerungsgewinne entstehen durch den Verkauf von Fondsanteilen, wenn der Erlös die früheren Anschaffungskosten übersteigt (realisierte Kursgewinne).

Dem Grundsatz nach werden bei Investmentfonds sowohl ausgeschüttete als auch thesaurierte (nicht ausgeschüttete und sofort automatisch reinvestierte) Zinsen und Dividenden auf Anlegerebene gleichermaßen besteuert. Dabei bestehen jedoch bei Dividenden technische Unterschiede, die im Ergebnis auch zu einer leicht unterschiedlichen effektiven Besteuerungswirkung führen (Details weiter unten, siehe Buchstabe (e), (f) und (g)).

Immobilienaktien-ETFs werden steuerrechtlich wie normale Aktienfonds behandelt und damit etwas anders als offene Immobilienfonds.

(b) Abgeltungsteuerverfahren

Bei der Kapitalertragsteuer erfolgt die Steuerzahlung »an der Quelle« in »abgeltender« Form, sodass keine gesonderte Berücksichtigung der betreffenden Einkünfte in der persönlichen Einkommensteuererklärung des Anlegers notwendig ist. Dieses bequeme Standardverfahren funktioniert nur, wenn die Depotstelle (Bank) in Deutschland liegt. Befindet sich die Depotstelle des Anlegers im Ausland, ist die manuelle Erfassung der Kapitalerträge in der Einkommensteuererklärung erforderlich, um unabsichtliche Steuerhinterziehung oder Doppelbesteuerung zu vermeiden.

(c) Sparerpauschbetrag (Freibetrag bei der Kapitalertragsteuer)

Ab 2023 beträgt der sogenannte Sparerpauschbetrag, der jährliche Freibetrag, für Zinsen, Dividenden und alle anderen Einkünfte aus Kapitalvermögen 1 000 Euro pro Steuerzahler und das Doppelte bei Verheirateten (bis 2022 war es 801 Euro pro Steuerpflichtigem). Der Freibetrag wird insgesamt nur einmal für alle Einkünfte aus Kapitalvermögen gewährt. Durch einen sogenannten »Freistellungsauftrag« kann der Steuerpflichtige seine Bank im Vorhinein instruieren, dass seine jährlichen Erträge bis zur Höhe des Sparerpauschbetrags steuerfrei sind. Dazu besteht zwar keine Pflicht, aber es ist aus Praktikabilitätsgründen zu empfehlen. So wird vermieden, dass dieser Steuerfreibetrag später arbeitsaufwendig über die Einkommensteuererklärung zurückgeholt werden muss. Der Freibetrag kann auch auf mehrere Depotstellen aufgeteilt werden. Sofern die gesamten Einkünfte aus Kapitalvermögen den Sparerpauschbetrag im Kalenderjahr voraussichtlich unterschreiten werden, lohnt es sich steuerlich im Ausmaß der Unterschreitung, Kursgewinne durch Verkauf zu realisieren. Diese sind dann steuerfrei.

(d) Ausländische Quellensteuern bei Fonds, Quasi-Quellensteuer auf Aktienfonds mit Domizil in Deutschland

Sogenannte Quellensteuern werden von den meisten Staaten (einschließlich DE, AT, CH) erhoben, wenn Dividenden, Zinsen oder Mieterträge, die aus der Sicht des jeweiligen Staates aus inländischen »Quellen« stammen, an im Ausland ansässige Empfänger gezahlt werden. Beispiel: Siemens zahlt eine Dividende an einen Aktionär, der steuerlich in Spanien ansässig ist. Hier behält der deutsche Staat Quellensteuer ein.

Im Falle von UCITS-Fonds (einschließlich ETFs) sind ausländische Quellensteuern nicht auf die deutsche Abgeltungsteuer anrechenbar. Deswegen ist es wichtig, die gezahlte Quellensteuer so niedrig wie möglich zu halten.

Der international häufigste Quellensteuersatz auf Dividenden beträgt 25%. Bei einer Dividendenrendite von 2,5% und einem Quellensteuersatz von 25% würde das 0,625 »Renditeprozente« (= 25% × 2,5%) betragen. Über sogenannte Doppelbesteuerungsabkommen (DBA) zwischen zwei Staaten können solche Quellensteuern unter bestimmten Voraussetzungen reduziert werden. In der gängigsten Konstellation geschieht dies von 25% auf 15%.

Als Ausgleich für die Nichtanrechenbarkeit von Quellensteuern bei UCITS-Fonds (also auch ETFs) gewährt der Fiskus eine sogenannte steuerliche »Teilfreistellung« auf die Fondserträge (siehe nachfolgender Buchstabe (e)).

Aktien-ETFs mit rechtlichem Sitz (Domizil) in Irland genießen in Bezug auf Dividenden aus den USA einen »einzigartigen« Vorteil. Der Fonds zahlt nur 15% Quellensteuer statt die für die USA normalen 30%. Aktienfonds mit Domizil in Luxemburg, Deutschland oder anderswo fehlt dieses Privileg. Daher sollten Anleger – unter sonst gleichen Umständen –

bei Aktien-ETFs, die US-Aktien beinhalten, ETFs mit Domizil in Irland bevorzugen.

Unterstellen wir eine normale Dividendenrendite von 2,5%, einen ausschüttenden Fonds und die deutsche Abgeltungsteuer von 26,375% (inkl. Soli). Dann sieht die Nettodividende nach Abzug von US-Quellensteuern, die im Fonds ankommt, so aus: Irischer ETF: 2,5% × (1 – 15%) = 2,13% (gerundet). Luxemburger oder deutscher ETF: 2,5% × (1 – 30%) = 1,75%. Das ist ein nicht zu verachtender Unterschied von 0,38% pro Jahr.

Ausschüttungen von Investmentfonds an die Fondsanleger unterliegen keiner eigenen Quellensteuer des Fondsdomizils, z. B. Irland oder Luxemburg.

(e) Besteuerung laufender Erträge, Teilfreistellung

Mit laufenden Erträgen sind bei Aktien- und Anleihenfonds Dividenden bzw. Zinsen gemeint; bei offenen Immobilienfonds – sachlich etwas abweichend – Mieterträge und auf Fondsebene realisierte Immobilienveräußerungsgewinne. Diese laufenden Erträge unterliegen auf der Ebene des Anlegers der Abgeltungsteuer, sofern weder ein etwaiger Freistellungsauftrag noch eine etwaige *Nichtveranlagungsbescheinigung* (siehe dazu Buchstabe (k)) greift. Grundsätzlich gilt das bei Fonds sowohl im Ausschüttungs- als auch im Thesaurierungsfall.

Bei Aktienfonds, Mischfonds und offenen Immobilienfonds wird ein Teil dieser Erträge von der Besteuerung freigestellt (Teilfreistellung). Die Höhe der Teilfreistellung hängt vom Fondstyp ab und davon, ob die Fondsanteile im Privatvermögen, im Betriebsvermögen einer Kapitalgesellschaft oder im Betriebsvermögen einer Personengesellschaft gehalten werden (im Folgenden wird nur die Privatvermögenskonstellation behandelt).

Für Privatanleger (natürliche Personen) gelten die folgenden Teilfreistellungsquoten: Aktienfonds 30% (einschließlich Immobilienaktien-ETFs), Mischfonds 15%, offene Immobilienfonds 60%, wenn sie mit mindestens 51% in deutschen Immobilien investiert sind, offene Immobilienfonds 80%, wenn sie mit höchstens 51% in ausländische Immobilien investiert sind. Die höheren Teilfreistellungen bei OIFs reflektieren die höhere Besteuerung von Immobilienerträgen auf Fondsebene im Quellenland. Für Fondsanteile, die sich im Besitz von Personengesellschaften oder Kapitalgesellschaften befinden, gelten andere, höhere Teilfreistellungssätze. Bei Anleihenfonds gibt es keine Teilfreistellung.

(f) Besteuerung der in Buchstabe (e) genannten laufenden Erträge, wenn sie vom Fonds ausgeschüttet werden (ausschüttende Fonds)

Diese Ausschüttungen werden zum Zeitpunkt der Ausschüttung der Abgeltungsteuer unterworfen (Zuflussprinzip). Dabei profitiert der Anleger von den in Buchstabe (e) aufgeführten Teilfreistellungssätzen.

Wie dort erwähnt, gibt es für Anleihenfonds keine Teilfreistellung. Im gegenwärtigen Niedrigzinsumfeld hingegen wirkt sich das, jedenfalls bei Anleihen hoher Bonität, nur geringfügig aus.

Hier die Berechnung des effektiven Steuersatzes bei einer Teilfreistellung von 30% für Dividenden in einem Aktienfonds/Aktien-ETF: 26,4% × (1 – 30%) = 18,5% (gerundet). Es wird angenommen, dass der in Buchstabe (c) genannte Sparerpauschbetrag schon voll ausgeschöpft war. Allerdings darf man hierbei nicht vergessen, dass es vorher schon auf der Fondsebene eine hier nicht beachtete Quellensteuerbelastung auf Dividenden von zwischen 0% und 35% gab (meistens zwischen 15% und 25%), sodass die volle effektive Steuerbelastung höher ist als 18,5%. Nehmen wir eine Quellensteuer von 20% an, dann ergibt sich ein Gesamtbesteuerungssatz auf Dividenden von 1 – (1 – 20%) × (1 – 18,5%) = 34,8%. Das ist aufgrund der zugrundeliegenden Formel etwas niedriger als 20% + 18,5%.

(g) Besteuerung der in Buchstabe (f) genannten laufenden Erträge, wenn sie vom Fonds thesauriert werden (thesaurierende Fonds)

Diese Erträge (Zinsen, Dividenden) werden behandelt, als wären sie dem Anleger am 31. Dezember des Steuerjahres zugeflossen, und sie werden steuerlich dem *Folgejahr* zugerechnet.

Thesaurierte Erträge werden – anders als ausgeschüttete Erträge – im Wege eines Pauschalverfahrens besteuert (Vorabpauschale-Verfahren/VAPV). Die Depotstelle des Anlegers führt das VAPV für den Anleger aus, vorausgesetzt, das Depot befindet sich im Inland.

Beim VAPV für thesaurierende Fonds geht der Fiskus von einem fiktiven Steuerertrag (also einem fiktiven laufenden Ertrag) aus. Auf diesen muss die depotführende Bank eine Steuerlast einbehalten, die sich nach einer spezifischen Formel errechnet. Im Grunde hat diese Formel nichts mit der Höhe der tatsächlichen laufenden Erträge (Dividenden bei Aktienfonds) zu tun, die im Fonds thesauriert wurden. Aus Vereinfachungsgründen führe ich die Formel hier nicht auf, sondern gehe nur kurz auf einen zentralen Faktor darin ein, den sogenannten Basiszins.[72] Solange der VAPV-Basiszins unterhalb von etwa 3,6% p.a. liegt, führt das VAPV zu einer niedrigeren laufenden Besteuerungslast als die normale Besteuerung bei ausschüttenden Fonds. In den Steuerjahren 2021 und 2022 ist der Basiszins sogar null, daher bleiben Dividenden in thesaurierenden Fonds in diesen Jahren ohne Steuerbelastung (und in den Jahren davor war sie sehr gering).

Leider ist das kein endgültiger Vorteil. Kommt es später zum Verkauf der betreffenden Fondsanteile, wird die gesamte Wertsteigerungsdifferenz zur Bemessungsgrundlage für die Abgeltungsteuer. Von der so ermittelten Steuerlast wird die früher gezahlte VAPV-Steuer abgezogen. Im Ergebnis erfolgt relativ zu einem ausschüttenden Fonds eine Steuerstundung. Auch wenn es nur eine Stundung ist, repräsentiert sie jedenfalls für einen konsequenten Buy-and-Hold-Anleger einen echten ökonomischen Vorteil. Bei aktiven Anlegern, die mehr oder weniger jährlich ihre Fondsanteile kaufen und verkaufen, gibt es diesen nicht.

Zu einer laufenden Nullbesteuerung der Dividenden kommt es auch dann in einem Kalenderjahr, wenn die Gesamtrendite des thesaurierenden Fonds aus Dividenden und Kursveränderungen negativ ist. Auch dann erfolgt zunächst keine Besteuerung der Dividenden. Wieder tritt eine Steuerstundung ein, und diese unversteuerten Dividenden werden erst bei einem späteren Verkauf der Fondsanteile mit Steuern belastet.

Der Anleger muss die resultierende Steuerlast auf laufende Erträge nach dem VAPV bei thesaurierenden Fonds stets von extern anschaffen, also am Anfang des Folgejahres auf einem designierten Konto bereithalten. Sie wird standardmäßig nicht dem Fondsvermögen selbst entnommen.

(h) Besteuerung von Kursgewinnen bei Aktienfonds und Anleihenfonds, die auf Fondsebene realisiert werden

Auf Fondsebene (innerhalb des Fonds) realisierte Kursgewinne bei Aktien- und Anleihenfonds werden nicht besteuert (sogenanntes kleines Fondsprivileg), sofern und solange diese Gewinne nicht ausgeschüttet werden, was die Regel ist.

---

72 Dieser Basiszins ist zwar namensgleich, aber nicht identisch mit dem anderen bekannteren »Basiszins«, der von der Bundesbank halbjährlich ermittelt wird und der nach § 288 BGB und anderen Rechtsvorschriften in zivilrechtlichen Streitfällen für die Kalkulation von Verzugszinsen verwendet wird.

(i) Verlustverrechnungsmöglichkeiten, Verlustvortrag

Verluste aus der Veräußerung von Fondsanteilen (realisierte Kursverluste) können innerhalb eines Steuerjahres mit sämtlichen positiven Kapitalerträgen verrechnet werden. Sofern ein Anleger nur ein einzelnes Depot bei einer inländischen Bank unterhält, wird das normalerweise automatisch passieren. In einem bestimmten Steuerjahr nicht genutzte Verluste aus Kapitalvermögen darf man unbegrenzt in die Zukunft vortragen, also mit positiven Einkünften aus Kapitalvermögen in einem der Folgejahre verrechnen.

Es ist damit zu rechnen, dass sich das Bundesverfassungsgericht in nächster Zeit mit einigen fragwürdigen Einschränkungen bei der Verlustverrechnung innerhalb der Einkünfte aus Kapitalvermögen befassen wird. Diese Einschränkungen betreffen ETF-Anleger zwar nicht, dennoch könnten sich aus dem Urteil Änderungen zu Verlustverrechnungsmöglichkeiten ergeben.

(j) Die Sonderfälle Gold-ETFs (genauer Gold-ETCs) und Bitcoin-ETFs (Bitcoin-ETCs)

Wertsteigerungsgewinne bei Gold-ETCs werden im Standardfall wie solche Gewinne bei physischem Gold besteuert. Das bedeutet, nach einer Haltefrist von einem Jahr sind Wertsteigerungsgewinne steuerfrei (steuerlich handelt es sich dabei um Einkommensteuerart Nr. 7 – sonstige Einkünfte und spezifisch um ein privates Veräußerungsgeschäft). Bei einer Haltefrist von weniger als einem Jahr gilt oberhalb einer kleinen Freigrenze von 600 Euro der persönliche Einkommensteuersatz, der ja bei entsprechend hohem Jahreseinkommen bekanntlich bis rund 50% gehen kann (einschließlich Solidaritätszuschlag und Kirchensteuer). Wichtig: Der Gold-ETC muss dem Anleger vertraglich einen Herausgabeanspruch für das Gold zubilligen. Das ist bei den allermeisten Gold-ETCs der Fall. (Zum Unterschied zwischen ETCs und echten ETFs siehe Kapitel 7.) Für andere Edelmetalle – Silber, Platin, Palladium – gelten andere Besteuerungsregeln.)

Wertsteigerungsgewinne bei Bitcoin-ETCs werden gemäß gegenwärtigem Rechtsstand nach dem gleichen Prinzip besteuert wie Gold-ETCs.

Da Wertsteigerungsgewinne aus ETCs unter die Einkunftsart Nr. 7 fallen (also nicht Einkunftsart Kapitalvermögen), können Verluste aus diesen Investments nicht mit Gewinnen verrechnet werden, die der Abgeltungsteuer unterliegen (und umgekehrt).

(k) Nichtveranlagungsbescheinigung und Günstigerprüfung

Sofern eine Person in Deutschland in einem gegebenen Steuerjahr voraussichtlich ein gesamtes Jahreseinkommen von unter 9 984 Euro haben wird (das ist im Jahr 2022 der einkommensteuerliche Grundfreibetrag), lohnt es, sich beim Finanzamt eine Nichtveranlagungsbescheinigung zu besorgen (bei Schülern und Studenten dürfte das häufig der Fall sein). Wer Einkünfte aus Kapitalvermögen hat, reicht die Bescheinigung bei der Depotstelle (Bank) ein. Die Bank zieht dann keine Abgeltungsteuer ab, weil in diesem Fall ja erwiesenermaßen die Pflicht zur Zahlung von Einkommensteuer entfällt.

Wer ein jährliches Einkommen von zwischen den oben erwähnten 9 984 Euro und etwa 50 000 Euro (das Doppelte für gemeinsam veranlagte Paare) hat, dessen persönlicher Einkommensteuersatz liegt nach dem normalen progressive Einkommensteuertarif unterhalb von 25,0%. In diesem Fall kann ein Antrag beim Finanzamt auf eine sogenannte Günstigerprüfung sinnvoll sein. Fällt diese positiv aus, kommt bei Einkünften aus Kapitalvermögen nicht der Abgeltungsteuersatz von 26,4% (inkl. Soli) zur Anwendung, sondern der günstigere progressive Einkommensteuersatz (siehe auch auf der deutschen Wikipedia unter dem Stichwort »Günstigerprüfung«).

Weitere Informationsquellen

Die Abgeltungsteuer für Einkünfte aus Kapitalvermögen (Erträge aus Investmentfonds und zum Teil aus anderen Anlagen, wie beispielsweise einzelnen Aktien bei Privatanlegern) wird in den folgenden Broschüren detaillierter als in diesem Abschnitt erläutert. Die Broschüren sind im Internet zum kostenlosen Download in der jeweils aktuellsten Version verfügbar (googeln Sie einfach die angegebenen Titel): (a) Deutsche Bank – »Merkblatt für den inländischen Steuerzahler«; (b) Allianz – »Informationen für Privatanleger – Investmentfonds und Steuern« oder (c) die Website www.smartsteuer.de, Stichwort »Einkünfte aus Kapitalvermögen«.

Wird die Abgeltungsteuer bald durch die (höhere) Einkommensteuer ersetzt?

Seitens der Parteien in der linken Hälfte des Spektrums wird seit einigen Jahren immer wieder die Forderung erhoben, die Abgeltungsteuer (Kapitalertragsteuer) mit ihrem uniformen Satz von 26,4% (inkl. Soli) müsse durch den normalen progressiven Einkommensteuertarif ersetzt werden.

Dieser reicht für Haushalte mit hohem Einkommen bekanntlich bis auf 51,52% (inkl. Soli und 9%iger Kirchensteuer). Seit etwa 2020 scheint sich zumindest bei einem Teil der Mitglieder dieser Parteien allmählich die Einsicht zu verbreiten, dass die in Deutschland im internationalen Vergleich leider unterentwickelte Altersvorsorge mit Aktien gefördert werden sollte. Eine Erhöhung der Besteuerung würde kaum zu diesem Ziel beitragen. Aktuell, im November 2022, erscheint es mir unmöglich, eine verlässliche Aussage darüber zu treffen, ob, wann und in welcher Form die seit Ende 2021 amtierende Ampel-Regierungskoalition das Thema Abschaffung der Abgeltungsteuer angeht. Erfreulicherweise ist zumindest eine der drei Regierungsparteien, die FDP, gegen eine solche Abschaffung.

16 Anlageprodukte, von denen Sie die Finger lassen sollten

»Die meisten Investmentfehler haben ihre Ursache darin, dass Menschen sich langfristige Marktrenditen ansehen und dann sagen: ›Gefällt mir, kann ich das schneller haben?‹« (Morgan Housel, Fondsmanager, Finanzbuchautor)

Erfolgreich investieren bedeutet erfolgreiche Fehlervermeidung. Dazu gehört die Umgehung oder das Abstoßen schlechter Finanzprodukte. Die am meisten verbreiteten schlechten Finanzprodukte werden in diesem Kapitel beschrieben.

16.1 Bankguthaben oberhalb der gesetzlichen Einlagensicherung

Die Deutschen halten Bankguthaben für sicher. Anders lässt sich nicht erklären, dass seit vielen Jahren rund 40% des liquiden Vermögens der Haushalte hierzulande auf Bankkonten liegen.

Bankguthaben sind allerdings nur sicher, wenn man Sicherheit anhand der Volatilität des Saldos misst. Die ist bei einem Bankguthaben in der Tat null oder nahe null. Misst man Risiko hingegen im Sinne von Ausfallrisiko, dann sind Bankguthaben weit weg von einer Einstufung als risikofrei oder auch nur risikoarm.

Kontoguthaben bei Banken (Girokonten, Sparbücher, Festgelder, Termingelder, Tagesgelder) können ausfallen, wenn die kontoführende Bank in wirtschaftliche Schwierigkeiten gerät, was weltweit in den vergangenen zwei Jahrhunderten bei Tausenden von Banken geschah und in wohl jedem Land, einschließlich Schweiz, Schweden, Kanada, Australien, USA und natürlich Deutschland (Schmelzing/Metrick 2021). Die letzte große systemische Bankenkrise liegt nur 15 Jahre zurück. Sie begann 2008 und führte zur Pleite oder De-facto-Pleite von Hunderten Banken weltweit, davon eine ganze Reihe in Deutschland. Selbst die beiden größten Schweizer Banken (UBS und Credit Suisse) wackelten damals bedenklich.

Die Ursache für diese wirtschaftlichen Schwierigkeiten ist entweder Inkompetenz der Geschäftsführung, gelegentlich auch kriminelle Machenschaften einzelner Personen, oder schlechte staatliche Regulierung.

In Deutschland ist die staatlich vorgegebene Einlagensicherung durch das *Einlagensicherungs- und Anlegerentschädigungsgesetz* seit 2015 in der gegenwärtigen Form geregelt (in Österreich ähnlich). Die daraus resultierende Garantie sichert 100% der Einlagen bei deutschen Bank- und Kreditinstituten bis zum Maximalwert von 100 000 Euro pro Kunde und Bank ab. Bei Gemeinschaftskonten (z. B. einem Ehepaar) sind es 200 000 Euro. Geschützte Kunden sind Privathaushalte sowie kleinere und mittlere Unternehmen.

Auf alle betraglich umfangreicheren Versprechen des *privaten* Einlagenschutzes der Banken, unabhängig vom Typus der Bank (private Bank, Sparkasse oder genossenschaftliche Bank) kann man jedenfalls im Kontext einer systemischen Bankenkrise nicht viel geben. Bei einer systemischen Bankenkrise wie 2008 bis 2011 (im Unterschied zur Krise nur einer einzelnen Bank) werden diese privaten Systeme nur begrenzt oder gar nicht helfen.

Daher sollte man Bargeldanlagen bei einer Bank längerfristig stets nur bis zur Maximalhöhe von 100 000 Euro halten (200 000 Euro bei Gemeinschaftskonten).

Doch nicht nur aus Risikosicht – oberhalb der gesetzlichen Einlagensicherung – sind Bankguthaben ein fragwürdiges Investment. Wenn man Inflation, Steuern und Kosten abzieht, dann war die Verzinsung von Bankguthaben im Durchschnitt der letzten 120 Jahre negativ. Das heißt, in mehr als der Hälfte der Jahre lag sie unter null und in der anderen Hälfte zumeist nur wenig über null (siehe Abschnitt 10.9). In den letzten zehn Jahren bestand diese Situation sogar ununterbrochen.

Aus rein rationaler Sicht taugen Bankguthaben nur für zwei klar definierte Zwecke: (a) als »risikofreie« Anlage, sofern der Anlagebetrag innerhalb der gesetzlichen Einlagensicherung liegt und der garantierende Staat ausreichend bonitätsstark ist, (b) unabhängig vom Betrag zum kurzzeitigen Geldparken (maximal einige Wochen), bis die Entscheidung und Umsetzung einer Anlage mit einer attraktiveren Kombination aus Rendite und Ausfallrisiko (Rückzahlungsrisiko) umgesetzt wurde.

Wer sich noch etwas detaillierter mit dem Risiko von Bankguthaben beschäftigen möchte, dem empfehle ich den Blog-Beitrag von Kommer/ Schweizer 2019a.

16.2 Kapitalbildende Lebensversicherungen

Gemeint sind kapitalbildende Lebensversicherungen (KLVs), bei denen eine Todesfallabsicherung und – im Erlebensfall – eine Auszahlung von Kapital erfolgt, also klassische Kapitallebensversicherungen und fondsgebundene Lebensversicherungen. Nicht gemeint sind einfache Risikolebensversicherungen.

Klassische KLVs investieren die Beiträge der Versicherungsnehmer vorwiegend in Anleihen, fondsgebundene KLVs vorwiegend in aktiv gemanagte Aktienfonds – zumeist hauseigene Fonds oder Fonds von mit der Versicherungsgesellschaft verbandelten Firmen.

KLVs sind Produkte mit zu viel überflüssiger oder schädlicher Verpackung. Sie sind ein strukturell fehlkonstruiertes Finanzprodukt, das in keinem anderen Land der Welt so populär war und nach wie vor ist wie hierzulande – schlimm für Deutschland. (Statistisch kommen mehr als zwei Policen auf jeden Haushalt in Deutschland. Würde man die Millionen von Policen hinzurechnen, die in den vergangenen 15 Jahren weit überwiegend mit Verlusten vorzeitig gekündigt wurden, wären es noch viel mehr.)

Immerhin ist die Erkenntnis, dass KLVs keine sinnvolle Geldanlage sind, in den vergangenen gut fünf Jahren Allgemeingut geworden. KLVs enttäuschen bei der Rendite (zu niedrig) genauso wie beim Risiko (zu hoch). Das gilt sowohl für klassische KLVs als auch für fondsgebundene KLVs.

Die Versicherungsgesellschaft repräsentiert für den Versicherungsnehmer ein Ausfallrisiko. Die in eine KLV eingezahlten Beiträge bilden eben gerade kein Sondervermögen, wie das in Bezug auf die Fondsgesellschaft bei einem ETF der Fall ist.

Wie die Medien seit einigen Jahren immer wieder berichten, befindet sich die Lebensversicherungsbranche in einer Strukturkrise, die auf lange zurückliegende Fehlentscheidungen zurückgehen. Diese Krise kann in den nächsten 5 bis 20 Jahren für viele Versicherungen existenzbedrohlich werden. Die BaFin (Bundesanstalt für Finanzdienstleistungsaufsicht) hat rund die Hälfte der gut 80 Gesellschaften in Deutschland unter intensivierte Aufsicht gestellt. Die Namen dieser Unternehmen werden jedoch geheimgehalten, da sie ansonsten von einer Kündigungswelle bedroht wären, die ihren Tod besiegeln würde.

Hauptverantwortlich für die fast immer lausigen und bei vorzeitiger Kündigung typischerweise negativen Renditen von KLVs sind die hohen versteckten oder offenen Kosten. Nach einer kürzlichen Auswertung der BaFin betragen diese für klassische Lebensversicherungen im Durchschnitt 1,1% p.a., für fondsgebundene Lebensversicherungen 1,9% p.a. (BaFin 2022). Beide Werte sind ungefähr zehnmal so hoch wie es für entsprechende ETF-Anlagen der Fall ist.

Eine simple, kostengünstige ETF-Anlage bzw. ein ETF-Fondssparplan ist einer KLV praktisch immer vorzuziehen. Wer unbedingt Todesfallschutz benötigt, kann ihn maßgeschneidert zu einem Bruchteil der monatlichen KLV-Prämie als reine Risikolebensversicherung erhalten.

Lediglich KLV-Altverträge, klassische KLVs, die vor 2005 abgeschlossen wurden, sind es überwiegend wert, weiter bespart zu werden. Sie genießen einen für spätere Verträge nicht mehr gültigen Steuervorteil und haben relativ hohe Garantieverzinsungen.[73] Außerdem sind bei diesen Altverträgen die bei allen KLVs am Anfang anfallenden besonders hohen Kosten (die von außen nicht erkennbar sind) bereits lange bezahlt, spielen also bei der Fortführungsrendite keine Rolle mehr.

Wenn Sie sich genauer über KLVs und ihre vielfältigen Nachteile sowie vorwärtsgerichtete Handlungsoptionen zu einer vorhandenen KLV informieren wollen, empfehle ich den Blog-Beitrag von Kommer/Schweizer 2020b.

16.3 Private Rentenversicherungen

Bei privaten Rentenversicherungen (PRVs) unterscheidet man zwei Grundtypen: klassische PRVs und fondsgebundene PRVs.

In der Praxis dominieren die klassischen Produkte. Hier zahlt die Versicherungsgesellschaft dem Versicherten eine in ihrer Höhe feststehende

73 Die heute noch verbleibenden Steuervorteile gegenüber einem konventionellen ETF-Investment auf Buy-and-Hold-Basis sind gering, werden aber von Versicherungsverkäufern gewohnheitsmäßig als substanziell dargestellt.

(garantierte) Rente bis zu dessen Tod, also keinen Einmalbetrag im Erlebensfall wie bei einer kapitalbildenden Lebensversicherung. Im Versicherungsjargon spricht man von der Absicherung des *Langlebigkeitsrisikos* des Versicherten, weil die Rente bis zu dessen Tod gezahlt wird, auch wenn der Betreffende 110 Jahre alt werden sollte.

Bei fondsgebundenen PRVs ist die spätere Rente für den Versicherten in ihrer Höhe nicht festgelegt, und es besteht keine Absicherung des Langlebigkeitsrisikos, die Rentenzahlung erfolgt also nicht notwendigerweise lebenslang. Daher ist die Bezeichnung »Rentenversicherung« hier in gewisser Weise Etikettenschwindel, denn der größte Teil der Bevölkerung versteht eine »Rente« als »Leibrente«, also eine gleichbleibende oder steigende Zahlung bis zum Tod.

Die steuerliche Behandlung von PRVs variiert mit einigen Kriterien und Eigenschaften der fraglichen Police. Im Normalfall einer lebenslang gezahlten Rente unterliegt der gesetzlich festgelegte »Ertragsanteil«, der typischerweise weniger als 30% der monatlichen oder jährlichen Rentenauszahlung ausmacht, dem persönlichen Einkommensteuertarif.

Bei beiden PRV-Typen können die Einzahlungen des Versicherungsnehmers als hoher Einmalbetrag oder in kleinen monatlichen Beträgen über viele Jahre hinweg oder über eine Kombination aus beidem erfolgen.

Beide PRV-Typen leiden am gleichen unheilbaren Geburtsfehler wie KLVs, dem Ausfallrisiko der Versicherungsgesellschaft (siehe voriger Abschnitt zu KLVs). Dieses Risiko allein ist schon Grund genug für höchste Skepsis.

Nun zu den Unterschieden und den weiteren Problemen, zunächst in Bezug auf klassische PRVs.

Problem Nr. 1: die anämische Rendite klassischer PRVs. Wie blutarm diese ist, wird man feststellen, wenn man sich von jemandem die Rendite für unterschiedliche Restlebenserwartungen ausrechnen lässt. Dann wird fast immer klar, dass sich klassische PRVs nur lohnen, wenn der Versicherte so alt wie Methusalem wird.

Problem Nr. 2: der fehlende Inflationsschutz. Die Rente ist eine monatliche und damit auch jährlich gleichbleibende oder eine im Zeitablauf langsam ansteigende Zahlung – je nach Policentyp. Bei Policen mit Anstiegsmechanismus für die Rentenzahlung im Zeitablauf bestimmt sich dieser Anstieg aus einem sogenannten Dynamisierungsfaktor. Er liegt typischerweise zwischen 1% und 3% pro Jahr, ist also eher bescheiden. Weil die PRV-Rente über die Jahre hinweg entweder gar nicht steigt oder nur um einen fixen Prozentsatz im niedrigen einstelligen Bereich, sind PRVs bei hoher Inflation potenziell fatale Anlageprodukte. Jeder Prozentpunkt zusätzliche Inflation senkt den echten, inflationsbereinigten Wert der Rente für den Versicherten. Da PRVs bis zum Ableben des Empfängers oft jahrzehntelange Laufzeiten haben, kann der Schaden für den Versicherungsnehmer bei Inflationsraten oberhalb von – sagen wir – 2 bis 3% p.a. gigantisch sein. Trotzdem wird die Dynamisierung von Versicherungsmaklern traditionell als Inflationsschutz verkauft. Das ist ungefähr so sachgerecht, wie am Südpol T-Shirts als Kälteschutz zu vermarkten.

Lesern, die etwas anspruchsvoller und tiefer in die Probleme von klassischen PRVs einsteigen wollen, empfehle ich die Vortragspräsentation Kommer 2019 (siehe Literaturverzeichnis).

Jetzt zu fondsgebundenen PRVs: Hier fließen die Beiträge der Versicherungsnehmer nicht in langfristige Anleihen hoher Bonität wie bei klassischen PRVs, sondern in Aktienfonds der Fondsgesellschaft. Daher krankt dieser PRV-Typ nicht am mangelnden Inflationsschutz.

Aufgrund der hohen, zum Teil versteckten Kosten sind fondsgebundene PRVs jedoch weniger rentabel als ein vergleichbares konventionelles Aktien-ETF-Investment. Damit sind fondsgebundene PRVs ja auch gut vergleichbar, da in beiden Fällen das Langlebigkeitsrisiko nicht abgedeckt wird. Weniger flexibel, weniger liquide und weniger transparent als ein konventionelles ETF-Depot sind fondsgebundene PVRs sowieso.

16.4 Aktiv gemanagte Aktienfonds, Branchenfonds, Mischfonds, Dachfonds, Anleihenfonds

Die meisten Privatanleger, die in Kapitalmarktanlagen investieren wollen, tun das über aktiv gemanagte Fonds. Von ihnen werden etwa 9000 in Deutschland vertrieben. In diesem Abschnitt gehe ich kurz auf fünf große Segmente des Marktes (Fondstypen) für aktiv gemanagte Investmentfonds ein.

Regional investierende Aktienfonds: Was in Kapitel 8 allgemein über aktiv gemanagte Aktienfonds gesagt wurde, gilt uneingeschränkt auch für die am meisten verbreitete Kategorie von Aktienfonds, national oder regional investierende Fonds. Die meisten aktiv gemanagten Fonds underperformen eine korrekt gewählte passive Benchmark (also einen ETF) in einem gegebenen Zeitfenster. Die wenigen Outperformer, die in einem Zeitfenster existieren, sind wahrscheinlich aus Zufall dazu geworden. Wer vorwärtsgerichtet auf sie tippt, wird dabei statistisch gesehen Geld verlieren – entweder in absoluten Geldwerten oder in Form von entgangenen Gewinnen.

Aktiv gemanagte Branchenfonds: Die wissenschaftliche Finanzökonomie hat über 60 Jahre lang dazu geforscht, ob Branchen einen systematischen (zuverlässig ausnutzbaren) Einfluss auf die risikobereinigte Rendite von Aktien haben. Nahezu unumstrittenes Ergebnis: Es gibt keinen solchen Einfluss – auch wenn das unserer Intuition oder dem gesunden Menschenverstand zuwiderläuft. Ja, in einem gegebenen Zeitfenster rentieren Branchen unterschiedlich, aber diese Unterschiede sind unsystematisch und nicht zuverlässig prognostizierbar. Beispielsweise glauben viele Privatanleger, die Technologiebranche liefere langfristig höhere Renditen als andere Branchen. Tut sie nicht. In einem Blog-Beitrag haben mein Kollege Daniel Kanzler und ich für die 50 Jahre von Juni 1970 bis Juni 2020 gezeigt, dass die Aktien der US-Technologiebranche (Hightech) über diesen Zeitraum praktisch exakt die gleiche Durchschnittsrendite aufwies wie der US-Gesamtmarkt (Kommer/Kanzler 2020a). Die rentabelste Branche in den USA von 1900 bis 2015 war *Tabak* (Dimson/Marsh/Staunton 2015), eine Branche mit besonders geringem technischem Fortschritt, einem besonders schlechten Image und – in den zurückliegenden 40 Jahren in den USA – einem geradezu unglaublichen Tsunami an Strafzahlungen zugunsten von Privatpersonen, die aus gesundheitlichen Gründen gegen Tabakproduzenten klagten.

Aktiv gemanagte Mischfonds: Sie werden oft auch euphemistisch als »vermögensverwaltende Fonds« oder »Multi-Asset-Fonds« bezeichnet – sie sind eine als Liebesheirat vermarktete, traurige Zwangsehe aus einem Aktien- und einem Anleihenfonds. Anleger sind besser bedient, wenn sie Aktienfonds und Anleihenfonds einzeln und getrennt einkaufen, am besten in

Form von ETFs. Mischfonds haben typischerweise eine unklare aktive Wischiwaschi-Anlagestrategie, die primär auf Market-Timing basiert und kollektiv eine besonders miserable Rendite-Risiko-Bilanz aufweist, jedenfalls wenn man richtig rechnet und vergleicht. Besonders unappetitlich ist das Gebührenniveau von Mischfonds relativ zu einer entsprechenden Kombination aus Aktien- und Anleihen-ETF, weil der Mischfonds-Anleger die hohen Aktienfondsgebühren auch auf den Anleihenteil zahlt. Der größte und bekannteste deutsche Mischfonds, der Flossbach von Storch Multiple Opportunities (WKN A0M43Z) mit einem stolzen Ausgabeaufschlag von 5% und laufenden Kosten von 1,12%, rentierte in den zehn Jahren bis 31.10.2022 mit 6,6% p.a. gegenüber dem iShares Core MSCI World ETF (WKN A0RPWH) mit 11,9% p.a. Einer der Gründe, warum der ETF so weit vorn liegt, sind seine weit niedrigeren Kaufkosten und laufenden Kosten.[74]

Aktiv gemanagte Dachfonds: Ein Dachfonds investiert nicht direkt in Aktien oder Anleihen, sondern in andere Fonds (»Zielfonds« oder »Unterfonds«). Dachfonds-Manager geben vor, für ihre Anleger die besten Zielfonds aus mehreren Tausend Publikumsfonds zu finden. Der größte Nachteil von Dachfonds ist ihre »doppelte Verpackung« und die damit einhergehenden doppelten Kosten; doppelt, weil Kosten auf der Ebene des Dachfonds und auf der Ebene der Zielfonds entstehen. Diese Kosten wären nur gerechtfertigt, wenn es den Dachfonds-Managern gelänge, eine besonders gute Rendite vor Kosten zu erzielen. Das ist für längere Zeiträume allerdings eher selten der Fall. Nach Kosten haben diese Fonds statistisch gesehen eine noch schlechtere Rendite als herkömmliche aktiv gemanagte Fonds.

Aktiv gemanagte Anleihenfonds: Anleihenfonds wurden noch bis vor wenigen Jahren üblicherweise als »Rentenfonds« bezeichnet. Da aber die ältere und stärker verbreitete Bezeichnung Rentenfonds einer Umfrage zufolge bei vielen Bundesbürgern zu dem Irrtum führt, es handele sich dabei um eine Art Rentenversicherung, ist die moderne und ohnehin prä-

74 Man könnte einwenden, es sei unfair, einen Mischfonds mit einem reinen Aktien-ETF zu vergleichen, weil der Mischfonds eine geringere Volatilität (Risiko) aufweise. Der Einwand ist im Prinzip berechtigt. Allerdings hätte der FvS-Fonds auch eine vielleicht besser vergleichbare, weniger volatile 60/40-Kombination aus Aktien-ETF und Geldmarkt-ETF unterperformt.

zisere Bezeichnung Anleihenfonds vorzuziehen. Anleihenfonds unterperformen ihre Benchmark noch häufiger als aktiv gemanagte Aktienfonds. Das ist deswegen so, weil (a) der reguläre Anleihenmarkt (Staatsanleihen und Unternehmensanleihen mit mittlerem bis sehr gutem Rating) noch informationseffizienter ist als der Aktienmarkt und (b) die Kosten von Anleihenfonds relativ zu ihrer (niedrigeren) erwarteten Rendite noch höher sind und dadurch noch mehr als Eisenkugel am Bein der Rendite wirken. Unter diesen Umständen ist es noch wahrscheinlicher, mit einem aktiv gemanagten Rentenfonds gegenüber einem vergleichbaren ETF Geld draufzulegen.

FAZIT

Aktiv gemanagte Investmentfonds sind ganz einfach teuer und schlecht. Die in jeder Hinsicht bessere Alternative sind ETFs.

16.5 Branchen-ETFs, Themen-ETFs, Leveraged ETFs, Short ETFs

Wie in den vorigen Kapiteln vermutlich deutlich wurde, bin ich ein fast schon fanatischer Vertreter von passivem Investieren. Dazu gehört eine möglichst breite Diversifikation, und dazu gehört die Buy-and-Hold-Strategie. Passiv investieren sollte man jedoch nicht gleichsetzen mit »in ETFs investieren«. Die folgenden vier »exotischen« Typen von ETFs stellen allesamt eher das Gegenteil von passiv investieren dar. Ich rate von ihnen ab – jedenfalls in Bezug auf den Teil des Vermögens, den ein Haushalt als zu seiner Altersvorsorge gehörig betrachtet, in Abgrenzung zu einem (hoffentlich) kleinen Zockerdepot.

- *Branchen-ETFs:* Branchen haben – wie im vorigen Abschnitt, was aktiv gemanagte Branchenfonds anbelangt, ausgeführt – keinen für Anleger zuverlässig ausbeutbaren Zusammenhang zu Rendite und Risiko.
- *Themen-ETFs:* In der ETF-Welt könnte man Themen als besonders eng definierte Quasi-Branchen oder modische Minibranchen bezeichnen.

Beispiele sind ETFs auf Firmen im Bereich künstliche Intelligenz, Blockchain-Technologie, Elektromobilität, alternde Gesellschaft, Cannabis-Medizin, Luxusbekleidung und ein wildes Sammelsurium weiterer Themen, das sich jährlich ändert. Über eine Liste der Themen-ETFs von vor fünf Jahren würde man heute vermutlich denken, sie sei in einer Comedy-Show entstanden. Viele der heutigen vermeintlichen Megatrends werden sich in wenigen Jahren als Seifenblasen herausstellen, zu denen man sich fragen wird, wie jemand jemals so naiv sein konnte, ihnen eine investmentmäßige Bedeutung beizumessen. Wissenschaftler sind sich über den Schaden (die Opportunitätskosten), die Themen-ETFs anrichten, einig (Blitz 2021, Ben-David u. a. 2022).

- *Leveraged ETFs:* Das sind ETFs mit eingebautem Kredithebel. Sie sind, je nach Konstruktion, doppelt und dreifach so risikoreich wie ein entsprechender ETF ohne Leverage. Wenn überhaupt, sollte man sie erst in Betracht ziehen, nachdem man drei oder mehr Jahre eine Level-1-Asset-Allokation von 100/0 hatte und damit gut zurechtkam. Wer mehr über gehebeltes Investieren in Aktien erfahren will, dem empfehle ich einen Blog-Beitrag zu gehebeltem Anlegen von meinem Kollegen Daniel Kanzler und mir. Darin gehen wir auch auf Leverage-ETFs ein (Kommer/Kanzler 2022).
- *Short ETFs* oder *inverse ETFs:* Das sind ETFs, mit denen auf fallende Kurse spekuliert wird. Short ETFs steigen im Wert, wenn das Bezugsinvestment fällt. Da Aktienrenditen kurz- und mittelfristig nicht zuverlässig prognostizierbar sind und auf lange Sicht steigen, wird man mit solchen Investments sehr wahrscheinlich Geld drauflegen. Auf sehr lange Sicht müssen Short ETFs sogar Verluste produzieren – dafür besteht mathematische Gewissheit (Pessina u. a. 2020). Dass Spekulation auf fallende Kurse einschließlich der konservativeren Variante davon – Downside Hedging – im Allgemeinen keine sehr einträgliche Idee ist, haben mein Kollege Max Bartosch und ich in einem Blog-Beitrag gezeigt (Kommer/Bartosch 2022a).

16.6 Zertifikate

Warum ist von Zertifikaten abzuraten? Generell leiden Zertifikate an der schlimmen Finanzproduktkrankheit »zu viel Verpackung«. Ihre spezifischen Nachteile umfassen: (a) Zertifikate sind rechtlich gesehen Bankschuldverschreibungen, unabhängig davon, welches Rendite-Risiko-Profil sie dem Investor geben sollen (z. B. das eines Aktienkorbes oder die Renditedifferenz zwischen kurzfristigen und langfristigen Bundesanleihen). Wenn die Emissionsbank in Schwierigkeiten gerät, wird auch ein von ihr emittiertes Zertifikat wackeln, egal, wie gut oder schlecht sich das Underlying entwickelt haben mag. Man denke an die von Lehman Brothers emittierten Zertifikate, bei denen Tausende Zertifikate-Anleger 2008 fast alles verloren haben. Anders formuliert: Zertifikate sind – im Unterschied zu Investmentfonds und ETFs – kein Sondervermögen. Deswegen ist der Anleger hier stets dem Ausfallrisiko der emittierenden Bank ausgesetzt. (b) Die meisten Zertifikate sind intransparent und zu komplex für Privatanleger – die meisten geradezu albtraumartig komplex. (c) Ihre wahren Kosten liegen weit über denen, die in den Produkt-Fact-Sheets angegeben werden.

Wissenswert in diesem Zusammenhang dürfte auch sein, dass Zertifikate in Ländern mit besserem Verbraucherschutz bei Finanzprodukten, wie USA, Kanada, Australien und Großbritannien, aus guten Gründen nicht zum freien Vertrieb an Privatanleger zugelassen sind – wie auch offene Immobilienfonds, auf die ich im nächsten Abschnitt eingehe.

16.7 Offene Immobilienfonds

Offene Immobilienfonds (OIFs) sind ein von der Zeit überholtes, »risikounehrliches« Anlageprodukt, das in moderneren und besser regulierten Kapitalmärkten als Deutschland – USA und Großbritannien – für den Vertrieb an Privatanleger aus guten Gründen gar nicht zugelassen ist.

Warum sind OIFs abzulehnen? (a) Offene Immobilienfonds hatten in den vergangenen 30 Jahren niedrigere Renditen als vergleichbare Immobilienaktien-ETFs (Immobilienaktienfonds). (b) Das wahre Risiko von OIFs im Zeitablauf ist nicht einschätzbar, da die Bewertung des Immobilienbestandes eines Fonds letztlich durch die Fondsgesellschaft selbst erfolgt, was Bewertungstricks Tür und Tor öffnet. Diese wurden in der Vergangenheit auch vielfach angewandt – daher die Einstufung als risikounehrliche Produkte. (c) Die angeblich sehr niedrige Korrelation von OIFs zum Aktienmarkt ist eine Nebelkerze, denn würde der Wert des Immobilienbestandes eines Fonds kontinuierlich korrekt zugrunde gelegt (wie das bei einem Immobilienaktien-ETF der Fall ist), wäre sie weit höher. (d) Sie weisen höhere Kauf- und Verkaufskosten als Immobilienaktien-ETFs auf. (e) In Krisenzeiten ist nicht gesichert, dass die Fondsanteile jederzeit zum offiziellen Kurs verkauft werden können, wie die Jahre von 2007 bis 2015 zeigten, als zeitweilig 18 von damals rund 40 in Deutschland zugelassenen OIFs mehrjährige Rücknahmesperren verhängt hatten (sofortige Verkäufe auf dem »Zweitmarkt« waren in vielen Fällen nur mit drastischen Abschlägen auf den offiziellen Anteilspreis möglich). Seit 2013 können OIF-Anteile nur mit zwölfmonatiger Kündigungsfrist an die Fondsgesellschaft zurückgegeben (verkauft) werden (beim anfänglichen Kauf nur nach 24 Monaten).

Anfang 2022 haben mein Kollege Felix Großmann und ich einen Blog-Beitrag publiziert, in dem wir die hier vorgetragenen Kritikpunkte zu OIFs ausführlich darlegen (Kommer/Großmann 2022b).

16.8 Vermietungsimmobilien

Die herrschende Meinung in der Bevölkerung ist, dass Vermietung ein lukratives Geschäft sei, eine clevere und sichere Route zu hohen Eigenkapitalrenditen. Mit Fakten und harten Zahlen lässt sich diese Auffassung allerdings schwer belegen. Bitte werfen Sie in diesem Zusammenhang noch einmal einen kurzen Blick auf die Tabellen 8 und 9 in Abschnitt 10.7.

Zunächst ist festzuhalten, dass weder für Deutschland noch für andere Länder nennenswertes historisches Zahlenmaterial vorliegt, mit dem man zeigen könnte, dass nebenberufliche Kleinvermietung statistisch attraktive Eigenkapitalrenditen generiert.[75] Das verfügbare Datenmaterial und die Sachlogik deuten eher auf das Gegenteil hin. Diese Fakten haben meine Kollegen und ich in fünf Blog-Beiträgen dokumentiert, die am Ende von Abschnitt 10.10 genannt werden. Sofern Sie sich für objektive Renditezahlen zu Vermietungsrenditen interessieren – anstelle von Geschichten und Prognosen aus der Immobilienbranche und von Immobilien-Bloggern, empfehle ich Ihnen diese Texte.

75 »Kleinvermieter« (ein Terminus des statistischen Bundesamtes) sind jene, die dieses Geschäft nebenberuflich betreiben und weniger als sechs Wohneinheiten vermieten.

Wenn Sie sich das Lesen sparen möchten, hier die Quintessenz: Kleinvermieter erzielen im statistischen Mittel unattraktive Renditen. Der Hauptgrund: Ihre Kosten sind höher als die gewerblicher Großvermieter. Dieser Nachteil resultiert aus dem zu geringen Objektvolumen von Kleinvermietern (also fehlender Skaleneffekte) und erstreckt sich auf buchstäblich alle Kostenkategorien: Objektkaufpreis/Baupreis, Maklergebühren, Instandhaltung, Versicherung, Fremdkapitalkosten, Rechtsberatungskosten. Nicht einmal bei Steuern haben Kleinvermieter bei genauerer Betrachtung einen Vorteil, obwohl dies immer wieder behauptet wird. Doch nicht nur das Volumen, auch die für ein profitables Vermietungsgeschäft erforderliche Kompetenz, die ja primär aus umfassender Erfahrung kommen muss, fehlt den meisten Kleinvermietern.

Wer mit Vermietungsimmobilien normale Eigenkapitalrenditen erzielen will – ganz zu schweigen von *hohen* Renditen –, der muss hauptberuflicher, also gewerblicher Vermieter werden. Dafür sind rund ein Dutzend Wohneinheiten die Mindestvoraussetzung. Ein anderer denkbarer Pfad bestünde darin, als Bauträger (Immobilienentwickler) zu agieren, was ebenfalls nur hauptberuflich geht. Dass alle immobilienbezogenen Wege zum Reichwerden viel Erfahrung, harte Arbeit, eine gehörige Portion Risikobereitschaft und fast immer viele Jahre Zeit erfordern, braucht nicht betont zu werden.

17 Wie mit Ihren bereits vorhandenen Vermögensanlagen umgehen?

Viele Leser dieses Buches werden das Aufsetzen eines Weltportfolios, wie es in den Kapiteln 12 und 13 beschrieben wird, nicht rein aus einem Bankguthaben heraus starten, also allein durch die Umwandlung von Cash in ETFs. Wenn bereits Vermögensanlagen bestehen, wird sich die Frage stellen: »Was damit tun?« Dieser Abschnitt will dabei Hilfestellung bieten.

Im vorangegangenen Kapitel habe ich die in der Praxis am häufigsten vorkommenden zwiespältigen oder schlechten Vermögensanlagen beschrieben und warum sie zwiespältig oder schlecht sind. Die dort dargestellten Argumente werden in vielen Fälle klar genug sein, um die Frage »veräußern oder nicht veräußern?« zu beantworten.

Durch den Verkauf bestehender Vermögensanlagen kann es zur Realisierung von Wertsteigerungsgewinnen und damit zum Abfluss von Steuerliquidität kommen. Das empfinden wir zumeist als unangenehm, aber es ist für sich genommen selten ein hinreichend starkes Argument dafür, schlechte Vermögensanlagen mit unnötigem Risiko oder zu hohen Kosten weiterzuführen. Dabei sollte man sich auch vergegenwärtigen, dass aufgelaufene, noch nicht realisierte Buchgewinne irgendwann sowieso versteuert werden müssten.

Nachfolgend einige weitere Handreichungen zur Vorgehensweise in Bezug auf spezifische bestehende Investments:

- Wenn es sich ergibt, Anlagen mit aufgelaufenen Gewinnen und andere mit aufgelaufenen Verlusten gleichzeitig zu veräußern, dann lassen sich Steuerzahlungen ganz oder teilweise vermeiden.
- Einzelwert-Aktien: Einzelwerte im Depot zu halten, stellt ein unnötiges, vermeidbares Risiko dar (siehe Abschnitt 11.8) und widerspricht einem Grundprinzip des Weltportfolios: maximale Diversifikation. Falls Sie doch Einzelwerte behalten wollen, könnten Sie das entlang der folgenden Faustregel tun: Nach Möglichkeit sollte ein Einzelwert aus Risikogründen nie mehr als 5% Ihres liquiden Vermögens und nie mehr als

3% Ihres Gesamtvermögens (ohne Humankapital) ausmachen. Sofern eine einzelne Aktie vor 2009 gekauft wurde und daher steuerbegünstigt ist, könnte das ein Grund sein, sie zu behalten.[76]

- Aktiv gemanagte Fonds: Hier sollte Ihnen die Verkaufsentscheidung eigentlich leichtfallen, denn die hohen Kosten aktiv gemanagter Fonds (die sich ja im Wege der Ersetzung durch ETFs drastisch senken lassen) sind beinahe immer ein ausreichendes Pro-Verkauf-Argument, selbst bei steuerbegünstigten Fondsanteilen, die vor 2009 erworben wurden (siehe Fußnote 75).
- Kapitalbildende Lebens- und Rentenversicherungen: Hier verweise ich auf die vorangegangenen kurzen Abschnitte 16.2 und 16.3. Häufig ist bei diesen Versicherungen die Beitragsfreistellung eine einfache und zumindest teilweise Lösung, die jedenfalls verhindert, dass das Problem noch größer wird. In Bezug auf KLVs wird in Abschnitt 16.2 ein Blog-Beitrag von Kommer/Schweizer genannt, der weiterführende Lösungsmöglichkeiten aufzeigt.
- Vermietungsimmobilien im Falle von Kleinvermietern: Sofern hier noch keine nennenswerten Wertsteigerungsgewinne aufgelaufen sind, sollte eine Veräußerung aus steuerlicher Sicht nicht weh tun. Sofern die steuerliche Zehn-Jahres-Spekulationsfrist schon abgelaufen ist, wäre eine Veräußerung steuerfrei.[77] Die im Allgemeinen hohen Bewertungen von Wohnimmobilien in den deutschsprachigen Ländern im November 2022, als dieser Abschnitt geschrieben wurde, waren zu diesem Zeitpunkt ebenfalls ein gutes Verkaufsargument.
- Betriebliche Altersvorsorge: Hierauf bin ich in Abschnitt 13.5 eingegangen.
- Depotübertrag: Für den Fall, dass im Rahmen Ihres Vorhabens, ein Weltportfolio bei einer preisgünstigen Onlinebank anzulegen, ein Depotübertrag erforderlich ist (die Übertragung des Bestandes in einem bestehenden Depot auf ein neues Depot bei einer anderen Bank), hat das ETF-Portal justETF.com hierzu einen hilfreichen Artikel geschrieben. Googeln Sie »justETF.com Depotübertrag erfolgreich meistern«.

---

76 Kursgewinne von Aktien und Fondsanteilen, die vor 2009 gekauft wurden und im Privatvermögen liegen, sind im deutschen Steuerrecht ganz (Aktien) oder bis zu einem gewissen Maximalbetrag (Fondsanteile) pro Steuerpflichtigem steuerfrei.

77 Der Verkauf einer Vermietungsimmobilie im Privatvermögen ist nach Ablauf einer zehnjährigen »Spekulationsfrist« in Deutschland steuerfrei (§ 23 EStG).

18 Was tun im Crash?

> »Der nächste Crash kommt sicher. Und er könnte bis zur Hälfte der Aktienwerte vernichten. Wir haben brutale Crashs erlebt und werden sie wieder erleben. Doch die gute Nachricht lautet: Die Verluste werden nicht nur später wieder aufgeholt, sondern überkompensiert.«
> (Prof. Erwin Heri, Zürich)

Um die in der Überschrift dieses Abschnitts gestellte Frage zu beantworten, lohnt es, sich einige zentrale Inhalte dieses Buchs in Erinnerung zu rufen:

Aktien sind die langfristig ertragreichste aller Asset-Klassen. Ihre inflationsbereinigte Rendite ist auf lange Sicht sieben- bis achtmal so hoch wie die Asset-Klasse, in die die meisten deutschen Haushalte den Großteil ihres liquiden Vermögens investieren: Bankguthaben.

Aktien in Gestalt eines global diversifizierten Aktienportfolios sind doppelt so rentabel wie Direktanlagen in einzelne Wohnimmobilien bei etwa gleichem oder geringerem Risiko – vorausgesetzt, man unterschlägt die unsichtbaren Risiken von Immobilien nicht.

Doch wie sieht es mit Risiko aus, speziell Crash-Risiko?

- In Abschnitt 11.11 habe ich gezeigt, was alle Wirtschaftshistoriker wissen: Crash-Risiko – das Risiko von Werteinbrüchen von 50% und mehr – besteht in jeder Asset-Klasse: Aktien, Immobilien, Bankguthaben, Anleihen, Rohstoffe, Gold, Kryptowährungen und Sammlerobjekte. Auch systemische Bankenkrisen geschahen in den letzten 200 Jahren weltweit erstaunlich häufig.
- Bei Aktien, Anleihen, Rohstoffen, Gold und Kryptowährungen ist dieses Crash-Risiko wegen der Börsennotierung dieser Asset-Klassen für jeden leicht erkennbar. Bei Immobilien und Sammlerobjekten ist es – mangels Börsennotierung, also täglich aktualisierter Marktpreise – nicht leicht erkennbar, doch ebenso existent. Ich nenne das unsichtbares Risiko. In den meisten Crash-Fällen bei Bankguthaben, Immobilien und

Sammlerobjekten handelt es sich zudem um Zeitlupen-Crashs, nicht um schlagartige Crashs, wie es eher der üblichen Crash-Vorstellung entspricht. Zeitlupen-Crashs ziehen sich über 10+ Jahre hin. Man nimmt sie nur wahr, wenn man in realen Renditen rechnet. Zeitlupen-Crashs sind insofern besonders perfide, als sie genauso vermögensschädlich sind wie konventionelle schlagartige Crashs, aber von den Betroffenen trotzdem oft nicht als Crash wahrgenommen werden.

- Wer in die Asset-Klasse Aktien nicht im Wege von Einzelwerten, sondern im Wege eines global über alle Länder und alle Branchen hinweg breit diversifizierten Portfolios investiert (das geht über ETFs zu sehr niedrigen Kosten), der kann, wenn er Buy-and-Hold-Anleger ist und genug Zeit hat, niemals einen dauerhaften Verlust erleiden. Mit dieser Aussage lehne ich mich bewusst weit aus dem Fenster, weil sie so wichtig ist und weil ich von ihr überzeugt bin. Sie lässt sich gut anhand historischer Zahlen belegen, was ich weiter unten tun werde. Mit Einzelwertinvestments sieht dieser bedeutsame Risikoaspekt hingegen ganz anders aus. Mit ihnen kann man bekanntlich endgültige 100%-Verluste erleiden, die statistisch auch leider oft geschehen. Hinzu kommt, dass sich ein Anleger beim, sagen wir, 50%-Einbruch eines Einzelwertes nie sicher sein kann, ob dieses Unternehmen nicht noch ganz pleitegehen wird und/oder ob sich die Aktie in den nächsten zehn Jahren wieder berappeln wird. Hingegen besteht bei einem weltweit gestreuten Aktienportfolio keines dieser beiden Risiken. Eine völlige Pleite ist ausgeschlossen und eine weitgehende oder völlige Erholung wird mit sehr hoher Wahrscheinlichkeit innerhalb von zehn Jahren geschehen. Selbst nach den schwersten Aktienmarkteinbrüchen in den zurückliegenden 150 Jahren kam es im globalen Aktienmarkt zu einer völligen oder zumindest weitgehenden Erholung innerhalb von zehn Jahren und typischerweise deutlich schneller.

Einzelne Unternehmen, einzelne Branchen und einzelne Länder können endgültig untergehen, jedoch niemals die gesamte Weltwirtschaft. Sie kann es nicht, weil die Güter und Dienstleistungen, die acht Milliarden Menschen auf diesem Planeten jeden Tag zum Leben und Überleben brauchen, von dieser Weltwirtschaft hergestellt werden und nur von ihr. Und in diese Weltwirtschaft investieren wir mit ETFs. Die rechtliche Struktur des Anlagevehikels ETF (oder UCITS-Fonds im Allgemeinen) und die

Bank als Depotstelle (jedenfalls innerhalb der EU, in der Schweiz und in den USA) können aus Gründen, die ich in Kapitel 6 dargelegt habe, ebenfalls keine Quelle von Ausfallrisiko sein. Dass Finanzprodukte wie kapitalbildende Lebensversicherungen oder Zertifikate, also verpackte Asset-Klassen mit zudem geringer Diversifizierung des Underlying, ein grundsätzliches Totalverlustrisiko aufweisen, brauche ich an dieser Stelle nicht mehr im Detail auszuführen. Sogar mit einem Eigenheim habe ich im Prinzip das Risiko, einen endgültigen Verlust von im Extremfall bis zu 100% zu erleiden. Bei Vorträgen habe ich schon erlebt, wie Immobilienfans in Schnappatmung verfallen, wenn ich diese Feststellung treffe. Das ändert aber nichts daran, dass sie stimmt. Bei einem global diversifizierten Aktienportfolio weiß ich dagegen mit nahezu vollständiger Gewissheit, dass es – egal, wie hoch mein Buchverlust in einer Crash-Situation ist – zurückkommen wird, wenn ich willens und fähig bin, ihm ausreichend Zeit dafür zu geben.

Patrick Henry, 1736–1799, einer der Gründungsväter *(Founding Fathers)* der Vereinigten Staaten von Amerika, Unabhängigkeitskämpfer und späterer Gouverneur des Bundesstaats Virginia, sagte einmal: »I know of no way of judging the future but by the past.«[78] Henry hatte Recht. Sehen wir uns deswegen die sechs großen Aktien-Crashs seit dem Jahr 1900 in Tabelle 21 an. Aus diesen Zahlen können wir viel für unsere eigene Investmentzukunft lernen.

Tabelle 21 illustriert, dass schwere Aktienmarkteinbrüche in den vergangenen gut 120 Jahren in den USA (bis 1970) und weltweit (ab 1970) gar nicht so selten waren – es gab immerhin sechs, einschließlich einen während einer dramatischen Pandemie. Hätte man das Filterkriterium etwas weicher gewählt (z. B. real minus 30%, statt minus 45% Einbruch), dann wären es deutlich mehr als sechs Börsenkrisen gewesen. Der Corona-bedingte Aktien-Crash ab dem 20.02.2020 führte zu einem Einbruch des MSCI World Index von knapp unter 40%, der jedoch innerhalb von zehn Monaten wieder aufgeholt wurde.

Zum Great Depression Crash in den USA ab 1929 werden in vielen Ratgeberbüchern und mehr noch im Internet falsche, weil negativ übertrie-

78 Zu Deutsch: »Ich kenne keinen anderen Weg, die Zukunft zu beurteilen, als auf Basis der Vergangenheit.«

bene Zahlen angegeben – sowohl was die Tiefe des Aktienmarkteinbruches angeht, als auch was die Dauer bis zur vollständigen Wiederaufholung des Einbruches betrifft. Vielfach heißt es, die Kompletterholung habe 25 Jahre bis 1954 gebraucht. Tatsächlich richtig sind aber 5 bis 7 Jahre, je nachdem, in welcher Währung man rechnet. Über die genauen Gründe für die erstaunlich verbreiteten negativen Überzeichnungen zum 1929er-Crash haben mein Kollege Großmann und ich einen Blog-Beitrag geschrieben (Kommer/Großmann 2022a). Im globalen Aktienmarkt (in Abgrenzung zum US-Aktienmarkt) war der 1929er-Crash im Übrigen sehr wahrscheinlich weniger schwer, aber für den globalen Markt liegen lediglich Daten auf Jahresbasis, nicht auf Monatsbasis wie für den den USA vor.

Übrigens sind große Kriege für den globalen Aktienmarkt – jedenfalls den Erfahrungen seit dem Jahr 1900 nach zu urteilen – weniger schädlich als schwere Wirtschaftskrisen. Das habe ich in Kommer 2022c für die sieben größten Kriege seit dem Jahr 1900 dargelegt.

Die Daten in Tabelle 21 zeigen, dass die Erholung nach dem Tiefpunkt auch bei diesen brutalen Bärenmärkten zwar nicht in kurzen, allerdings jedes Mal in überschaubaren Zeiträumen erfolgte.

Die umfassendste historisch-statistische Studie zu Aktien-Crashs wurde von den amerikanischen und chinesischen Ökonomen Goetzmann und Kim veröffentlicht (Goetzmann 2016 und Goetzmann/Kim 2018). Die Studie umfasst empirische Daten zu Börsenabstürzen in nationalen Aktienmärkten aus vier Jahrhunderten. Die Ergebnisse der beiden Forscher bestätigen die Schlussfolgerungen aus den in Tabelle 21 analysierten sechs Fällen.

In dem Blog-Beitrag: »Warum junge Anleger für den Crash beten sollten« haben mein Kollege Daniel Ganowski und ich mithilfe einer mathematischen Simulation auf der Basis einfacher, unstrittiger Annahmen zum Aktienmarkt gezeigt, dass Anleger, die noch wenigstens fünf bis zehn Jahre Vermögensaufbauphase (Sparphase) vor sich haben, von einem Aktien-Crash sogar finanziell profitieren (Kommer/Ganowski 2021c).

In Bezug auf Aktien-Crashs wird die langfristige Zukunft nicht grundsätzlich anders aussehen als die in Tabelle 21 dargestellte Vergangenheit. Ja, der nächste Aktien-Crash wird kommen. Genauso, wie in jeder anderen der oben genannten Asset-Klassen irgendwann wieder ein starker Einbruch kommen wird – entweder ein »klassischer« plötzlicher Crash, dessen Tiefpunkt in ein bis drei Jahren erreicht ist, oder ein weniger sichtbarer Zeitlupen-Crash, der sich über zehn oder mehr Jahre hinzieht und eher typisch für Zinsanlagen und den Immobilienmarkt ist.

Tabelle 21: Ausgewählte Kennzahlen zu den sechs Einbrüchen des globalen Aktienmarkts im Zeitraum von 1900 bis 2019 mit einem maximalen kumulativen Verlust (maximaler Drawdown) von real 45% oder mehr

	Crash 1. Weltkrieg / Spanische Grippe [A]	**Crash Great Depression ab 1929**	**Crash 2. Weltkrieg**	**Ölkrisen-Crash ab 1973**	**Dotcom-Crash ab 2000**	**Crash Große Finanzkrise ab 2007**	**Einfacher Ø aus allen sechs Crashs**
Datum des Beginns	Nov. 1916	Aug. 1929	Feb. 1937	März 1973	Apr. 2000	Nov. 2007	–
Datum des Tiefpunkts	Aug. 1920	Jun. 1932	Apr. 1942	Dez. 1974	Sep. 2002	Feb. 2009	–
Dauer bis zum Tiefpunkt	3,8 Jahre	2,8 Jahre	5,2 Jahre	1,8 Jahre	2,4 Jahre	1,2 Jahre	2,9 Jahre
Maximaler Drawdown	–45%	–79% [B]	–47%	–47%	–49%	–55%	–54%
Kumulierte Rendite 24 Monate ab Tiefpunkt	62%	149%	61%	38%	45%	91%	74%
Kumulierte Rendite 60 Monate ab Tiefpunkt	131%	309%	85%	42%	130%	134%	138%

► Zugrundeliegende Daten: USA-Aktienmarkt in USD, inflationsbereinigt (real) von 1900 bis 1969 (S&P Composite Index 1900 bis 1926, CRSP 1–10 Index 1927 bis 1969), da vor 1970 keine Renditen auf Monatsbasis für den Weltaktienmarkt verfügbar sind. 1970 bis 1987 MSCI World Standard Index, 1988 bis 1995 → MSCI ACWI Standard Index, 1996 MSCI ACWI IMI Index. ► [A] Spanische Grippe: Beispielsweise die Spanische Grippe von Februar 1918 bis April 1920, an der Schätzungen zufolge zwischen 1% und 5% der damaligen Weltbevölkerung starb. ► [B] Der hier dargestellte maximale Drawdown für den Great-Depression-Crash auf der Basis der US-Aktienmarktdaten ist eine Überzeichnung/Übertreibung (siehe Erläuterungen im laufenden Text weiter unten).

Fakt ist: Wer weltweit diversifiziert auf Buy-and-Hold-Basis investiert, kann niemals einen endgültigen Verlust erleiden, sofern er (a) die Zeit und die liquiden Mittel hat, den Drawdown im Aktienportfolio auszusitzen, und (b) sofern er die mentale Stärke dazu besitzt. Mit einem global über Tausende von Einzelwerten über alle Branchen und alle Länder hinweg gestreuten Investment wird das Portfolio nach einem Einbruch garantiert und immer irgendwann wieder zurückkommen. Darüber hat der Anleger – das ist in diesem Zusammenhang ungeheuer wichtig – von Anfang an Gewissheit. Diese Gewissheit kann er jedoch nur haben, wenn er wirklich global über Tausende von Unternehmen hinweg streut, und nicht, wenn er in Einzelwerte oder einzelne aktiv gemanagte Fonds investiert.

Dennoch ist es gut verständlich, wenn ein Haushalt auf der Basis seiner spezifischen Umstände sagt: »Ich will und kann keinen Drawdown von 50% in meinen liquiden Vermögen tolerieren, selbst wenn ich weiß, dass der Drawdown wahrscheinlich in fünf Jahren vollständig aufgeholt sein wird.« Auch diesem Haushalt kann geholfen werden. Durch die Beimischung einer risikoarmen Komponente, wie sie die Abschnitte 12.3.1 und 12.3.2 beschreiben, kann man den erwarteten maximalen Drawdown eines global diversifizierten 100%-Aktienportfolios in Gestalt von ETFs praktisch beliebig reduzieren.

Vor einem Aktien-Crash schützt sich ein kluger Haushalt nicht, indem er für immer – wie leider die allermeisten Deutschen und vor allem diejenigen in der unteren Einkommenshälfte – an der Seitenlinie des Aktienmarktes stehen bleibt oder vorerst abwartet. Schützen kann er sich, indem er so investiert, dass ihm der Crash finanziell nichts anhaben kann, egal, ob er noch berufstätig oder schon im Ruhestand ist. Wie das funktioniert, habe ich in diesem Buch gezeigt: nämlich, indem man seine Level-1-Asset-Allokation angemessen konservativ festlegt und indem man global diversifiziert.

Das gilt für alle Anleger – auch für Anleger in der zweiten Lebenshälfte. Bei genauerer Überlegung hat nur eine kleine Minderheit der Haushalte – Bald- und Schon-Ruheständler eingeschlossen – einen Restanlagehorizont von weniger als zehn Jahren. Deswegen gilt das von älteren Haushalten manchmal vorgebrachte Argument: »Ich habe die Zeit nicht mehr, einen Crash auszusitzen!« selten.

Wer als breit diversifizierter Anleger im Absturz verkauft, der hat vor dem Crash seine Risikokapazität überschätzt und eine zu aggressive Level-1-Asset-Allokation gewählt. Das ist keine Schande – Irren ist menschlich. Vielleicht haben manche Anleger in einer solchen Situation keine andere Wahl, als zu verkaufen, weil sie die für sie inzwischen unerträgliche emotional-nervliche Tortur beenden müssen. Ein solcher Panikverkauf ist bitter, und er wird diesen Anleger über die folgenden 10, 20 Jahre wahrscheinlich viel Geld kosten: entgangenes Erholungspotenzial und anschließend nicht vereinnahmte Gewinne.

Mit einer radikalen passiven Buy-and-Hold-Anlagestrategie zu niedrigen Kosten auf ETF-Basis wird man die langfristige Marktrendite, die in diesem Buch für die wesentlichen Asset-Klassen beziffert wurde, über Zeiträume von mehr als 10 bis 20 Jahren mit hoher Wahrscheinlichkeit erzielen – abzüglich geringstmöglicher Kosten und Steuern. Dabei kann man das Risikoniveau so festlegen, dass ein normaler Börsencrash, wie er vielleicht zweimal in 30 Jahren geschieht, das Portfolio lediglich in dem persönlich tolerierbaren Ausmaß nach unten drückt. Das setzt voraus, dass man sich über fünf Dinge im Klaren ist: (a) Langfristige historische Asset-Klassen-Renditen, (b) seine mentale Risikokapazität und die Größenordnung des eigenen Liquiditätsbedarfs in den nächsten fünf bis zehn Jahren, (c) den in diesem Buch dargestellten Zusammenhang zwischen Risiko und Rendite inklusive der Bedeutung globaler Diversifikation innerhalb von Asset-Klassen und über Asset-Klassen hinweg, (d) den Katalog der schlechten Finanzprodukte, von denen man die Finger lassen sollte, und (e) den Umstand, dass der größte Teil der Finanzbranche und -medien Ihren Anlageerfolg senken werden, wenn Sie ihnen Gehör schenken.

FAZIT

Investieren Sie nur in Aktien, wenn Sie (a) glauben, dass die globalen wirtschaftlichen und politischen Bedingungen während Ihres Anlagehorizontes – für die meisten Haushalte ist das ihre Restlebenserwartung – aus heutiger Sicht nicht fundamental schlechter sein werden als im Durchschnitt der letzten 120 Jahre, und die waren alles andere als gut; (b) akzeptieren, dass auch Sie in den nächsten Jahren in einen Aktien-Crash hineingeraten können; und (c) einen Mix aus risikobehafteten und risikoarmen Anlagen gewählt haben, der die Risikokapazität Ihres Haushaltes so reflektiert, dass Sie in einer Krisensituation, die derjenigen von 2008/2009 gleichkommt, keine Änderung an Ihrer Asset-Allokation vornehmen werden; (d) sich darauf gefasst machen, dass eine schwere Aktienmarktkrise bis zum Beginn der nachhaltigen Erholung oft zwei Jahre oder länger anhält. Wann die nachhaltige Erholung begonnen hat (die absolute Talsohle durchschritten wurde), werden wir in Echtzeit nicht merken und nicht wissen, sondern erst drei, vier Jahre später mit Gewissheit sagen können.

Die zentrale Frage dieses Kapitels lautet: »Was tun im Crash?« Die Antwort und meine Empfehlung: nichts.

Auf keinen Fall verkaufen und – allein wegen des Crashs – auch nicht in andere Anlagen umschichten. Lassen Sie Ihren Fondsparplan, wenn Sie einen haben, unverändert weiterlaufen. Wenn Sie Geld zum Nachinvestieren haben, investieren Sie sofort nach und trösten Sie sich – ich sage das ohne Ironie – mit den »attraktiven Preisen im Schlussverkauf«, doch seien Sie nicht so naiv zu glauben, dass Ihre Nachinvestition nicht auch noch für einige Zeit im Wert sinken kann.

Denken Sie an Odysseus, der sich in weiser Anerkennung seiner eigenen Schwäche an den Mast seines Schiffes fesseln ließ, um nicht den verlockenden, aber tödlichen Sirenengesängen zum Opfer zu fallen. Diese Sirenen werden auch Sie beim nächsten Crash hören: Es sind die Medien, eloquente Untergangspropheten und andere »Experten«, die sprichwörtlichen guten Freunde, »die etwas von Geld verstehen« und – mehr als alles andere – Ihr höchsteigenes Nervenkostüm.

Wenn Sie – wie vielleicht schon vor Beginn des Crashs – geplante, regelmäßige Portfolioentnahmen tätigen, versuchen Sie, diese etwas zu reduzieren, sofern das geht. Generell sollten Entnahmen in dieser Phase nur aus dem risikoarmen Portfolioteil erfolgen. Damit halten Sie sich an die Rebalancing-Regeln, die ich in Abschnitt 12.8 beschrieben habe.

Über die Zukunft weiß niemand etwas Genaues, doch sechs Dinge stehen fest: Erstens: In *jeder* Asset-Klasse sind drastische Verluste möglich, entweder plötzliche Verluste oder Verluste in Zeitlupe peu à peu über viele Jahre gestreckt. Zweitens: Unsere ökonomische Existenz insgesamt ist heute nicht unsicherer, sondern sicherer als vor 30 Jahren, 70 Jahren oder 150 Jahren. Drittens: Nicht investieren ist unmöglich. Viertens: Aktien sind auf lange Sicht die ertragreichste aller Asset-Klassen und verdienen es deswegen, ein Teil der langfristigen Altersvorsorge praktisch aller Haushalte zu sein. Fünftens: Der nächste Aktien-Crash kommt bestimmt – irgendwann in den nächsten sechs Monaten bis 30 Jahren (wie auch der nächste Crash in jeder anderen Asset-Klasse). Sechstens: Wer auf Buy-and-Hold-Basis in die globale Asset-Klasse Aktien investiert und lange genug wartet und warten kann, wird mit hoher Wahrscheinlichkeit über mehrjährige Zeiträume damit kein Geld verlieren.

Weil viele Privatanleger diese sechs Feststellungen nicht kennen oder nicht akzeptieren, investieren sie aus Angst vor einem Crash ihr ganzes Leben lang gar nicht in Aktien, und viele Anleger, die in Aktien investiert haben, werden im nächsten Crash Panikverkäufe vornehmen, die sie später teuer zu stehen kommen. Vermeiden Sie es, Teil einer dieser beiden bemitleidenswerten Gruppen zu sein.

19 Eine kurze Zusammenfassung

Wir sind nun am Ende unserer Expedition durch die Welt der Vermögensanlage angekommen. Die wichtigsten Erfolgsfaktoren für Vermögensbildung und Altersvorsorge, die in diesem Buch dargestellt wurden, will ich in diesem letzten Abschnitt – dem Schlussakkord – kurz zusammenfassen:

In **Kapitel 1** ging es um einen Grundtatbestand, der uns allen zumindest intuitiv klar ist, nämlich dass und warum ein normaler Privatanlegerhaushalt im berufstätigen Lebensabschnitt heutzutage – anders als in den zwei vorhergehenden Generationen – nicht mehr an privater Vermögensbildung vorbeikommt. Vermögensbildung in diesem Sinne besteht nicht im Ansparen von Geldbeträgen auf einem verzinslichen Bankkonto oder in einer Lebensversicherung. Bei Berücksichtigung von Inflation, Steuern und Kosten ist damit sehr wahrscheinlich keine positive Langfristrendite möglich.

In **Kapitel 2** lernten wir einige essenzielle Konzepte und Begriffe aus der Welt von Kapitalmarktanlagen kennen, deren Kenntnis und Verständnis Voraussetzung sind für erfolgreiche Vermögensbildung über die Börse.

In **Kapitel 3** zeigte ich, warum Indexfonds und ETFs die für Privatanleger wichtigste Finanzinnovation in den zurückliegenden 50 Jahren sind.

In **Kapitel 4 bis 7** stellte ich dar, in was man mit ETFs alles investieren kann (in alle wesentlichen Asset-Klassen), welche Vorteile ETFs gegenüber ihren potenziellen Alternativen haben, warum die rechtliche Struktur von ETFs so sicher ist und wie man echte von unechten ETFs unterscheidet.

In **Kapitel 8 und 9** befassten wir uns mit der sich eigentlich jedem Anleger stellenden Grundsatzfrage »Aktiv oder passiv investieren?« und warum passiv investieren überlegen ist. Auch die häufigsten Anti-ETF-Argumente kamen zur Sprache.

In **Kapitel 10** stellte ich 14 Grundprinzipien erfolgreicher Vermögensbildung vor. Werfen Sie einen kurzen Blick auf das Inhaltsverzeichnis, um sich diese 14 Prinzipien in Erinnerung zu rufen.

In **Kapitel 11** tauchten wir in das große Thema Risiko und korrektes Risikoverständnis bei Vermögensanlagen ein.

In **Kapitel 12 und 13** präsentierte und erläuterte ich das Weltportfolio-Konzept und seine praktische Umsetzung.

In **Kapitel 14** stellte ich Wege für diejenigen Leser dar, die aus unterschiedlichen Gründen am Beginn oder auch dauerhaft nicht in Eigenregie in ein selbstgebautes Weltportfolio investieren möchten.

In **Kapitel 15** behandelten wir die Besteuerung von ETF-Investments.

In **Kapitel 16** betrachteten wir die am meisten verbreiteten Anlageprodukte, von denen Sie eher die Finger lassen sollten, denn erfolgreiche Vermögensbildung ist nicht nur eine Frage von »Was tun?«, sondern ebenso eine Frage von »Was vermeiden?«.

In **Kapitel 17** beschäftigten wir uns mit der Frage, wie man mit bereits vorhandenen Vermögensanlagen umgehen sollte, wenn man sich für die Route Weltportfolio mit ETFs entschieden hat.

In **Kapitel 18** beantwortete ich die Gretchenfrage: »Was tun im Crash?«

Sie, lieber Leser, liebe Leserin, sollten nun in der Lage sein, mit ETFs ein Weltportfolio-Investment zu starten oder Ihre bisherigen ETF-Anlagen so umzustellen und zu erweitern, dass diese eine zu Ihrem Haushalt passende und attraktive Rendite-Risiko-Kombination repräsentieren.

Wenn Sie das Bedürfnis haben, noch mehr über die Grundlagen der hier empfohlenen Anlagephilosophie wie auch über ihre ambitionierteren Varianten zu erfahren, können Sie das über eines meiner weiterführenden Bücher und meinem monatlichen Blog tun. Im Anhang nenne ich weiterführende Informationsquellen (Ratgeberbücher, Finanzportale, Blogs, Newsletter, YouTube-Kanäle) für rationales Investieren von mir und von Dritten.

Ich wünsche Ihnen von ganzem Herzen viel Erfolg beim langfristigen Investieren und bei Ihrer Altersvorsorge.

Dr. Gerd Kommer
München im November 2022

20 Anhang

20.1 Wie Sie Ihr Geldwissen weiterentwickeln

> »Investmenterfolg korreliert nicht mit IQ. Mittelmäßige Intelligenz reicht aus. Was du hingegen brauchst, ist das Naturell, die Reflexe und Emotionen zu kontrollieren, die andere Menschen beim Investieren in Schwierigkeiten bringen.« (Warren Buffett, legendärer Investor, im 1996er »Letter to the Shareholders« seines Unternehmens Berkshire Hathaway)

Erfolgreich Geld zu Vermögensbildungs- und zu Altersvorsorgezwecken anzulegen, ist eine Fähigkeit, für die man weder ein Naturtalent noch ein studierter BWLer sein muss. Rational, evidenzbasiert Geld investieren erfordert auch keine anspruchsvollen Mathekenntnisse. Jeder kann das lernen, auch spät im Leben. Ich glaube, »Gelddinge« können sogar Spaß machen, wenn man erst einmal das »große Ganze« sieht. Dabei wollte dieses Buch helfen.

Eine kurze Anmerkung zu den nachfolgend genannten Websites und Blogs: Diese verändern sich ständig. Sie werden schlechter oder besser oder einfach anders. Eine gute Website oder ein Blog enthält viele nützliche, richtige Informationen und wenig nutzlose, falsche oder schädliche Informationen. Bei einer schlechten Website ist es umgekehrt. Fehlerfreie Websites existieren nicht.

Allgemeine Finanzblogs: www.bookoffinance.de; www.etf-yogi.de; www.finanzen-erklaert.de; www.finanzbiber.com; www.finanz-ingenieur.de; www.finanzfluss.de; www.finanztip.de; www.frugalisten.de; www.geldbildung.de; hartmutwalz.de, www.lazyinvestors.de

Virtuelles Monitoring/Tracking eines Portfolios und Performance-Berechnungen: www.portfolio-performance.info; www.extraETF.com (Funktion »Finanzmanager«)

ETF-Suche, ETF-Vergleiche, Hintergrundinformationen zu ETFs: www.extraETF.com; www.justETF.com; www.trackingdifferences.com

Steuern: www.juhn.com; www.wirliebensteuern.com

Allgemeine Finanzrechner: www.brutto-netto-rechner.info; www.n-heydorn.de; www.zinsen-berechnen.de, das Finanzrechner-Feature auf www.extraETF.com

Informationen für Bald- und Schon-Ruheständler: www.ihre-vorsorge.de; www.deutsche-rentenversicherung.de

Website und YouTube-Kanal meines eigenen Unternehmens: www.gerd-kommer.de – hier kann man einen kostenlosen monatlichen Newsletter mit Blog abonnieren; ferner gibt es einen Gerd-Kommer-YouTube-Kanal. Einfach »Gerd Kommer YouTube-Kanal« googeln.

Weiterführende Ratgeberbücher von Gerd Kommer: (a) *Souverän investieren mit Indexfonds und ETFs – Wie Sie das Spiel gegen die Finanzbranche gewinnen* (2018); (b) *Souverän investieren vor und im Ruhestand – Mit ETFs Ihren Lebensstandard und Ihre Vermögensziele sichern* (2020); (c) *Souverän Vermögen schützen: Wie sich Vermögende gegen Risiken absichern – Ein praktischer Asset-Protection-Ratgeber* (2021); (d) *Kaufen oder Mieten – Wie Sie für sich die richtige Entscheidung treffen* (2021); (e) *Immobilienkauf und -finanzierung für Selbstnutzer – Geld sparen und Fehler vermeiden beim Kauf der eigenen vier Wände* (2022)

Empfehlenswerte Finanzratgeberautoren aus dem deutschen Sprachraum: Nikolaus Braun, Henning Jauernig, Christoph Kanzler, Thomas Kehl, Bastian Kunkel, Hartmut Walz, Albert Warnecke, Martin Weber, Natascha Wegelin

Empfehlenswerte Finanzratgeberautoren aus dem angelsächsischen Sprachraum: William Bernstein, John Bogle, Ben Carlson, Jonathan Clements, Charles Ellis, Morgan Housel, Taylor Larimore, Ben LeFort, Burton Malkiel, Carl Richards, Jeremy Siegel, Larry Swedroe – von einigen Büchern dieser Autoren existieren deutschsprachige Übersetzungen

20.2 Literatur und Quellen

Ahamed, Liaquat (2009): »Lords of Finance: The Bankers Who Broke the World«; Penguin Press; 2009; 576 Seiten

Arnott, Amy (2021): »Why fund returns are lower than you might think«; Morningstar; 30.08.2021; Internet-Fundstelle: https://www.morningstar.com/articles/1056151/why-fund-returns-are-lower-than-you-might-think

BaFin (2022): »Wenn Lebensversicherungen zu viel kosten«; 18.03.2022; Internet-Fundstelle: https://www.bafin.de/SharedDocs/Veroeffentlichungen/DE/Fachartikel/2022/fa_bj_2203_Effektivkosten_Versicherer.html

Barber, Brad u. a. (2021): »Impact Investing«; in: Journal of Financial Economics; Band 139, Nr. 1, Januar 2021, S. 162–185

Baumeister, Roy/Tierney, John (2019): »The Power of Bad: How the Negativity Effect Rules Us and How We Can Rule It; Penguin Press; 2019; 336 Seiten

Ben-David, Itzhak u. a. (2022): »Competition for Attention in the ETF Space«; 06.10.2022; Working Paper; Internet-Fundstelle: https://papers.ssrn.com/sol3/papers.cfm?abstract_id=3765063

Bernstein, William (2004): »The Birth of Plenty: How the Prosperity of The Modern World Was Created«; McGraw-Hill; 2004; 350 Seiten (dt. Ausgabe »Die Geburt des Wohlstands«)

Bernstein, William (2013): »The Paradox of Wealth«; in: Financial Analysts Journal; Band 69; Nr. 5; September/Oktober 2013

Bhattacharya, Utpal u. a. (2016): »Abusing ETFs«; in: Review of Finance; Band 21; Nr. 3; 2016; S. 1217–1250

Black, Stanley/Wang, Samuel (2015): »The Cost of a Perfect Market Timing Strategy«; Dimensional Fund Advisors; Internet-Fundstelle: https://www.tmfg.ca/wp-content/uploads/2015/11/Market-Timing-Strategy.pdf

Blitz, David (2021): »Betting against Quant: Examining the Factor Exposures of Thematic Indexes«; in: The Journal of Beta Investment Strategies; Band 12; Nr. 3; Winter 2021;S. 5–14

Boudoukh, Jacob/Israel, Ronen/Richardson, Matthew (2018): »Long Horizon Predictabilty: A cautionary Tale«; Internet-Fundstelle: https://papers.ssrn.com/sol3/papers.cfm?abstract_id=3142575

Bruno, Giovanni u. a. (2022): »›Honey, I Shrunk the ESG Alpha‹: Risk-Adjusting ESG Portfolio Returns«; in: The Journal of Investing; Band 31; Nr. 6; OKtober 2022

Bundesbank (ohne Autor) (2019): »Vermögen und Finanzen privater Haushalte in Deutschland: Ergebnisse der Vermögensbefragung 2017«; in: Monatsberichte der Bundesbank; April 2019, S. 13 ff.

Cilla, Edoardo/Francis Kinniry/Chris Tidmore/Giulio Renzi-Ricci (2019): »How to Increase the Odds of Owning the Few Stocks that Drive Returns«; in: The Journal of Investing; Band 29; Nr. 1; Dezember 2019

Dimson, Elroy/Marsh, Paul/Staunton, Mike (2002): »The Triumph of the Optimists – 101 Years of Global Investment Returns«; Princeton University Press; 2002; 320 Seiten

Dimson, Elroy/Marsh, Paul/Staunton, Mike (2015): »Credit Suisse Global Investment Returns Year Book 2015«; Kurzfassung; Credit Suisse Research Institute Zürich; Internet-Fundstelle: https://www.west-info.eu/investing-in-vice-pays-at-least-on-the-stock-exchange/https___publications-credit-suisse/

Dimson, Elroy/Marsh, Paul/Staunton, Mike (2018): »Credit Suisse Global Investment Returns Yearbook 2018«; Langversion; Credit Suisse Research Institute Zürich; 251 Seiten

Diriwaechter, Patric/Shvartsman, Elena (2018): »The anticipation and adaptation effects of intra- and interpersonal wage changes on job satisfaction«; in: Journal of Economic Behavior & Organization; Band 146, Februar 2018; S. 116–140

Dobelli, Rolf (2021): »Stop Reading the News: A Manifesto for a Happier, Calmer and Wiser Life«; Sceptre, 176 Seiten (das Buch ist auch auf Deutsch unter dem Titel »Die Kunst des digitalen Lebens: Wie Sie auf News verzichten und die Informationsflut meistern« verfügbar)

Easley, David u. a. (2021): »The Active World of Passive Investing«; In: European Finance Review; August 2021; Vol. 25; No. 5; pp. 1433–1471

Estrada, Javier (2008): »Black Swans and Market Timing: How Not To Generate Alpha«; in: The Journal of Investing; Herbst 2008; Internet-Fundstelle: http://web.iese.edu/jestrada/pdf/research/refereed/blackswans.pdf

Estrada, Javier (2015): »Multiples, Forecasting, and Asset Allocation«; in: Journal of Applied Corporate Finance; Band 27, Nr. 3; Sommer 2015; S. 144–151

Finanzfluss (2022): »10 toxische Glaubenssätze über Geld, die dich arm machen!«; YouTube-Video; 18.9.2022; Internet-Fundstelle: https://www.youtube.com/watch?v=6CLgt81MJTw

Florentsen, Bjarne/Ulf Nielsson/Peter Raahauge/Jesper Rangvid (2019): »The Aggregate Cost of Equity Underdiversification«; in: The Financial Review; Band 54; Nr. 4; 2019; S. 833–856

Ganowski, Daniel (2021): »Höchststände am Aktienmarkt – Kommt bald die Korrektur?«; November 2021; YouTube-Video; Internet-Fundstelle: https://www.youtube.com/watch?v=fZCrvlMkLgI

Goetzmann, William (2016): »Bubble Investing: Learning from History«; Januar 2016; Internet-Fundstelle: https://papers.ssrn.com/sol3/papers.cfm?abstract_id=2784281

Goetzmann, William/Dasol, Kim (2018): »Negative Bubbles – What happens after a Crash?«; in: European Financial Management; Band 24, Nr. 2; März 2018; S. 169–297

Gschossmann, Selina (2022): »Passiv investieren in 15 Minuten«; September 2022; YouTube-Video; Internet-Fundstelle: https://www.youtube.com/watch?v=0aYXB45hEKg

Issing, Otmar (2014): »Die Deutschen und die Marktwirtschaft«; Dezember 2014; Internet-Fundstelle: https://www.insm-oekonomenblog.de/11926-die-deutschen-und-die-marktwirtschaft/

Kanzler, Daniel (2021a): »4% Entnahme aus Aktien und ETFs als Rente – ist das machbar?«; Oktober 2021; YouTube-Video; Internet-Fundstelle: https://www.youtube.com/watch?v=RLBh9lM5ASg

Kanzler, Daniel (2021b): »Haben Länder mit höherem Wirtschaftswachstum höhere Renditen?«; September 2021; YouTube-Video; Internet-Fundstelle: https://www.youtube.com/watch?v=INVXK09qb4M

Kanzler, Daniel (2021c): »Jetzt in Tech-Aktien investieren?«; März 2021; YouTube-Video; Internet-Fundstelle: https://www.youtube.com/watch?v=IOy7fYbP5q0

Kanzler, Daniel (2021d): »Mehr Rendite als Wachstum: Können Aktien die Wirtschaft schlagen?«; Oktober 2021; YouTube-Video; Internet-Fundstelle: https://www.youtube.com/watch?v=smhbdB9fpmw

Kanzler, Daniel (2021e): »Mehr Rendite durch ESG Investing? Das solltest du wissen, bevor du in ethische ETFs investierst!«; Mai 2021; YouTube-Video; Internet-Fundstelle: https://www.youtube.com/watch?v=Z38wI0-l1ys

Kanzler, Daniel (2021f): »Von Aktien im Alter leben: Dieses Risiko solltest du kennen!«; August 2021; YouTube-Video; Internet-Fundstelle: https://www.youtube.com/watch?v=K69bQ7XUNrA

Kanzler, Daniel (2021g): »Von Aktien und Immobilien im Alter leben – Diese Fehler solltest du vermeiden«; Juli 2021; YouTube-Video; Internet-Fundstelle: https://www.youtube.com/watch?v=ECnGAb2QC5k

Kanzler, Daniel (2022a): »Inflation – Wie schlimm wird es wirklich? Das erwartet der Markt!«; August 2022; YouTube-Video; Internet-Fundstelle: https://www.youtube.com/watch?v=wizJ163cOGM

Kanzler, Daniel (2022b): »Mehr Rendite mit US-Aktien und ETFs? Das solltest du wissen, wenn du 2022 investierst!«; Januar 2022; YouTube-Video; Internet-Fundstelle: https://www.youtube.com/watch?v=in9e3NTlFe4

Kanzler, Daniel (2022c): »Rohstoffe als Investment – Schutz vor Krisen und Inflation?«; April 2022; YouTube-Video; Internet-Fundstelle: https://www.youtube.com/watch?v=1RuEfSMzWKo

Kanzler, Daniel (2022d): »Weltportfolio hebeln – Mehr Rendite oder nur mehr Risiko?«; November 2022; YouTube-Video; Internet-Fundstelle: https://www.youtube.com/watch?v=CJq50U74zLc

Kanzler, Daniel (2022e): »Wie du mit dem potenziellen Klumpenrisiko USA in deinem ETF-Weltportfolio clever umgehst«; März 2022; YouTube-Video; Internet-Fundstelle: https://www.youtube.com/watch?v=9kXj-CeUOdI

Kanzler, Daniel/Gierhake, Prof. Olaf (2022a): »Gründung einer liechtensteinischen Familienstiftung in der Praxis – Gespräch mit Prof. Olaf Gierhake«; August 2022; YouTube-Video; Internet-Fundstelle: https://www.youtube.com/watch?v=lz7A-W4wXws

Kanzler, Daniel/Gierhake, Prof. Olaf (2022b): »Vermögen schützen mit einer liechtensteinischen Familienstiftung – Gespräch mit Prof. Olaf Gierhake«; Juli 2022; YouTube-Video; Internet-Fundstelle: https://www.youtube.com/watch?v=nbaJiUOTc0M

Kaustia, Markku/Torstila, Sami (2011): »Stock market aversion? Political preferences and stock market participation«; in: Journal of Financial Economics; April 2011; S. 98–112

Kommer, Gerd (2016): »Wie stark ist das ›Passiv-Lager‹ wirklich?«; Internet-Fundstelle: https://www.gerd-kommer-invest.de/wp-content/uploads/2016-07-Wie-stark-ist-das-Passiv-Lager-wirklich.pdf

Kommer, Gerd (2017a): »Die absurde Dämonisierung von ETFs«; Blog-Beitrag; Internet-Fundstelle: https://www.gerd-kommer-invest.de/daemonisierung-von-etfs/

Kommer, Gerd (2017b): »Die Legende vom Cost Averaging Effect«; Blog-Beitrag; Internet-Fundstelle: https://www.gerd-kommer-invest.de/legende-vom-cost-averaging-effect/

Kommer, Gerd (2018): »Souverän investieren mit Indexfonds und ETFs. Wie Sie das Spiel gegen die Finanzbranche gewinnen«; Campus Verlag; 5. Auflage; 2018; 416 Seiten

Kommer, Gerd (2019): »Vortrag zum Thema ›ETFs als Basis von Ruhestandsstrategien‹ beim Exchange Traded Forum 2019« am 09.05.2019 in Frankfurt am Main; Internet-Fundstelle: https://www.gerd-kommer-invest.de/wp-content/uploads/2019-05-EAFP-Ruhestandsstrat.-V10-L.pdf

Kommer, Gerd (2020a): »Haben sichere Staatsanleihen als Investment ausgedient?«; Dezember 2020; YouTube-Video; Internet-Fundstelle: https://www.youtube.com/watch?v=zItSIO30wW8

Kommer, Gerd (2020b): »Sind Goldminenaktien eine Alternative zu direkten Gold-Investments?«; November 2020; YouTube-Video; Internet-Fundstelle: https://www.youtube.com/watch?v=eo7TxflOszA

Kommer, Gerd (2021a): »Die Inflationslüge: Ist die offizielle Inflationsrate korrekt?«; April 2021; YouTube-Video; Internet-Fundstelle: https://www.youtube.com/watch?v=_Y6YRmrOdoA

Kommer, Gerd (2021b): »Inflation ist nicht gleich Inflation: Die Bedeutung von erwarteter und unerwarteter Inflation«; Mai 2021; YouTube-Video; Internet-Fundstelle: https://www.youtube.com/watch?v=60XG1RyKsSg

Kommer, Gerd (2021c): »Kaufen oder Mieten – Wie Sie für sich die richtige Entscheidung treffen«; Campus Verlag; 3. Auflage; 2021; 285 Seiten

Kommer, Gerd (2021d): »Ray Dalios Hedgefonds: Der Lack ist ab!«; April 2021; YouTube-Video; Internet-Fundstelle: https://www.youtube.com/watch?v=U_-Y2dDdmac

Kommer, Gerd (2021e): »Selbstgenutzte Immobilie finanzieren und in ETFs investieren – macht das Sinn?«; Januar 2021; YouTube-Video; Internet-Fundstelle: https://www.youtube.com/watch?v=sclDt8-hX4Q

Kommer, Gerd (2021f): »Währungen verlieren im Zeitablauf an Kaufkraft: Na und?«; März 2021; YouTube-Video; Internet-Fundstelle: https://www.youtube.com/watch?v=ntSxH792g50

Kommer, Gerd (2021g): »Wackelwährung – Wie stabil ist der Euro wirklich?«; August 2021; YouTube-Video; Internet-Fundstelle: https://www.youtube.com/watch?v=JQCniX2RWpM

Kommer, Gerd (2022a): »Immobilienkauf und -finanzierung für Selbstnutzer: Geld sparen und Fehler vermeiden beim Kauf der eigenen vier Wände; Campus Verlag; 2. Auflage; 2022; 315 Seiten

Kommer, Gerd (2022b): »Der leichte Einstieg in die Welt der ETFs: Unkompliziert vorsorgen – ein Starterbuch für Finanzanfänger«; Finanzbuchverlag; 2022; 180 Seiten

Kommer, Gerd (2022c): »Wie reagiert der globale Aktienmarkt auf Kriege?«; 13.03.2022; Internet-Fundstelle: https://www.t-online.de/finanzen/sekt-selters/id_91821484/so-wirkten-sich-die-letzten-kriege-auf-den-aktienmarkt-aus.html

Kommer, Gerd (2022d): »Resilienz der Aktienmärkte«; 06.04.2022; Börse Frankfurt; börse@home, YouTube-Video; Internet-Fundstelle: https://www.youtube.com/watch?v=IuGyX-EGpp0

Kommer, Gerd/Altmann, Jan (2022a): »DIY vs. Robo-Advisor vs. Portfolio-ETF: Was ist das Richtige für mich? – Interview mit Jan Altmann«; Mai 2022; YouTube-Video; Internet-Fundstelle: https://www.youtube.com/watch?v=rFjEw-ib0GQ

Kommer, Gerd/Altmann, Jan (2022b): »Mit Themen-ETFs in Megatrends investieren: Alles nur ein Hype? – Interview mit Jan Altmann«; Mai 2022: YouTube-Video; Internet-Fundstelle: https://www.youtube.com/watch?v=3q6E5fJLYpI

Kommer, Gerd/Altmann, Jan (2022c): »Nachhaltig investieren mit ETFs – Interview mit Jan Altmann«; Mai 2022; YouTube-Video; Internet-Fundstelle: https://www.youtube.com/watch?v=3MxkUpO6Bac

Kommer, Gerd/Bartosch, Maximilian (2022a): »Downside Hedging – der heilige Gral des Investierens?«; Juli 2022; Blog-Beitrag; Internet-Fundstelle: https://gerd-kommer.de/downside-hedging/

Kommer, Gerd/Bartosch, Maximilian (2022b): »Equilibrium Accounting – ein smartes Denkkonzept für Anleger«; Februar 2022; Blog-Beitrag; Internet-Fundstelle: https://gerd-kommer.de/equilibrium-accounting/

Kommer, Gerd/Bartosch, Maximilian (2022c): »Kapitalverzehr vermeiden: Kein erstrebenswertes Anlegerziel«; April 2022; Blog-Beitrag; Internet-Fundstelle: https://gerd-kommer.de/kapitalverzehr-vermeiden/

Kommer, Gerd/Beck, Andreas (2021a): »Beck & Kommer – Sollte die Asset-Price-Inflation in die Inflationsmessung einfließen?«; Juni 2021; YouTube-Video; Internet-Fundstelle: https://www.youtube.com/watch?v=WI0vKkTV88c

Kommer, Gerd/Beck, Andreas (2021b): »Beck & Kommer über Sinn und Unsinn des Berliner Mietendeckels«; Mai 2021; YouTube-Video; Internet-Fundstelle: https://www.youtube.com/watch?v=pUJ-sPVgoDs

Kommer, Gerd/Bergemann, Marla (2022): »Stiftungs-Fonds von Harvard, Yale & Co.: Ist auch ihre Rendite elitär?«; Mai 2022; Blog-Beitrag; Internet-Fundstelle: https://gerd-kommer.de/stiftungs-fonds/

Kommer, Gerd/Ganowski, Daniel (2021a): »Die Angst vor dem Allzeithoch – ein schädlicher Irrtum«; Februar 2021; Blog-Beitrag; Internet-Fundstelle: https://gerd-kommer.de/angst-vor-dem-allzeithoch/

Kommer, Gerd/Ganowski, Daniel (2021b): »Ray Dalios Hedgefonds – der Lack ist ab«; März 2021; Blog-Beitrag; Internet-Fundstelle: https://gerd-kommer.de/ray-dalios-hedge-fonds/

Kommer, Gerd/Ganowski, Daniel (2021c): »Warum junge Anleger für den Crash beten sollten«; August 2021; Blog-Beitrag; Internet-Fundstelle: https://gerd-kommer.de/beten-fuer-den-crash/

Kommer, Gerd/Großmann, Felix (2020a): »Der Corona-Crash: Was tun?«; März 2020; Blog-Beitrag; Internet-Fundstelle: https://gerd-kommer.de/corona-crash/

Kommer, Gerd/Großmann, Felix (2020b): »Die beste Aktie der Welt«; Juni 2020; Blog-Beitrag; Internet-Fundstelle: https://gerd-kommer.de/die-beste-aktie-der-welt/

Kommer, Gerd/Großmann, Felix (2020c): »Wertpapierleihe bei ETFs – ist sie gefährlich?«; Dezember 2020; Blog-Beitrag; Internet-Fundstelle: https://gerd-kommer.de/wertpapierleihe-bei-etfs/

Kommer, Gerd/Großmann, Felix (2020d): »Wie wird man richtig reich?«; November 2020; Blog-Beitrag; Internet-Fundstelle: https://gerd-kommer.de/wie-wird-man-richtig-reich/

Kommer, Gerd/Großmann, Felix (2021e): »Wie die Untergangspropheten investieren«; Juli 2021; Blog-Beitrag; Internet-Fundstelle: https://gerd-kommer.de/wie-untergangspropheten-investieren/

Kommer, Gerd/Großmann, Felix (2022a): »Die Wahrheit über den Aktien-Crash von 1929«; Oktober 2022; Blog-Beitrag; Internet-Fundstelle: https://gerd-kommer.de/aktiencrash-von-1929/

Kommer, Gerd/Großmann, Felix (2022b): »Offene Immobilienfonds – Illusion und Wirklichkeit«; Januar 2022; Blog-Beitrag; Internet-Fundstelle: https://gerd-kommer.de/offene-immobilienfonds/

Kommer, Gerd/Juhn, Christoph (2022): »Für wen sich eine vermögensverwaltende GmbH lohnt – Interview mit Prof. Dr. Christoph Juhn«; Okt. 2022; YouTube-Video; Internet-Fundstelle: https://www.youtube.com/watch?v=ZMg9O9S71E4

Kommer, Gerd/Kanzler, Daniel (2020a): »Haben Technologieaktien dauerhaft höhere Renditen?«; Oktober 2020; Blog-Beitrag; Internet-Fundstelle: https://gerd-kommer.de/haben-technologieaktien-hoehere-renditen/

Kommer, Gerd/Kanzler, Daniel (2020b): »Neun große Anlegerfehler«; September 2020; Blog-Beitrag; Internet-Fundstelle: https://gerd-kommer.de/neun-grosse-anlegerfehler/

Kommer, Gerd/Kanzler, Daniel (2021): »Rohstoffinvestments – sind sie sinnvoll?«; Januar 2021; Blog-Beitrag; Internet-Fundstelle: https://gerd-kommer.de/sind-rohstoff-investments-sinnvoll/

Kommer, Gerd/Kanzler, Daniel (2022): »Aktieninvestments mit Kredit hebeln – Funktioniert das?«; November 2022; Blog-Beitrag; Internet-Fundstelle: https://gerd-kommer.de/leverage-effekt/

Kommer, Gerd/Kapoor, Praval (2023): »Die Legenden um den Marktanteil von Indexing und passivem Investieren«; Januar 2023; Blog-Beitrag; Internet-Fundstelle: https://gerd-kommer.de/marktanteil-passives-investieren/

Kommer, Gerd/Lochner, Mario (2022): »Gerd Kommer: Vorsicht, Franken-Falle! – Darum ist der Franken überschätzt & Euro unterschätzt«; September 2022; https://www.youtube.com/watch?v=g6pD6GXb3H8

Kommer, Gerd/Riemensperger, Jakob (2021): »Das Elend der Flaggschiff-Fonds-Anleger«; November 2021; Blog-Beitrag; Internet-Fundstelle: https://gerd-kommer.de/flaggschiff-fonds-elend/

Kommer, Gerd/Schweizer, Jonas (2018a): »Das Risiko von Direktinvestments in Immobilien besser verstehen«; August 2018; Blog-Beitrag; Internet-Fundstelle: https://www.gerd-kommer-invest.de/das-risiko-von-direktinvestments-in-immobilien-besser-verstehen/

Kommer, Gerd/Schweizer, Jonas (2018b): »Die Rendite von Investments in Immobilien«; Oktober 2018; Blog-Beitrag; Internet-Fundstelle: https://gerd-kommer.de/die-rendite-von-direktinvestments-in-wohnimmobilien-besser-verstehen/

Kommer, Gerd/Schweizer, Jonas (2018c): »Überbewertung des Aktienmarkts – was tun?«; Juni 2018; Blog-Beitrag; Internet-Fundstelle: https://gerd-kommer.de/ueberbewertung-des-aktienmarkts/

Kommer, Gerd/Schweizer, Jonas (2019a): »Das unterschätzte Risiko von Bankguthaben«; August 2019; Blog-Beitrag; Internet-Fundstelle: https://gerd-kommer.de/risiko-von-bankguthaben/

Kommer, Gerd/Schweizer, Jonas (2019b): »Performance Fees – Schein und Wirklichkeit«; September 2019; Blog-Beitrag; Internet-Fundstelle: https://gerd-kommer.de/performance-fees/

Kommer, Gerd/Schweizer, Jonas (2019c): »Das Konzept der ›Cashflow-Kaskade‹«; Januar 2019; Internet-Fundstelle: https://gerd-kommer.de/cash-flow-kaskade/

Kommer, Gerd/Schweizer, Jonas (2020a): »Der große Unterschied zwischen reich werden und reich bleiben«; August 2020; Blog-Beitrag; Internet-Fundstelle: https://gerd-kommer.de/unterschied-zwischen-reich-werden-und-reich-bleiben/

Kommer, Gerd/Schweizer, Jonas (2020b): »Die kapitalbildende Lebensversicherung – ein deutscher Irrweg«; März 2020; Blog-Beitrag; Internet-Fundstelle: https://gerd-kommer.de/kapitalbildende-lebensversicherung/

Kommer, Gerd/Schweizer, Jonas (2020c): »Negative Zinsdifferenzgeschäfte – schädlich und unnötig«; Januar 2020; Blog-Beitrag; Internet-Fundstelle: https://gerd-kommer.de/negative-zinsdifferenzgeschaefte/

Kommer, Gerd/Schweizer, Jonas (2021a): »Instandhaltungskosten – wie man Immobilieninvestments schönrechnet«; Mai 2021; Blog-Beitrag; Internet-Fundstelle: https://gerd-kommer.de/instandhaltungskosten-von-immobilien/

Kommer, Gerd/Schweizer, Jonas (2021b): »Rebalancing: Vorteile, Methoden, Prinzipien«; Dezember 2021; Blog-Beitrag; Internet-Fundstelle: https://gerd-kommer.de/rebalancing/

Kommer, Gerd/Schweizer, Jonas (2021c): »Steuern sparen durch Buy and Hold«; Oktober 2021; Blog-Beitrag; Internet-Fundstelle: https://gerd-kommer.de/steuern-sparen-buy-and-hold/

Kommer, Gerd/Stagnitti, Luca (2022): »Inflationsindexierte Anleihen – wie gut schützen sie vor Inflation?«; August 2022; Blog-Beitrag; Internet-Fundstelle: https://gerd-kommer.de/inflationsindexierte-anleihen/

Kommer, Gerd/Stagnitti, Luca (2023): »Ehe und Scheidung aus finanzieller Perspektive«; Februar 2022; Blog-Beitrag; Internet-Fundstelle: https://gerd-kommer.de/ehe-und-scheidung-aus-finanzieller-perspektive/

Kommer, Gerd/Weis, Alexander (2017): »Ausschüttende vs. thesaurierende Fonds«; Dezember 2017; Blog-Beitrag; Internet-Fundstelle: https://gerd-kommer.de/ausschuettende-vs-thesaurierende-fonds/

Kommer, Gerd/Weis, Alexander (2018a): »›Finanzielle Freiheit‹ – ein Schlagwort mit zu vielen Fragezeichen«; Mai 2018; Blog-Beitrag; Internet-Fundstelle: https://www.gerd-kommer-invest.de/finanzielle-freiheit-fragezeichen/

Kommer, Gerd/Weis, Alexander (2018b): »Die Fragwürdigkeit von Einzelaktieninvestments«; September 2018; Blog-Beitrag; Internet-Fundstelle: https://gerd-kommer.de/fragwuerdigkeit-von-einzelaktieninvestments/

Kommer, Gerd/Weis, Alexander (2018c): »Dividendenstrategien: Fakten und Fantasien«; Februar 2018; Blog-Beitrag; Internet-Fundstelle: https://www.gerd-kommer-invest.de/dividendenstrategien-fakten-und-fantasien/

Kommer, Gerd/Weis, Alexander (2018d): »Monte-Carlo-Simulation als Prognoseverfahren«; November 2018; Blog-Beitrag; Internet-Fundstelle: https://gerd-kommer.de/monte-carlo-simulation-als-prognoseverfahren/

Kommer, Gerd/Weis, Alexander (2018e): »Nullzinsen und Anlagenotstand – real oder nur konstruiert?«; April 2018; Blog-Beitrag; Internet-Fundstelle: http://www.gerd-kommer-invest.de/nullzinsen-und-anlagenotstand/

Kommer, Gerd/Weis, Alexander (2018f): »Währungsabsicherung: Wann sinnvoll, wann nicht?«; Januar 2018; Blog-Beitrag; Internet-Fundstelle: https://gerd-kommer.de/wann-ist-waehrungsabsicherung-sinnvoll/

Kommer, Gerd/Weis, Alexander (2019a): »Das Konzept der »Sachwertanlage: Fakten und Fantasien«; April 2019; Blog-Beitrag; Internet-Fundstelle: http://www.gerd-kommer-invest.de/konzept-der-sachwertanlage/

Kommer, Gerd/Weis, Alexander (2019b): »Das Zinsänderungsrisiko bei Anleihen«; Dezember 2019; Blog-Beitrag; Internet-Fundstelle: https://gerd-kommer.de/zinsaenderungsrisiko/

Kommer, Gerd/Weis, Alexander (2019c): »Depotentnahmen: Mythen und Missverständnisse«; Februar 2019; Blog-Beitrag; Internet-Fundstelle: https://gerd-kommer.de/depotentnahmen-mythen-und-missverstaendnisse/

Kommer, Gerd/Weis, Alexander (2019d): »Gold als Investment – braucht man das?«; November 2019; Blog-Beitrag; Internet-Fundstelle: https://gerd-kommer.de/gold-als-investment/

Kommer, Gerd/Weis, Alexander (2019e): »Sind Vermietungsimmobilien attraktive Vermögensanlagen?«; Okt. 2019; Blog-Beitrag; Internet-Fundstelle: https://gerd-kommer.de/vermietungsimmobilien/

Kommer, Gerd/Weis, Alexander (2019f): »Timing des Markteinstiegs – funktioniert es?«; März 2019; Blog-Beitrag; Internet-Fundstelle: https://gerd-kommer.de/timing-des-markteinstiegs/

Kommer, Gerd/Weis, Alexander (2019g): »Factor Investing – die Basics«; Mai 2019; Internet-Fundstelle: https://gerd-kommer.de/factor-investing-die-basics/

Kommer, Gerd/Weis, Alexander (2019h): »Integriertes Multifactor Investing«; Juni 2019; Internet-Fundstelle: https://gerd-kommer.de/integriertes-multifactor-investing/

Kommer, Gerd/Weis, Alexander (2020a): »Einstieg in den Aktienmarkt: Einmalanlage oder Phaseninvestment?«; Juli 2020; Blog-Beitrag; Internet-Fundstelle: https://gerd-kommer.de/einmalanlage-vs-phaseninvestment/

Kommer, Gerd/Weis, Alexander (2020b): »Zehn Gründe, warum aktives Investieren schlecht funktioniert«; Februar 2020; Blog-Beitrag; Internet-Fundstelle: https://gerd-kommer.de/warum-aktives-investieren-schlecht-funktioniert/

Kommer, Gerd/Weis, Alexander (2020c): »The Pains of Factor Investing«; Mai 2020; Internet-Fundstelle: https://gerd-kommer.de/pains-of-factor-investing/

Kommer, Gerd/Weis, Alexander (2021a): »Der beste Fonds aller Zeiten – oder auch nicht«; September 2021; Blog-Beitrag; Internet-Fundstelle: https://gerd-kommer.de/der-beste-fonds-aller-zeiten/

Kommer, Gerd/Weis, Alexander (2021b): »Private Equity – Wunsch und Wirklichkeit«; April 2021; Internet-Fundstelle: https://gerd-kommer.de/private-equity-wunsch-und-wirklichkeit/

Kommer, Gerd/Weis, Alexander (2022): »Was bedeutet der Russland-Ukraine-Krieg für mein Depot?«; März 2022; Blog-Beitrag; Internet-Fundstelle: https://gerd-kommer.de/russland-ukraine-krieg/

Kommer, Gerd/Zitelmann, Rainer (2022a): »Der vielversprechendste Weg, um reich zu werden – Interview mit Dr. Dr. Rainer Zitelmann«; Juni 2022; YouTube-Video; Internet-Fundstelle: https://www.youtube.com/watch?v=2uMukYvnHwQ

Kommer, Gerd/Zitelmann, Rainer (2022b): »Führt Kapitalismus zu mehr Ungleichheit? – Interview mit Dr. Dr. Rainer Zitelmann«; Mai 2022; YouTube-Video; Internet-Fundstelle: https://www.youtube.com/watch?v=2bgk6pfqyTM

Kommer, Gerd/Zitelmann, Rainer (2022c): »Sind Direktinvestitionen in Wohnimmobilien noch attraktiv? – Interview mit Dr. Dr. Rainer Zitelmann«; Juni 2022; YouTube-Video; Internet-Fundstelle: https://www.youtube.com/watch?v=c0fGAEgdJ_g

Korteweg, Arthur/Kräussl, Roman/Verwijmeren, Patrick (2016): »Does it Pay to Invest in Art? A Selection-Corrected Returns Perspective«; in: Review of Financial Studies; Band 29, Nr. 4, 2016; S. 1007–1038

Laarits, Toomas (2022): »Discounting Market Timing Strategies«; 02.03.2022; Working Paper; Internet-Fundstelle: https://papers.ssrn.com/sol3/papers.cfm?abstract_id=4047952

Lettau, Martin/Ananth Madhavan (2018), »Exchange Trade Funds 101 for economists«; In: Journal of Economic Perspectives; Vol. 32; No. 1; pp. 135-154.

Metcalfe, Guy (2017): »The Mathematics of Market Timing«; Dezember 2017; Internet-Fundstelle: https://arxiv.org/pdf/1712.05031.pdf

Pakula, David u. a. (2016): »Quantifying the impact of chasing fund performance«; Vanguard; Juli 2014; Internet-Fundstelle: https://www.vanguard.ca/documents/quantifying-the-impact-en.pdf

Pessina, Colby/Robert Whaley (2020): »Levered and inverse ETPs: Blessing or curse?« 25.09.2020; Working Paper; Internet-Fundstelle: https://papers.ssrn.com/sol3/papers.cfm?abstract_id=3572981

Schmelzing, Paul (2017): »Eight Centuries of the Risk-Free Rate: Bond Market Reversals from the Venetians to the ›VaR Shock‹«;20.10.2017; Working Paper; Internet-Fundstelle: https://papers.ssrn.com/sol3/papers.cfm?abstract_id=3062498

Schmelzing, Paul u. a. (2022): »Long-Run Trends in Long-Maturity Real Rates 1311–2021«; Oct. 2022; Working Paper; Internet-Fundstelle: https://www.nber.org/system/files/working_papers/w30475/w30475.pdf

Schmelzing, Paul/Andrew Metrick (2021): »Banking-Crisis Interventions, 1257–2019«; Sept. 2021; Working Paper; Internet-Fundstelle: https://papers.ssrn.com/sol3/papers.cfm?abstract_id=3919264

Schweizer, Jonas (2021): »Was Immobilienanleger von Bundestagswahlen lernen können«; September 2021; YouTube-Video; Internet-Fundstelle: https://www.youtube.com/watch?v=KUpcIkKG2ko

Sharpe, William (1991): »The Arithmetic of Active Management«; Financial Analysts Journal; Band 47; Nr. 1; Januar/Februar 1991

Siegel, Jeremy (2022): »Stocks for the Long Run. The Definitive Guide to Financial Market Returns & Long-Term Investment Strategies«; 6. Auflage; McGraw-Hill; New York; 2022; 512 Seiten

Smith, Gary (2022): »Has the Bitcoin supply of greater fools finally been exhausted«; 16.11.2022; Internet-Fundstelle: https://mindmatters.ai/2022/11/has-the-bitcoin-supply-of-greater-fools-finally-been-exhausted/

Spiegel (2021): »Immer mehr ältere Menschen arbeiten«; Onlineausgabe von Der Spiegel; 24.06.2021

Stevenson, Betsey/Wolfers, Justin (2013): »Subjective Well-Being and Income: Is There Any Evidence of Satiation?«; in: American Economic Review; Band 103; Nr. 3; S. 598–604

Taleb, Nassim (2007): »The Black Swan. The Impact of Highly Improbable«; Penguin Books; London 2007; 444 Seiten

The Economist (2019): »Beating the pros«; Heft vom 26. Januar 2019

The Economist (2020); »Money really can buy happiness and recessions can take it away«; Heft vom 11. Juli 2020

Weis, Alexander (2022): »1x1 der Faktorprämien: Die Basics erklärt«; Juli 2022; YouTube-Video; Internet-Fundstelle: https://www.youtube.com/watch?v=w7Iqc8Dfvjw

Weis, Alexander (2022): »Krieg in der Ukraine – Warum ich meine ETFs nicht verkaufe!«; März 2022; YouTube-Video; Internet-Fundstelle: https://www.youtube.com/watch?v=CiKOXW8454E

Weis, Alexander/Gschossmann, Selina (2022): »Passiv investieren – die Basics«; September 2022; Blog-Beitrag; Internet-Fundstelle: https://gerd-kommer.de/passiv-investieren-die-basics/

Weis, Alexander/Kanzler, Daniel (2022): »Anleihen und Zinsänderungen – ein Fallbeispiel«; Juni 2022; Blog-Beitrag; Internet-Fundstelle: https://gerd-kommer.de/anleihen-und-zinsaenderungen/

Zitelmann, Rainer (2017): »Psychologie der Superreichen. Das verborgene Wissen der Vermögenselite«; Finanzbuchverlag; Februar 2017; 432 Seiten

Zitelmann, Rainer (2018): »Kapitalismus ist nicht das Problem, sondern die Lösung: Eine Zeitreise durch 5 Kontinente«; Finanzbuchverlag; Februar 2018; 288 Seiten

20.3 Glossar

ABS-Investment ABS steht für »Asset-Backed Securities« — Spezielle besicherte Unternehmensanleihen, die von »Einzweckgesellschaften« emittiert werden. Die Sicherheiten können z. B. Grundschulden (Hypotheken) sein, die auf Wohnimmobilien eingetragen sind, Kreditkartenforderungen oder Studentenkreditforderungen.

Aktionärsrendite Die Gesamtrendite aus einem Aktieninvestment, bestehend aus → Dividendenrendite + Kursrendite (Wertsteigerungsrendite).

Arithmetische Durchschnittsrendite Der einfache Durchschnitt (arithmetisches Mittel) aus mehreren Einperiodenrenditen, z. B. 2015: 10%, 2016: 11%, 2017: 0%. Das ergibt eine durchschnittliche Rendite von 21% ÷ 3 = 7% (siehe auch → Geometrische Durchschnittsrendite).

Ausfallrisiko Im engeren Sinne das Risiko, dass ein Schuldner eine Zahlungsverpflichtung gegenüber seinem Gläubiger nicht vertragsgemäß erfüllt — auch Bonitätsrisiko, Gegenparteirisiko, Rückzahlungsrisiko, Adressrisiko, Emittentenrisiko) genannt. Das Ausfallrisiko ist vor allem bei Anleihen relevant, aber auch bei Bankguthaben und den Verpflichtungen von Mietern gegenüber dem Vermieter. Bei Anleihen hängt auch → Volatilitätsrisiko mit Ausfallrisiko zusammen. Sofern das Ausfallrisiko hoch ist, wird die Anleihe stark im Kurs schwanken.

Barwert (BW) Gleichbedeutend mit *Gegenwartswert*. Der heutige Wert einer erst in der Zukunft zu empfangenden Zahlung oder eines Zahlungsstroms, »abgezinst« auf die Gegenwart. Ein Beispiel: Eine Zahlung in einem Jahr von 1050 Euro hat bei einer Abzinsungsrate von 5% einen Barwert von 1000 Euro, denn wenn man 1000 Euro mit 5% Jahresrendite für ein Jahr anlegt, erzielt man 1050 Euro. Deshalb haben beide Werte — 1000 Euro jetzt oder 1050 Euro in zwölf Monaten — bei dieser Abzinsungsrate denselben Barwert. Mit Barwerten kann man Zahlungen, die zu unterschiedlichen Zeitpunkten anfallen, vergleichbar machen. Die Formel für die Berechnung des Barwertes einer einmaligen zukünftigen Zahlung »Z« sieht so aus — $BW = Z \div (1 + r)^N$, wobei r die Abzinsungsrate ist und N die Anzahl der Perioden (hier 1). Die Formel für eine Serie zukünftiger Zahlungen ist ähnlich, aber ein klein wenig komplizierter.

Barwertvorteil Der Barwert ist der Gegenwartswert eines künftigen Zahlungsstroms, also der Gesamtwert in heutigem Geld von in der Zukunft liegenden Zahlungen (siehe → Barwert). Aus Steuerzahlungen in einer gegebenen Höhe, die in die Zukunft verschoben (verzögert) werden können, entsteht ein finanzmathematischer Barwertvorteil gegenüber der sofortigen Zahlung dieser Steuerlast. Dieser geldwerte Vorteil wird umso größer, je länger die Steuerzahlung verzögert werden kann. Buy-and-Hold-Anlegen erzeugt einen solchen Barwertvorteil gegenüber aktivem Investieren in Bezug auf die Besteuerung von Kursgewinnen (Wertsteigerungsgewinnen). Bei aktivem Investieren erfolgen diese Steuerzahlungen typischerweise jährlich. Bei Buy-and-Hold-Investieren können sie dagegen für viele Jahre, manchmal sogar Jahrzehnte in die Zukunft verschoben werden.

Benchmark Engl. für Vergleichsmarke, Vergleichsmaßstab. Wertpapierindizes werden häufig als Benchmark für aktiv gemanagte Portfolios, inklusive Fonds, verwendet.

Bonität — Kreditwürdigkeit eines Unternehmens. Hohe Bonität bedeutet geringes → Ausfallrisiko (Rückzahlungsrisiko) und – bei Anleihen – geringe Volatilität.

Börsen-Listing Wenn ein Unternehmen sich (seine Aktien oder Anleihen) an einer bestimmten Börse notieren lässt, bekommt es damit an dieser Börse ein Börsen-Listing. Das Unternehmen muss sich dann bestimmten Transparenzvorschriften unterwerfen. Der freie, kostengünstige Handel mit Aktien eines Unternehmens ist nur möglich, sofern ein Börsen-Listing besteht.

Break-even-Point Der Zahlenwert für eine bestimmte Input-Größe, die in zwei verschiedenen rechnerischen Zusammenhängen enthalten ist und der dazu führt, dass beide Zusammenhänge das gleiche Ergebnis produzieren.

Bruttoinlandsprodukt (BIP) Das Bruttoinlandsprodukt ist eine volkswirtschaftliche Kennzahl für die »Wertschöpfung« einer Volkswirtschaft in einem bestimmten Zeitabschnitt, typischerweise einem Jahr. Das BIP ist die Summe aller Gehälter, Unternehmensgewinne, Einkünfte aus Zinsen und Mieten und dem staatlichen Nettoertrag (staatliche Einnahmen minus Ausgaben) ohne Doppelzählungen. Meistens wird das BIP-Wachstum als reale (inflationsbereinigte) Größe angegeben.

Cashflow Dt. Zahlungsstrom. Aus der Sicht eines Anlegers sind positive Cashflows empfangene Zahlungen (Zuflüsse), negative Cashflows geleistete Zahlungen (Abflüsse).

Derivate Derivate sind von anderen originären Wertpapieren (→ Underlying) abgeleitete Wertpapiere (lat. *derivare*). Siehe auch weiter unten im Glossar das Beispiel → Put-Option.

Dividendenrendite Kennzahl, für die die jährliche Dividende (bzw. die Summe der Dividendenzahlungen in einem Jahr) durch den jahresdurchschnittlichen Aktienkurs (vor Auszahlung der Dividende) geteilt wird. Kann sowohl für eine einzelne Aktie als auch für einen ganzen Aktienmarkt berechnet werden. Die Dividendenrendite des Weltaktienmarktes lag in den vergangenen Jahrzehnten bei rund 2,5% p.a. In einem gegebenen Jahr zahlen mehr als die Hälfte aller Unternehmen weltweit keine Dividende.

Domizil Das Domizil eines Investmentfonds ist das Land seines rechtlichen Sitzes. Die Mehrheit aller in Deutschland vertriebenen Investmentfonds hat ihr Domizil außerhalb von Deutschland. Bei ETFs liegt der Marktanteil der in Irland oder Luxemburg domizilierten Fonds zusammen bei über 90%.

Factor-Investing Auch Smart-Beta-Investieren genannt. Das Übergewichten bestimmter von der Wissenschaft identifizierter »Faktoren« (Faktorprämien) in einem Wertpapierportfolio, um eine Mehrrendite zu erzielen (siehe Blog-Beitrag von Kommer/Weis 2019g).

Faktorprämien Siehe → Factor-Investing.

Feudalismus Eine Gesellschaftsordnung, in der im Wesentlichen erbmonarchistische Familien die Staatsgewalt ausüben. Die feudalistische Gesellschaftsordnung ist religiös legitimiert (»Herrscher von Gottes Gnaden«). Der Feudalismus ist ein autokratisches, undemokratisches Gesellschaftssystem ohne systematische Einhaltung der wesentlichen Menschenrechte, des Parteienpluralismus, der Rechtstaatlichkeit und der Marktwirtschaft.

Gegenwartspräferenz Engl. *time preference*. Allgemein die Neigung von Menschen, eine bestimmte Menge von Konsum (z. B. zehn Gütereinheiten) in der Gegenwart gegenüber dem gleichen Konsum in der Zukunft zu bevorzugen. Diese Neigung ist bei Menschen unterschiedlich stark ausgeprägt. Ein Mensch mit hoher Gegenwartspräferenz ist »ungeduldiger« und hat unter sonst gleichen Umständen eine geringere Sparneigung (siehe auf der deutschen Wikipedia unter dem Stichwort »Zeitpräferenz«).

Geld-Brief-Spanne Die Spanne zwischen Ankaufskurs und Verkaufskurs eines Wertpapiers oder einer Währung aus der Sicht eines Investors. Etwa in der Mitte zwischen diesen beiden Kursen liegt der Marktkurs (Mittelkurs). Letztlich repräsentiert die Geld-Brief-Spanne die Händlermarge. Je liquider ein Wertpapier (z. B. je höher sein durchschnittliches Handelsvolumen pro Zeiteinheit), desto tendenziell enger ist die Geld-Brief-Spanne.

Geometrische Durchschnittsrendite Auch annualisierte Rendite genannt (engl. CAGR = *compound annual growth rate*). Bei dieser Renditekennzahl wird, anders als bei der → Arithmetischen Durchschnittsrendite, der Zinseszinseffekt berücksichtigt. Die geometrische Durchschnittsrendite ist stets niedriger als die arithmetische Durchschnittsrendite, sofern die Renditen der Teilperiodenrenditen schwanken.

Geschlossener Fonds Hochkomplexe Fondskonstruktion, die in dieser Form nur in Deutschland an normale Privatkunden vertrieben werden darf. Bei geschlossenen Fonds gehen Privatanleger echte unternehmerische Beteiligungen an einem Investmentprojekt (Immobilien, Flugzeuge, Schiffe, Container, Windparks, Solarparks etc.) ein. Der Privatanleger ist zumeist Kommanditist in einer GmbH & Co KG (dem Fonds). Geschlossene Fonds sind außerordentlich risikoreich, sehr komplex und waren kollektiv in den vergangenen 50 Jahren ein spektakulär schlechtes Finanzprodukt.

sind Hedgefonds Investmentfonds für institutionelle Anleger und aufsichtsrechtlich als »professionelle Anleger» eingestufte (zumeist sehr wohlhabende) Privatanleger. Hedgefonds sind in den meisten Ländern nicht zum allgemeinen Vertrieb an Privatanleger zugelassen, da sie weniger stark reguliert sind als normale Investmentfonds (UCITS-Fonds). Hedgefonds haben den allgemeinen Aktienmarkt in den letzten 15 Jahren drastisch unterperformt.

Hedging Dt. Absicherung, Kurssicherung. Die Absicherung eines bestimmten Preis-, Zins- oder Kursniveaus (auch Wechselkurses) durch Nutzung bestimmter Finanzprodukte oder durch Beimischung von Asset-Klassen mit besonders niedrigem Risiko.

Heimatwährung Im Ökonomenjargon die *funktionale Währung* (eines Haushaltes oder Unternehmens) genannt. Die Währung, in der der Haushalt oder das Unternehmen den größten Teil seiner künftigen Zahlungsverpflichtungen haben wird (z. B. für Konsumausgaben und Kapitaldienst bei Krediten).

Informationseffizienz Oft auch unpräzise »Markteffizienz« genannt. Ein informationseffizienter Markt ist einer, in dem die gegenwärtigen Preise alle öffentlich bekannten Informationen zu jedem gegebenen Zeitpunkt sehr wahrscheinlich bereits reflektieren (alle öffentlichen Informationen sind eingepreist). In einem informationseffizienten

Markt ist es unmöglich, zuverlässig (systematisch) nach Berücksichtigung von Kosten und Risiko »Überrenditen« (Outperformance) zu erzielen. Die Überrenditen, die erzielt werden, sind zufallsbedingt, und ihnen stehen ebenso häufige Unterrenditen (Verluste) gegenüber. In einem informationseffizienten Markt ist es schädlich, aktiv zu investieren, also »den Markt schlagen zu wollen«. Die Informationseffizienz ist das Kernelement der Effizienzmarkthypothese, die ihrerseits eine der wichtigsten Ursachen für die Attraktivität von passiv investieren ist (siehe Kapitel 8 und siehe Stichwort »Markteffizienzhypothese« auf der deutschen Wikipedia).

Investment-Grade-Rating Die ersten zehn Noten der Rating-Skala (Bonitätsskala) der bekannten Rating-Agenturen für Anleihen bilden den Investment-Grade-Bereich bis »BBB–«. Die restlichen (schlechteren) ca. 15 Noten bilden den sehr deutlich risikoreicheren Sub-Investment-Grade-Bereich (Junk-Bonds). »Investment Grade« bedeutet sehr gute bis passable Kreditwürdigkeit.

KGV Kurs-Gewinn-Verhältnis. Eine Bewertungskennzahl für Aktien oder (auf den ganzen Markt bezogenen) Aktienmärkte. Sie ist das Verhältnis zwischen aktuellem Aktienkurs und dem aktuellst verfügbaren Buchgewinn des Unternehmens pro Aktie (engl. *price-earnings ratio*).

Korrelation Eine Kennzahl aus der Statistik, die den Grad der Parallelität in der Entwicklung zweier Zufallsvariablen (Zahlenreihen) misst, zum Beispiel der Kursveränderungen zweier Wertpapiere oder Asset-Klassen im Zeitablauf. Die Korrelation wird gemessen in Form des Korrelationskoeffizienten, der zwischen +1,0 und –1,0 liegt, wobei +1 für vollständige Korrelation (exakte Parallelentwicklung), 0 für vollständig unabhängige (oder zufällige) Entwicklung und –1 für exakt gegenläufige Entwicklung steht. Je niedriger die Korrelation zwischen zwei Finanz-Assets, desto besser eignen sie sich zur Diversifikation in einem Portfolio. Genauso wie Renditen schwanken auch Korrelationen im Zeitablauf, allerdings weniger heftig.

Kredithebel Engl. *leverage*. Der Versuch, die Eigenkapitalrendite bei einem Investment durch die teilweise Finanzierung des Investments mit Fremdkapital zu steigern (zu hebeln). Dabei wird in Kauf genommen, dass auch das Risiko für das Eigenkapital steigt (siehe YouTube-Video Kanzler 2022d und Blog-Beitrag Kommer/Kanzler 2022).

Leverage siehe → Kredithebel.

Maximum Drawdown (MDD) Der maximale kumulative (Buch-)Verlust eines Investments während einer bestimmten historischen Periode. Der MDD ist sozusagen der historische Worst Case (schlechtestmögliche Rendite). Die zugrundeliegenden Annahmen sind, wenn das zugrundeliegende Datenmaterial ausreichend repräsentativ ist, in gewisser Weise extrem pessimistisch.

Median Der mittlere Wert in einer Zahlenreihe. Der Median in der Zahlenreihe 1, 9, 12, 20 und 950 ist 12. Bei sehr umfangreichen Zahlen- oder Datenreihen nähert sich der Medien tendenziell dem arithmetischen Durchschnitt an.

MSCI ACWI IMI Index MSCI All Country World Investable Market Index — Dieser deckt 98% der Marktkapitalisierung des Weltaktienmarktes ab. Er umfasst über 45 Industrie- und Schwellenländer.

Nullrenditeperiode Ein Zeitraum, an dessen Ende die Kurse (das Endvermögen) bei Berücksichtigung etwaiger zwischenzeitlicher Ausschüttungen nicht höher waren als am Anfang (Einstiegspreis).

Opportunitätskosten Hier die gelungene Definition aus Wikipedia: »Opportunitätskosten (selten auch als Alternativkosten, Verzichtskosten oder Schattenpreis bezeichnet) sind entgangene Erlöse (allgemeiner: entgangener Nutzen), die dadurch entstehen, dass vorhandene Möglichkeiten (Opportunitäten) zur Nutzung von Ressourcen nicht wahrgenommen werden. Umgangssprachlich kann man auch von ›Kosten der Reue‹ oder ›Kosten entgangener Gewinne‹ sprechen. Opportunitätskosten sind somit keine Kosten im Sinne der betriebswirtschaftlichen Kosten- und Leistungsrechnung, sondern ein ökonomisches Konzept zur Quantifizierung entgangener Alternativen.«

Outperformer Investor, der in einem relevanten Zeitraum unter Berücksichtigung von Kosten, Steuern und Risiko eine bessere Rendite erzielt als ein fachlich korrekt gewähltes Vergleichsinvestment (z. B. ein passiver ETF auf Buy-and-Hold-Basis). Zu »Outperformance« siehe Kapitel 2.

Performance-Chasing Dt. Rendite (hinterher-)jagen. Das Auswählen eines Investments primär deswegen, weil es in der jüngeren Vergangenheit gut oder besonders gut rentiert hat. Performance-Chasing ist prozyklisches Investieren (*buy high, sell low*). Bildhaft kann man es auch als Rückspiegelinvestieren bezeichnen. Performance-Chasing trägt zu hohen Kosten, unnötigen Steuerzahlungen und insgesamt zu unattraktiven Renditen bei.

Politisches Risiko Investmentrisiko, das durch staatliches Tun oder staatliches Unterlassen verursacht wird, beispielsweise die Renditeschäden, die aus Steuererhöhungen, Enteignungen, Bürgerkrieg, Krieg, Mangel an Rechtstaatlichkeit sowie aus inkompetenter Geld- und Fiskalpolitik resultieren.

Portfolio Im engeren Sinne die Summe aller Vermögenswerte (Assets) eines Anlegers oder Haushalts, unabhängig davon, auf wie viele Immobilienobjekte, Wertpapierdepots (eventuell bei unterschiedlichen Banken) und Kapitallebensversicherungen diese Assets verteilt sind. Im weiteren Sinne schließt ein Anlegerportfolio auch dessen Humankapital (noch nicht bezogenes Arbeitseinkommen bis zum Eintritt in den Ruhestand) und seine Ansprüche an die gesetzliche Rentenversicherung ein. Bei Investmentfonds versteht man unter Portfolio die Summe der Wertpapiere, die der Fonds zu einem gegebenen Zeitpunkt hält. Manchmal wird auch – etwas ungenau – ein einzelnes Wertpapierdepot als Portfolio bezeichnet.

Private Equity-Fonds Investmentfonds, die sich am Eigenkapital nicht börsennotierter Unternehmen beteiligen – daher *private equity* im Gegensatz zu *public equity* (Aktien, also Beteiligungen an börsennotierte Unternehmen). Private Equity-Fonds sind in den meisten Ländern nicht zum allgemeinen Vertrieb an normale Privatanleger zugelassen.

Put-Option Ein → Derivat. Eine Put-Option gibt ihrem Besitzer das Recht, ein bestimmtes Wertpapier während eines bestimmten Zeitraums oder an einem bestimmten Zeitpunkt zu einem festgesetzten Preis an den Verkäufer der Put-Option zu verkaufen.

Rating Engl. für Note oder Noteneinstufung. Ratings gibt es für Investmentfonds (diese Ratings sind wenig nützlich und oftmals geradezu irreführend) oder für die → Bonität von Anleihen (diese Ratings sind nützlich). Siehe auch → Investment-Grade-Rating.

Sovereign-Wealth-Fonds Investmentfonds, die dem Staat gehören und staatliche Mittel investieren. Der größte Sovereign-Wealth-Fonds der Welt ist der norwegische Ölfonds.

Survivorship-Bias Dt. »Ungleichgewicht zugunsten der Überlebenden«. In vielen statistischen Daten fehlen die »Toten«, weil sie aufgrund ihres »Todes« aus der zugrundeliegenden Datenbank gestrichen werden. Das gilt für den DAX und für viele Fondsdatenbanken. Es gilt aber auch für sehr viele andere empirische Phänomene aus unserem alltäglichen Leben (siehe »Survivorship-Bias« in der deutschen Wikipedia).

Total Expense Ratio (TER) Laufende Kostenbelastung bei Investmentfonds. Die TER ist aussagekräftiger (und höher) als die Verwaltungsgebühr. In Deutschland heißt die TER »Laufende Kosten« oder »Gesamtkostenquote«. Auch die TER beinhaltet nicht alle Kosten, die in einem Investmentfonds anfallen, z. B. nicht die Transaktionskosten, die sich aus der → Geld-Brief-Spanne der gekauften und verkauften Wertpapiere ergeben.

Umlageverfahren Bezogen auf das staatliche Rentenversicherungssystem die Praxis, dass gegenwärtige Rentenbeiträge (Einnahmen des Rentensystems) nicht am Kapitalmarkt angelegt werden, sondern sofort wieder als gegenwärtige Rentenzahlungen ausgezahlt werden. Das Umlageverfahren kann bei einer sinkenden Geburtenrate und steigender Lebenserwartung ohne unpopuläre Anpassungen nicht funktionieren (Beitragserhöhungen, Rentensenkungen, Erhöhung des Renteneintrittsalters) und nur durch etwaige Quersubventionierung aus allgemeinen Steuermitteln vor der Insolvenz bewahrt werden.

Underlying Bei einem verpackten Investment oder einem → Derivat das Asset, das tatsächlich den Rendite-Risiko-Charakter des verpackten Investments bestimmt.

US Pension Funds US-Investmentfonds, die die Beiträge aus der betriebliche Altersvorsorge vor allem von Arbeitnehmern in staatlichen Unternehmen der USA investieren und die Erträge dann als Betriebsrenten auszahlen.

Vereinfachte Sharpe-Ratio Die Sharpe-Ratio ist eine Kennzahl zur Messung der risikoadjustierten (risikogewichteten) Rendite. Die Kennzahl in ihrer Standardform ist definiert als die durchschnittliche Mehrrendite (Überrendite, Excess Return) eines Investments im Betrachtungszeitraum gegenüber dem risikofreien Zins dividiert durch die Standardabweichung (das Risiko) dieser Mehrrendite. Je höher der Wert, desto besser die risikoadjustierte Rendite. Bei der vereinfachten Sharpe-Ratio wird auf die Subtraktion des risikofreien Zinses im Zähler verzichtet.

Wechselkursrisiko Negative Vermögenseffekte aufgrund der Veränderung eines Wechselkurses.

XETRA Der elektronische Handel an der Börse Frankfurt/M – die größte Börse in Deutschland.

Zinsänderungsrisiko Wenn das Marktzinsniveau steigt, dann sinken die Kurse von Anleihen. Umgekehrt, wenn das Marktzinsniveau sinkt, steigen die Kurse. Das inverse (gegenläufige) Verhältnis zwischen Anleihenkursen und Marktzinsen ist eine finanzmathematische Notwendigkeit. Das Zinsänderungsrisiko ist umso stärker, je länger die Restlaufzeit einer Anleihe ist.

20.4 Register

10%-Allokation 187

Abgeltungsteuer 178 f., 205, 217–225
Aktienfonds, aktiv gemanagte 16, 31, 37, 50, 101–103, 228, 231–234
Aktienmärkte, überbewertete 186
Aktien-Picking 157
Aktienrendite 15, 84, 96, 142, 145, 202, 234
Aktienrisiko 144, 151
Aktionärsrendite 115, 135, 262
Aktionismus 59
»Alpha« (siehe auch Überrendite) 16
Altersvorsorge
– , betriebliche 209, 240, 267
– , langfristige 24, 248
– , private 209
Anlagehorizont 107 f., 155, 161, 186
Anleihenfonds 26, 50, 65, 217, 220–222, 231–234
Arbeitnehmer 14, 74, 83 f., 117 f., 209, 267
Arbeitnehmerhaushalte 12, 83, 85, 119
»Arithmetik des aktiven Investierens« 55
Ausgabeaufschlag 31, 50, 233
Ausschüttung 176, 198 f., 220 f., 266

Barwert 83, 177, 208, 210, 262
– von Rentenansprüchen 83
Barwerteffekt, steuerlicher 162
Barwertvorteil 177–179, 262
Basiszins 222
Bauchgefühl 202
Bausparen 14
Bausparguthaben 140
Bausparvertrag 97, 123
Benchmark 16, 28, 50–52, 54–56, 100, 103 f., 138, 232, 234, 262
Bewertungskennzahl 265
Bonität 21, 35, 42, 165 f., 202, 221, 227, 231, 263, 266
Bonitätsrisiko 20, 262
Bonitätsskala 265
Börsenindizes 27–29, 55, 195
Börsen-Listing 15, 27, 263
Börsenphasen 27, 67
Branchen-ETF 234
Branchenfonds 231 f., 234
Break-even-Point 210, 263
Bruttoinlandsprodukt (BIP) 72–74, 263
Bruttomietrendite 96, 98, 114
Buchverlust 143 f., 151, 161, 243
Buy and Hold 53, 156, 162, 177–179, 184, 188, 210

Cashflow, negativer 177, 263
Cashflow-basiertes Rebalancing (RB) 181, 191
Collateralized Commodity Futures 36
Core-Satellite-Ansatz 58, 193
Cost Average Effect 182
Crash-Risiko 146, 149, 241
Creation-Redemption-Prozess 43
Crowdfunding 124
Crowdinvesting 124 f., 150

Dachfonds 231, 233
DAX 18, 27, 95, 138, 141, 267
DAX-ETF 193
Depotbank 41–43, 180, 214
Derivate 28, 140, 150, 263
Direct Replication 204, 206
Direktanlage 26, 120–123, 140, 169, 241
Direktbank 31, 181
Dispokredit 89
Dispokreditschulden 88
Diversifikationsrendite 190
Dividendenrendite 178, 199, 219 f., 262 f.
Do-it-yourself-Anleger 54, 56, 152, 177
Downside Hedging 194, 235
Drawdown, maximaler 98, 103, 130, 141, 159, 169, 173, 245 f., 265
Durchschnitt, arithmetischer 265
Durchschnittskosteneffekt 180
Durchschnittsrendite 57, 106, 135, 232
– , arithmetische 262, 264
– , geometrische 262, 262

Efficient-Market-Theorie (EMT) 55 f.
Eigenkapital 14–18, 33 f., 87 f., 120, 139, 144, 147, 265 f.
Eigenkapitalrendite 114 f., 119, 236 f., 265
Eigenkapitalverlust 115
Ein- und Ausstiegszeitpunkt 132, 184
Eingepreiste Informationen 55, 264
Einkommensteuer 178, 216, 224

Einlagensicherung 21, 37, 111, 132 f., 148, 150, 156, 164 f., 208, 226 f.
Einlagensicherungsgrenze, gesetzliche 21, 112
Einmalanlage 102, 106, 184
Endvermögenswert (siehe auch Vermögensendwert) 102, 181
Environmental, Social and Governance (ESG) 195–197, 206
Ertragspotenzial 137
ETF
 – Branchen-ETF 234
 – Inverse ETF 194, 235
 – Leveraged ETF 67, 234 f.
 – Short ETF 67, 234 f.
 – Staatsanleihen-ETF 16, 136
 – Themen-ETF 197, 234 f.
ETF-Sparplan 31, 181 f., 191
Evidenz 141, 184
Excess Return 267
Exchange Traded Commodities (ETCs) 29, 35 f., 46, 168, 206, 208, 223
Exchange Traded Note (ETN) 29, 46, 175, 206, 208
Exchange Traded Product (ETP) 36, 46, 206, 208
Existenzgründerkredite 86

Factor-Investing 261
Faktorprämien 158 f., 166, 263
Festgeld 14, 21, 43, 164, 225
Finanzberater 32, 92–94, 103, 144, 153 f., 193, 213
 –, unabhängige 91, 104
Finanzgesundheit 128 f.
Finanzmarktindizes 28
Fonds, geschlossene 66, 103, 123, 140, 150, 264
Fondsalter 207
Fondsdomizil 202 f., 220
Fondsgröße 206 f.
Fondsmanager 26 f., 29, 37, 54, 56, 63, 103, 120 f., 265
Fonds-Picking 157
Fondssparen 180, 182
Fremdkapital 15–18, 34 f., 46, 79, 113, 120, 265
Future 140

Gebühren 26, 103 f., 212 f.
Gegenwartswert (siehe auch Barwert) 83, 262
Geld-Brief-Spanne 207, 264, 267
Geldmarktanlagen 17, 20–22, 29, 35, 37, 95, 138, 155
Geldmarktfonds 20 f.
Geldmarktrendite 110
Gesamtportfolio 135, 164, 187, 189
Günstigerprüfung 224

»Hedge, natürlicher« 203
Hedgefonds 25, 67, 97, 103, 150, 264
Hedging 264
 – von Wechselkursen 171, 202
Heimatwährung 21, 151, 165, 202, 264
Hochzinsanleihen 150, 202
Honorarberater 213

Immobilienfonds, offene 29, 35, 65–67, 116, 123, 140, 217, 219, 236
Immobilienkredite 87, 123, 147
Index of Economic Freedom 76
Indexreplikation 204, 206
Informationseffizienz 63, 264 f.
Informationsvorsprung 92
Interessenkonflikt 69, 92–94, 103, 114, 123, 126, 153, 182, 212–214
Investment-Grade-Rating 67, 265 f.
Investmentfonds, offene 205
Investmentpornografie 57, 93 f., 127–129, 154
Investmentrisiko 130, 139, 266
Investmentschulden 87

Jahreseinkommen 70 f., 223 f.

Kapitalanlagengesetzbuch (KAGB) 28, 41
Kapitalertragsteuer 178, 205, 216 f., 224
Kaufkosten 17, 26, 31, 103, 126, 233
Kickback 93, 213
Kleinanleger 26, 69
Konsumschulden 87
Korrelation 63, 84, 135, 167 f., 236, 265
Kostenquote 101 f., 205
Kredithebel 89, 113, 115, 150, 235, 265
Kreditkartenschulden 88
Kursgewinne 99, 178 f., 199 f., 217 f., 222, 240, 262
Kurs-Gewinn-Verhältnis (KGV) 96, 265

Large Caps 17, 27, 141, 150
Level-1-Asset-Allokation 155, 157, 160, 164, 210, 235, 246
Level-2-Asset-Allokation 157, 162
Leverage 96, 161, 235, 265
Leveraged ETF 67, 234 f.
Leverage-Effekt 121
Liquiditätsengpass 156, 161
Liquiditätsreserve, persönliche 112, 156
Liquiditätsrisiko 21, 130

Market-Timing 157
Market-Timing-Illusion 188
Markteinbrüche 188
Marktkapitalisierung 17 f., 22, 34, 141, 163, 166, 173 f., 265
Marktrendite 49, 52 f., 55, 68, 96, 99, 226, 247
Mehrrendite 16, 100, 263, 267
Mid Caps 27, 141, 204
Mischfonds 210, 220, 231, 233
Mittelstandsanleihen 150
MSCI ACWI IMI Index 141, 163 f., 245, 265
MSCI World Index 18–20, 27, 31, 69, 98, 102, 195, 243
Multi-Asset-Fonds 232

Nachhaltiges Investieren 195–198
Nebenkosten (des Investierens) 26, 31, 33, 38, 101, 121, 153
Negativity-Bias 77 f.
Nettorendite 125
Nominalzinsen 99, 110–112, 118
Nullzinsen 109–111

Onlinebroker 31, 181
Opportunitätskosten 93, 135, 171, 184, 235, 266
Outperformance 16, 52, 54 f., 265 f.
Outperformer 52, 231, 266

Peer-to-Peer-Kredit (P2P-Kredit) 124, 150
Phaseninvestment 184
Private Equity-Fonds 25, 67, 97, 103, 139, 266
Privatkonkurs 87
Produktunterlagen 208
Publikumsfonds 24 f., 65, 125, 217, 233
Put-Option 266

Quellensteuer 205 f., 219–221

Rating 49, 150, 164, 209, 234, 266
Rating-Stufen 165 f.
Rebalancing 53, 154 f., 181, 189 f., 192, 214
Rebalancing-Bonus 190
Rebalancing (RB)-Methode 190
Rebalancing-Regeln 248
»Rendite ohne Risiko« 133, 154
Renditedifferenz 236
Rendite-Risiko-Charakter 172, 189 f., 267
Rendite-Risiko-Kombination 26, 36, 120, 251
Renditeunterschied 184
Renteneintrittsalter 12 f., 118, 267
Rentenfonds 26, 232 f.
Rentenversicherung
–, gesetzliche 12–14, 39, 85, 117 f., 140, 185, 208 f., 266
–, kapitalbildende 38, 48 f., 66, 240
–, private (PRV) 14, 140, 229–231
Risikobegrenzungskriterien 160 f.
Risikodefinition 130
Risikoeinstufung 208 f.
Risikokapital 15 f.
Risikokennzahlen 130, 143, 159, 162
Risikomanagement 186
Risikoprämien 133, 166, 185
Risikoprofil 208
Risikoreduktion 135, 151
Risikotragfähigkeit 155, 160, 162, 186, 188
Robo-Advisor 11, 56, 188, 213
Rohstoff-Future 166, 169–171
Rückvergütung 93, 213

Sammlerobjekte 17, 66, 97, 121 f., 140, 148, 241 f.
Schuldenberatung 87
Schwankungsintensität 122, 136
Short ETF 67, 234 f.
Shortfall-Risk 58, 108, 110, 130, 138 f.
Smart-Beta-Investing 155
Smart-Beta-ETF 37
Socially Responsible Investing (SRI) 195–197, 206

Sparbuch 9, 14, 19, 79, 95–98, 110, 118, 138 f., 159, 186, 226
Sparerpauschbetrag 217 f., 221
Sparplanfähigkeit 207
Staatsanleihen-ETF 16, 136
Standardabweichung 134 f., 145, 267
Steuereffekt 178, 189
Steuervorteile 84, 124, 229
Stop-Loss-Order 194
Studienkredite 87, 89
Survivorship-Bias 141, 267
Swap 204, 206
Swap-ETF 204, 206

Tagesgeld 14, 21, 43, 118, 152, 155 f., 164, 176, 186, 208, 226
Teilfreistellung 219–221
Termingelder 21, 118, 226
Themen-ETF 197, 234 f.
Time Diversification 108
Total Expense Ratio (TER) 101, 205, 267
Total Return (TR) 206
Totalverlustrisiko 243
Transaktionskosten 31, 38, 168, 179 f., 190 f., 198 f., 207, 267

Überrendite 16, 49, 52, 54, 193, 265, 267
UCITS-Fonds 25, 28 f., 35 f., 41 f., 45 f., 67, 208, 216, 219, 242, 264
Umlageverfahren 12, 117, 267
Umschichtungs-Rebalancing 191
Underlying 210, 236, 243, 263, 267
Underperformance 16

Verbraucherschutz 128, 236
Verluste, realisierte 143, 223
Verlustverrechnungsmöglichkeiten 223
Verlustvortrag 223
Vermögensendwert (siehe auch Endvermögenswert) 101 f., 105, 178
Vermögensverbrauchsphase 191
Verzerrung 77
Volatilitätsrisiko 20 f., 158, 262

Wahrscheinlichkeitsverteilung 58
Währungsräume 19, 201
Währungssicherung (siehe auch Wechselkurssicherung) 207
Wechselkursrisiko 21, 35, 150, 158, 164 f., 200–203, 267
Wechselkurssicherung 201 f., 207
Weltportfolio (WPF)-Ansatz 152 f., 155–158, 162
Weltportfolio (WPF)-Rendite 162
Wertpapierleihe 67, 205
Wertschöpfung, volkswirtschaftliche 73, 263
Wertsteigerungsgewinn 79, 223, 239 f., 262
Worst-Case-Perspektive 162

XETRA 207, 267

Zeitdiversifikation 107
Zeitlupen-Crash 147, 242, 245
Zertifikat 17, 45, 47, 66, 124, 140, 235 f., 243
Zinsanlagen 159, 185, 245
Zinseszinseffekt 102, 106–108, 156, 177, 181, 199, 264
Zinsniveau 99, 109, 111, 159
Zusatzrisiko 165
»Zwangssparvertrag«, positiver 91

Über den Autor

© Gerd Kommer

Dr. Gerd Kommer ist Gründer und Geschäftsführer zweier Vermögensverwaltungsunternehmen, der Gerd Kommer Invest GmbH und der Gerd Kommer Capital GmbH, mit Sitz in München.

Der Investmentexperte hat mehrere Finanzratgeber – allesamt Bestseller – zum Thema Geldanlage an Kapitalmärkten und Immobilienerwerb veröffentlicht. Aufgrund seiner klaren, gut verständlichen und wissenschaftlich fundierten Investmentphilosophie gilt Kommer als der unübertroffene Experte für passive Investmentansätze in Deutschland. Sein Klassiker *Souverän investieren mit Indexfonds und ETFs* wurde 2016 mit dem Deutschen Finanzbuchpreis ausgezeichnet.

Nachdem Kommer in Deutschland, Liechtenstein und den USA BWL, Steuerrecht, Germanistik und Politikwissenschaft studiert hat, arbeitete er zunächst über 20 Jahre im Bankwesen. Für verschiedene Banken war er im Firmenkundengeschäft und institutionellen Asset-Management tätig. Nach Stationen in Südafrika und Großbritannien lebt der ETF-Spezialist inzwischen in München.

Dort verbringt er seine Freizeit je nach Witterungsverhältnissen mit Rad- oder Skifahren, mit Gesellschaftstanz sowie dem Lesen und Schreiben über Investmentthemen.